会计专业技术初级资格考试辅导用书·冲刺飞越

精准冲刺66记

初级会计实务·经济法基础

斯尔教育　组编

U0828999

電子工業出版社

Publishing House of Electronics Industry

北京·BEIJING

图书在版编目（CIP）数据

精准冲刺66记. 初级会计实务·经济法基础 / 斯尔教育组编. -- 北京 : 电子工业出版社, 2025. 2.
(会计专业技术初级资格考试辅导用书). -- ISBN 978-7-121-49483-3

Ⅰ. F23-44

中国国家版本馆CIP数据核字第20254YM227号

责任编辑：张春雨
印　　刷：天津鸿景印刷有限公司
装　　订：天津鸿景印刷有限公司
出版发行：电子工业出版社
　　　　　北京市海淀区万寿路173信箱　　邮编：100036
开　　本：787×1092　1/16　印张：26.25　字数：567千字
版　　次：2025年2月第1版
印　　次：2025年2月第1次印刷
定　　价：52.00元（全2册）

凡所购买电子工业出版社图书有缺损问题，请向购买书店调换。若书店售缺，请与本社发行部联系，联系及邮购电话：（010）88254888，88258888。

质量投诉请发邮件至zlts@phei.com.cn，盗版侵权举报请发邮件至dbqq@phei.com.cn。

本书咨询联系方式：faq@phei.com.cn。

开卷必读

一、图书定位

《会计专业技术初级资格考试辅导用书·冲刺飞越》共包括两册，分别是《精准冲刺66记　初级会计实务·经济法基础》（以下简称《精准冲刺66记》）《精准冲刺180题　初级会计实务·经济法基础》（以下简称《精准冲刺180题》）。适合用于在考前对重点内容进行再次学习、练习和背诵。

《精准冲刺66记》精选了初级会计实务、经济法基础科目考试中的66个重难点，以真题考查的知识点为导向，收录重要考点。因此，考前“吃透”本书就足够了。需要说明的是，本书并未按照官方教材的章节顺序进行编写，而是将关联性较大的知识点形成“模块”，旨在帮助大家了解知识点之间的联系，游刃有余地应对综合性题目。

《精准冲刺180题》为配套的练习题用书，建议大家将其中每一道题目和《精准冲刺66记》进行链接。使用《精准冲刺180题》的正确方法是：先紧跟课程，学习完一个模块的知识点之后再练习题目，这样做的好处有两点：

（1）避免盲目做题。在熟悉、复习知识点后再进行练习，会大大提高做题的正确率和学习的质量。

（2）可以查漏补缺，巩固知识。在熟悉、复习知识点后再进行练习，可以对学过的知识进行巩固，查漏补缺，及时发现问题，及时解决。

二、《精准冲刺66记》特色介绍

《精准冲刺66记》共设置两个特色栏目，分别是“通关绿卡”和“记忆口诀”，其中包含大量解题技巧和方法，掌握后可以大大提高解题正确率和效率。

“通关绿卡”和“记忆口诀”栏目的作用有：

（1）揭示命题角度及出题方式。总结出题人的切入点及套路，不让考生轻易落入命题陷阱中，帮助考生“避坑排雷”。

（2）梳理记忆口诀。这些口诀朗朗上口，方便记忆，辅助快速记忆知识点。

（3）总结做题思路。针对不同题型，给出针对性的解题思路和步骤，辅之以《精准冲刺180题》的练习，对于提高解题速度和正确率大有帮助。

考前冲刺，坚持为贵！

祝各位顺利通关，前程似锦！

目录

初级会计实务

第一模块
基础掌握 70 分

第 1 记 基础知识 / 3
第 2 记 货币资金 / 11
第 3 记 往来款项的会计核算 / 13
第 4 记 存货成本构成及发出存货计价 / 18
第 5 记 原材料实际成本和计划成本会计核算 / 20
第 6 记 其他存货的会计核算 / 23
第 7 记 固定资产初始计量 / 26
第 8 记 固定资产后续计量 / 28
第 9 记 固定资产处置 / 31
第 10 记 无形资产的会计核算 / 33
第 11 记 投资性房地产的会计核算 / 36
第 12 记 交易性金融资产的会计核算 / 39
第 13 记 财产清查概述及资产清查 / 41
第 14 记 职工薪酬的会计核算 / 43
第 15 记 短（长）期借款、应付账款的会计核算 / 46
第 16 记 所有者权益的会计核算 / 48
第 17 记 收入的确认 / 52
第 18 记 收入的计量 / 57
第 19 记 费用、利得和损失的会计核算 / 60
第 20 记 利润的会计核算 / 62

第二模块
努力提升 25 分

第 21 记 资产减值的会计核算 / 65
第 22 记 长期股权投资概述 / 69
第 23 记 长期股权投资的会计核算 / 70
第 24 记 应交税费的会计核算 / 72
第 25 记 产品成本会计基础 / 76
第 26 记 产品成本计算 / 78
第 27 记 特定交易的会计处理 / 81

第三模块
简单随缘 5 分

第 28 记 会计准则体系 / 85
第 29 记 财务报表的结构及填列 / 85
第 30 记 政府会计基础 / 97

经济法基础

第一模块

非税部分

第 31 记 法的特征及法律体系 / 103

第 32 记 法律关系 / 105

第 33 记 法律事实及法律责任 / 109

第 34 记 会计核算 / 110

第 35 记 会计机构、会计岗位与人员 / 112

第 36 记 会计档案管理和工作交接 / 116

第 37 记 会计监督和会计法律责任 / 118

第 38 记 支付结算概述 / 120

第 39 记 银行结算账户 / 122

第 40 记 票据概念、票据行为、票据权利 / 126

第 41 记 汇票、本票、支票 / 132

第 42 记 其他非现金支付业务 / 134

第 43 记 劳动合同的条款及其内容 / 138

第 44 记 劳动合同订立、履行、变更、解除和终止 / 142

第 45 记 特殊用工方式 / 146

第 46 记 劳动仲裁 / 147

第 47 记 社会保险法律制度 / 148

第二模块

税法部分

第 48 记 税法基本原理 / 155

第 49 记 增值税征税范围、纳税人 / 156

第 50 记 一般计税方法下增值税的计算 / 159

第 51 记 简易计税方法和进出口环节增值税规定 / 165

第 52 记 增值税税收优惠和征收管理 / 168

第 53 记 消费税 / 171

第 54 记 城市维护建设税和两个附加费、关税、车辆购置税 / 177

第 55 记 企业所得税基本概念和征收管理 / 181

第 56 记 企业所得税的计算 / 184

第 57 记 企业所得税税收优惠 / 192

第 58 记 个人所得税基本概念、征收管理和税收优惠 / 194

第 59 记 综合所得的范围和计算 / 197

第 60 记 其他分类所得的范围和计算 / 202

第 61 记 房地产相关小税种 / 207

第 62 记 其他小税种 / 215

第 63 记 税收管理 / 222

第 64 记 税款征收 / 224

第 65 记 纳税信用管理和法律责任 / 228

第 66 记 税务行政复议 / 230

初级会计实务

第一模块

基础必拿 70 分

● 考试60+并不是难在你能否得分，而是基础知识你是否能不丢分。因此，无论如何，请相信自己一定可以拿下这部分内容，基础70分是易考且相对比较简单的知识点，请给自己足够的自信拿下它。

6分

第1记

基础知识

精准冲刺180题：1、2、3、4、5、6、7、8、9、59、60、61、62、63、64、96、97

（一）会计职业道德

1.会计职业道德的内容

会计职业道德具体包括：坚持诚信，守法奉公；坚持准则，守责敬业；坚持学习，守正创新。

其中，“坚持诚信，守法奉公”是对会计人员的自律要求，“坚持准则，守责敬业”是对会计人员的履职要求，“坚持学习，守正创新”是对会计人员的发展要求。

2.会计职业道德和会计法律制度的区别

项目	会计职业道德	会计法律制度
性质	自律性	他律性
作用范围	调整外在行为及内在精神	调整外在行为
表现形式	形成不成文及成文规范	形成成文规定
实施保障机制	通过行业行政管理部门监管执行、职业道德教育、社会舆论、传统习惯和道德评价实现	通过国家强制力保证其贯彻执行
评价标准	行业行政管理规范、道德评价	法律规定

通关绿卡

命题角度1：判断会计职业道德要求与其定义是否匹配。

此类题目的常见题型为单项选择题、多项选择题或判断题，且常以“张冠李戴”的方式设置干扰项，因此需要同学们精准对应职业道德的名称及其主要内容。需要说明的是，此类题目若为单项选择题和判断题，往往非常容易区分，看清题目具体考查的职业道德即可；但若为多项选择题，较容易出现迷惑选项，因此在做多项选择题时，应尽量谨慎选择选项，会计人员职业道德口诀为“坚守”。

命题角度2：会计职业道德和会计法律制度的辨析。

需要注意的是，虽然会计职业道德的性质是自律而非他律的，但是其相较于会计法律制度来说，作用范围更广、表现形式更丰富、实施保障机制和评价标准更多元，此为易错点。

（二）会计职能

- 会计职能
  - 基本职能
    - 核算职能
      - （1）资产的增减和使用
      - （2）负债的增减
      - （3）净资产（所有者权益）的增减
      - （4）收入、费用、成本、支出的增减
      - （5）财务成果的计算和处理
      - （6）需要办理会计手续、进行会计核算的其他事项
    - 核算职能→监督职能：基础、提供依据
    - 监督职能→核算职能：保障质量
    - 监督职能
      - （1）真实性
      - （2）完整性
      - （3）合法性
      - （4）合理性
  - 拓展职能
    - （1）预测经济前景
    - （2）参与经济决策
    - （3）评价经营业绩

通关绿卡

命题角度1：会计基本职能及拓展职能的内容。

对于此类题目请同学们牢记，**会计的基本职能只有核算和监督**，剩余的在备选项中出现的只要是合理、合法的职能基本都属于拓展职能。

命题角度2：会计基本职能及拓展职能的关系。

此类题目常就两者之间的关系进行考查，请务必牢记其对应关系，即“**核算是基础，监督是保障**”，题目中常见的干扰手段就是“张冠李戴”，故意混淆。

（三）会计基本假设

会计基本假设：
- 会计主体 — 空间范围
- 持续经营、会计分期 — 时间范围
- 货币计量 — 核算手段

通关绿卡

命题角度：会计基本假设的对应关系。

此类题目常考查“会计主体”和“空间范围”的对应关系，同学们需要牢牢记住，“会计主体”解决的是“我为谁提供会计管理工作”的问题，划定的是会计管理的对象，是对“空间范围”的确定，题目中常以“时间范围”进行干扰，请精准辨析。

（四）会计基础

项目	内容	适用对象
权责发生制	以取得收取款项的权利或支付款项的义务为标志	企业会计，政府会计中的财务会计
收付实现制	以现金的实际收付为标志	政府会计中的预算会计，国务院另有规定的除外

（五）会计信息质量要求

会计信息质量要求	主要内容
可靠性	（1）以实际发生的交易或者事项为依据进行确认、计量、记录和报告，保证会计信息真实可靠、内容完整。 （2）是高质量会计信息的重要基础和关键所在
相关性	与财务会计报告使用者的经济决策需要相关
可理解性	清晰明了，便于财务报告使用者理解及使用
可比性	会计信息应相互可比，具体可分为： （1）纵向可比：同企业、不同时期、相同或者相似事项可比。 （2）横向可比：不同企业、相同会计期间、相同或相似事项可比
实质重于形式	按交易或事项的经济实质而非法律形式进行会计确认、计量、记录和报告
重要性	重要性应根据项目的功能、性质和金额大小多方面加以判断
谨慎性	不应高估资产或者收益、不应低估负债或者费用
及时性	及时确认、计量、记录和报告

通关绿卡

命题角度：判断会计信息质量要求与其定义是否匹配。

此类题目常考查单项选择题或判断题，且常以“张冠李戴”的方式进行干扰，因此需要同学们熟练掌握每一会计信息质量要求的核心特征，重点掌握每一具体要求的关键词。其中，常考会计信息质量要求的关键词包括：

（1）“可靠性”：关键词是“真实、可靠”。例如，不做假账等。

（2）“相关性”：关键词是“与经济决策需要相关”。例如，区分收入与利得，费用与损失等。

（3）“可比性”：关键词是“会计信息应相互可比”。例如，企业前后各期采用相同的会计政策。

（4）“实质重于形式”：关键词是“按交易或事项的经济实质进行处理”。例如，企业租入资产时，能够控制租入资产所创造的未来经济利益，应当将租入的资产视为企业的资产。

（5）“谨慎性”：关键词是“不高估资产或收益、不低估负债或费用”。例如，各类资产计提减值准备，确认预计负债等。

（六）会计要素及其计量属性

1.会计要素

反映企业财务状况的要素包括：资产、负债和所有者权益；反映企业经营成果的要素包括：收入、费用和利润。

2.会计要素计量属性

计量属性	定义	主要应用
历史成本	又称实际成本，是指取得或制造某项财产物资时所实际支付的现金或者现金等价物	资产和负债计量一般采用历史成本
重置成本	又称现行成本，是指按照当前市场条件，重新取得同样一项资产所需支付的现金或者现金等价物金额	盘盈固定资产
可变现净值	在生产经营过程中，以预计售价减去进一步加工成本和销售所必需的预计税金、费用后的净值	存货期末计量
现值	未来现金流量以恰当的折现率进行折现后的价值，是考虑货币时间价值因素等的一种计量属性	初级不涉及
公允价值	市场参与者在计量日发生的有序交易中，出售一项资产所能收到或者转移一项负债所需支付的价格	交易性金融资产期末计量

（七）会计科目

<table>
<tr><th colspan="2">类别（按内容）</th><th>借贷方向</th><th>余额情况</th><th>常见科目</th></tr>
<tr><td colspan="2">资产类</td><td rowspan="3">借增贷减</td><td rowspan="2">一般在借方，有些账户可能无余额</td><td>库存现金、银行存款、应收账款、应收票据、应收利息、交易性金融资产、原材料、库存商品、委托加工物资、固定资产、在建工程、无形资产、投资性房地产、长期股权投资等</td></tr>
<tr><td colspan="2">成本类</td><td>生产成本、制造费用、研发支出等</td></tr>
<tr><td rowspan="2">损益类</td><td>费用类</td><td rowspan="2">期末转入“本年利润”科目，期末无余额</td><td>主营业务成本、其他业务成本、管理费用、销售费用、财务费用、营业外支出等</td></tr>
<tr><td>收入类</td><td rowspan="3">借减贷增</td><td>主营业务收入、其他业务收入、营业外收入等</td></tr>
<tr><td colspan="2">负债类</td><td rowspan="2">一般在贷方，有些账户可能无余额</td><td>短期借款、应交税费、应付账款、应付利息、应付职工薪酬、长期借款、应付债券、长期应付款等</td></tr>
<tr><td colspan="2">所有者权益类</td><td>实收资本、资本公积、其他综合收益、盈余公积、本年利润、利润分配等</td></tr>
<tr><td colspan="2">共同类</td><td colspan="3">略（初级不涉及）</td></tr>
</table>

通关绿卡

命题角度：科目类别与具体科目之间的对应关系。

此处较常考查的科目类别主要有“成本类”“损益类”及“所有者权益类”，请同学们关注以下易错点：

（1）“制造费用”属于成本类科目而非损益类科目。

（2）“主营业务成本、其他业务成本”属于损益类科目而非成本类科目。

（3）“本年利润”属于所有者权益类科目而非损益类科目。

（4）“营业外收入”属于损益类科目，但不属于反映收入的科目。

（八）会计等式

等式名称	等式内容	说明
基本等式	资产=负债+所有者权益	编制资产负债表的依据
	收入–费用=利润	编制利润表的依据
拓展等式	资产=负债+所有者权益+（收入–费用）	综合反映会计要素之间的关系

通关绿卡

命题角度：各类事项对会计等式的影响。

此类考题可与全书内容广泛结合，考查灵活全面，多以单项选择题和多项选择题进行考查，题目的问法常有以下两种：

（1）“考结果”：考查某一经济业务将对会计等式产生的影响，即考查经济事项将对会计等式带来何种“结果”。

（2）“考原因”：考查可以导致会计等式发生某种特定变动的事项包括哪些选项，即考查会计等式变动的“原因”。

对于此类题目建议同学们逐一写出会计分录后再进行判断，可以有效降低出错概率。

（九）试算平衡

试算平衡的类别	试算关系	试算平衡依据
发生额试算平衡	全部账户本期借方发生额合计=全部账户本期贷方发生额合计	借贷记账法的记账规则：“有借必有贷，借贷必相等”
余额试算平衡	全部账户借方期末（初）余额合计=全部账户贷方期末（初）余额合计	资产=负债+所有者权益

通关绿卡

命题角度：试算平衡的类别和试算平衡依据的对应关系。

此处建议同学们“记一头”，即可选择优先记住“余额试算平衡”的依据对应为“资产=负债+所有者权益”，这也是编制资产负债表的依据，资产负债表需要体现各项目的期初和期末余额，两者内涵一致。把这里记住了，那另外一项“发生额试算平衡”的依据自然就是“有借必有贷、借贷必相等”。

（十）会计凭证与账簿

1.会计凭证的分类

分类	标准	类别	举例
原始凭证（编制记账凭证的依据，是会计核算的基础）	按取得来源	自制原始凭证	领料单、产品入库单、借款单等
		外来原始凭证	发票、飞机票、火车票等
	按格式	通用凭证	发票、收据、银行转账结算凭证等
		专用凭证	领料单、报销单、折旧计算表、费用分配表等

续表

分类	标准	类别	举例
原始凭证（编制记账凭证的依据，是会计核算的基础）	按填制的手续和内容	一次凭证	收据、收料单、发票、银行转账结算凭证等
		累计凭证	限额领料单等
		汇总凭证	发料凭证汇总表等
记账凭证（记录会计信息，是会计核算的依据）	按经济业务内容	收款凭证	记录库存现金和银行存款收款业务的记账凭证
		付款凭证	记录库存现金和银行存款付款业务的记账凭证
		转账凭证	记录不涉及库存现金和银行存款业务的记账凭证

通关绿卡

命题角度1：原始凭证的分类。

历年真题中的高频考查项目主要包括以下3项：

（1）发票属于外来凭证、通用凭证和一次凭证。

（2）出库单或入库单属于自制凭证、专用凭证和一次凭证。

（3）折旧计算表和工资费用分配表属于自制凭证、专用凭证和一次凭证。

命题角度2：记账凭证的分类。

同学们需掌握以下3个结论：

（1）借贷双方同时涉及银行存款和库存现金的经济事项：仅编制付款凭证（为避免重复）。

（2）借贷双方仅一方涉及银行存款或库存现金的经济事项：编制收款或付款凭证。

（3）借贷双方均不涉及银行存款和库存现金的经济事项：编制转账凭证。

2.会计账簿的分类

分类标准		内容	举例
用途	序时账簿	又称日记账，是按经济业务发生时间的先后顺序逐日、逐笔登记的账簿	库存现金日记账、银行存款日记账
	分类账簿	会计账簿的主体，也是编制财务报表的主要依据，分类账簿按其反映经济业务的详略程度，可分为总分类账簿和明细分类账簿	总分类账簿，简称总账，是根据总分类账户开设的，总括地反映某类经济活动。 明细分类账簿，简称明细账，是根据明细分类账户开设的，用来提供明细的核算资料

续表

分类标准		内容	举例
用途	备查账簿	又称辅助登记簿或补充登记簿，是对某些在序时账簿和分类账簿中未能记载或记载不全的经济业务进行补充登记的账簿	代管商品物资登记簿等
账页格式	三栏式账簿	设有借方、贷方和余额三个金额栏	各种日记账、总账以及资本、债权、债务明细账等
	多栏式账簿	在账簿的两个金额栏目（借方或贷方）按需分设若干专栏	收入、成本、费用明细账等
	数量金额式账簿	在借方、贷方和余额三个栏目内分设数量、单价和金额三小栏	原材料、库存商品等明细账
外形特征	订本式账簿	启用前将编有顺序页码的一定数量账页装订成册	适用于重要的和具有统驭性的总分类账、库存现金日记账和银行存款日记账
	活页式账簿	将一定数量的账页置于活页夹内，可以根据记账内容的变化随时增加或减少部分账页	一般适用于明细分类账
	卡片式账簿	将一定数量的卡片式账页存放于专设的卡片箱中	固定资产、材料（少数使用）的核算

通关绿卡

命题角度1：会计账簿的分类原则和具体分类。

注意，“按用途分类”是指设置账簿的目的是记录日记账、分类账还是备查账；“按账页格式”是指账簿的内页具体设置为何种格式；“按外形特征”是指账簿的外形。考试时常以“张冠李戴”的方式将分类标准和具体类型混淆。

命题角度2：会计账簿的具体应用。

此处请同学们关注高频考点：

（1）银行存款、库存现金日记账属于序时账簿、三栏式账簿以及订本式账簿。

（2）原材料、库存商品明细账属于分类账簿、数量金额式账簿以及活页式账簿。

（3）应交税费明细账属于分类账簿、多栏式账簿以及活页式账簿。

（十一）对账

类型	核对内容
账证核对	将账簿记录与会计凭证（包括原始凭证和记账凭证）核对
账账核对	（1）总账有关账户的余额核对。 （2）总账与明细账核对。 （3）总账与日记账核对。 （4）会计机构的财产物资明细账与财产物资保管和使用部门的有关明细账核对
账实核对	（1）现金日记账账面余额与现金实际库存数逐日核对是否相符。 （2）银行存款日记账账面余额与银行对账单余额定期核对是否相符。 （3）各项财产物资明细账账面余额与财物实存数额定期核对是否相符。 （4）各种应收、应付款明细账账面余额与有关债务、债权单位或者个人核对是否相符
账表核对	核对会计账簿记录与会计报表的有关内容、金额是否相符

4分 第2记

货币资金

精准冲刺180题：11、12、99

（一）银行存款

银行存款日记账余额①	银行对账单余额②	结果（“谁收谁多，谁付谁少”）
企业已收	银行未收	①>②
企业已付	银行未付	①<②
企业未收	银行已收	①<②
企业未付	银行已付	①>②

记忆口诀

命题角度：银行存款调节后的余额。

此处的余额调节原则同学们可以简记为“谁收谁多，谁付谁少”。即少记的，应在少记方补记差额；多记的，应在多记方减少差额。但前提是已将双方的记账错误（如有）进行更正。

通关绿卡

命题角度：银行存款余额调节表及银行日记账的相关结论。

如果银行存款日记账余额与银行对账单余额不相符，可能是企业或银行一方或双方记账过程有错误或者存在未达账项，而非一定存在未达账项，此为判断题常见干扰手段；银行存款余额调节表只用于核对账目，不能作为记账的依据；银行存款日记账应定期与银行对账单核对，至少每月核对一次，而非至少每年核对一次。

（二）其他货币资金

1.内容

内容	定义
银行汇票存款	企业为取得银行汇票按规定存入银行的款项
银行本票存款	企业为取得银行本票按规定存入银行的款项
信用卡存款	企业为取得信用卡而存入银行信用卡专户的款项
信用证保证金存款	采用信用证结算方式的企业为开具信用证而存入银行信用证保证金专户的款项
存出投资款	企业为购买股票、债券、基金等根据有关规定存入在证券公司指定银行开立的投资款专户的款项
外埠存款	企业为了到外地进行临时或零星采购，而汇往采购地银行开立采购专户的款项

2.会计处理

情形	会计处理
取得时	借：其他货币资金 　贷：银行存款等
支付（使用）时	借：原材料等 　　应交税费——应交增值税（进项税额） 　贷：其他货币资金
收到退回的多余款项时	借：银行存款等 　贷：其他货币资金

通关绿卡

命题角度：属于其他货币资金的内容及其定义。

要求选出属于或不属于“其他货币资金”的项目，一般是直接列出上述六项内容中的部分项目，再将应收或应付票据作为干扰项进行考查。此处需要注意的是，“银行承兑汇票”不属于其他货币资金，“银行承兑汇票”持有方应将其作为“应收票据”核算，“银行承兑汇票”签发方应将其作为“应付票据”核算，请同学们紧盯是否有“承兑”二字，同时，如果取得的是银行汇票也不作为“其他货币资金”核算，应作为“银行存款”核算。

第3记 往来款项的会计核算 4分

精准冲刺180题：13、14、15、16

（一）应收票据

情形	会计处理
销售商品 或提供劳务取得时	借：应收票据 贷：主营业务收入等 应交税费——应交增值税（销项税额）
购买方以商业汇票 抵偿前欠货款时	借：应收票据 贷：应收账款
票据到期收回款项时	借：银行存款 贷：应收票据
票据到期未收回款项时	借：应收账款 贷：应收票据
票据贴现时	借：银行存款 财务费用（贴现息） 贷：应收票据（符合终止确认） 短期借款（不符合终止确认）
票据背书转让时	借：原材料等 应交税费——应交增值税（进项税额） 贷：应收票据 差额：银行存款

通关绿卡

命题角度：应收票据或应收账款的入账金额。

“应收票据或应收账款的入账金额”与“应确认收入的金额”并非等同概念。“应收票据或应收账款的入账金额”，其本质就是购买方欠销售方的钱，因此应将销售方需从购买方收取的全部资金计入“应收票据或应收账款的入账金额”中，具体包括合同价款、销项税额、代垫运杂费、代垫包装费等，如果存在商业折扣，还应扣除商业折扣。具体可参考以下公式予以解题：

应收票据或应收账款的入账金额=合同价款+增值税销项税额+代购货单位垫付的包装及运杂费等−商业折扣

（二）应付票据

情形	会计处理
赊购形成应付票据时	借：原材料等 　　应交税费——应交增值税（进项税额） 　贷：应付票据
申请银行承兑汇票并支付银行承兑手续费时	借：财务费用 　　应交税费——应交增值税（进项税额） 　贷：银行存款
偿还票据时	借：应付票据 　贷：银行存款
商业承兑汇票到期无力偿还款项时	借：应付票据 　贷：应付账款
银行承兑汇票到期无力偿还款项时	借：应付票据 　贷：短期借款

通关绿卡

命题角度：不同类型承兑汇票到期无力偿还款项时的辨析。

此处属于每年必考的高频考点，极易混淆，请同学们结合以下原理精准辨析：

（1）银行承兑汇票到期无力偿还款项的，银行需要替企业向持票人支付票款，本质上企业形成了一项从银行借入的短期借款，因此对应科目为“短期借款”。

（2）商业承兑汇票到期无力偿还款项的，本质上企业形成了因采购等事项需要支付的一项款项，且没有了票据的效力，本质上形成的就是一项应付账款。

（三）应收账款

情形	会计处理
发生赊销时	借：应收账款 贷：主营业务收入 应交税费——应交增值税（销项税额） 银行存款（代垫各类款项）
转用商业汇票结算时	借：应收票据 贷：应收账款

（四）应付账款

情形	会计处理
赊购时	借：原材料等 应交税费——应交增值税（进项税额） 贷：应付账款
偿还时	借：应付账款 贷：银行存款等
无法支付时	借：应付账款 贷：营业外收入

通关绿卡

命题角度1：根据经济业务计算应付账款的入账金额。

（1）是否由于购买材料、商品或接受服务等经营活动产生，如不属于此类，不通过“应付账款”科目核算。

（2）存在商业折扣的，应按扣除商业折扣后的金额入账。

命题角度2：无法支付的应付账款对损益的影响。

对于无法支付的应付账款，应将其账面余额相应转入营业外收入，不影响营业利润，但影响利润总额。

（五）预付账款

情形	会计处理
支付预付款时	借：预付账款 贷：银行存款

续表

情形	会计处理
收到商品时	借：原材料等 应交税费——应交增值税（进项税额） 贷：预付账款
补付余款时	借：预付账款 贷：银行存款
收到退回多余款时	借：银行存款 贷：预付账款

记忆口诀

命题角度：不设置预付账款科目时如何进行会计处理。

此处直接使用口诀“收对收、付对付、资产为借、负债为贷”应对，此处的“付”是指应付账款和预付账款。

当业务核算是资产业务时，余额在借方。例如，预付账款属于资产，如果不设置“预付账款”科目，可以使用“应付账款”（付对付）的借方核算（资产为借）。

（六）应收（付）利息、应收（付）股利

科目	核算内容	会计处理
应收利息	企业根据合同或协议规定应向债务人收取的已过付息期但尚未收到的利息	借：应收利息 贷：交易性金融资产——应计利息等
应付利息	企业按照合同约定应支付的已过付息期但尚未支付的利息	借：应付债券——应计利息等 贷：应付利息
应收股利	应收股利是指企业应收取的现金股利或应收取其他单位分配的利润	（1）被投资单位宣告分配现金股利或利润： 借：应收股利 贷：投资收益 （2）实际收到现金股利： 借：其他货币资金——存出投资款（上市公司） 银行存款（非上市公司） 贷：应收股利

续表

科目	核算内容	会计处理
应付股利	应付股利是指企业根据股东会或类似机构审议批准的利润分配方案确定分配给投资者的现金股利或利润	（1）宣告发放现金股利时： 借：利润分配——应付现金股利或利润 　贷：应付股利 （2）支付现金股利时： 借：应付股利 　贷：银行存款等

通关绿卡

命题角度：应通过“应付股利”科目核算的事项。

此处题目常以股票股利和现金股利进行干扰，同学们需结合下表记忆。

股利类型	情形	会计处理（发行方）
现金股利	股东会或类似机构宣告发放现金股利时	借：利润分配——应付现金股利或利润 　贷：应付股利
	支付现金股利时	借：应付股利 　贷：银行存款等
	企业董事会或类似机构通过的利润分配方案中拟分配的现金股利或利润	不做会计处理，在附注中披露
股票股利	宣告发放股票股利	不做会计处理
	实际发放股票股利	借：利润分配 　贷：股本

（七）其他应收款及其他应付款

科目	其他应收款	其他应付款
核算内容	（1）应收的各种赔款、罚款。 （2）应收取出租包装物的租金。 （3）存出保证金（如支付的包装物押金）。 （4）应向职工收取的各种垫付款项。 （5）其他各种应收、暂付款项	（1）现金盘盈报批后应付有关单位或个人款项。 （2）应付租入包装物租金。 （3）存入保证金（如收到的包装物押金）。 （4）代扣代缴的社保费。 （5）应付短期租赁固定资产的租金

4分

第 4 记

存货成本构成及发出存货计价

精准冲刺180题：17、65、100、129

（一）存货成本构成

存货成本
- 采购成本 ⇨ 购买价款、相关税费、运输费、装卸费、保险费以及其他可归属于存货采购成本的费用
- 加工成本 ⇨ 直接材料、直接人工以及按照一定方法分配的制造费用
- 其他成本 ⇨ 除采购成本、加工成本以外的，使存货达到目前场所和状态所发生的其他支出

（二）常见存货成本项目

存货成本构成项目总结如下：

项目	是否计入存货成本
进口原材料支付的关税	√
存货采购过程中的运输费用	√
存货采购过程中的保险费	√
存货入库前的挑选整理费	√
运输途中的合理损耗	√
存货采购过程中的装卸费	√
生产产品过程中发生的制造费用	√
为特定客户设计产品发生的可直接认定的设计费	√
正常设计费	× 计入管理费用
存货入库后发生的储存费用 （不包括在生产过程中为达到下一个阶段所必需的仓储费用）	× 计入管理费用
管理不善导致的原材料的净损失	× 计入管理费用
自然灾害等非常原因造成的原材料的净损失	× 计入营业外支出

（三）发出存货的计价方法（采用实际成本核算）

方法	方式	计算过程或公式	优点	缺点
个别计价法	假设实物流转与成本流转一致	按照各种存货逐一辨认各批发出存货和期末存货所属的购进批别或生产批别，分别按其购入或生产时确定的单位成本计算各批发出存货和期末存货成本	计算准确	工作量大，不适用于所有企业
先进先出法	假设先购进的存货先发出	按先进先出的假定流转顺序来确定发出存货的成本及期末结存存货的成本	先进先出法可以随时结转存货发出成本	比较烦琐，如果存货收发业务较多且存货单价不稳定，其工作量较大
月末一次加权平均法	月末计算存货平均单价	存货单位成本=［月初结存存货的实际成本+∑（本月各批进货的实际单位成本×本月各批进货的数量）］÷（月初结存存货的数量+本月各批进货数量之和） 本月发出存货的成本=本月发出存货的数量×存货单位成本 本月月末结存存货成本=月末结存存货的数量×存货单位成本	简化成本计算工作	平时无法从账簿中查询存货的收发及结存金额，需要到月末才能计算出相应的结果，不利于存货成本日常管理与控制
移动加权平均法	每次购入均需要重新计算存货的平均单价	存货单位成本=（原有结存存货成本+本次进货实际成本）÷（原有结存存货数量+本次进货数量） 本次发出存货成本=本次发出存货数量×本次发货前存货单位成本 本月月末结存存货成本=月末结存存货数量×本月月末存货单位成本	计算准确，能够随时计算存货的收发及结转金额	计算量大

通关绿卡

命题角度1：存货发出成本的计算。

对于月末一次加权平均法，全月仅计算一次存货单位成本，因此不论本月发生多少次存货发出，均使用该存货单位成本计算发出存货的成本；而对于移动加权平均法，每发生一次存货购入（而非发出），就需要重新计算一次存货单位成本，对于在本次购入之后以及下次购入之前发生的存货发出，应取用的是本次购入之后重新计算的存货单位成本。

命题角度2：先进先出法下当期利润与期末存货价值的关系。

如采用先进先出法，在物价持续上升时，期末存货成本接近市价、发出成本偏低，会高估企业当期利润和库存存货价值；反之，会低估当期利润和企业存货价值。

第5记 原材料实际成本和计划成本会计核算（4分）

精准冲刺180题：18、101、102、129

（一）实际成本核算下的会计处理

情形	会计处理
单货同到	借：原材料 　　应交税费——应交增值税（进项税额） 　贷：银行存款（或其他货币资金、应付票据、应付账款等）
单到货未到	单到时： 借：在途物资 　　应交税费——应交增值税（进项税额） 　贷：银行存款（或其他货币资金、应付票据、应付账款等） 材料验收入库时： 借：原材料 　贷：在途物资
货到单未到	月末仍未收到单据时，材料按暂估价值入账： 借：原材料 　贷：应付账款——暂估应付账款 下月初用红字冲销原暂估入账金额，等单据到后按“单货同到”进行会计处理

续表

情形	会计处理
采用预付货款方式采购材料	预付货款时： 借：预付账款 　贷：银行存款
	收到材料并验收入库时： 借：原材料 　　应交税费——应交增值税（进项税额） 　贷：预付账款
	补付货款时： 借：预付账款 　贷：银行存款
发出原材料	借：生产成本（直接材料成本） 　　制造费用（间接材料成本） 　　销售费用（销售部门消耗） 　　管理费用（行政管理部门消耗） 　　在建工程（工程项目消耗） 　　研发支出（研发环节消耗） 　　委托加工物资（发出加工材料） 　贷：原材料
出售原材料	借：其他业务成本 　贷：原材料

（二）计划成本核算

1.会计处理

情形		会计处理
外购原材料		借：材料采购（实际成本） 　　应交税费——应交增值税（进项税额） 　贷：银行存款（或其他货币资金、应付票据、应付账款等）
验收入库	实际成本>计划成本	借：原材料（计划成本） 　　材料成本差异（超支差） 　贷：材料采购（实际成本）
	实际成本<计划成本	借：原材料（计划成本） 　贷：材料采购（实际成本） 　　　材料成本差异（节约差）

续表

情形		会计处理
生产领用		借：生产成本等 　贷：原材料（计划成本）
月末结转差异	超支差	借：生产成本等 　贷：材料成本差异（结转超支差）
	节约差	借：材料成本差异（结转节约差） 　贷：生产成本等

2.材料成本差异的计算

项目	公式
本期材料成本差异率 （正数表超支，负数表节约）	（期初结存材料的成本差异+本期验收入库材料的成本差异）÷（期初结存材料的计划成本+本期验收入库材料的计划成本）×100%
本期发出材料应负担的成本差异	本期发出材料的计划成本×本期材料成本差异率
期末结存材料的实际成本	期末结存材料的计划成本×（1+材料成本差异率）

通关绿卡

命题角度1：发出或结存原材料的实际成本。

无论是计算发出原材料的实际成本，还是计算结存原材料的实际成本，均按以下步骤进行：

第一步，计算发出或结存原材料的计划成本。

第二步，计算材料成本差异率。

第三步，用第一步计算的原材料计划成本乘以（1+材料成本差异率），即为当期发出或结存原材料的实际成本。

命题角度2：在途物资、材料采购以及原材料的辨析。

三个会计科目的辨析属于常见易混点，其差别具体见下表

会计科目名称	核算内容	实际成本	计划成本
在途物资	原材料和商品等采用实际成本核算时使用本科目，核算收到发票及账单但货物在途，或价款已付但未入库的存货的采购成本	√	×

续表

会计科目名称	核算内容	实际成本	计划成本
材料采购	原材料和商品等采用计划成本核算时使用本科目，借方登记采购原材料或商品的实际成本，贷方登记入库材料的实际成本。期末为借方余额，反映企业在途材料的实际采购成本	×	√
原材料	在采用计划成本核算时，核算材料入库或出库的计划成本；在采用实际成本核算时，核算材料入库或出库的实际成本	√	√

4分

第6记

其他存货的会计核算

精准冲刺180题：19、20、66、103、104、105、106、129

（一）周转材料——包装物

环节		借方科目	贷方科目
生产领用		生产成本	周转材料——包装物
出借（一次摊销的摊销额）		销售费用	
出租（一次摊销的摊销额）		其他业务成本	
随同商品出售	单独计价	其他业务成本	
	不单独计价	销售费用	

（二）委托加工物资

1.委托加工物资的成本

（1）委托加工物资成本=实际耗用物资的成本+加工费+应负担的运杂费+相关税费。

（2）相关税费的处理。

税种	纳税人	会计科目及方向	说明
增值税	一般纳税人	借：应交税费——应交增值税（进项税额）	需要关注纳税人身份
	小规模纳税人	借：委托加工物资	

续表

税种	纳税人	会计科目及方向	说明
消费税	全部	借：委托加工物资	收回后直接对外出售
		借：应交税费——应交消费税	收回后连续加工生产应税消费品

2.会计处理

情形	会计处理
发给外单位加工的物资	借：委托加工物资 　贷：原材料等
支付加工费用、应负担的运杂费取得增值税专用发票	借：委托加工物资 　　应交税费——应交增值税（进项税额） 　贷：银行存款等
支付受托方代收代缴消费税	借：委托加工物资（收回后直接对外出售） 　贷：银行存款等
	借：应交税费——应交消费税（收回后连续生产应税消费品） 　贷：银行存款等
收回加工物资入库	借：原材料、库存商品等 　贷：委托加工物资

记忆口诀

命题角度：收回委托加工物资的成本。

（1）对于增值税，重点在于区分纳税人的身份，如果是小规模纳税人，相关增值税应记入“委托加工物资”科目；如果是一般纳税人，相关增值税应记入“应交税费——应交增值税（进项税额）”科目。

（2）对于消费税，重点在于收回委托加工物资的用途，如果是收回后直接出售，相关消费税应记入“委托加工物资”科目；如果是收回后连续生产应税消费品，相关消费税应记入“应交税费——应交消费税”科目，即“卖出加税，不卖不含”。

（三）库存商品

1.会计处理

事项	会计处理
验收入库	借：库存商品 　贷：生产成本

续表

事项	会计处理
发出商品（满足收入确认条件时）	借：主营业务成本 　贷：库存商品

2.发出存货和期末存货成本的计算

核算方法	计算公式
毛利率法	（1）毛利率=销售毛利÷销售净额×100%。 （2）销售净额（分母）=商品销售收入–销售退回与折让。 （3）销售毛利（分子）=销售净额×毛利率。 （4）销售成本（本期销货成本）=销售净额–销售毛利=销售净额×（1–毛利率）。 （5）期末存货成本（期末成本余额）=期初存货成本+本期购货成本–本期销售成本
售价金额核算法	（1）商品进销差价率=（期初库存商品进销差价+本期购入商品进销差价）÷（期初库存商品售价+本期购入商品售价）×100%。 （2）进销差价（分子）=售价总额–进价成本。 （3）本期销售商品的成本（本期销货成本）=本期商品销售收入–本期销售商品应分摊的商品进销差价=本期商品销售收入×（1–商品进销差价率）。其中：本期销售商品应分摊的商品进销差价=本期商品销售收入×商品进销差价率。 （4）期末结存商品的成本（期末成本余额）=期初库存商品的进价成本+本期购进商品的进价成本–本期销售商品的成本

通关绿卡

命题角度：毛利率法及售价金额核算法发出存货成本和期末存货成本的计算。

此处公式较为复杂，我们可以通过对比的方式找出两种方法的异同以降低此处难度：

项目	毛利率法	售价金额核算法
“率”的计算	毛利/净收入	（期初进销差价+本期购入进销差价）/（期初商品售价+本期购入商品售价）
毛利或进销差价计算	净收入–成本； 净收入×毛利率	售价–进价； 售价×进销差价率

续表

项目	毛利率法	售价金额核算法
本期销货成本计算	净收入×（1–毛利率）	售价×（1–进销差价率）
期末成本余额的计算	期初成本+本期购入–本期销售	期初成本+本期购入–本期销售

根据上表可知，实际上除了“率”的计算存在差异，其余项目的计算内在逻辑相通，因此同学们仅需着重记忆两种方法下“率”的计算，其余项目仅记忆一次即可。

第7记 固定资产初始计量 2分

精准冲刺180题：21、22、67、107、130

723 1-7

（一）固定资产的范围

属于固定资产	不属于固定资产（常见干扰项）
生产车间的设备、自用小汽车等	（1）工程物资。 （2）正在建设中的生产线（属于在建工程）。 （3）汽车制造企业生产的汽车（属于存货）。 （4）生产完工准备出售的产品（属于存货）。 （5）房地产开发对外销售的商品房（属于存货）

（二）固定资产的取得

1.外购方式取得

取得方式	计量原则	会计处理
外购不需安装	入账成本=买价+运输费+保险费+税金+专业人员服务费等	借：固定资产 　　应交税费——应交增值税（进项税额） 　贷：银行存款等
外购需要安装	入账成本=买价+运输费+保险费+税金+专业人员服务费+安装费等	（1）购入时： 借：在建工程 　　应交税费——应交增值税（进项税额） 　贷：银行存款等

续表

取得方式	计量原则	会计处理
外购需要安装	入账成本=买价+运输费+保险费+税金+专业人员服务费+安装费等	（2）安装时： 借：在建工程 贷：银行存款、原材料、库存商品、应付职工薪酬等 （3）安装完毕达到预定可使用状态时： 借：固定资产 贷：在建工程
一笔款项购入多项未单独标价的固定资产	按各项固定资产公允价值的比例对总成本进行分配，分别确定各项固定资产的成本	

通关绿卡

命题角度：外购固定资产入账成本的确定。

（1）“专业人员培训费”常作为“专业人员服务费”的干扰项出现，前者在发生时直接计入当期损益。

（2）如果是外购需要安装的固定资产发生的安装费，应计入固定资产入账成本中。

（3）安装过程中如领用本企业自产产品或外购原材料，均按其账面价值计入固定资产入账成本，题目常以本企业自产产品或外购原材料公允价值设置干扰项；同时，自产产品或外购原材料对应的已抵扣的增值税进项税额无须进行转出。

2.以自营工程方式自行建造

情形	会计处理
购入工程物资时	借：工程物资 应交税费——应交增值税（进项税额） 贷：银行存款等
领用工程物资时	借：在建工程 贷：工程物资
支付工程款时	借：在建工程 应交税费——应交增值税（进项税额） 贷：银行存款等
领用外购材料或自产产品时	借：在建工程 贷：库存商品、原材料（成本价）

续表

情形	会计处理
计提工程人员薪酬时	借：在建工程 　贷：应付职工薪酬
工程完工达到预定可使用状态时	借：固定资产 　贷：在建工程

通关绿卡

命题角度：购入需安装固定资产或以自营工程方式自建固定资产的会计处理。

购入需安装固定资产或以自营工程方式自建固定资产的大部分会计处理都是相同的，差别仅在于是否涉及“工程物资”项目的购入及领用，具体来说，购入需安装固定资产时，应借记“在建工程”科目；而对于自营工程方式自建的固定资产，购入时一般为工程物资，因此应借记“工程物资”科目，领用时从“工程物资”科目转入“在建工程”科目。

第8记 固定资产后续计量 4分

精准冲刺180题：23、24、25、26、68、69、130

723 1-8

（一）固定资产折旧

1.折旧范围

除以下情况外，企业应当对所有固定资产计提折旧：

（1）已提足折旧仍继续使用的固定资产；（2）单独计价入账的土地；（3）处于更新改造、改良或改扩建期间的固定资产；（4）提前处置的固定资产。

2.折旧期间

（1）固定资产应当按月计提折旧。

（2）当月增加的固定资产：当月不计提折旧，从下月起计提折旧。

（3）当月减少的固定资产：当月仍然计提折旧，从下月起不再计提折旧。

3.影响固定资产折旧的主要因素

（1）固定资产原价；（2）预计净残值；（3）固定资产减值准备；（4）固定资产的使用寿命。

4.基本等量关系及折旧方法

（1）基本等量关系。

①固定资产账面净值=固定资产原值-累计折旧。

②固定资产账面价值=固定资产账面净值−固定资产减值准备=固定资产原值−累计折旧−固定资产减值准备。

③预计净残值=固定资产原值×预计净残值率。

（2）固定资产折旧金额的计算。

折旧方法		计算公式
年限平均法（直线法）		年折旧额=（固定资产原值−预计净残值）÷预计使用年限 月折旧额=年折旧额÷12 年折旧率=年折旧额/固定资产原值=（1−预计净残值率）÷预计使用年限 月折旧率=年折旧率÷12
工作量法		单位工作量折旧额=（固定资产原值−预计净残值）÷预计总工作量 月（年）折旧额=当月（年）工作量×单位工作量折旧额
双倍余额递减法	前N−2年	年折旧额=固定资产账面净值×年折旧率 年折旧率=2/预计使用年限×100%
	最后两年	年折旧额=（固定资产原值−已计提折旧额−预计净残值）/2
年数总和法		年折旧额=（固定资产原值−预计净残值）×年折旧率 年折旧率=尚可使用年限÷预计使用年限的年数总和

5.会计处理

借：制造费用（用于生产车间）

　　管理费用（用于行政管理部门或闲置不用）

　　销售费用（用于销售部门）

　　在建工程（用于工程建设）

　　研发支出（用于项目研发）

　　其他业务成本（用于经营租赁）

　贷：累计折旧

6.期末复核

（1）企业至少应当于每年年度终了，对固定资产的使用寿命、预计净残值和折旧方法进行复核。

（2）复核结果与原先估计数有差异的应当调整，并作为会计估计变更处理。

7.尚未竣工决算的固定资产

（1）已达到预定可使用状态但尚未办理竣工决算的固定资产，应当按照估计价值确定其成本，并计提折旧。

（2）待办理竣工决算后，再按实际成本调整原来的暂估价值，但不需要调整原已计提的折旧额。

通关绿卡

命题角度1：固定资产计提折旧的范围。

固定资产计提折旧的范围属于高频考点，且存在易混易错项目，提示如下：

需要计提折旧的常见项目	无须计提折旧的项目
（1）已达到预定可使用状态且已投入使用的固定资产（经营或非经营使用均需计提折旧）。 （2）闲置不用的固定资产。 （3）已达到预定可使用状态但尚未使用的固定资产。 （4）日常维修停用的固定资产。 （5）达到预定可使用状态但尚未办理竣工决算的固定资产	（1）已提足折旧仍继续使用的固定资产。 （2）单独计价入账的土地。 （3）处于更新改造、改良或改扩建期间的固定资产。 （4）提前处置（出售或报废）的固定资产

命题角度2：非整年折旧的计算。

如果题目考查非整年折旧的计算，可能会出现折旧年度和会计年度不一致的情形，需要分段计算折旧金额。此时比较好的方式是“先算年、再算月”：

第一步：先计算折旧年度应确认的折旧金额，折旧年度是自开始计提折旧起满一年，与自然年度并非等同概念。

第二步：根据第一步计算的年度折旧金额，计算对应的月度折旧。此处按月平均计算即可，即月度折旧金额=年度折旧金额×当年计提折旧的月数÷12。

（二）固定资产后续资本化支出

情形	会计处理	说明
固定资产转为改扩建	借：在建工程 　　累计折旧 　　固定资产减值准备 　贷：固定资产	将固定资产的账面价值转入在建工程
发生改扩建支出	借：在建工程 　贷：银行存款、原材料、应付职工薪酬等	工程建设期间发生的支出计入在建工程成本

续表

情形	会计处理	说明
存在替换资产时	借：银行存款（残料变价） 原材料（残料入库） 营业外支出（净损失） 贷：在建工程（被替换资产的账面价值）	这样可以避免将替换部分的成本和被替换部分的成本同时计入固定资产成本，导致高估固定资产成本。 替换资产账面价值=替换资产账面原值×账面价值率 账面价值率=资产账面价值/资产原值
工程完工达到预定可使用状态	借：固定资产 贷：在建工程	需要按照重新确定的使用寿命、预计净残值和折旧方法计提折旧

11 通关绿卡

命题角度：更新改造或改扩建后固定资产的入账价值。

此类题目重点在于存在被替换部分的问题，请注意审题，如果题目中给定被替换部分的账面价值，直接从“在建工程”中扣减即可；如果给定被替换部分的账面原值，应根据上述公式计算被替换部分的账面价值。

（三）固定资产后续费用化支出

受益对象（部门）	科目
行政管理部门	管理费用
专设销售机构	销售费用
生产车间	制造费用

第9记 固定资产处置 3分

精准冲刺180题：27、70、130

723 1-9

情形	会计处理
将固定资产的账面价值结转	借：固定资产清理 累计折旧 固定资产减值准备 贷：固定资产

续表

<table>
<tr><th colspan="2">情形</th><th>会计处理</th></tr>
<tr><td colspan="2">发生清理费等支出</td><td>借：固定资产清理
应交税费——应交增值税（进项税额）
贷：银行存款等</td></tr>
<tr><td colspan="2">出售（入库）残料以及保险公司或责任人赔偿</td><td>借：银行存款（残料变价）
原材料（残料入库）
其他应收款（保险公司或责任人赔款）
贷：固定资产清理
应交税费——应交增值税（销项税额）</td></tr>
<tr><td colspan="2">取得处置价款</td><td>借：银行存款
贷：固定资产清理
应交税费——应交增值税（销项税额）</td></tr>
<tr><td rowspan="2">结转处置损益</td><td>因已丧失使用功能、自然灾害发生毁损等原因而报废清理产生的利得或损失</td><td>借：固定资产清理
贷：营业外收入（利得）
或
借：营业外支出（损失）
贷：固定资产清理</td></tr>
<tr><td>因出售、转让等原因产生的固定资产处置利得或损失</td><td>借或贷：固定资产清理
贷或借：资产处置损益</td></tr>
</table>

通关绿卡

命题角度1：固定资产处置净损益的计算。

此类题目可以按以下公式计算：固定资产处置损益=处置价款（或“变价收入+保险公司或责任人赔偿+残料成本”）–固定资产账面价值–清理费用。需要说明的是，如果是报废净损益（营业外收支）则不影响企业的营业利润，如果是出售净损益（资产处置损益）则影响企业营业利润。

命题角度2：固定资产处置的会计处理。

（1）固定资产清理过程中的各项业务都对应“固定资产清理”科目。

（2）该科目的方向依赖于具体事项的会计处理，如支付清理费用，贷记“银行存款”科目，那么借方就是“固定资产清理”科目；再如，确认保险公司应收赔偿款，借记“其他应收款”科目，那么贷方就是“固定资产清理”科目。

（3）“固定资产清理”科目的结转一定要看清处置的“去向”，如出售将其转入“资产处置损益”科目；如报废将其转入“营业外收入”科目或“营业外支出”科目。

第10记 无形资产的会计核算 4分

精准冲刺180题：28、29、71、72、73、108、131

（一）无形资产的取得

1.外购

- 外购无形资产
  - 计入成本
    - 购买价款
    - 相关税款
    - 达到预定用途前发生的其他必要支出
    - 专业人员服务费
  - 不计入成本
    - 一般纳税人可抵扣的增值税
    - 引入新产品进行宣传发生的广告费
    - 管理费用及其他间接费用
    - 达到预定用途以后发生的费用
    - 专业人员培训费

2.内部研发

阶段		研发时	期末（或达到预定用途时）
研究阶段		借：研发支出——费用化支出 贷：银行存款、累计折旧、应付职工薪酬等	每一会计期末： 借：管理费用 贷：研发支出——费用化支出
开发阶段	不满足资本化条件		
	满足资本化条件	借：研发支出——资本化支出 贷：银行存款、累计折旧、应付职工薪酬等	达到预定用途时： 借：无形资产 贷：研发支出——资本化支出

通关绿卡

命题角度1：内部研发无形资产应资本化金额的计算。

此处可结合下图进行掌握，只有开发阶段中满足资本化条件的支出才可计入无形资产的成本，而非所有开发阶段的支出均可进行资本化，此为高频考点及易错点。

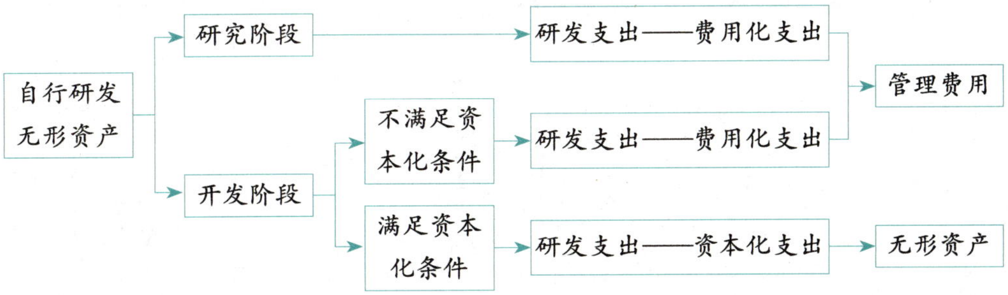

通关绿卡

命题角度2：内部研发无形资产应费用化金额的计算。

费用化金额来源于以下三部分：

（1）研究阶段的支出；（2）开发阶段不满足资本化条件的支出；（3）无法可靠区分的研究阶段和开发阶段的支出。

（二）无形资产的摊销

1.摊销原则

- 无形资产的摊销
  - 寿命有限——摊销
    - 摊销期：自可供使用（即其达到预定用途）当月起开始摊销处置当月不再摊销
    - 摊销方法：反映与该项无形资产有关的经济利益的预期实现方式方法包括年限平均法（即直线法）、生产总量法等无法可靠确定预期实现方式的，采用直线法摊销
  - 寿命不确定
    - 不摊销
    - 需要至少于每年年度终了进行减值测试

2.会计处理

借：制造费用（专门用于产品生产的无形资产）

　　管理费用（管理用无形资产）

　　销售费用（销售用无形资产）

　　其他业务成本（经营出租的无形资产）

　贷：累计摊销

通关绿卡

命题角度：与无形资产摊销有关的各项结论。

（1）对外出租使用寿命有限的无形资产应计提摊销。

（2）使用寿命不确定的无形资产不计提摊销。

（3）无法可靠确定经济利益预期实现方式的使用寿命有限的无形资产，使用直线法进行摊销，请注意此结论与（2）的区别。

（三）无形资产的处置

情形	会计处理
出售	借：银行存款等 　　无形资产减值准备 　　累计摊销 　贷：无形资产 　　　应交税费——应交增值税（销项税额） 差额：资产处置损益
报废	借：营业外支出 　　无形资产减值准备 　　累计摊销 　贷：无形资产

通关绿卡

命题角度1：无形资产处置的会计处理。

此处需要注意的是，固定资产与无形资产的处置“殊途同归”：

（1）从过程来看，无形资产的处置无须通过过渡性科目核算，而固定资产的处置需要通过“固定资产清理”科目进行核算，即处理过程不同。

（2）从结果来看，如果是出售两项资产，处置净损益均应结转至“资产处置损益”科目，影响营业利润及利润总额；如果是报废两项资产，处置净损益应结转至“营业外支出”科目（固定资产的报废随残料变现等情形的出现可能产生营业外收入，无形资产的报废一般不涉及此情形），仅影响利润总额不影响营业利润。

命题角度2：无形资产处置净损益的计算。

（1）出售净损益=出售价款−无形资产账面价值−支付的相关税费（价内税，如土地增值税）。

（2）报废净损失=无形资产账面价值。

第11记 投资性房地产的会计核算

3分

精准冲刺180题：30、33、74、75、76

723 1-11

（一）投资性房地产的内容

属于投资性房地产的内容	不属于投资性房地产的内容
（1）已出租的土地使用权。 （2）持有并准备增值后转让的土地使用权。 （3）已出租的建筑物（拥有所有权）	（1）自用房地产： ①企业拥有并自行经营的旅店或饭店。 ②企业持有的准备建造办公楼等建筑物的土地使用权。 ③出租给本企业职工居住的自建宿舍楼等。 （2）作为存货的房地产： 房地产开发企业持有并准备增值后出售的商品房。 （3）其他项目： ①按照国家有关规定认定的闲置土地。 ②租入后再转租的房地产（不具备所有权）。 ③不能单独计量和出售的部分

记忆口诀

命题角度：根据选项选择投资性房地产的核算范围。

属于投资性房地产的项目是很少的，因此此类题目建议同学们记忆“属于投资性房地产的内容”，共有三项，可简单概括为“租地、炒地、租房”。需要注意的是，“持有并准备增值后转让的建筑物”（即“炒房”），不属于投资性房地产的范畴。

（二）投资性房地产的科目设置

成本模式计量	公允价值模式计量
投资性房地产 投资性房地产累计折旧（摊销） 投资性房地产减值准备	投资性房地产——成本 ——公允价值变动

需要说明的是，同一企业只能采用一种模式对所有的投资性房地产进行后续计量，不得同时采用两种计量模式。

（三）投资性房地产的取得及后续计量

情形	成本模式计量	公允价值模式计量
初始取得	借：投资性房地产 贷：银行存款/在建工程等	借：投资性房地产——成本 贷：银行存款、在建工程等

续表

情形	成本模式计量	公允价值模式计量
取得租金收入	借：银行存款等 贷：其他业务收入	
计提折旧或摊销	借：其他业务成本 贷：投资性房地产累计折旧（摊销）	—
公允价值变动	—	借或贷：投资性房地产——公允价值变动 贷或借：公允价值变动损益
减值	借：资产减值损失 贷：投资性房地产减值准备（减值一经计提，不得转回）	—

通关绿卡

命题角度：成本模式及公允价值模式计量的投资性房地产的异同。

请同学们注意此处，成本模式下计量的投资性房地产，其账务处理基本可参考固定资产及无形资产，不仅需要计提折旧或摊销，还需要计提减值准备；而公允价值模式下的投资性房地产，其账务处理与交易性金融资产具有相似之处，以公允价值计量需要确认公允价值变动损益，且不计提折旧（摊销）以及减值。

（四）自用房地产及存货转换为采用公允价值模式计量的投资性房地产

情形	转换当日的公允价值小于原账面价值	转换当日的公允价值大于原账面价值
会计分录	借：投资性房地产（转换日的公允价值） 累计折旧（摊销） 固定资产（无形资产）减值准备、存货跌价准备 公允价值变动损益（公允价值小于账面价值的差额） 贷：固定资产（无形资产）、开发产品	借：投资性房地产（转换日的公允价值） 累计折旧（摊销） 固定资产（无形资产）减值准备、存货跌价准备 贷：固定资产（无形资产）、开发产品 其他综合收益（公允价值大于账面价值的差额）

记忆口诀

命题角度：投资性房地产转换产生差额的会计处理。

投资性房地产的转换差额仅涉及“公允价值变动损益”及“其他综合收益”两个会计科目，建议同学们仅记一头，即记住“转换当日的公允价值大于原账面价值”时的差额记入“其他综合收益”科目，记忆口诀为“大综”。

（五）自用房地产及存货转换为采用成本模式计量的投资性房地产

此部分遵循“对转”原则即可，会计分录为：

（1）自用房地产转换为采用成本模式计量的投资性房地产。

借：投资性房地产
　　累计折旧（累计摊销）
　　固定（无形）资产减值准备
　贷：固定（无形）资产
　　　投资性房地产累计折旧（摊销）
　　　投资性房地产减值准备

（2）存货转换为采用成本模式计量的投资性房地产。

借：投资性房地产
　　存货跌价准备
　贷：开发产品

（六）投资性房地产的处置

<table>
<tr><th>情形</th><th>成本模式计量</th><th>公允价值模式计量</th></tr>
<tr><td>收到价款</td><td colspan="2">借：银行存款
　贷：其他业务收入
　　　应交税费——应交增值税（销项税额）</td></tr>
<tr><td>结转成本</td><td>借：其他业务成本
　　投资性房地产累计折旧（摊销）
　　投资性房地产减值准备
　贷：投资性房地产</td><td>借：其他业务成本
　贷：投资性房地产——成本
　　　　　　　　——公允价值变动（或借方）</td></tr>
<tr><td>结转其他项目</td><td>—</td><td>结转：
借：其他综合收益
　贷：其他业务成本
借或贷：公允价值变动损益
　贷或借：其他业务成本</td></tr>
</table>

第12记 交易性金融资产的会计核算 4分

精准冲刺180题：31、32、77、109、134

1.交易性金融资产取得

借：交易性金融资产——成本（公允价值）

应收股利（已宣告但尚未发放的现金股利）

应收利息（已到付息期但尚未领取的债券利息）

投资收益（交易费用）

应交税费——应交增值税（进项税额）（交易费用可抵扣的增值税）

贷：其他货币资金等（支付的总价款）

通关绿卡

命题角度：交易性金融资产的入账金额。

（1）交易费用：题目中出现交易费用时会使用两种表述方式，“另支付交易费用”和“其中包括交易费用”，前者不包括在支付的购买价款中，后者是包括在支付的购买价款中，需要在购买价款中将交易费用减除。

（2）代垫款项，主要为代垫的应收股利或利息。题目中一般将其表述为“其中包括被投资单位已宣告但尚未发放的现金股利（或已到付息期但尚未领取的债券利息）××万元”，此时，交易性金融资产入账金额中需要扣除上述代垫款项。

2.交易性金融资产后续计量

情形		账务处理
公允价值变动	上升	借：交易性金融资产——公允价值变动 贷：公允价值变动损益
公允价值变动	下降	借：公允价值变动损益 贷：交易性金融资产——公允价值变动
现金股利或利息变动	宣告发放现金股利（或债券利息已到付息期）	借：应收股利 交易性金融资产——应计利息 贷：投资收益
	收到现金股利（或债券利息）	借：其他货币资金（或银行存款） 贷：应收股利 交易性金融资产——应计利息

通关绿卡

命题角度1：交易性金融资产公允价值变动时的会计处理。

（1）辨析方向："公允价值变动损益"属于损益类会计科目，当交易性金融资产公允价值上升时，应贷记"公允价值变动损益"科目，这将导致营业利润增加。

（2）辨析金额：确定公允价值变动的金额时，应将每一期公允价值金额与上一期公允价值金额进行对比后确定变动差额，而非始终将每一期公允价值金额与初始取得成本对比。

命题角度2：现金股利或利息变动的会计处理。

（1）辨析科目：当被投资方宣告发放现金股利（或债券利息已到付息期）时，投资方需要确认"投资收益"，而非"公允价值变动损益"，请注意合理运用会计科目。

（2）辨析事项：需要重点提示的是，当被投资方"宣告发放现金股利（或债券利息已到付息期）"时，投资方才需要确认投资收益；如果仅仅是实际收到上述现金股利或利息，就仅是资产内部的此消彼长，不涉及损益类科目的变动，也就不会影响当期营业利润或当期损益。

3.交易性金融资产出售

借：其他货币资金（或银行存款）（实际收到的售价净额）

　贷：交易性金融资产——成本

　　　　　　　　　　——公允价值变动（或借方）

差额：投资收益

4.转让金融商品应交增值税

情形	发生时账务处理	年末账务处理
产生转让收益	借：投资收益等 　贷：应交税费——转让金融商品应交增值税	—
产生转让损失	借：应交税费——转让金融商品应交增值税 　贷：投资收益等	借：投资收益等 　贷：应交税费——转让金融商品应交增值税

通关绿卡

命题角度：交易性金融资产各类事项对投资收益、营业利润及当期损益的影响。

交易性金融资产在取得、持有及处置过程中的损益影响见下表：

序号	情形	影响投资收益	影响公允价值变动损益	影响营业利润	影响当期损益
1	取得时产生交易费用	√	—	√	√

续表

序号	情形	影响投资收益	影响公允价值变动损益	影响营业利润	影响当期损益
2	公允价值变动	—	√	√	√
3	宣告发放现金股利（或债券利息已到付息期）	√	—	√	√
4	出售差额	√	—	√	√
5	产生转让金融商品应交增值税	√	—	√	√

第13记 4分 财产清查概述及资产清查

精准冲刺180题：10、34、78、98、110、111

（一）财产清查概述

1.财产清查的种类

- 财产清查
  - 清查范围
    - 全面清查
      - ①年终决算前
      - ②在合并、撤退或改变隶属关系前
      - ③中外合资、国内合资前
      - ④股份制改造前
      - ⑤开展全面的资产评估，清产核资前
      - ⑥单位主要领导调离工作前等
    - 局部清查
  - 清查时间（可以是全面清查或局部清查）
    - 定期清查
    - 不定期清查
  - 执行系统
    - 内部清查
    - 外部清查

2.财产清查的常见方法

清查对象	清查方法
往来款项	一般采用发函询证方式

续表

清查对象	清查方法
实物资产	主要采用实地盘点法和技术推算法
库存现金	实地盘点法
银行存款	与开户银行核对账目

通关绿卡

命题角度：不同对象与清查方法的对应关系。

（1）往来款项中常考查的有应收、应付款项和预收、预付款项。

（2）实物资产的清查要求实物保管人员和盘点人员必须同时在场。

（3）库存现金盘点时出纳人员必须在场。

（二）资产清查

情形	盘盈的会计处理（现金溢余）	盘亏的会计处理（现金短缺）
库存现金	借：库存现金 贷：待处理财产损溢 借：待处理财产损溢 贷：其他应付款（应支付给有关人员或单位的部分） 营业外收入（无法查明原因）	借：待处理财产损溢 贷：库存现金 借：其他应收款（责任人或保险公司赔偿的部分） 管理费用（无法查明原因） 贷：待处理财产损溢
存货	借：原材料等 贷：待处理财产损溢 借：待处理财产损溢 贷：管理费用	借：待处理财产损溢 贷：原材料等 应交税费——应交增值税（进项税额转出）（自然灾害原因除外） 借：原材料（收回残料价值） 其他应收款（应收取责任人或保险公司赔款） 管理费用（管理不善） 营业外支出（非常损失） 贷：待处理财产损溢

续表

情形	盘盈的会计处理（现金溢余）	盘亏的会计处理（现金短缺）
固定资产	按前期差错处理： 借：固定资产（重置成本） 　贷：以前年度损益调整 借：以前年度损益调整 　贷：盈余公积 　　　利润分配——未分配利润	借：待处理财产损溢 　　累计折旧 　　固定资产减值准备 　贷：固定资产 　　　应交税费——应交增值税（进项税额转出） 借：营业外支出（净损失） 　　其他应收款（责任人或保险公司赔偿） 　贷：待处理财产损溢

通关绿卡

命题角度：各类资产清查的会计处理。

（1）无法查明原因的现金溢余记入“营业外收入”科目；无法查明原因的现金短缺记入“管理费用”科目。

（2）存货盘盈不区分原因，全额冲减“管理费用”科目。

（3）除固定资产盘盈外，其余情形均需通过“待处理财产损溢”科目核算。

（4）固定资产的毁损或报废应通过“固定资产清理”科目核算；盘盈通过“以前年度损益调整”科目核算；盘亏通过“待处理财产损溢”科目核算。

（5）固定资产报废净损失无须区分原因，应通过“营业外支出”科目核算。

第14记 职工薪酬的会计核算（4分）

精准冲刺180题：35、36、37、38、79、80、112、113、114、132

（一）职工的范围

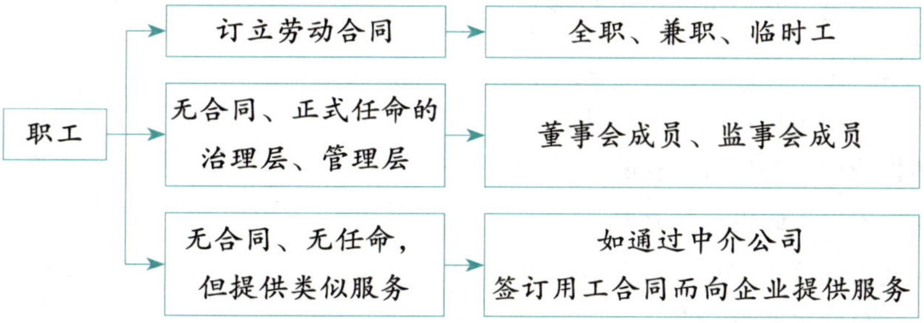

（二）职工薪酬的类型

类型	内容
短期薪酬	职工工资、奖金、津贴和补贴，职工福利费，医疗保险费、工伤保险费等社会保险费，住房公积金，工会经费和职工教育经费，短期带薪缺勤，短期利润分享计划、非货币性福利以及其他短期薪酬
离职后福利	设定受益计划和设定提存计划（养老保险、失业保险）
辞退福利	主要为支付的经济补偿金
其他长期职工福利	长期带薪缺勤、长期残疾福利、长期利润分享计划等

通关绿卡

命题角度1：职工薪酬的内容。

并非所有支付给员工的款项均属于应付职工薪酬，例如，支付职工差旅费（本质是员工出差后报销的代垫款）不属于职工薪酬，为职工代垫的医药费（员工未来需偿还）也不属于职工薪酬。

命题角度2：职工薪酬的具体分类。

此类题目绝大多数的情况下考查的是某种事项是否属于短期薪酬，请同学们采用排除法解题，记住三项不属于短期薪酬的事项：

（1）辞退职工支付的经济补偿（属于辞退福利）。

（2）支付养老保险和失业保险（属于离职后福利）。

（3）其他长期职工福利（均带有“长期”二字）。

其他的大部分职工薪酬属于短期薪酬。

（三）会计处理

1.总体原则

根据职工提供服务的受益对象，分别计入相关资产成本或当期损益。会计处理如下：

借：生产成本（车间生产工人薪酬）
　　制造费用（车间管理人员薪酬）
　　管理费用（行政管理人员薪酬）
　　销售费用（销售人员薪酬）
　　研发支出（研发人员薪酬）
　　在建工程等（工程人员薪酬）
　贷：应付职工薪酬

2.具体处理

（1）非货币性职工薪酬。

<table>
<tr><th>情形</th><th colspan="2">发放时</th><th>根据受益对象分配时</th></tr>
<tr><td rowspan="2">以自产产品发放</td><td>确认收入</td><td>借：应付职工薪酬
　贷：主营业务收入
　　　应交税费——应交增值税（销项税额）</td><td rowspan="2">借：管理费用
　　销售费用
　　生产成本
　　制造费用等
　贷：应付职工薪酬</td></tr>
<tr><td>结转成本</td><td>借：主营业务成本
　贷：库存商品</td></tr>
<tr><td>以外购产品发放</td><td colspan="2">借：应付职工薪酬
　贷：库存商品
　　　应交税费——应交增值税（进项税额转出）
如果当时未抵扣增值税则无须做转出处理</td><td rowspan="2">借：管理费用
　　销售费用
　　生产成本
　　制造费用等
　贷：应付职工薪酬</td></tr>
<tr><td>将自有或租入资产无偿提供给职工使用</td><td colspan="2">借：应付职工薪酬
　贷：累计折旧（自有住房）
　　　银行存款等（租入住房）</td></tr>
</table>

（2）辞退福利。

借：管理费用（不区分辞退人员所属部门）

　贷：应付职工薪酬

通关绿卡

命题角度1：按照不同受益对象确认职工薪酬时对应的会计科目。

提醒同学们注意以下易错易混内容：

（1）车间生产工人薪酬应记入“生产成本”科目而非“制造费用”科目。

（2）车间管理人员薪酬应记入“制造费用”科目而非“管理费用”科目。

（3）财务部门人员薪酬应记入“管理费用”科目而非“财务费用”科目。

（4）无论何种部门，发生的辞退福利均记入“管理费用”科目。

命题角度2：发放不同类型非货币性职工福利时应确认职工薪酬的金额。

非货币性职工福利应确认职工薪酬的金额总体分为四类：

（1）自产产品发放给职工的，按自产产品的“含税公允价值”确认。

（2）外购商品发放给职工的，按商品的“含税公允价值”确认。

（3）将自有资产供员工无偿使用的，按每期应计提折旧确认。

（4）租入资产供员工无偿使用的，按每期应付租金确认。

2分

第15记 短（长）期借款、应付账款的会计核算

精准冲刺180题：39、81、115、116

（一）短期借款

1.本金的会计处理

情形	会计处理
借入本金	借：银行存款 　贷：短期借款
归还本金	借：短期借款 　贷：银行存款

2.利息的会计处理

情形		会计处理
计提利息后再支付（预提方式）	计提时	借：财务费用 　贷：应付利息
	支付时	借：应付利息 　贷：银行存款
不计提利息直接支付	支付时	借：财务费用 　贷：银行存款

通关绿卡

命题角度：采用预提方式支付最后一期利息时的会计处理。

以一个季度支付一次利息为例，如果利息需采用预提方式按月计提，除最后一期利息以直接支付形式支付外，其他各期利息均应先计提，后续再统一支付。因此，支付最后一期利息时，应编制的会计分录为：

借：应付利息（前两个月已预提的利息）

　　财务费用（本月直接支付的利息）

　贷：银行存款（对应一个季度利息总额）

遇到此类题目，可直接套用上述分录模板解题。

（二）长期借款

情形	会计处理
取得时	借：银行存款（实际到账金额） 长期借款——利息调整 贷：长期借款——本金（合同约定金额）
计提利息时	借：在建工程（资本化） 财务费用（费用化） 管理费用（筹建期） 贷：长期借款——应计利息
归还长期借款	借：长期借款——本金 ——应计利息 贷：银行存款

（三）应付债券的会计处理

情形	会计处理
发行时	借：银行存款 贷：应付债券——面值（债券面值） 差额：应付债券——利息调整（折价借方、溢价贷方）
每期计提利息时	借：在建工程、制造费用、财务费用、研发支出等（期初债券的摊余成本×实际利率） 贷：应付债券——应计利息（面值×名义利率） 差额：应付债券——利息调整
到期归还本金和利息时	借：应付债券——面值 ——应计利息 贷：银行存款

通关绿卡

命题角度：应付债券的会计处理。

应付债券的会计处理属于难点，考生可借助以下规律简化此处内容：

“应付债券——利息调整”科目，如果初始发行应付债券时是折价发行，则“应付债券——利息调整”在发行时记借方，后续计提利息在贷方；反之，如果是溢价发行，“应付债券——利息调整”在发行时记贷方，后续计提利息在借方。

第16记 4分 所有者权益的会计核算

精准冲刺180题：40、41、42、43、44、82、83、84、85、86、117、118、119、120、121、122、133

（一）所有者权益的科目

科目		定义或核算内容
实收资本（非股份有限公司）		核算投资者投入资本的增减变动情况
股本（股份有限公司）		核算公司实际发行股票的面值总额
库存股（借方增加）		核算股份有限公司采用回购本公司股票方式减资时回购股份的金额
资本公积		资本（股本）溢价、其他资本公积（例如除净损益、其他综合收益和利润分配以外所有者权益的其他变动）
留存收益	盈余公积	（1）盈余公积是指企业按照有关规定从净利润中提取的积累资金。 （2）包括法定盈余公积和任意盈余公积
	未分配利润	未分配利润是指企业实现的净利润经过弥补亏损、提取盈余公积和向投资者分配利润后留存在企业的、历年结存的利润

（二）主要会计处理及相关影响

情形	会计处理	相关影响	
		所有者权益总额	留存收益总额
接受投资	借：原材料、库存商品、固定资产等 应交税费——应交增值税（进项税额） 贷：实收资本（或股本） 资本公积——资本溢价（或股本溢价）	↑	不变
发行股票	借：银行存款等 贷：股本 资本公积——股本溢价	↑	不变
支付股票发行手续费	借：资本公积——股本溢价① 盈余公积② 利润分配——未分配利润③ 贷：银行存款	↓	资本公积不足冲减时将减少留存收益

续表

情形	会计处理	相关影响	
		所有者权益总额	留存收益总额
提取盈余公积	借：利润分配 　贷：盈余公积	不变	不变
宣告分配现金股利	借：利润分配 　贷：应付股利	↓	↓
实际发放现金股利	借：应付股利 　贷：银行存款	不变	不变
宣告分配股票股利	无须进行会计处理	不变	不变
实际发放股票股利	借：利润分配 　贷：股本	不变	↓
资本公积转增资本	借：资本公积 　贷：股本/实收资本	不变	不变
盈余公积转增资本	借：盈余公积 　贷：股本/实收资本	不变	↓
盈余公积补亏	借：盈余公积 　贷：利润分配	不变	不变
税后利润补亏	无须进行会计处理	不变	不变
回购股票	借：库存股 　贷：银行存款	↓	不变
注销库存股	回购股票支付的价款高于面值总额： 借：股本 　　资本公积——股本溢价① 　　盈余公积② 　　利润分配——未分配利润③ 　贷：库存股	不变	资本公积不足冲减时将减少留存收益
	回购股票支付的价款低于面值总额： 借：股本 　贷：库存股 　　　资本公积——股本溢价	不变	不变

通关绿卡

命题角度1：发行股票应确认的资本公积金额的计算。

此类题目可以按以下公式进行计算：

应确认的资本公积金额=发行总收入–股本金额–支付的发行佣金和手续费

命题角度2：接受非现金投资应确认实收资本或资本公积金额的计算。

此类题目需要注意以下三点易错点：

（1）如果是增值税一般纳税人接受非现金投资，实收资本或资本公积应确认的金额为非现金资产含增值税的价格。

（2）实收资本应优先按合同约定的金额确认，合同价格不公允的除外。

（3）接受的非关联方捐赠应计入营业外收入，不直接影响所有者权益。

命题角度3：盈余公积与资本公积用途的异同。

盈余公积与资本公积用途的异同属于高频考点，也属于易混易错点，对比如下：

科目	转增资本	弥补亏损
盈余公积	√	√
资本公积	√	√

命题角度4：股票回购业务应冲减的资本公积或盈余公积的金额。

此类题目根据以下公式进行计算：

（1）应冲减资本公积的金额=回购价款–注销股本金额。

需要说明的是，以上计算结果有两种情况：第一，资本公积金额足够冲减，按上述计算结果选择；第二，资本公积金额不足冲减，按资本公积（股本溢价）余额选择。

（2）应冲减盈余公积的金额=回购价款–注销股本金额–冲减资本公积金额。

需要说明的是，以上计算结果有两种情况：第一，盈余公积金额足够冲减，按上述计算结果选择；第二，盈余公积金额不足冲减，按盈余公积余额选择。

（三）可供分配利润和未分配利润

1.可供分配利润和年末未分配利润的计算

（1）可供分配利润。

可供分配的利润=年初未分配利润（或–年初未弥补亏损）+当年实现的净利润（或净亏损）+其他转入（主要是盈余公积补亏）

（2）年末未分配利润。

年末未分配利润=年初未分配利润（或–年初未弥补亏损）+当年实现的净利润（或–当

年发生的净亏损）+盈余公积补亏–计提盈余公积–宣告发放的现金股利

2.“利润分配”账户的会计处理

情形	会计处理或说明
当年盈利金额转入	借：本年利润 贷：利润分配——未分配利润
当年亏损金额转入	借：利润分配——未分配利润 贷：本年利润
计提盈余公积	借：利润分配——提取法定盈余公积 ——提取任意盈余公积 贷：盈余公积——法定盈余公积 ——任意盈余公积
盈余公积补亏	借：盈余公积 贷：利润分配——盈余公积补亏
宣告分配现金股利或利润	借：利润分配——应付现金股利或利润 贷：应付股利
结转“利润分配”各项目明细至“利润分配——未分配利润”	借：利润分配——未分配利润 利润分配——盈余公积补亏 贷：利润分配——提取法定盈余公积 ——提取任意盈余公积 ——应付现金股利或利润

通关绿卡

命题角度1：“可供分配利润”“未分配利润”的计算。

在计算时需注意易混易错点：

（1）计提盈余公积和宣告发放现金股利：不影响“可供分配利润”的计算，但影响“年末未分配利润”的计算。

（2）盈余公积补亏：同时影响“可供分配利润”及“年末未分配利润”的计算。

命题角度2：“利润分配——未分配利润”余额的含义。

“利润分配——未分配利润”明细科目如为贷方余额，表示累积未分配的利润金额；如为借方余额，则表示累积未弥补的亏损金额。此处可借助所有者权益类的会计科目的增减变动方向结合记忆，贷方记增加，表盈余；借方记减少，表亏损。

（四）其他综合收益

情形	其他综合收益的核算内容
以后会计期间 不能重分类计入损益的	（1）重新计量设定受益计划净负债或净资产导致的变动。 （2）权益法核算下因被投资方重新计量设定受益计划净负债或净资产导致的权益变动。 （3）以公允价值计量且其变动计入其他综合收益的非交易性权益工具投资，其公允价值变动及处置利得和损失。 （4）企业自身信用风险公允价值变动
以后会计期间 满足规定条件时 可以重分类计入损益的	（1）以公允价值计量且其变动计入其他综合收益的金融资产（债务工具）产生的其他综合收益。 （2）按照金融工具准则规定，对金融资产重分类按规定可以将原计入其他综合收益的利得或损失转入当期损益的部分。 （3）采用权益法核算的长期股权投资。 （4）自用房地产或存货转换为以公允价值计量的投资性房地产（转换日的公允价值大于账面价值的差额）。 （5）现金流量套期储备。 （6）外币财务报表折算差额

第17记 2分 收入的确认

精准冲刺180题：45、46、47、48、87、88、93、123、124、166

（一）收入确认的五步法模型

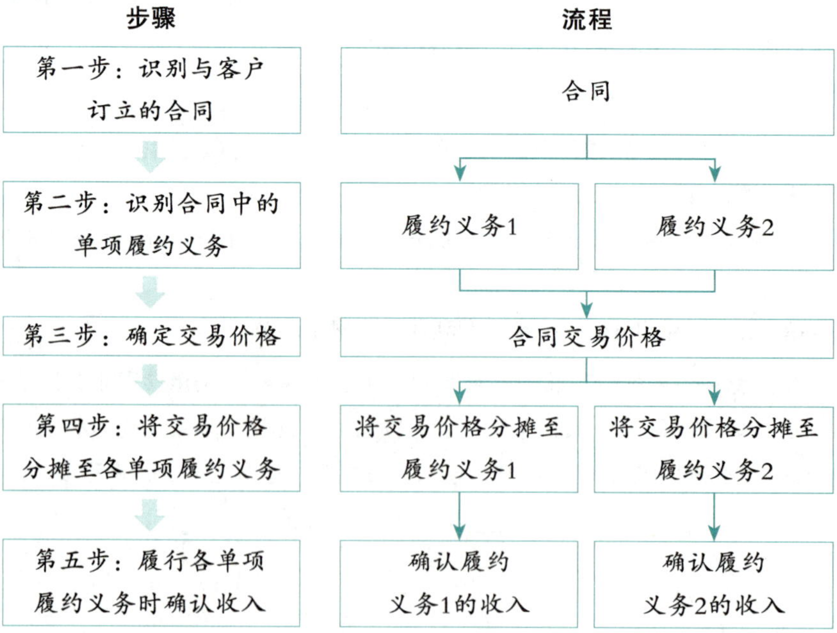

通关绿卡

命题角度1：不构成履约义务的活动。

为履行合同而应开展的初始活动不构成履约义务，如建立档案、会籍管理以及其他行政管理工作一般不构成履约义务，此知识点多以判断题进行考查。

命题角度2：按履约进度确认收入时的处理。

（1）对于在某一时段内履行的履约义务，企业应当在该段时间内按照履约进度确认收入，履约进度不能合理确定的除外。

（2）当履约进度不能合理确定时，企业已经发生的成本预计能够得到补偿的，应当按照已经发生的成本金额确认收入，直到履约进度能够合理确定为止。

根据上述两项结论，对于在某一时段内履行的履约义务的收入确认存在三种可能结果：

其一，履约进度可以合理确定的，按照履约进度确认收入。

其二，履约进度不能合理确定，但是企业已经发生的成本预计能够得到补偿的，按照已经发生的成本金额确认收入。

其三，履约进度不能合理确定，且企业已经发生的成本预计不能够得到补偿的，不应确认收入。

（二）收入相关会计科目

科目名称	核算内容	借方	贷方	余额
主营业务收入	企业确认销售商品、提供服务等主营业务的收入	期末转入“本年利润”科目的主营业务收入	企业主营业务活动实现的收入	无余额
其他业务收入	企业确认的除主营业务收入以外的其他经营活动实现的收入	期末转入“本年利润”科目的其他业务收入	企业其他业务活动实现的收入	无余额
主营业务成本	企业确认销售商品、提供服务等主营业务收入时应结转的成本	企业应结转的主营业务成本	期末转入“本年利润”科目的主营业务成本	无余额
其他业务成本	企业确认除主营业务收入以外的其他经营活动所形成的成本	企业应结转的其他业务成本	期末转入“本年利润”科目的其他业务成本	无余额

续表

科目名称	核算内容	借方	贷方	余额
合同取得成本	企业取得合同发生的、预计能够收回的增量成本	发生的合同取得成本	摊销的合同取得成本	企业尚未结转的合同取得成本（借方）
合同履约成本	企业为履行当前或预期取得的合同所发生的、不属于其他企业会计准则规范范围且按照收入准则应当确认为一项资产的成本	发生的合同履约成本	摊销的合同履约成本	企业尚未结转的合同履约成本（借方）
合同资产	企业已向客户转让商品而有权收取对价的权利，且该权利取决于时间流逝之外的其他因素	因已转让商品而有权收取的对价金额	取得无条件收款权的金额	企业已向客户转让商品而有权收取的对价金额（借方）
合同负债	企业已收或应收客户对价而应向客户转让商品的义务	企业向客户转让商品时冲销的金额	企业在向客户转让商品之前，已经收到或已经取得无条件收取合同对价权利的金额	企业在向客户转让商品之前，已经收到的合同对价或已经取得的无条件收取合同对价权利的金额（贷方）

通关绿卡

命题角度1：相关经济业务是否属于收入。

此类题目需要分析某项交易或业务是否属于收入，主要是注意与“利得”的区分，收入是日常活动中形成的，而利得是非日常活动形成的。

属于日常活动的包括但不限于：销售商品和材料、提供劳务和服务以及租赁等。

不属于日常活动的包括但不限于：接受现金捐赠、库存现金溢余无法查明原因的部分等。

命题角度2：通过“合同负债”科目核算的情形。

针对这类考题，考生容易直接采用“预收账款”科目来进行核算。需要注意的是，在收入准则中，如果企业负有向客户转让商品或提供服务的义务，则需采用“合同负债”科目对预收款项予以核算。真题题目中考查过的应通过“合同负债”核算的事项包括：

（1）预收的咨询服务合同的咨询费。

（2）预收的装修服务的装修费。

（3）预收的健身卡、会员年费等。

命题角度3：通过“其他业务收入”科目核算的情形（针对一般制造业企业）。

现将常考事项归纳如下：

（1）对外出租闲置设备取得的租金收入。

（2）出租无形资产使用权。

（3）受托代销商品取得的手续费收入（委托方手续费计入销售费用，注意区分）。

（4）对外提供运输服务取得的劳务收入。

（5）随同商品销售单独计价包装物的销售收入。

（6）出租包装物取得的收入。

（7）销售生产用原材料/辅料取得的收入。

命题角度4：“合同取得成本”与“合同履约成本”的辨析。

“合同取得成本”与“合同履约成本”属于易错易混项目，总结如下：

项目	合同取得成本	合同履约成本
计入	（1）销售佣金。 （2）为了续约或变更合同额外支付的佣金	（1）与合同直接相关：如直接材料、直接人工等。 （2）该成本增加了企业未来用于履行（或持续履行）履约义务的资源。 （3）该成本预期能够收回
不计入	差旅费、投标费、尽职调查费等（明确由客户承担的除外）	（1）管理费用（明确由客户承担除外）。 （2）非正常消耗。 （3）与企业过去的履约活动相关的支出。 （4）无法在尚未履行的与已履行的义务之间区分的支出

命题角度5：与“合同资产”和“应收账款”有关的会计处理。

“合同资产”与“应收账款”均是收款权利，但区别在于“合同资产”属于“有条件的收款权”，而应收账款属于“无条件的收款权”。

两者会计处理对比如下：

会计科目	应收账款	合同资产
会计分录	借：应收账款 　贷：主营业务收入 借：主营业务成本 　贷：库存商品、合同履约成本	借：合同资产 　贷：主营业务收入 借：主营业务成本 　贷：库存商品、合同履约成本 借：应收账款 　贷：合同资产

（三）交易价格与可变对价

（1）交易价格的定义。

交易价格是指企业因向客户转让商品而预期有权收取的对价金额，可能是固定金额、可变金额或两者兼有。

（2）可变对价。

①可变对价是指可能会因折扣（含商业折扣、现金折扣等）、价格折让、返利、退款、奖励积分、激励措施、业绩奖金、索赔等因素而变化的企业与客户的合同中约定的对价金额。

②金额确定：

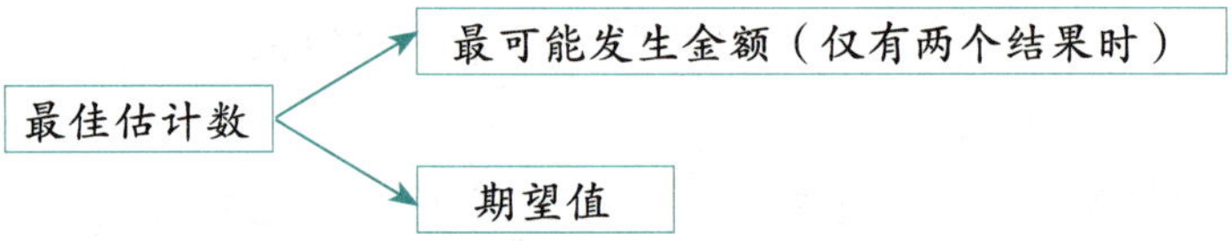

③计入交易价格的可变对价金额应满足的限制条件：包含可变对价的交易价格，应当不超过在相关不确定性消除时，累计已确认的收入极可能不会发生重大转回的金额。

通关绿卡

命题角度：综合考查与交易价格有关表述的正误。

考查此内容的题型多为多项选择题或判断题。请同学们重点掌握以下结论：

（1）交易价格不包括企业代第三方收取的款项（包括增值税）以及企业预期将退还给客户的款项。

（2）当履约进度不能合理确定时，企业已经发生的成本预计能够得到补偿的，应当按照已经发生的成本金额确认收入，直到履约进度能够合理确定为止。

（3）如可变对价未来很可能发生重大转回，则不满足收入确认的条件。

4分
第18记

收入的计量

精准冲刺180题：49、50、89、125、126、166

（一）某一时段内履行的履约义务

1.属于在某一时段内履行的履约义务的情形

（1）客户在企业履约的同时即取得并消耗企业履约所带来的经济利益（边履约边受益）。

（2）客户能够控制企业履约过程中在建的商品（边建造边转移）。

（3）企业履约过程中所产出的商品具有不可替代用途，且该企业在整个合同期间内有权就累计至今已完成的履约部分收取款项（不可替代用途+合格收款权）。

2.收入金额的确定

（1）履约进度的确定。

分类	具体指标
按产出指标确认	实际测量的完工进度、评估已实现的结果、时间进度、已完工或交付的产品
按投入指标确认	投入的材料数量、花费的人工工时、机器工时、发生的成本（最常考查，即“已发生成本占估计总成本的比例”）和时间进度

（2）应确认收入的金额=交易价格总额×履约进度-以前会计期间已确认的收入。

3.会计处理

情形	会计处理
履约过程中	借：合同履约成本 贷：银行存款 原材料 应付职工薪酬等
确认收入时	借：银行存款（款项已收妥） 应收票据（取得商业票据时） 应收账款（取得无条件的收款权时） 合同资产（取得附有条件的收款权时） 合同负债（此前已预收客户商品款） 贷：主营业务收入 应交税费——应交增值税（销项税额）
结转成本时	借：主营业务成本 贷：合同履约成本

通关绿卡

命题角度1：履约义务的类型。

如题目未明确告知履约义务的类型，但相关业务属于建造工程、提供某种连续服务或者存在跨年履约情形，则其大概率是某一时段内履行的履约义务。如果相关业务是销售商品、销售材料等，则其大概率属于某一时点履行的履约义务。

命题角度2：应确认收入的金额。

此处有两种考查方式，易错点分别如下：

（1）直接给出履约进度时：直接套用公式“应确认收入的金额=交易价格总额×履约进度–以前会计期间已确认的收入”计算即可。需要注意的是，此处应扣除的是以前会计期间已确认的收入，而非实际收到的款项，此处为易错点，同学们一定要注意正确取值。

（2）未给出履约进度时：此处需要同学们自行计算履约进度，需要注意的是，如按成本法确定履约进度，其分母为预计总成本，此时要看清题目条件。

第一，题目信息是否给出了计算履约进度时对应的预计总成本，此处注意，计算履约进度时要选用当时的预计总成本，该金额不一定等同于合同签订时最初的预计总成本。

第二，题目信息如果没有给出预计总成本，则需要通过将“已发生的成本”与“估计还需发生的成本”相加计算，此处切勿遗漏“已发生的成本”。

（二）某一时点履行的履约义务的会计处理

情形		会计处理
发出商品且满足收入确认条件时	确认收入	借：银行存款（款项已收妥） 　　应收票据（取得商业票据时） 　　应收账款（取得无条件的收款权时） 　　合同资产（取得附有条件的收款权时） 　　合同负债（此前已预收客户商品款） 　贷：主营业务收入 　　　应交税费——应交增值税（销项税额）
	结转成本	借：主营业务成本 　贷：库存商品等
发出商品但不满足收入确认条件时	发出商品	借：发出商品 　贷：库存商品

续表

情形		会计处理
发出商品但不满足收入确认条件时	满足收入确认条件时确认收入	借：银行存款（款项已收妥） 应收票据（取得商业票据时） 应收账款（取得无条件的收款权时） 合同资产（取得附有条件的收款权时） 合同负债（此前已预收客户商品款） 贷：主营业务收入 应交税费——应交增值税（销项税额）
	结转成本	借：主营业务成本 贷：发出商品
发生销售原材料等其他业务	确认收入	借：银行存款等 贷：其他业务收入 应交税费——应交增值税（销项税额）
	结转成本	借：其他业务成本 贷：原材料

通关绿卡

命题角度：某一时点履行的履约义务的会计处理。

此处常在不定项选择题中进行考查，较常涉及的企业类型为一般制造业企业，此处需注意以下几项易错点：

（1）对于“商品已发出但不满足收入确认条件”的情形：如借方科目是“应收账款”而非“银行存款”，此时与该事项相关的会计处理共有四处，分别是发出商品时、确认收入时、结转成本时以及收到款项时的会计处理，题目中很可能直接在四个选项中“安排”这四项，此时同学们切勿漏选。

（2）对于“业务为销售材料”的情形：销售材料确认收入时的对应科目为“其他业务收入”，这是针对一般制造业而言的。如果该企业类型的主营业务即为销售各类原材料，此时应采用的科目为“主营业务收入”。

（3）对于“存在商业折扣”的情形：须按扣除折扣后的金额确认收入，此时应确认的银行存款或应收账款均按折扣后的金额以及增值税税额的合计数确认。

第19记 费用、利得和损失的会计核算

2分

精准冲刺180题：51、52、53、54、55、56、90、91、92、127

（一）期间费用

分类	内容
销售费用	（1）在销售商品过程中发生的保险费、包装费、展览费和广告费、商品维修费、运输费、装卸费等。 （2）专设的销售机构职工薪酬、业务费、折旧费等经营费用，与专设销售机构相关的固定资产修理费用等后续支出
管理费用	（1）在筹建期间内发生的开办费。 （2）行政管理部门职工薪酬、物料消耗、低值易耗品摊销、办公费、差旅费等。 （3）行政管理部门负担的工会经费、董事会费（包括董事会成员津贴、会议费、差旅费等）。 （4）聘请中介机构费、咨询费（含顾问费）、诉讼费、业务招待费、技术转让费、研究费用等。 （5）企业行政管理部门发生的固定资产折旧费、修理费用等后续支出
财务费用	（1）利息支出（减利息收入）。 （2）汇兑损益以及相关的手续费

通关绿卡

命题角度1：费用与损失的辨别。

费用与损失并非等同概念，区分如下：

（1）费用：强调形成于日常活动，包括营业成本（主营业务成本及其他业务成本）、税金及附加、期间费用（销售费用、管理费用以及财务费用）。

（2）损失：强调形成于非日常活动，例如企业支付的违约金、税收滞纳金等，应计入营业外支出。

命题角度2：期间费用的分类。

此类题目每年必考，同学们需注意以下高频考点：

（1）计入管理费用的费用：业务招待费、审计费（含咨询费）、董事会津贴、筹建期间开办费、诉讼费等。

（2）计入销售费用的费用：商品维修费、随同商品销售不单独计价的包装物成本、出借包装物的摊销额、广告费、业务宣传费等。

（3）计入财务费用的费用：短期借款利息支出、收取银行存款利息收益、开具银行承兑汇票手续费、外币汇兑损益等。

（二）所得税费用

（1）所得税费用。

所得税费用=当期所得税费用+递延所得税费用

（2）当期所得税费用。

当期所得税费用=应纳税所得额×所得税税率=（税前会计利润+纳税调整增加额−纳税调整减少额）×所得税税率

（3）递延所得税费用。

递延所得税费用=（递延所得税负债期末余额−递延所得税负债期初余额）−（递延所得税资产期末余额−递延所得税资产期初余额）

通关绿卡

命题角度1：应交所得税的计算。

此处考查的核心是应纳税所得额的计算，常考的需调整的事项如下：

事项	对应纳税所得额的调整
国债利息收入	调减
税收滞纳金、行政罚款	调增
超标的业务招待费、广告费支出等	调增（超标部分）

命题角度2：所得税费用的计算。

同学们也可以通过编制会计分录的方式计算，根据借贷记账法的记账规则，即“有借必有贷，借贷必相等”，来倒挤所得税费用。

（三）税金及附加

不通过“税金及附加”科目核算的税种包括增值税、企业所得税、个人所得税、耕地占用税、车辆购置税、契税、关税。

（四）营业外收入及营业外支出

项目	常见核算内容
营业外收入	（1）无法查明原因的现金盘盈。 （2）固定资产、无形资产报废净收益。 （3）非关联方捐赠收入。 （4）长期股权投资初始投资成本调整差额。 （5）无法支付的应付账款

续表

项目	常见核算内容
营业外支出	（1）非正常损失的存货。 （2）固定资产盘亏损失。 （3）固定资产、无形资产报废净损失。 （4）罚款、违约金支出。 （5）捐赠支出

第20记 2分

利润的会计核算

精准冲刺180题：57、58、94、95、128、131

（一）利润的构成

营业利润=营业收入−营业成本−税金及附加−销售费用−管理费用−研发费用−财务费用+其他收益+投资收益（−投资损失）+净敞口套期收益（−净敞口套期损失）+公允价值变动收益（−公允价值变动损失）−信用减值损失−资产减值损失+资产处置收益（−资产处置损失）

⇩

+营业外收入
−营业外支出

⇩

利润总额

⇩

−所得税费用

⇩

净利润

通关绿卡

命题角度：不同利润指标的计算或影响对象。

此类题目按以下步骤进行分析：

（1）判断选项中的业务是否均为影响损益的经济业务，如是则可以进入下一步，如否则排除。

（2）根据具体考查对象分别判断：

①如果考查营业利润，建议采用排除法，若相关事项虽影响损益类科目，但该损益类科目涉及营业外收入、营业外支出或所得税费用科目，则该事项不影响营业利润的计算。

②如果考查利润总额，除所得税费用外，所有影响损益的事项均会影响利润总额。

（二）本年利润

（1）会计处理。

各项损益类账户余额结转至“本年利润”科目：

情形	会计处理	
	收入类账户的结转	费用类账户的结转
各期期末：结转各项损益类账户余额	借：主营业务收入 其他业务收入 营业外收入 资产处置损益（如为损失则作为费用类账户结转） 投资收益（同上） 公允价值变动损益（同上） 贷：本年利润	借：本年利润 贷：主营业务成本 其他业务成本 资产减值损失 信用减值损失 管理费用 财务费用 销售费用
年末：将“本年利润”的余额结转至“利润分配——未分配利润”科目	借或贷：本年利润 贷或借：利润分配——未分配利润	

（2）结转方式。

方式	月末结转	年末结转	特点
表结法	仅需结出本月发生额及余额，无须编制转账凭证结转	需编制转账凭证结转	减少“本年利润”科目的结转环节和工作量
账结法	需编制转账凭证结转		增加“本年利润”科目的结转环节和工作量

记忆口诀

命题角度：表结法和账结法的正误判断。

此类题目建议同学们记住两者之一的结转过程和特点即可，例如，记住若采用账结法，在月末需要编制转账凭证，将损益类会计科目转入本年利润，而采用表结法，则无须在月末编制转账凭证。但需要说明的是，若采用表结法，在年末时仍然需要编制转账凭证，将损益类会计科目转入本年利润。

相应知识点可借助口诀简记为“账结月月做，表结仅年末”。

第二模块

努力提升 25 分

● 有难度，不要纠结，认真复习拿下这部分80%的分值是不成问题的。要给自己足够的信心，我们一起加油。

第21记 4分

资产减值的会计核算

精准冲刺180题：129、130、135、136、137、138、139、160

（一）资产减值汇总对比

资产类别	是否计提减值	比较基础	对应损益类科目	能否转回
货币资金	×	—	—	—
交易性金融资产	×	—	—	—
投资性房地产（公允价值模式）	×	—	—	—
存货	√	可变现净值	资产减值损失	√
应收款项	√	预期信用损失	信用减值损失	√
长期股权投资	√	可收回金额	资产减值损失	×
固定资产	√	可收回金额	资产减值损失	×
投资性房地产（成本模式）	√	可收回金额	资产减值损失	×
无形资产	√	可收回金额	资产减值损失	×

通关绿卡

命题角度1：各类资产减值计提及转回的辨析。

对于此类题目，同学们需按两个层次进行判断，先判断相关资产是否需要计提减值准备，再判断计提的减值准备满足相关条件时能否转回。其中：

（1）对于“是否计提”：不计提减值的资产主要包括“货币资金、交易性金融资产以及以公允价值模式计量的投资性房地产”等。

（2）对于“能否转回”：上表中除“应收款项、存货”计提的减值准备满足条件时可以转回外，其余资产减值准备一经计提，不得转回。

命题角度2：“信用减值损失”和“资产减值损失”的辨析。

应收款项计提减值损失应通过“信用减值损失”科目核算；其他资产如存货、固定资产、无形资产、长期股权投资等，计提减值损失则应通过“资产减值损失”科目核算。

（二）应收账款减值的会计核算

1.科目设置及应收账款账面价值确认

（1）坏账准备科目：

坏账准备

借方	贷方
②转回多提的坏账准备 ③实际发生的坏账损失	①当期计提的坏账准备 ④已确认的坏账又重新收回
	已计提，但尚未转销的坏账准备

（2）应收账款的账面价值=应收账款账面余额-坏账准备。

2.账务处理

情形	账务处理（备抵法）	对坏账准备金额的影响	对应收账款账面价值的影响
计提时	借：信用减值损失 　贷：坏账准备	增加	减少
冲减多计提的坏账准备时	借：坏账准备 　贷：信用减值损失	减少	增加
实际发生坏账损失时	借：坏账准备 　贷：应收账款	减少	不变 （坏账准备及应收账款等额减少）
已确认并转销的应收账款以后又收回（三笔分录）	借：应收账款 　贷：坏账准备 借：坏账准备 　贷：信用减值损失	不变	增加
	借：银行存款 　贷：应收账款	不变	减少（坏账准备不变，应收账款账面余额减少）

通关绿卡

命题角度1：判断坏账准备的金额。

正确判断坏账准备金额的前提是准确判断题目要求计算的是坏账准备的“期末余额”还是“发生额”。具体而言：

（1）如果是“期末余额”：坏账准备期末余额=期初余额+本期增加（贷方发生额）–本期减少（借方发生额）。

（2）如果是“发生额”：则有两种计算方法，第一种是直接根据本期贷方发生额和借方发生额进行计算；第二种是通过期末余额和期初余额作差求得。

另外，需要说明的是，此类题目一般会综合考查上表中的四种情形。

命题角度2：应收账款账面价值的变动。

此类题目一般仅考查上表中的一种情形，需要同学们牢牢掌握上述四种账务处理程序。需要注意的是，应收账款的账面价值受“应收账款的账面余额”和“坏账准备”共同影响，切勿“只分析一头”，尤其是应收账款账面余额发生的变动，同学们切勿遗漏。

（三）存货减值

（1）原则。

资产负债表日，存货应当按照成本与可变现净值孰低计量。存货成本高于其可变现净值的，应当计提存货跌价准备，计入当期损益。

其中：

①存货成本=存货账面余额。

②可变现净值=存货的估计售价–进一步加工成本（如有）–估计的销售费用和税金。

（2）存货跌价准备。

①科目设置。

存货跌价准备（贷方登记增加）

b.转回多提的金额 c.销售结转的金额	a.当期计提的金额
	余额：已计提的金额

②金额确定。

（存货成本–可变现净值）–存货跌价准备原有余额
- >0 计提存货跌价准备
- <0 在原有余额内转回

（3）账务处理及相关影响。

情形	账务处理	存货跌价准备	存货账面价值
计提时	借：资产减值损失 　贷：存货跌价准备	增加	减少
转回时	借：存货跌价准备 　贷：资产减值损失	减少	增加
随同销售结转	借：主营业务成本等 　　存货跌价准备 　贷：库存商品等	减少	对应出售部分 账面价值减少为零

通关绿卡

命题角度：存货跌价准备金额的计算。

请同学们按以下步骤作答此类题目：

首先，需要计算存货的可变现净值；其次，再将其与存货的账面余额进行比较；最后，如果账面余额高于其可变现净值，差额为当期“存货跌价准备”科目的余额，如果存货跌价准备期初有余额，计算当期应计提或转回的金额时，需将期初余额考虑在其中。

（四）非流动资产的减值

适用资产	账务处理
固定资产	借：资产减值损失 　贷：××减值准备 注意： 此类资产减值损失一经计提，不得转回
生产性生物资产	
投资性房地产（成本模式）	
无形资产	
长期股权投资	

2分

第22记

长期股权投资概述

精准冲刺180题：141

（一）长期股权投资的核算原则

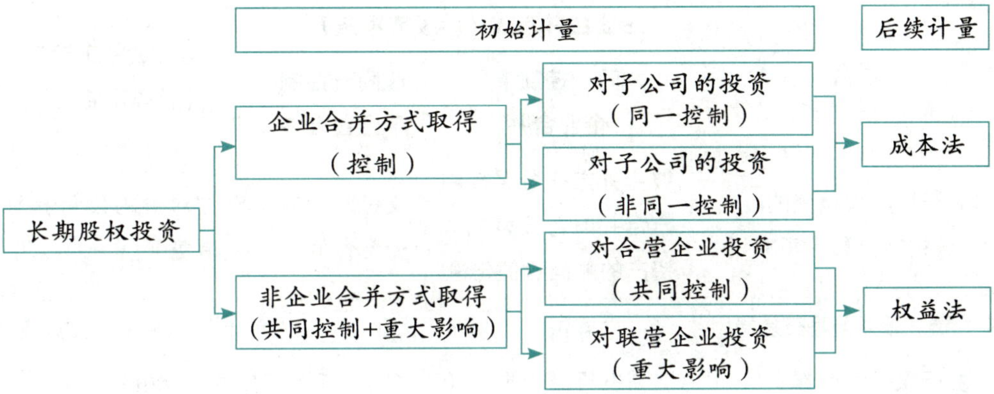

通关绿卡

命题角度：应采用“长期股权投资”科目核算的投资的内容。

（1）从影响程度来看：“长期股权投资”科目核算的是能够实施控制、共同控制、重大影响的投资；如果是无控制、无共同控制和无重大影响的股权投资，不得通过“长期股权投资”科目核算。

（2）从投资类型来看：长期股权投资包括对子公司的投资、对合营企业的投资以及对联营企业的投资。

（二）长期股权投资的科目及明细

成本法	权益法
长期股权投资	长期股权投资——投资成本 ——损益调整 ——其他综合收益 ——其他权益变动

8分

第23记 长期股权投资的会计核算

精准冲刺180题：140、142、143、144、145、146、155、161、167

（一）初始计量

项目	企业合并方式（后续成本法）		非企业合并方式（后续权益法）
	同一控制下企业合并	非同一控制下企业合并	
长期股权投资的初始计量金额	被合并方在最终控制方合并财务报表中净资产的账面价值份额	支付对价的公允价值	支付对价的公允价值+交易费用
中介费、服务费等交易费用	计入管理费用		计入长期股权投资成本
发行权益性证券支付给券商的佣金、手续费	冲减发行溢价收入（不影响长期股权投资初始投资成本）； 冲减顺序：资本公积→盈余公积→利润分配——未分配利润		
已宣告但尚未发放的现金股利	单独确认为应收股利，不影响长期股权投资初始投资成本		

（二）后续计量

事项		成本法	权益法
调整初始投资成本（比一比）	原则	—	权益法下需对长期股权投资初始投资成本进行调整，调整后其金额应为“享有的被投资方可辨认净资产公允价值份额”及“付出对价的公允价值+交易费用”中的较高者
	分录	—	借：长期股权投资——投资成本（差额） 贷：营业外收入
被投资方发生盈亏变动		—	借或贷：长期股权投资——损益调整 贷或借：投资收益
被投资方宣告发放现金股利或利润		借：应收股利 贷：投资收益	借：应收股利 贷：长期股权投资——损益调整
被投资方其他综合收益变动		—	借或贷：长期股权投资——其他综合收益 贷或借：其他综合收益
被投资方所有者权益的其他变动		—	借或贷：长期股权投资——其他权益变动 贷或借：资本公积——其他资本公积

注：长期股权投资的减值详见第21记相关内容。

（三）处置

方法	账务处理
成本法	借：银行存款等 　　长期股权投资减值准备（如有） 　贷：长期股权投资 差额：投资收益
权益法	借：银行存款等 　　长期股权投资减值准备（如有） 　贷：长期股权投资——各类二级明细 差额：投资收益 同时： 借或贷：资本公积——其他资本公积 　　　　其他综合收益 　贷或借：投资收益（资本公积、可转损益的其他综合收益） 　　　　　留存收益（不可转损益的其他综合收益）

通关绿卡

命题角度1：不同取得方式下长期股权投资入账成本的计算。

此处需要注意如下易混易错问题。

（1）对于以合并方式取得的长期股权投资：

无论是以同一控制下企业合并还是非同一控制下企业合并方式取得的长期股权投资，均属于企业合并方式取得的长期股权投资，初始相关交易费用应记入“管理费用”科目，不计入长期股权投资初始投资成本。

（2）对于以非合并方式取得的长期股权投资：

①其初始相关交易费用需要计入初始投资成本。

②如取得长期股权投资时“付出对价的公允价值+交易费用”小于“应享有的被投资方可辨认净资产公允价值份额”（即投资方“花得少，占得多”），应调整其长期股权投资的初始投资成本；但如果前者“大于”后者，则不进行调整。

命题角度2：成本法及权益法后续计量的异同。

（1）在采用成本法的情况下仅需要核算两件事项：一是“被投资方宣告发放现金股利或利润”；二是相关投资发生减值。其余事项无须进行账务处理。

（2）在“被投资方宣告发放现金股利或利润”时，采用成本法的情况下应贷记“投资收益”，该事项影响营业利润，但不影响长期股权投资的账面价值；而在采用权益法的情况下应贷记“长期股权投资——损益调整”，该事项不影响营业利润，但影响长期股权投资的账面价值。

命题角度3：采用成本法与权益法处置长期股权投资对投资收益的影响。

采用成本法和权益法对投资收益的影响可参考下列公式计算

方法	处置时点投资收益的计算（全额处置）
成本法	处置价款–长期股权投资账面价值
权益法	处置价款–长期股权投资账面价值+“资本公积——其他资本公积”科目金额+其他综合收益金额（可转损益部分）

第24记 2分 应交税费的会计核算

精准冲刺180题：37、91、147、156、162

（一）应交增值税

1.一般纳税人与增值税相关的明细及专栏

- 应交税费（增值税相关明细及专栏）
  - 应交增值税
    - 主要借方专栏
      - 进项税额
      - 已交税金
      - 转出未交增值税
      - 销项税额抵扣
    - 主要贷方专栏
      - 销项税额
      - 进项税额转出
      - 转出多交增值税
  - 未交增值税
  - 待认证进项税额
  - 简易计税
  - 代扣代交增值税
  - 预交增值税
  - 待抵扣进项税额
  - 待转销项税额
  - 转让金融商品应交增值税

2.一般纳税人的主要账务处理

<table>
<tr><th colspan="2">情形</th><th>账务处理</th></tr>
<tr><td colspan="2">取得资产、接受劳务或服务</td><td>借：原材料
固定资产等
应交税费——应交增值税（进项税额）
贷：银行存款等</td></tr>
<tr><td colspan="2">销售商品、提供劳务或服务</td><td>借：银行存款等
贷：主营业务收入
应交税费——应交增值税（销项税额）</td></tr>
<tr><td colspan="2">进项税额转出</td><td>借：待处理财产损溢
贷：原材料等
应交税费——应交增值税（进项税额转出）</td></tr>
<tr><td rowspan="2">特殊销售</td><td>确认收入
及结转成本</td><td>借：应付职工薪酬（自产产品发放职工福利）
长期股权投资等（对外投资）
应付股利（以实物支付股利）
贷：主营业务收入等
应交税费——应交增值税（销项税额）</td></tr>
<tr><td>无须确认收入
及结转成本
（增值税视同销售）</td><td>借：营业外支出（对外捐赠）
贷：库存商品（成本价）
应交税费——应交增值税（销项税额）</td></tr>
<tr><td rowspan="2">月末增值税
结转</td><td>当月应交未交的
增值税</td><td>借：应交税费——应交增值税（转出未交增值税）
贷：应交税费——未交增值税</td></tr>
<tr><td>当月多交的增值税</td><td>借：应交税费——未交增值税
贷：应交税费——应交增值税（转出多交增值税）</td></tr>
<tr><td rowspan="2">缴纳增值税</td><td>当月缴纳当月
应交增值税</td><td>借：应交税费——应交增值税（已交税金）
贷：银行存款</td></tr>
<tr><td>当月缴纳以前期间
未交增值税</td><td>借：应交税费——未交增值税
贷：银行存款</td></tr>
</table>

3.小规模纳税人的账务处理

情形	账务处理
购进原材料	借：原材料等（含增值税价款） 贷：银行存款等

续表

情形	账务处理
销售商品	借：银行存款等 贷：主营业务收入 应交税费——应交增值税

（二）应交消费税

<table>
<tr><th colspan="2">情形</th><th>账务处理</th></tr>
<tr><td colspan="2">企业将自产应税消费品直接对外销售</td><td>借：税金及附加
贷：应交税费——应交消费税</td></tr>
<tr><td colspan="2">企业将自产应税消费品用于在建工程等非应税项目</td><td>借：在建工程
贷：应交税费——应交消费税</td></tr>
<tr><td colspan="2">企业将自产应税消费品用于对外投资、分配给职工</td><td>借：税金及附加
贷：应交税费——应交消费税</td></tr>
<tr><td rowspan="2">委托加工应税消费品</td><td>收回后继续用于生产应税消费品</td><td>借：应交税费——应交消费税
贷：银行存款</td></tr>
<tr><td>收回后直接用于销售</td><td>借：委托加工物资
贷：银行存款</td></tr>
<tr><td colspan="2">进口应税消费品，消费税计入该项物资成本</td><td>借：原材料等
贷：银行存款</td></tr>
</table>

通关绿卡

命题角度：消费税可能记入的会计科目。

根据上表，消费税的会计处理可归纳总结如下：

<table>
<tr><th>分类</th><th>情形</th><th>账务处理</th></tr>
<tr><td rowspan="3">计入相关资产成本</td><td>进口应税消费品</td><td rowspan="2">借：原材料、委托加工物资
贷：银行存款</td></tr>
<tr><td>收回后直接用于销售的委托加工应税消费品</td></tr>
<tr><td>非应税在建工程项目领用应税消费品</td><td>借：在建工程
贷：应交税费——应交消费税</td></tr>
</table>

续表

<table>
<tr><th>分类</th><th>情形</th><th>账务处理</th></tr>
<tr><td rowspan="2">不计入相关资产成本</td><td>收回后继续用于生产应税消费品的委托加工物资</td><td>借：应交税费——应交消费税
贷：银行存款</td></tr>
<tr><td>企业将自产应税消费品直接对外销售、对外投资或分配给职工</td><td>借：税金及附加
贷：应交税费——应交消费税</td></tr>
</table>

（三）其他应交税费

<table>
<tr><th colspan="2">税费</th><th>账务处理</th></tr>
<tr><td colspan="2">资源税</td><td>借：税金及附加（对外销售）
制造费用（自产自用）
贷：应交税费——应交资源税</td></tr>
<tr><td rowspan="3">土地增值税</td><td>房地产企业</td><td>借：税金及附加
贷：应交税费——应交土地增值税</td></tr>
<tr><td rowspan="2">非房地产企业</td><td>转让不动产（固定资产清理）：
借：固定资产清理
贷：应交税费——应交土地增值税</td></tr>
<tr><td>转让土地使用权（无形资产）：
借：银行存款
累计摊销、无形资产减值准备
贷：无形资产
应交税费——应交增值税（销项税额）
应交税费——应交土地增值税
差额：资产处置损益</td></tr>
<tr><td colspan="2">企业所得税</td><td>借：所得税费用
贷：应交税费——应交所得税</td></tr>
<tr><td colspan="2">个人所得税</td><td>借：应付职工薪酬（代扣个人所得税时）
贷：应交税费——应交个人所得税</td></tr>
<tr><td colspan="2">（1）城市维护建设税。
（2）教育费附加。
（3）城镇土地使用税。
（4）房产税。
（5）车船税</td><td>借：税金及附加
贷：应交税费——应交××税</td></tr>
</table>

通关绿卡

命题角度：应交税费核算的内容。

此类题目需采用排除法解题，所以要重点记忆常考的不通过应交税费核算的税种，如耕地占用税、车辆购置税、契税、关税、印花税。

第25记 产品成本会计基础 2分

精准冲刺180题：148、157、163

（一）成本会计基础

1.产品成本的内容

成本项目	核算内容
直接材料	构成产品实体的原材料以及有助于产品形成的主要材料和辅助材料，包括原材料、辅助材料、备品配件、外购半成品、包装物、低值易耗品等费用
燃料及动力	直接用于产品生产的外购和自制的燃料和动力
直接人工	直接从事产品生产的工人的职工薪酬
制造费用	企业为生产产品和提供劳务而发生的各项间接费用，包括车间管理人员的工资和福利费、车间房屋建筑物和机器设备的折旧费、办公费、水电费、机物料消耗、劳动保护费、季节性和修理期间的停工损失、信息系统维护费等

通关绿卡

命题角度：制造费用的核算内容。

需要注意的是，此处较常考查的内容主要是车间管理人员的工资和福利费、车间机器设备的折旧费、车间机物料消耗以及季节性停工和修理期间的正常停工损失。

2.产品成本的计算方法

项目	品种法	分批法	分步法
成本核算对象	产品品种	产品批别	各个加工步骤（分品种）

续表

项目	品种法	分批法	分步法
适用范围	单步骤、大量生产	单件、小批生产	大量大批的多步骤生产
成本计算期	定期计算； 与生产周期不一致； 与财务报告期一致	不定期计算； 与生产周期一致； 与财务报告期不一致	定期计算； 与生产周期不一致； 与财务报告期一致
完工产品与在产品之间的成本分配	如果月末有在产品，要进行分配	一般不需要	如果月末有在产品，要进行分配
适用行业	发电、供水、采掘	造船、重型机器制造、精密仪器、新产品试制、在建工程以及设备修理	冶金、纺织、机械制造

提示：分步法分为逐步结转分步法及平行结转分步法。

通关绿卡

命题角度：不同产品成本计算方法的特点。

此处为同学们辨析三类方法的核心特点。

（1）品种法：由于生产简单且大量重复，故以产品品种作为成本核算对象即可满足计算产品成本的需要；由于生产过程往往是重复不间断进行的，故月末定期计算产品成本即可，其成本计算期与财务报告期一致，与生产周期不一致。

（2）分批法：由于生产多为定制化需求，模式多为“先接单，后生产”，故以产品批别或订单作为成本核算对象即可满足计算产品成本的需要；此类方法按产品的生产周期计算产品成本，并非月末定期计算，与财务报告期不一致。

（3）分步法：由于生产复杂且大量重复，故需在品种法的基础上再细分生产步骤才能满足准确计算产品成本的需要；此类方法实质上是更为复杂的品种法，故与品种法相同，也在月末定期计算产品成本，其成本计算期与财务报告期一致，与生产周期不一致。

（二）成本项目的归集和分配

成本项目	分配标准	分配率	某产品应分配的金额
直接材料、燃料及动力	产品重量、消耗定额、生产工时等	待分配金额÷分配标准之和	分配率×该产品的分配标准
直接人工	工时、产品产量、产值比例等		

续表

成本项目	分配标准	分配率	某产品应分配的金额
制造费用	生产工人工时、生产工人工资、机器工时、耗用原材料的数量或成本、直接成本（材料、生产工人工资等职工薪酬之和）和产成品产量等	待分配金额 ÷ 分配标准之和	分配率 × 该产品的分配标准

通关绿卡

命题角度：根据经济业务，计算某产品应分配的材料成本（或人工成本），以及制造费用。

无论是材料、人工还是制造费用的分配，其原理是一致的，均可按以下步骤进行：

第一步：归集材料费、人工费或制造费用（待分配金额合计）。

第二步：选择合理的分配标准。

第三步：计算分配率。

第四步：利用分配率将归集的材料费、人工费或制造费用分配至各个成本核算对象。

第26记 产品成本计算 5分

精准冲刺180题：149、150、151、152、165、168

（一）辅助生产费用的归集和分配

分配方法	计算特点	优点	缺点
直接分配法	（1）不考虑辅助生产车间的分配。 （2）直接将辅助生产费用分配给辅助生产车间以外的各个受益单位	分配一次，计算简单	分配结果不够准确
交互分配法	（1）第一次分配： 对辅助生产车间内部相互提供的劳务进行分配。 （2）第二次分配： 将交互分配后的实际费用向辅助生产车间以外的各受益单位之间进行分配	提高了分配的正确性	增加了分配的工作量

续表

分配方法	计算特点	优点	缺点
计划成本分配法	（1）直接向各受益单位按计划单位成本进行分配。 （2）实际发生的与已按照计划成本分配的辅助生产费用差额采用简化计算方法计入管理费用	便于成本考核和分析，有利于分清各单位的经济责任	成本分配不够准确

除上述方法以外，还包括顺序分配法、代数分配法等。

（二）生产费用在完工产品和在产品之间的归集和分配

1.基本等量关系

生产成本——基本生产成本（××产品）

①月初在产品成本 ②本月发生生产成本	④本月完工产品成本
③月末在产品成本	

①月初在产品成本+②本月发生生产成本=③月末在产品成本+④本月完工产品成本

④本月完工产品成本=①月初在产品成本+②本月发生生产成本–③月末在产品成本

2.分配方法

分配方法	定义	公式	适用范围
约当产量比例法	应将月末在产品数量按其完工程度折算为相当于完工产品的产量，即约当产量，然后将产品应负担的全部成本按照完工产品产量与月末在产品约当产量的比例分配计算完工产品成本和月末在产品成本	月末在产品约当产量=月末在产品数量×完工程度 分配率（单位成本）=（月初在产品成本+本月发生生产成本）÷（完工产品产量+月末在产品约当产量） 完工产品成本=完工产品产量×分配率 月末在产品成本=月末在产品约当产量×分配率 （需要说明的是，原材料在生产开始时一次投入的，在产品无论完工程度如何，都应和完工产品负担同样的材料成本，即在产品原材料完工程度为100%）	产品数量较多，各月在产品数量变动较大，且生产成本中直接材料成本和直接人工等加工成本的比重相差不大的产品

续表

分配方法	定义	公式	适用范围
在产品按定额成本计价法	月末在产品成本按定额成本计算，该种产品的全部成本（含月初在产品成本）减去按定额成本计算的月末在产品成本，余额作为完工产品成本，实际成本脱离定额的差异完全由完工产品承担	月末在产品成本=月末在产品数量×在产品单位定额成本 本月完工产品总成本=（月初在产品成本+本月发生产品生产成本）–月末在产品成本	各项消耗定额或成本定额比较准确、稳定，而且各月末在产品数量变化不是很大的产品
定额比例法	产品的生产成本在完工产品与月末在产品之间按照两者的定额消耗量或定额成本比例分配	分配率（各项目单位成本）=（月初在产品该项目实际成本+本月投入该项目实际成本）÷（完工产品该项目定额成本+月末在产品该项目定额成本） 完工产品实际成本=完工产品该项目定额成本×分配率 月末在产品实际成本=月末在产品该项目定额成本×分配率	各项消耗定额或成本定额比较准确、稳定，但各月末在产品数量变动较大的产品

除上述方法外，还包括不计算在产品成本法、在产品按固定成本计价法、在产品按所耗直接材料成本计价法、在产品按完工产品成本计价法等。

通关绿卡

命题角度：根据经济业务采用约当产量比例法计算完工产品成本。

此类题目需要重点关注以下两点：

第一，原材料是在生产开始时就一次性投入，还是随生产陆续投入，如果是前者，则在分配直接材料成本时无须将月末在产品按约当产量计算；如果是后者，则需要将月末在产品按约当产量计算。剩余项目利用通用的分配率公式计算即可。

第二，在计算在产品各个项目成本时，需要按约当产量乘以分配率（原材料是在生产开始时就一次性投入的除外）。

第27记 特定交易的会计处理 2分

精准冲刺180题：153、154、158、159、164、169

（一）附有销售退回条款的销售

情形		会计分录
销售时		借：银行存款、应收账款等 　贷：主营业务收入 　　　预计负债（预计退货率×交易价格） 　　　应交税费——应交增值税（销项税额） 借：主营业务成本 　　应收退货成本（预计退货率×商品总成本） 　贷：库存商品
资产负债表日 根据预计退货率进行调整时		借或贷：预计负债 　贷或借：主营业务收入 借或贷：主营业务成本 　贷或借：应收退货成本
退货期满	未退货	借：预计负债 　贷：主营业务收入 借：主营业务成本 　贷：应收退货成本
	实际退货数量＞预计退货数量	借：预计负债 　　主营业务收入（超过预计退货部分） 　　应交税费——应交增值税（销项税额） 　贷：银行存款等 借：库存商品 　贷：应收退货成本 　　　主营业务成本
	实际退货数量＜预计退货数量	借：预计负债 　　应交税费——应交增值税（销项税额） 　贷：主营业务收入 　　　银行存款等 借：库存商品 　　主营业务成本 　贷：应收退货成本

续表

情形		会计分录
退货期满	实际退货数量=预计退货数量	借：预计负债 　　应交税费——应交增值税（销项税额） 　贷：银行存款等 借：库存商品 　贷：应收退货成本

通关绿卡

命题角度：根据经济业务，对附有销售退回条款的销售进行账务处理。

此类题目需要注意以下两点问题：

第一，根据预计退货率确定预计负债和应收退货成本。

第二，退货期满时，无论是否发生退货，实际退货数量大于或小于预计退货数量的，原确认的预计负债和应收退货成本均应冲减为零。

（二）附有质量保证条款的销售

情形	是否构成单项履约义务	说明
保证类质保	×	执行或有事项准则，会计分录为： 借：主营业务成本 　贷：预计负债
服务类质保	√	执行收入准则，会计分录为： 借：银行存款 　贷：主营业务收入 　　　合同负债 分摊交易价格，在履行相关履约义务时确认收入： 借：合同负债 　贷：主营业务收入 发生服务类质保时： 借：合同履约成本 　贷：原材料等 借：主营业务成本 　贷：合同履约成本

通关绿卡

命题角度：根据资料判断合同中企业为客户提供的延保服务是否构成单项履约义务。

此类题目需要结合给定的已知条件进行判断，此项延保服务是否在向客户保证所销售商品符合既定标准之外提供了一项单独的服务。如果满足，属于提供服务类质保服务，应将其作为单项履约义务，并把交易价格按合同开始日单独售价相对比例进行分配，并在履行该项履约义务时确认收入。如果经过判断未提供一项单独服务的，属于保证类质保服务，满足条件确认预计负债。

（三）附有客户额外购买选择权的销售

对于附有客户额外购买选择权的销售，企业应当评估该选择权是否向客户提供了一项重大权利。企业提供重大权利的，应当作为单项履约义务，按照有关交易价格分摊的要求将交易价格分摊至该履约义务，在客户未来行使购买选择权取得相关商品控制权时，或者该选择权失效时，确认相应的收入。会计分录为：

情形	内容
商品控制权转移时	借：银行存款（商品总价款） 　贷：主营业务收入（商品分摊的交易价格） 　　　合同负债（相关权利分摊的交易价格）
相关权利被消费时	借：合同负债 　贷：主营业务收入（按履约进度）

【斯考卡片】
扫码背重点

第三模块

简单随缘 5 分

- 只有5分，同学们随缘吧！

第28记 会计准则体系（1分）

精准冲刺180题：170

1.企业会计准则体系

我国企业会计准则体系主要包括1项基本准则、42项具体准则及其应用指南、18项企业会计准则解释、10余项会计处理规定（包括3项报表格式文件和5项企业产品成本核算制度）。

2.政府会计准则体系

我国的政府会计准则制度体系主要由基本准则、具体准则及应用指南、会计制度、会计准则制度解释等组成。政府会计准则制度体系适用于政府会计主体，主要包括各级政府、各部门、各单位。

3.小企业会计准则

小企业会计准则主要适用于符合《中小企业划型标准规定》所规定的小型企业标准的企业。

第29记 财务报表的结构及填列（2分）

精准冲刺180题：130、166、169、171、172、173、175、176、177、178、179、180

（一）资产负债表

1.资产负债表简表（期末余额及期初余额列略）

资产	负债
流动资产：	流动负债：
货币资金	短期借款
交易性金融资产	应付票据
应收票据	应付账款

续表

资产	负债
应收账款	预收款项
预付款项	合同负债
其他应收款	应付职工薪酬
存货	应交税费
合同资产	其他应付款
一年内到期的非流动资产	一年内到期的非流动负债
其他流动资产	其他流动负债
流动资产合计	流动负债合计
非流动资产：	非流动负债：
债权投资	长期借款
其他债权投资	应付债券
长期应收款	长期应付款
长期股权投资	预计负债
其他权益工具投资	递延收益
投资性房地产	递延所得税负债
固定资产	其他非流动负债
在建工程	非流动负债合计
生产性生物资产	负债合计
无形资产	所有者权益（或股东权益）
开发支出	实收资本（或股本）
商誉	资本公积
长期待摊费用	减：库存股
递延所得税资产	其他综合收益
其他非流动资产	盈余公积
非流动资产合计	未分配利润
	所有者权益（或股东权益）合计
资产总计	负债和所有者权益（或股东权益）总计

通关绿卡

命题角度1：直接考查资产、负债或所有者权益项目的区分。

此处常考且存在多个易混易错项，请同学们注意辨析：

（1）“预收款项”是负债项目，“预付款项”是资产项目。

（2）“长期待摊费用”是资产项目。

（3）“递延收益”是负债项目，“其他收益”不属于资产负债表项目，属于利润表项目。

（4）“其他综合收益”是所有者权益项目。

（5）“其他权益工具投资”是资产项目，“其他权益工具”是所有者权益项目。

命题角度2：具体事项在报表中的列报。

此类题目的难度相较于命题角度1更上一个台阶，题目的发问方式可能是“赊购材料应支付的货款在报表中列示于什么项目”，而非直接罗列出部分报表项目供考生直接进行选择。此时同学们做对题目的关键是熟悉前述各个模块交易事项的会计科目和账务处理。

此类题目得分率不高，同学们可以采取下列做题方式提高得分率：

第一步，先逐一分析各项对应的会计科目，此时先抛开题目要求，就选项论选项。

第二步，根据题目要求进行选择。

切忌每分析一个选项就去判断一次该选项的正确性，这非常容易出错；应沉着冷静分析完各个选项后再统一进行判断，方可大大提高正确率。

命题角度3：资产、负债项目按流动性的划分。

资产和负债列报流动与非流动项目的具体分类标准如下表所示：

项目	流动性划分标准（满足之一）
资产	（1）预计在一个正常营业周期（含因生产周期较长等导致正常营业周期长于一年）中变现、出售或耗用。 （2）主要为交易目的而持有。 （3）预计在资产负债表日起一年内（含一年）变现。 （4）自资产负债表日起一年内，交换其他资产或清偿负债的能力不受限制的现金或现金等价物
负债	（1）预计在一个正常营业周期中清偿，包括超过一年才予以清偿的经营性负债，也属于流动负债。 （2）主要为交易目的而持有。 （3）自资产负债表日起一年内到期应予以清偿。 （4）企业在资产负债表日没有将负债清偿推迟至资产负债表日后一年以上的实质性权利

此处的应对方法一是经常翻看资产负债表项目加以熟悉，二是仅记忆常考项目。常考项目见下表：

分类	常考流动性项目	常考非流动性项目
资产	（1）货币资金。 （2）交易性金融资产。 （3）应收票据。 （4）应收账款。 （5）预付款项。 （6）其他应收款。 （7）存货。 （8）合同资产。 （9）一年内到期的非流动资产	（1）长期应收款。 （2）固定资产。 （3）无形资产。 （4）开发支出。 （5）商誉。 （6）长期待摊费用。 （7）递延所得税资产。 （8）其他非流动资产
负债	（1）短期借款。 （2）应付票据。 （3）应付账款。 （4）预收款项。 （5）合同负债。 （6）应付职工薪酬。 （7）应交税费。 （8）其他应付款。 （9）一年内到期的非流动负债	（1）长期借款。 （2）长期应付款。 （3）预计负债。 （4）递延收益。 （5）递延所得税负债。 （6）其他非流动负债

2.资产负债表的填列

（1）根据总账科目余额填列。

报表项目	填列说明
货币资金	本项目应根据“库存现金”“银行存款”“其他货币资金”科目期末余额的合计数填列
递延所得税资产	本项目应根据“递延所得税资产”科目的期末余额填列
长期待摊费用	本项目应根据“长期待摊费用”科目的期末余额填列
短期借款	本项目应根据“短期借款”科目的期末余额填列
应付票据	本项目应根据“应付票据”科目的期末余额填列
其他应付款	本项目应根据“应付股利”“应付利息”“其他应付款”科目期末余额的合计数填列
递延所得税负债	本项目应根据“递延所得税负债”科目的期末余额填列
实收资本（或股本）	本项目应根据“实收资本（或股本）”科目的期末余额填列
资本公积	本项目应根据“资本公积”科目的期末余额填列
盈余公积	本项目应根据“盈余公积”科目的期末余额填列

通关绿卡

命题角度：资产负债表中可根据总账科目余额填列的类型。

对于根据资产负债表总账科目余额填列的项目可细分为以下类型：

（1）根据总账科目余额合计（计算）填列的有“货币资金”和“其他应付款”。

（2）根据总账科目余额直接填列的常考项目包括“长期待摊费用”“应付票据”“短期借款”“实收资本”和“资本公积”。

（2）根据明细账科目余额计算填列。

报表项目	填列说明
交易性金融资产	本项目应根据“交易性金融资产”科目的相关明细科目的期末余额分析填列
应付账款	本项目应根据“应付账款”和“预付账款”两个科目所属的相关明细科目期末贷方余额合计数填列
应付职工薪酬	本项目应根据“应付职工薪酬”科目的明细科目期末余额计算填列
未分配利润	本项目应根据“本年利润”科目和“利润分配”科目的余额计算填列，未弥补的亏损在本项目内以“-”号填列

通关绿卡

命题角度：应付账款期末填列金额的计算。

此类题目的出题模型一般是给出两个项目的总账余额，同时给出其余额中的借方明细余额和贷方明细余额，此时同学们需要取用的数据是贷方明细余额，即：

应付账款的期末余额=应付账款贷方明细余额+预付账款贷方明细余额

借方明细以及总账科目余额均为干扰信息，请仔细辨别。

（3）根据总账科目和明细账科目余额分析填列。

报表项目	填列说明
其他非流动资产	本项目应根据有关科目的期末余额减去将于一年内（含一年）收回数后的金额计算填列
应交税费	本项目应根据“应交税费”科目的期末贷方余额分析填列，如果“应交税费——未交增值税”和“应交税费——应交增值税”出现借方余额，则应在“其他流动资产”或“其他非流动资产”项目填列
合同负债	本项目应根据“合同负债”的相关明细科目期末余额分析填列
其他非流动负债	本项目应根据有关科目的期末余额减去将于一年内（含一年）到期偿还数后的金额计算填列
长期借款	本项目应根据“长期借款”总账科目余额扣除“长期借款”科目所属的明细科目中将在资产负债表日起一年内到期且企业在资产负债表日没有将负债清偿推迟至资产负债表日后一年以上的实质性权利的长期借款后的金额计算填列
租赁负债	本项目应根据“租赁负债”科目的期末余额填列，自资产负债表日起一年内到期应予以清偿的租赁负债的期末账面价值，在“一年内到期的非流动负债”项目反映

通关绿卡

命题角度：根据经济业务计算资产负债表中“长期借款”项目的列报金额。

对此类题目需要注意的是，要根据题目给定的资产负债表日开始向后计算，将一年内即将到期且企业在资产负债表日没有将负债清偿推迟至资产负债表日后一年以上的实质性权利的长期借款扣除，其剩余部分仍列报在“长期借款”项目中，即在“长期借款”项目中填列的一定是清偿时间在一年以上的借款项目，清偿期间不足一年的部分应填列在流动负债中的“一年内到期的非流动负债”项目中，请注意区分。

（4）根据有关科目余额减去其备抵科目余额后的净额填列。

报表项目	填列说明
应收票据	本项目应根据“应收票据”科目的期末余额，减去“坏账准备”科目中相关坏账准备期末余额后的金额分析填列
应收账款	本项目应根据“应收账款”和“预收账款”两个科目所属明细科目期末借方余额合计数，减去“坏账准备”科目中相关坏账准备期末余额后的金额分析填列
预付款项	本项目应根据“预付账款”和“应付账款”两个科目所属各明细科目的期末借方余额合计数，减去“坏账准备”科目中有关预付账款计提的坏账准备期末余额后的净额填列
其他应收款	本项目应根据“应收利息”“应收股利”和“其他应收款”科目的期末余额合计数，减去“坏账准备”科目中相关坏账准备期末余额后的金额填列
固定资产	本项目应根据“固定资产”科目的期末余额，减去“累计折旧”和“固定资产减值准备”科目的期末余额后的金额，以及“固定资产清理”科目的期末余额填列
在建工程	本项目应根据“在建工程”和“工程物资”科目的期末余额，减去“在建工程减值准备”和“工程物资减值准备”科目的期末余额后的金额填列
无形资产	本项目应根据“无形资产”科目的期末余额，减去“累计摊销”和“无形资产减值准备”科目期末余额后的净额填列
长期股权投资	本项目应根据“长期股权投资”科目的期末余额，减去“长期股权投资减值准备”科目的余额后的净额填列
使用权资产	本项目应根据“使用权资产”科目的期末余额，减去“使用权资产累计折旧”和“使用权资产减值准备”科目的期末余额后的金额填列

通关绿卡

命题角度：资产负债表中存在备抵科目的报表项目列报金额的计算。

解答此类题目的总体原则是，由于在资产负债表中的项目应该是所属会计科目的账面价值，因此，存在折旧、摊销和减值的项目均需要在填列时扣除。

但有些项目比较特殊，需单独关注：

（1）应收账款，需要考虑“预收账款”明细科目的借方余额。

（2）预付款项，需要考虑“应付账款”明细科目的借方余额。

（3）其他应收款，需要将“应收利息”和“应收股利”科目的借方余额填列在此项目。

（4）固定资产，需要将“固定资产清理”科目的余额填列在此项目中，其中，借方余额加，贷方余额减。

（5）在建工程，需要将“工程物资”科目余额减去“工程物资减值准备”科目余额后的金额填列在此项目。

（5）综合运用上述填列方法分析填列。

“存货”项目：根据“材料采购”“原材料”“库存商品”“周转材料”“委托加工物资”“发出商品”“生产成本”“受托代销商品”“合同履约成本”等科目的期末余额合计数，减去“受托代销商品款”“存货跌价准备”“合同履约成本减值准备”科目期末余额后的净额填列。材料采用计划成本核算，以及库存商品采用计划成本核算或售价核算的企业，还应按加或减材料成本差异、商品进销差价后的金额填列。

通关绿卡

命题角度：根据经济业务计算资产负债表中“存货”项目应填列的金额。

对于此类题目，请按以下步骤作答：

第一步，工程物资不属于“存货”项目，题目中如果出现工程物资，便可先将其排除在外。

第二步，生产成本借方余额属于“存货”项目。

第三步，剩余属于“存货”项目的，借方余额加，贷方余额减（存货跌价准备、材料成本差异等）。

第四步，题目中涉及计划成本核算，且给定了材料成本差异率的，如果差异率是正数，则用原材料借方余额乘以差异率的积增加存货金额；如果差异率是负数，则用原材料借方余额乘以差异率的积减少存货金额。

3.资产负债表填列常考项目速查表

填列方法		常考项目
根据总账科目余额填列	直接填列	长期待摊费用、短期借款、应付票据、实收资本、资本公积
	合计（计算）填列	货币资金、其他应付款
根据明细账科目余额计算填列		交易性金融资产、应付账款、应付职工薪酬、未分配利润
根据总账科目和明细账科目余额分析计算填列		长期借款、其他非流动资产、其他非流动负债

续表

填列方法	常考项目
根据有关科目余额减去其备抵科目余额后的净额填列	应收票据、应收账款、预付款项、其他应收款、在建工程、固定资产、无形资产
综合运用上述填列方法分析填列	存货

（二）利润表

项目（简表）	填列方法
一、营业收入	根据“主营业务收入”和“其他业务收入”科目的发生额分析填列
减：营业成本	根据“主营业务成本”和“其他业务成本”科目的发生额分析填列
税金及附加	根据对应科目的发生额分析填列
销售费用	根据对应科目的发生额分析填列
管理费用	根据对应科目的发生额分析填列
研发费用	根据“管理费用”科目下的“研发费用”明细科目的发生额以及“管理费用”科目下“无形资产摊销”明细科目的发生额分析填列
财务费用	根据“财务费用”科目的相关明细科目的发生额分析填列
加：其他收益	根据对应科目的发生额分析填列
投资收益（损失以“–”号填列）	根据对应科目的发生额分析填列
公允价值变动收益（损失以“–”号填列）	根据对应科目的发生额分析填列
信用减值损失（损失以“–”号填列）	根据对应科目的发生额分析填列
资产减值损失（损失以“–”号填列）	根据对应科目的发生额分析填列
资产处置收益（损失以“–”号填列）	根据对应科目的发生额分析填列

续表

项目（简表）	填列方法
二、营业利润（亏损以“-”号填列）	—
加：营业外收入	根据对应科目的发生额分析填列
减：营业外支出	根据对应科目的发生额分析填列
三、利润总额（亏损总额以“-”号填列）	—
减：所得税费用	根据对应科目的发生额分析填列
四、净利润（净亏损以“-”号填列）	—
五、其他综合收益的税后净额（略）	—
六、综合收益总额（四+五）	—
七、每股收益	—

通关绿卡

命题角度1：营业利润、利润总额以及净利润的区分。

此类题目的计算与《打好基础·初级会计实务》第七章介绍的营业利润的计算是一致的，只是套用了利润表的“外壳”。此类题目按以下步骤进行分析：

（1）判断选项中的业务是否均为影响损益的经济业务，如是则进入第二步，如否则排除。

（2）根据具体考查对象分别判断：

①如果考查营业利润，建议采用排除法，若相关事项虽影响损益类科目，但该损益类科目涉及营业外收入、营业外支出或所得税费用科目时，则该事项不影响营业利润的计算。

②如果考查利润总额，除所得税费用外，所有影响损益的事项均影响利润总额。

命题角度2：判断各项目的填列方法表述是否正确。

利润表各项目的主要填列方法是“根据对应科目的发生额分析填列”，其中部分特殊项目属于易混易错点：

（1）营业收入：根据“主营业务收入”和“其他业务收入”科目的发生额分析填列。

（2）营业成本：根据“主营业务成本”和“其他业务成本”科目的发生额分析填列。

（3）财务费用：根据“财务费用”科目的相关明细科目的发生额分析填列。

（4）研发费用：根据“管理费用”科目下的“研发费用”明细科目的发生额以及“管理费用”科目下“无形资产摊销”明细科目的发生额分析填列。

（5）营业利润、利润总额和净利润：按步骤计算得出，而不是根据某个会计科目的余额或发生额得出。

（6）综合收益总额：应根据企业当年的净利润和其他综合收益的税后净额的合计数计算填列。

（三）现金流量表

1.现金及现金等价物

（1）现金包括库存现金、银行存款和其他货币资金。不能随时用于支付的存款不属于现金。

（2）现金等价物通常包括三个月内到期的债券投资等。权益性投资不属于现金等价物。

（3）现金与现金等价物内部的增减变动，不会影响现金及现金等价物总额的增减变动，如从银行提取现金、用现金购买短期到期的国债等活动。

2.现金流量的分类

类别	内容	常见事项
投资活动产生的现金流量	长期资产的购建和不包括在现金等价物范围内的投资及其处置活动产生的现金流量	（1）收到的现金股利；（2）转让股权投资（股票）收到的现金；（3）收到的债券投资利息；（4）转让债券投资收到的现金；（5）购买生产设备/固定资产支付的现金
筹资活动产生的现金流量	导致企业资本及债务规模和构成发生变化的活动产生的现金流量	（1）支付的债券利息；（2）支付的借款利息；（3）收到及偿还银行借款；（4）吸收投资收到的现金；（5）支付/发放现金股利
经营活动产生的现金流量	投资活动和筹资活动以外的所有交易和事项产生的现金流量	（1）销售产品收到的现金；（2）预收商品销售款；（3）支付给生产工人的工资；（4）购买原材料支付的现金；（5）缴纳企业所得税

通关绿卡

命题角度1：根据资料判断现金流量表中现金流量的类型。

现金流量表中的现金流量分经营活动产生的现金流量、投资活动产生的现金流量和筹资活动产生的现金流量。在区分时按以下步骤进行：

第一步，是否属于投资活动产生的现金流量，此处的投资为广义概念，既包括对外投资也包括对内投资，其中，对外投资包括购入或出售股权、债券和基金等；对内投资包括购入或处置固定资产、无形资产和其他长期资产。

第二步，如果不属于投资活动产生的现金流量，再分析其是否属于筹资活动产生的现金流量，此处的筹资为广义概念，既包括向债权人筹资，也包括向现有股东或潜在股东筹资。所谓的筹资其实就是“借钱”和“还钱”。

第三步，如果既不属于投资活动产生的现金流量也不属于筹资活动产生的现金流量，则其属于经营活动产生的现金流量。

需要说明的是，如果经济业务本身并不产生现金流量，则不属于现金流量表中规定的现金流量范围，例如，计提固定资产折旧、以资产抵偿债务等。

命题角度2：根据经济业务，计算“销售商品、提供劳务收到的现金”项目本期填列金额或“购买商品、接受劳务支付的现金”项目本期填列金额。

对于此类题目请按以下公式计算：

“销售商品、提供劳务收到的现金”项目本期填列金额=本期销售商品本期收现（现销现收）+前期销售商品本期收现（前销现收）+预收商品款（后销现收）–销售商品退款

“购买商品、接受劳务支付的现金”项目本期填列金额=本期购入商品本期付现（现买现付）+前期购入商品本期付现（前买现付）+预付商品款（后买现付）–购买商品退款

需要说明的是，上述销售或购入不包括作为固定资产或无形资产核算的各类资产。

（四）所有者权益变动表

需重点关注的应在所有者权益变动表中单独列示的项目：

（1）综合收益总额。

（2）会计政策变更和差错更正的累积影响金额。

（3）所有者投入资本和向所有者分配利润等。

（4）提取的盈余公积。

（5）实收资本、其他权益工具、资本公积、盈余公积、未分配利润等期初和期末余额及其调节情况。

（五）附注

附注是对资产负债表、利润表、现金流量表、所有者权益变动表等报表中列示项目的文字描述或明细资料，以及对未能在这些报表中列示项目的说明等。其主要内容如下：

（1）企业的基本情况。

（2）财务报表的编制基础。

（3）遵循企业会计准则的声明。

（4）重要会计政策和会计估计。

（5）会计政策和会计估计变更以及差错更正的说明。

（6）报表重要项目的说明。

（7）或有和承诺事项、资产负债表日后非调整事项、关联方关系及其交易等需要说明的事项。

（8）有助于财务报表使用者评价企业管理资本的目标、政策及程序的信息。

通关绿卡

命题角度：附注披露的内容。

此处需要注意一个常考结论，并非所有的会计政策和会计估计均需要在报表附注中披露，一定是重要的会计政策和会计估计才需要在报表附注中披露。

第30记 政府会计基础 2分

精准冲刺180题：174

（一）政府会计准则制度适用主体

项目	政府及其组成主体
适用	各级政府、各部门、各单位等
不适用	（1）军队。 （2）已纳入企业财务管理体系的单位。 （3）执行《民间非营利组织会计制度》的社会团体

（二）政府会计体系

政府会计体系	作用
政府会计基本准则	用于规范政府会计目标、政府会计主体、政府会计信息质量要求、政府会计核算基础以及政府会计要素定义、确认和计量原则、列报要求等原则事项

续表

政府会计体系	作用
政府会计具体准则及应用指南	依据基本准则制定，用于规范政府会计主体发生的经济业务或事项的会计处理原则，详细规定经济业务或事项引起的会计要素变动的确认、计量、记录和报告
政府会计制度	依据基本准则制定，主要规定政府会计科目及账务处理、报表体系及编制说明等

（三）政府会计的特点

特点	内容	说明
双功能	预算会计	主要反映和监督预算收支执行情况
	财务会计	主要反映和监督政府会计主体财务状况、运行情况、现金流量等
双基础	收付实现制	预算会计实行收付实现制（国务院另有规定的应从其规定）
	权责发生制	财务会计实行权责发生制
双要素	财务会计要素	资产、负债、净资产、收入、费用
	预算会计要素	预算收入、预算支出、预算结余
双报告	决算报告	主要以收付实现制为基础，以预算会计核算生成的数据为准
	财务报告	主要以权责发生制为基础，以财务会计核算生成的数据为准

通关绿卡

命题角度：根据相关资料判断关于政府会计核算模式的说法是否正确。

对于此类题目，请同学们主要注意以下三个易错易混问题：

（1）政府会计由预算会计和财务会计构成，但不是指要进行两套账务处理。

（2）预算会计实行收付实现制，但不是所有政府会计主体均执行收付实现制。

（3）以预算会计核算生成的数据为基础进行编制的报告称为政府决算报告，而不是政府预算报告。

（四）政府会计要素

1.政府预算会计要素

会计要素	说明	会计科目
预算收入	在实际收到时予以确认，以实际收到的金额计量	财政拨款预算收入、事业预算收入等

续表

会计要素	说明	会计科目
预算支出	在实际支付时予以确认，以实际支付的金额计量	事业支出、行政支出、其他支出等
预算结余	预算年度内预算收入扣除预算支出后的资金余额以及历年滚存的资金余额，包括结余资金和结转资金（下年需按原用途继续使用）	财政拨款结转、财政拨款结余、非财政拨款结余分配等

2.政府财务会计要素及计量属性

要素	按流动性	常见科目	计量属性
资产	流动资产	货币资金、短期投资、应收及预付款项、存货等	（1）历史成本。 （2）重置成本。 （3）现值。 （4）公允价值。 （5）名义金额
	非流动资产	固定资产、在建工程、无形资产、长期投资、公共基础设施、政府储备资产、文物文化资产、保障性住房和自然资源资产等	
负债	流动负债	短期借款、应付及预收款项、应缴款项等	（1）历史成本。 （2）现值。 （3）公允价值
	非流动负债	长期借款、长期应付款、应付长期政府债券等	
净资产		本期盈余、本年盈余分配等	—
收入		财政拨款收入等	
费用		业务活动费用等	

通关绿卡

命题角度1：政府预算会计要素和政府财务会计要素的辨析。

预算会计以收付实现制为核算基础，故其要素仅包括三者，简单地说即“收、支、余”。除此之外，政府财务会计要素与企业会计要素存在两点显著区别：

（1）政府财务会计要素中无“利润”要素。

（2）政府财务会计要素中包括的是“净资产”，而非“所有者权益”。

命题角度2：政府会计要素与企业会计要素计量属性的辨析。

具体辨析详见下表：

项目		历史成本	重置成本	现值	公允价值	可变现净值	名义金额
企业会计		√	√	√	√	√	×
政府会计	资产	√	√	√	√	×	√
	负债	√	×	√	√	×	×

经济法基础

第一模块

非税部分

● 本模块内容为非税部分内容，具体包括教材第一章“总论”、第二章“会计法律制度”、第三章“支付结算法律制度”和第八章“劳动合同与社会保险法律制度”。除单项选择题、多项选择题和判断题之外，在每批次的试卷中都会有1道不定项选择题出自本模块（第二章、第三章或第八章），但考查方式以概念型题目为主。

第31记 法的特征及法律体系

2分

精准冲刺180题：1、25

（一）法的本质和特征

项目	关键记忆点
法的本质	由统治阶级物质生活条件决定，体现的是整体意志和根本利益
法的特征	国家意志性；国家强制性；规范性；明确公开性；普遍约束性；可预测性

记忆口诀

命题角度：法的特征。

国意强、范公约、可预测。

（二）法的形式、效力及适用原则

1.法律渊源

具体形式		制定机关	命名特征	效力层级
宪法		全国人大	—	根本法、具有最高法律效力
法律		全国人大及其常委会	××法	仅次于宪法
法规	行政法规	国务院	××条例	仅次于宪法和法律
	地方性法规	地方人大及其常委会	地名+××条例	低于宪法、法律和行政法规

续表

具体形式		制定机关	命名特征	效力层级
规章	部门规章	国务院各部委、中国人民银行、审计署、海关总署、国家税务总局等	××办法、××实施细则、××规定	低于宪法、法律和行政法规
	地方政府规章	地方人民政府（省级；设区的市、自治州）	地名+××办法、××实施细则、××规定	低于宪法、法律、行政法规以及同级和上级地方性法规

提示：民族自治地方的自治条例和单行条例、特别行政区的法、国际条约也属于法的形式。但最高人民法院的判决书不属于我国法的形式。

通关绿卡

命题角度：判断给定的文件属于何种法的形式，以及效力等级。

（1）记住命名规律，用好排除法：条例找法规，法就找法律，其他找规章。

（2）效力等级：

宪法＞法律＞行政法规＞地方性法规＞同级和下级地方政府规章。

宪法＞法律＞行政法规＞部门规章。

2.法的适用原则

（1）基本原则：根本法优于普通法、上位法优于下位法、新法优于旧法、特别法优于一般法。

通关绿卡

命题角度：上位法优于下位法的具体排序。

宪法＞法律＞行政法规＞地方性法规＞同级和下级地方政府规章。

宪法＞法律＞行政法规＞部门规章。

（2）解决效力冲突的特殊方式：

冲突双方	裁决机关	规律总结
法律与法律	全国人大常委会	找共同制定机关
行政法规与行政法规	国务院	
法律与授权制定的法规	全国人大常委会	

续表

<table>
<tr><th>冲突双方</th><th colspan="2">裁决机关</th><th>规律总结</th></tr>
<tr><td>部门规章与部门规章</td><td colspan="2" rowspan="2">国务院</td><td rowspan="2">找制定机关
共同的上级</td></tr>
<tr><td>部门规章与地方政府规章</td></tr>
<tr><td rowspan="2">部门规章与地方性法规</td><td rowspan="2">国务院
提出意见</td><td>认为适用地方性法规的，
则适用地方性法规</td><td rowspan="2">国务院提出意见，
人大裁决</td></tr>
<tr><td>认为适用部门规章的，
提请全国人大常委会裁决</td></tr>
</table>

（三）法律体系

我国目前的法律体系主要包括以下法律部门：宪法及宪法相关法、民商法、行政法、经济法、劳动与社会法、刑法、诉讼与非诉讼程序法。

第32记 2分 法律关系

精准冲刺180题：3、4、27~30

（一）法律关系三要素

法律关系是指被法律规范所调整的权利与义务关系。

法律关系有三要素：（1）主体（享有权利和承担义务的当事人）；（2）客体（权利义务指向对象）；（3）内容（权利义务）。

通关绿卡

命题角度：法律关系三要素和法律事实的辨析。

牢记法律关系三要素不包括法律事实、法律事件、法律行为或事实行为。

（二）法律关系的客体

<table>
<tr><th>分类</th><th>具体内容</th></tr>
<tr><td rowspan="2">物</td><td>自然物、人造物、一般等价物（货币及有价证券）</td></tr>
<tr><td>有体物、无体物</td></tr>
<tr><td>人身、人格</td><td>（1）人的整体只能是法律关系的主体，不能是客体。
（2）人的部分在某些情况下可成为法律关系的客体，如遗体捐赠</td></tr>
<tr><td>智力成果</td><td>作品、发明、实用新型、外观设计、商标等</td></tr>
</table>

续表

分类	具体内容
信息、数据、网络虚拟财产	矿产情报、产业情报、国家机密、商业秘密、个人隐私等
行为（行为结果）	可以分为积极行为（如生产经营行为、经济管理行为、签订合同的行为、提供劳务的行为、完成工作行为）和消极行为（如保守秘密等）

（三）法律关系的主体

1.自然人

（1）出生死亡时间：先证明再户籍，能推翻则推翻。

提示：自然人在出生之前也可以成为特殊法律关系的主体，例如涉及遗产继承、接受赠与的法律关系。

（2）住所：先户籍或登记，不一致的按常住。

（3）自然人的民事行为能力：先看年龄，再看心智（精神状态）。

行为能力	年龄（X）	心智	认定标准
无民事行为能力人	不满8周岁（$X<8$）	（完全）不能辨认自己的行为	年龄、精神状况任一条件符合即可认定
限制民事行为能力人	8周岁以上不满18周岁（$8\leqslant X<18$）	不能完全辨认自己的行为	
完全民事行为能力人	年满18周岁（$X\geqslant 18$）	没有任何问题	年龄、精神状况同时符合
	16周岁以上（$16\leqslant X<18$），“自力更生”		

（4）自然人的刑事责任能力。

①不同年龄段犯罪需要负刑事责任的范围：

年龄（X）	具体范围
$12\leqslant X<14$	故意杀、伤，致死或重残，经最高人民检察院核准的
$14\leqslant X<16$	犯重八条：杀伤强抢、火爆毒危
$X\geqslant 16$	只要犯罪就应负责

②从轻、减轻处罚的适用情形：

类型	具体内容
应当从轻	不满18周岁
	已满75周岁过失犯罪

续表

类型	具体内容
可以从轻	已满75周岁故意犯罪
	又聋又哑或者盲人
	尚未完全丧失辨认或者控制自己行为能力的精神病人犯罪的

通关绿卡

命题角度：判断不同年龄和心智的自然人的民事行为能力。

民事行为能力：先看年龄、再看精神。

（1）年龄3条线："8周岁""满16周岁+自力更生""18周岁"。

（2）精神状况2条线："（完全）不能辨认""不能完全辨认"。

刑事责任能力：2至14，杀伤核准；14至16，重八必究；16以上，全责无漏；75以上，故轻过轻。

2.法人的一般规定

项目	具体规定
成立条件	应当有自己的名称、组织机构、住所、财产或者经费
组织机构	意思机关、执行机关、代表机关、监督机关
法定代表人	（1）以法人名义从事的民事活动，其法律后果由法人承受。 （2）董事长、执行董事或者经理按照法人章程的规定担任法定代表人
法人的分支机构	分支机构以自己的名义从事民事活动，产生的民事责任由法人承担；也可以先以该分支机构财产承担，不足承担的，由法人承担
法人的合并与分立	（1）法人合并的，其权利和义务由合并后的法人享有和承担。 （2）法人分立的，其权利和义务由分立后的法人享有连带债权，承担连带债务
法人解散的情形	（1）存续期间届满或其他解散事由出现。 （2）法人的权力机构决议解散。 （3）因法人合并或者分立需要解散。 （4）法人依法被吊销营业执照、登记证书，被责令关闭或者被撤销
法人的清算	解散后，除合并或者分立的情形外，应当清算
法人的终止	（1）完成清算、注销登记的→终止。 （2）宣告破产的，完成破产清算、注销登记的→终止

记忆口诀

命题角度：法人的相关知识点。

（1）法人终止的两条路径：

①解散→清算（合、分无须清算）→注销后终止。

②破产→清算→注销后终止。

（2）法人的组织机构：意思执行代监督。

（3）法人的分支机构：法人兜底。

（4）法人的合并与分立：合并延续、分立连带。

（5）法人解散的事由：

存续届满事由现，权力决议可解散，合并分立吊证书，责令关撤也得散。

3.法人的分类

法人的类型	具体规定
营利法人	指以取得利润并分配给股东为目的成立的法人。包括： （1）公司制营利法人：有限责任公司和股份有限公司。 （2）非公司制营利法人：未采用公司制的全民所有制企业、集体所有制企业
非营利法人	包括事业单位、社会团体、捐助法人（基金会、社会服务机构）、宗教活动场所法人等
特别法人	包括机关法人（各级国家机关）、农村集体经济组织法人、城镇农村的合作经济组织法人、基层群众性自治组织法人（居民委员会、村民委员会）

4.非法人组织

非法人组织包括个人独资企业、合伙企业、不具有法人资格的专业服务机构等。

5.国家

特殊情况下，国家可以作为一个整体成为法律主体。

记忆口诀

命题角度：法人的分类。

营利法人分两类，公和非公要分清。

公司有限加股份，非公全民集体跟。

非营利里事业社，捐助宗教跟其中。

特别法人分四类，机关农村城基群。

第33记 2分

法律事实及法律责任

精准冲刺180题：2、26

（1）法律事实分为：法律事件、法律行为和事实行为。

（2）法律事件不以当事人的主观意志为转移，分类如下：

分类	示例
自然事件（绝对事件）	洪水、地震、台风等自然灾害、生老病死、意外事故等
社会事件（相对事件）	社会革命、战争、重大政策的改变等

（3）法律行为是法律关系主体通过意思表示设立、变更、终止法律关系的行为。分类如下：

分类维度	判断标准/举例
合法行为与违法行为	行为是否合法
积极行为与消极行为	是否主动去做/不能去做
有偿行为和无偿行为	是否需要支付对价。有偿行为，例如买卖。无偿行为，例如无偿保管、赠与
单方行为与多方行为	单方行为，例如遗嘱、行政命令。多方行为，例如合同行为
要式行为与非要式行为	行为是否需要特定形式或实质要件
自主行为与代理行为	主体实际参与行为的状态

（4）事实行为：指的是与法律关系主体意思表示无关，由法律直接规定法律后果的行为。常见的事实行为包括正当防卫、紧急避险、侵权、违约、拾得遗失物、发现埋藏物等。

（5）法律责任。

法律责任	具体内容	
民事责任	停止侵害，排除妨碍，消除危险，返还财产，恢复原状，修理、重作、更换，继续履行，赔偿损失，支付违约金，消除影响、恢复名誉，赔礼道歉	
行政责任	处罚	（1）声誉罚：警告、通报批评。 （2）财产罚：罚款、没收违法所得、没收非法财物。 （3）行为罚：暂扣许可证件、降低资质等级、吊销许可证件、限制开展生产经营活动、责令停产停业。责令关闭、限制从业。 （4）人身罚：行政拘留
	处分	警告、记过、记大过、降级、撤职、开除
刑事责任	主刑	管制、拘役、有期徒刑、无期徒刑、死刑
	附加刑	罚金、剥夺政治权利、没收财产、驱逐出境

通关绿卡

命题角度：民事责任、行政责任和刑事责任的辨析。

与“钱”有关的责任辨析：“违约金”“赔偿损失”属于民事责任，“罚款”属于行政责任，“罚金”属于刑事责任。

与“没收”有关的责任辨析：“没收违法所得、没收非法财物”属于行政责任，“没收财产”属于刑事责任。

与“限制自由”相关的责任辨析：“行政拘留”属于行政责任，“管制、拘役、有期徒刑”属于刑事责任。

第34记 会计核算（2分）

精准冲刺180题：5、70、71

（一）会计核算的基本要求

项目	基本要求	
依法建账	应当统一进行会计核算，不得违反规定私设会计账簿进行登记、核算	
据实记账	根据实际发生的经济业务事项进行会计核算	
保证会计资料真实、完整	造成会计资料不真实、不完整的手段	伪造：以虚假的经济业务为前提来编制会计凭证和会计账簿
		变造：用涂改、拼接、挖补等手段改变会计凭证和会计账簿的真实内容，以歪曲事实真相
会计处理方法	口径一致、相互可比、处理一致、确有必要变更需说明	
会计记录文字	一般单位	中文
	特殊单位	除中文外还可以同时使用另一种文字

（二）会计年度及记账本位币

项目	具体规定		
会计年度	1月1日起至12月31日止		
记账本位币	一般情况		人民币
	以外币收支为主的单位	日常核算	可选外币作为记账本位
		财务会计报告	应当折算为人民币

（三）会计凭证、会计账簿

1.会计凭证

凭证类型	规定		
原始凭证（应进行审核）	（1）对不真实、不合法的原始凭证有权不予接受，并向单位负责人报告。 （2）对记载不准确、不完整的原始凭证予以退回，并要求按规定更正、补充		
	更正	各项内容	不得涂改
		金额错误	不得更正，由出具单位重开
		其他错误	由出具单位重开或更正，更正处应当加盖出具单位印章
记账凭证	编制	根据经过审核的原始凭证及有关资料	
	更正	填制时发生错误要重新填制	
	划线	如有空行，应当自金额栏最后一笔金额数字下的空行处至合计数上的空行处划线注销	

记忆口诀

命题角度：会计核算和会计凭证的要求。

（1）造成会计资料不真实、不完整的手段：伪造业务编假账，变造涂改拼挖忙。

（2）会计凭证的要求：

不真违法不接受，同时报告给老大；记载不准不完整，退回更正或补充。

（3）对有错误的原始凭证的处理：

凭证错误处理明，内容涂改绝不行；金额有错不更正，出具单位重新开；他错重开或更正，更正盖章别忘记。

2.会计账簿

会计账簿种类包括总账、明细账、日记账和其他辅助账簿。

项目	规定		
启用要求	启用订本式账簿，按顺序编定页数，不得跳页、缺号		
登记要求	具体要求	发生跳行、隔页，应划线注销，或者注明“此行空白”“此页空白”字样，并由记账人员签名或者盖章	
		实行会计电算化的单位，打印的会计账簿必须连续编号，审核无误后装订成册，并由记账人员和会计机构负责人、会计主管人员签字或者盖章	
	改错	登记账簿错误	划红线更正（原有字迹仍可认），由记账人员在更正处盖章
		记账凭证错误	先修改记账凭证，再按更正的记账凭证登记账簿

续表

项目	规定
结账	（1）需要结出当月发生额的，摘要栏注明“本月合计”，下面通栏划单红线。 （2）需要结出本年累计发生额的，摘要栏注明“本年累计”，下面通栏划单红线。 提示：12月末的“本年累计”为全年累计发生额，下面通栏划双红线

（四）财务会计报告

项目	具体规定		
构成	年报及半年报	三表一注一说明：会计报表（三张表）、会计报表附注、财务情况说明书。 提示：审计报告不是财务报告的一部分	
对外提供要求	基本原则	（1）单位负责人对财务会计报告的合法性、真实性负法律责任。 （2）向不同使用者提供的财务会计报告，编制依据应当一致；按规定须经审计的（如上市公司），审计报告应一并提供	
	财务报告签章	签章人员	单位负责人、主管会计工作的负责人、会计机构负责人（会计主管人员）、总会计师（如有）
		方式	签名并盖章
	“国字头”企业特殊规定	（1）适用于：国有企业、国有资本控股的或者占主导地位的企业。 （2）至少每年一次向本企业的职工代表大会公布财务会计报告，重点说明下列事项：与职工利益密切相关事项，审计发现的问题及纠正情况，重大投资、融资和资产处置决策	

第35记 2分

会计机构、会计岗位与人员

精准冲刺180题：6、7、31、69、70

（一）会计机构

1.会计机构

会计机构设置方式：单独设置；其他机构中设置会计岗位并指定会计主管人员；委托代理记账机构。

2.代理记账机构

项目	具体规定
资格要求	除会计师事务所以外，应领取代理记账许可证书。还应同时具备以下条件： （1）为依法设立的企业。

续表

项目	具体规定
资格要求	（2）专职从业人员不少于3名。 （3）主管负责人为专职人员，具有会计师以上专业技术职务资格或从事会计工作不少于3年。 （4）有健全的内部规范
业务范围	（1）审核原始凭证、填制记账凭证、登记会计账簿、编制财务会计报告等。 提示：应根据纳税人提供的原始凭证开展工作，业务不包括制作原始凭证。 （2）向税务机关提供税务资料。 （3）对外提供财务会计报告。 提示：财务会计报告经代理记账机构负责人和委托人负责人签名并盖章后对外提供
双方义务	（1）委托方：填制或取得原始凭证、负责日常货币收支和保管、及时提供原始凭证和相关资料。 （2）代理记账机构：按规定记账、对商业秘密保密、对委托人的不当要求和不实资料应拒绝、对委托人会计处理相关的问题予以解释

记忆口诀

命题角度：代理记账机构的相关规定。

（1）代理记账机构的资格要求：代理记账要合规，企业设立是前提。三名专职从业齐，主管专职不可替。会计职称或三载，健全规范要牢记。

（2）代理记账机构的业务范围：会计干啥他干啥，除了原始凭证和出纳。

（3）代理记账机构对外提供财务会计报告的要求：委托受托负责人，都要签名并盖章。

（二）会计岗位和会计人员

1.会计岗位

“一人一岗、一人多岗、一岗多人”均可。

2.总会计师和会计机构负责人（会计主管人员）

会计人员种类	具体规定
总会计师	（1）总会计师是主管本单位会计工作的行政领导，直接对单位主要领导人负责。 （2）国有的和国有资本占控股地位或者主导地位的大、中型企业必须设置。 提示：总会计师不属于会计工作岗位，但担任总会计师的人员属于会计人员

续表

会计人员种类	具体规定
会计机构负责人、会计主管人员	（1）坚持原则，廉洁奉公。 （2）具备会计师以上专业技术职务资格或者从事会计工作不少于3年。 （3）熟悉国家法律法规方针政策，掌握本行业业务管理的有关知识。 （4）有较强组织能力。 （5）身体状况能够适应本职工作的要求

记忆口诀

命题角度：会计岗位、会计人员相关知识点。

（1）会计岗位：审计、内审，不是会计岗。
（2）必须设置总会计师的单位：国大中。
（3）总会计师：不是会计岗，但是会计人。
（4）“中小官”的任职要求：3年或中级。

（三）会计专业技术资格与会计人员的任职要求

1.会计专业职务与会计专业技术资格

会计专业职务			会计专业技术资格	考试制度
级别		名称		
初级职务		助理会计师	初级资格	全国统一考试
中级职务		会计师	中级资格	
高级职务	副高级	高级会计师	高级资格	考试与评审相结合
	正高级	正高级会计师	—	

2.各类职务的任职年限要求

学历	助理会计师	会计师	高级会计师	正高级会计师
高中毕业	√	—	—	—
大学专科	√	从事相关工作满5年	取得会计师职称，从事相关工作满10年	—
大学本科/学士	√	从事相关工作满4年	取得会计师职称，从事相关工作满5年	取得高级会计师职称后，从事相关工作满5年
第二学士/研究生班	√	从事相关工作满2年		
硕士	√	从事相关工作满1年		

续表

学历	助理会计师	会计师	高级会计师	正高级会计师
博士	√	无须从事相关工作	取得会计师职称，从事相关工作满2年	取得高级会计师职称后，从事相关工作满5年

记忆口诀

命题角度：各类会计职务的任职年限要求。

会计师：博硕双本专、01245。

高会：博2专10其他5、加中级。

3.会计人员继续教育

项目	具体规定
继续教育对象	（1）具有会计专业技术资格的人员。 （2）不具有会计专业技术资格但从事会计工作的人员
何时开始	取得“资格”的次年或从事会计工作的次年
学分制管理	（1）每年参加继续教育取得的学分不少于90学分，专业科目一般不少于总学分的2/3。 （2）继续教育学分在全国范围内，当年度有效，不得结转以后年度

4.回避制度

项目	具体规定
适用对象	国家机关、国有企业、事业单位
回避范围	夫妻关系、直系血亲关系、三代以内旁系血亲以及姻亲关系
回避岗位	单位领导人和会计机构负责人、会计主管人员和出纳

记忆口诀

命题角度：会计人员任职要求中的回避制度。

老大亲，避中小。中小亲，避出纳。

2分

第36记

会计档案管理和工作交接

精准冲刺180题：8、32、56、69、71

（一）会计档案管理

1.归档范围

分类	具体内容
会计凭证	原始凭证、记账凭证
会计账簿	总账、明细账、日记账、固定资产卡片
财务会计报告	月度、季度、半年度、年度财务会计报告
其他会计资料	银行存款余额调节表、银行对账单、纳税申报表、会计档案移交清册、会计档案保管清册、会计档案销毁清册、会计档案鉴定意见书

提示：预算、计划、制度等文件材料不属于会计档案。

2.归档及保管

（1）保管期限：

保管期限	会计档案
永久	年度财务会计报告、会计档案保管清册、会计档案销毁清册、会计档案鉴定意见书
30年	凭证、账簿、会计档案移交清册
10年	月度、季度、半年度财务会计报告；银行存款余额调节表；银行对账单；纳税申报表
5年	固定资产卡片
临时保管	会计档案由会计机构临时保管1年，特殊情形下最多不超过3年

记忆口诀

命题角度：各类会计档案的保管年限。

年保鉴销永留存，账证移交三十年。
半季月度财报十，银调税单同期限。
固资清理后五年。

（2）仅以电子形式保存：

类型	需要满足的条件
内部资料	来源真、系统行、可检索、防篡改、能备份、非永久
外部资料	满足上述内部资料的要求+有电子签名

3.鉴定与销毁

程序	人员安排	具体规定	
销毁前鉴定	档案管理机构牵头	（1）保管期到期必须先鉴定，形成会计档案鉴定意见书。 （2）对保管期满，确无保存价值的会计档案，可以销毁；仍需继续保存的应当重新划定保管期限。 （3）未结清的债权债务会计凭证、涉及其他未了事项的会计凭证不得销毁	
销毁	档案管理机构组织	（1）档案管理机构负责编制档案销毁清册。 （2）应由5方在销毁清册签署意见：单位负责人、档案管理机构负责人、会计管理机构负责人、档案管理机构经办人、会计管理机构经办人	
监销	档案管理机构、会计管理机构派员，电子档案还需信息系统管理机构派员	事前核对	监销人应按照会计档案销毁清册内容清点核对
		事后签字	在会计档案销毁清册上签名或盖章

记忆口诀

命题角度：会计档案保管到期后的鉴定与销毁。

（1）会计档案保管到期后处理：到期先鉴定，未清未了不能销。

（2）会计档案销毁清册的签字要求：1大2中2小（5方签字）。

（3）销毁时监销：纸质档管和会计，电子销毁加IT。

（4）销毁时监销人员的职责：前清点、后签章。

（二）会计工作交接

1.交接职责分工

涉及人员	要求
移交人员	（1）对所移交的会计资料的合法性、真实性承担法律责任。 （2）要按移交清册逐项移交
接替人员	（1）应当继续使用移交的会计账簿，不得另立新账，以保持会计记录的连续性。 （2）逐项核对点收
监交人员	（1）会计人员办理交接手续，必须有监交人员负责监交。 （2）直接上级进行监交： ①一般会计人员办理交接手续，由会计机构负责人（会计主管人员）监交。 ②会计机构负责人（会计主管人员）办理交接手续，由单位负责人监交，必要时主管单位可以派人会同监交

2.交接程序和职责

（1）交接前。

①已经受理的经济业务尚未填制会计凭证的，应当填制完毕。

②尚未登记的账目，应当登记完毕，并在最后一笔余额后加盖经办人员印章。

（2）交接时。

①整理应该移交的各项资料，对未了事项写出书面材料。

②编制移交清册。

（3）交接后。

三人三份签名或盖章：交接完毕后，交接双方和监交人要在移交清册上签名或者盖章。移交清册一式三份；交接双方一人一份、存档一份。

记忆口诀

命题角度：会计交接中的工作和职责。

（1）监交：小兵交，中小监；中小交，老大监。

（2）交接的一般原则：交接“前”和交接“时”的各项工作，都由移交人员负责。具体为：

①交接前：干完活、盖好章。

②交接时：写未了、编清册。

③交接后：三三签章。

第37记 会计监督和会计法律责任（2分）

精准冲刺180题：33~35、57、58、69

（一）会计监督

1.单位内部监督

（1）监督主体和对象。

维度	具体内容
主体	会计机构、会计人员
对象	单位经济活动
发现账实不符的处理	①有权处理的，自行处理；②无权处理的，向单位负责人报告

（2）内部控制制度。

不相容职务分离（不相容职务不得由同一人兼任）：

①授权批准与业务经办、业务经办与会计记录、会计记录与财产保管、业务经办与稽核检查、授权批准与监督检查。

②出纳与稽核、会计档案保管和收入、支出、费用、债权债务账目的登记。

2.会计工作的政府监督

项目	具体规定
监督主体	（1）各级财政部门。 （2）其他部门：审计、税务、金融监管、证券监管
财政部门监督内容	（1）监督与查询：发现重大违法嫌疑时，国务院财政部门及其派出机构可以向有关金融机构查询有关情况。 （2）保密：对国家秘密和商业秘密负有保密义务

3.社会监督

（1）社会监督的主体：

①注会审计：社会监督主要指注册会计师的审计（出具审计报告，发表审计意见）。

②群众举报：任何单位和个人检举违法会计行为，也属于会计工作社会监督的范畴。

（2）不同审计意见对应情形：

①无保留意见：注册会计师认为财务报表在所有重大方面按照适用的财务报告编制基础编制并实现公允反映。

②非无保留意见：

导致发生非无保留意见的事项的性质	错报对财务报表整体的影响	
	重大但不具有广泛性	重大且具有广泛性
已经获取了充分、适当的审计证据，得出存在重大错报结论	保留意见	否定意见
无法获取充分、适当的审计证据，不能得出不存在重大错报的结论	保留意见	无法表示意见

（二）违反会计法律制度的法律责任

1.违法行为分类

（1）“一般10条”：

①不依法设置会计账簿的；②私设会计账簿的；③未按照规定填制、取得原始凭证或者填制、取得的原始凭证不符合规定的；④以未经审核的会计凭证为依据登记会计账簿或者登记会计账簿不符合规定的；⑤向不同的会计资料使用者提供的财务会计报告编制依据不一致的；⑥随意变更会计处理方法的；⑦未按照规定使用会计记录文字或者记账本位币的；⑧未按照规定保管会计资料，致使会计资料毁损、灭失的；⑨未按照规定建立并实施单位内部会计监督制度或者拒绝依法实施的监督或者不如实提供有关会计资料及有关情况的；⑩任用会计人员不符合《中华人民共和国会计法》规定的。

（2）“恶劣2条”：

记忆提示	具体违法行为
伪造变造、编制虚假	伪造、变造会计凭证、会计账簿，编制虚假财务会计报告
隐匿、故意销毁	隐匿或者故意销毁依法应当保存的会计资料

2.法律责任

违法行为及结果	行政处罚	公职人员	会计人员禁入规定
一般10条	（1）责令改正、给予警告、通报批评。 （2）罚款金额： ①单位：20万元以下，严重20万元～100万元。 ②直接责任人：5万元以下，严重5万元～50万元		情节严重的，5年禁入
恶劣2条	（1）责令改正、给予警告、通报批评、没收违法所得。 （2）罚款金额： ①单位：没有违法所得或违法所得不足20万元的，20万元～200万元；违法所得20万元以上的，处违法所得1~10倍。 ②直接责任人：10万元～50万元，严重50万元～200万元。 （3）构成犯罪的，追究刑事责任	行政处分	5年禁入
授意、指使、强令其他人员犯恶劣2条的	（1）罚款金额：20万元～100万元；严重10万元～500万元。 （2）构成犯罪的，追究刑事责任		—

第38记 支付结算概述

2分

精准冲刺180题：9、36、59

（一）支付结算的基本原则

（1）恪守信用，履约付款。

（2）谁的钱进谁的账、由谁支配。

（3）银行不垫款。

（二）支付结算的要求

1.凭证使用

办理支付结算，必须使用按中国人民银行统一规定印制的票据凭证和结算凭证。

2.票据和结算凭证上的填写规范

（1）名称：单位和银行的名称应当记载全称或规范化简称。

（2）金额：以中文大写和阿拉伯数码同时记载，二者必须一致；如不一致，票据无效，银行不予受理。

（3）票据的出票日期：必须使用中文大写。

实际日期	票据日期
月为“壹”“贰”和“壹拾”的	前加零
日为“壹”至“玖”和“壹拾”“贰拾”和“叁拾”	前加零
日为“拾壹”至“拾玖”	前加壹

3.签章规范

一般规定	票据和结算凭证上的签章，为签名、盖章或者签名加盖章
单位、银行	为该单位、银行的盖章加其法定代表人或其授权的代理人的签名或盖章
个人签章	为本人的签名或盖章

4.更改规范

是否可更改	填列项目	具体规定
不能改	出票金额、出票日期、收款人名称	更改的票据无效；更改的结算凭证，银行不予受理
能改	其他记载事项	原记载人可以更改，且更改时应当由原记载人在更改处签章证明

5.不得伪造、变造

（1）伪造：假冒或者虚构他人签章的行为。例如，伪造出票签章、背书签章、承兑签章和保证签章。

（2）变造：对票据上签章以外的记载事项加以改变的行为。

（3）伪造、变造票据属于欺诈行为，构成犯罪的，应追究其刑事责任。

记忆口诀

命题角度：票据的填写规范。

不得更改的票据记载事项：出票金额和日期，外加收款人名称，一改票据就无效。

第39记 2分

银行结算账户

精准冲刺180题：37、38、71、72

（一）银行结算账户的分类

分类	具体种类
单位银行结算账户	基本存款账户、专用存款账户、一般存款账户、临时存款账户
个人银行结算账户	Ⅰ类、Ⅱ类、Ⅲ类户

提示：个体工商户凭营业执照以字号或经营者姓名开立的银行结算账户纳入单位银行结算账户管理。

（二）银行结算账户的开立

1.核准制与备案制

开立要求	适用账户
备案制	企业开立基本存款账户、临时存款账户、一般存款账户、其他专用存款账户等；个人开立个人银行结算账户均无须核准
核准制	（1）除企业之外其他单位的基本存款账户、临时存款账户。 （2）预算单位专用存款账户。 （3）合格境外机构投资者在境内从事证券投资开立的人民币特殊账户和人民币结算资金账户

2.预留签章（与票据部分签章要求相同）

账户类型	预留签章要求
单位户	单位章+个人章。 单位章：单位的公章或财务专用章。个人章：其法定代表人（单位负责人）或其授权的代理人的签名或者盖章
个人户	该个人的签名或者盖章

提示：开立单位银行结算账户时，申请开户名称、开户证明文件上名称，以及预留公章或财务专用章名称，保持“三名一致”。

3.签订账户管理协议

（1）银行应当向企业法定代表人或单位负责人核实企业开户意愿，根据客户风险程度可选择采取面对面、视频等方式。

（2）双方签订银行结算账户管理协议：

①“高风险”情形：存在法定代表人或者单位负责人对单位经营规模及业务背景等情况不清楚、注册地和经营地均在异地等情况的单位。

②对“高风险”情形，银行应当与其法定代表人或者单位负责人面签银行结算账户管理协议，并留存视频、音频资料等；开户初期原则上不开通非柜面业务，待后续了解后再审慎开通。

（3）存款人开立单位银行结算账户，自正式开立之日起3个工作日后可使用该账户办理付款业务。企业银行结算账户自开立之日即可办理收付款业务。

（三）银行账户的撤销

（1）撤销银行结算账户时，应先撤销一般存款账户、专用存款账户、临时存款账户，将账户资金转入基本存款账户后，方可办理基本存款账户的撤销。

提示：基本存款账户最先开立最后撤销。

（2）存款人必须与开户银行核对银行结算账户存款余额，交回各种重要空白票据及结算凭证和开户许可证（不含取消企业银行账户许可之后无开户许可证的企业），银行核对无误后方可办理销户手续。

（3）存款人尚未清偿其开户银行债务的，不得申请撤销该银行结算账户。

（4）银行对一年未发生收付活动且未欠开户银行债务的单位银行结算账户，应通知单位自发出通知之日起30日内办理销户手续，逾期视同自愿销户，未划转款项列入久悬未取专户管理。

记忆口诀

命题角度：银行结算账户的开立。

银行结算账户预留/票据签章规范：银行结算章规范，单位个人章都全；单位公章或财专，个人法代签或章。

开立账户高风险的情形：签订协议风险高，法人不清业和规；注册经营都在外，异地单位要记牢。

撤销银行结算账户：先销一般临时专，资金转基再销基；核对余额交票据，许可一并要交回，未清债务销不得。

（四）各类银行账户的开立及使用要求

1.基本户

主办账户，办理日常转账结算和现金收付，一个单位只能开立一个。开立单位要求如下：

（1）团级（含）以上军队、武警部队及分散执勤的支（分）队可开基本户。

（2）异地常设机构可开基本户（异地临时机构设临时户）。

（3）单位设立的独立核算的附属机构可开基本户，非独立核算的附属机构设专用户。

（4）境外机构。

提示：个人、临时机构、非独立核算附属机构不能开立基本户。

2.一般户

（1）已开立基本户的存款人因需要，在基本户开户银行以外的银行开立的账户。

（2）可办理借款转存、借款归还和其他结算的资金收付，可存现不可取现。

（3）开立一般存款账户没有数量限制。

3.专用户

（1）已开立基本户的存款人，对其特定用途资金进行专项管理和使用而开立的账户。

（2）专用户的分类及使用限制：

用途分类	使用限制
证券交易结算资金、期货交易保证金、信托基金	不得支取现金
收入汇缴资金和业务支出资金	①收入汇缴账户：除向其基本存款账户划缴款项外，只收不付，不得支取现金。 ②业务支出账户除从其基本存款账户拨入款项外，只付不收，其现金支取必须按照国家现金管理的规定办理
基本建设资金、更新改造资金、政策性房地产开发资金	需要支取现金的，应在开户时报中国人民银行当地分支机构批准
其他专用账户	都可以依法支取现金

（3）开户要求。

①出具其开立基本存款账户规定的证明文件。

②基本存款账户开户许可证或企业基本存款账户编号。

③各项专用资金的有关证明文件（有关部门的批文或者证明）。

4.临时户

（1）使用期限最长不得超过2年。

（2）可设立的情形：设立临时机构，异地临时经营活动，注册验资、增资，军队、武警单位承担基本建设或者异地执行作战、演习、抢险救灾、应对突发事件。

（3）可支取现金，但注册验资的临时存款账户在验资期间只收不付。

5.预算单位零余额账户

（1）实行财政国库集中支付的预算单位可开立，一个基层预算单位开立一个零余额账户。

（2）该账户为基本存款账户或专用存款账户。

情形	预算单位零余额账户的性质
预算单位没有基本户的或原基本户已经撤销的	基本存款账户
除上述情况以外的	专用存款账户

（3）可以办理转账、提取现金等结算业务。

记忆口诀

命题角度：各类银行结算账户的详细规定。

（1）基本户：只有1个，干啥都行。

（2）一般户：他行、不取。

（3）临时户：临时验资，最长2，除验资可取现。

（4）预算单位零余额账户：无基是基，有基变专，可取现。

6.个人账户

（1）分类及对应可办理的业务：

业务		Ⅰ类	Ⅱ类	Ⅲ类
转账业务	转出资金	√	限额	限额
	转入资金	√	限额+面对面	限额+面对面
消费和缴费		√	限额	限额
投资理财、借还贷款、配发实体卡		√	√	×
现金存取款		√	限额+面对面	×
限额		无	日累计≤1万元、年累计≤20万元	任一时点余额≤2 000元

记忆口诀

命题角度：个人Ⅰ、Ⅱ、Ⅲ类账户的业务功能和限制。

Ⅰ类户全能无限额。

Ⅱ类户全能有限额（理财和贷款无限额）。

Ⅲ类户只能限额转消缴。

（2）开户方式：

①Ⅰ类户可以通过柜面开户，或者经现场核验信息后通过自助机具开户。

②Ⅱ类和Ⅲ类户各种渠道（网上银行、手机银行）均可开户。

③开立Ⅱ类账户还应向绑定账户开户行验证绑定账户为Ⅰ类户或者信用卡账户。

（五）违规使用银行账户的法律责任

违规情形	违反银行账户结算管理制度事项	经营性存款人处罚金额	非经营性存款人处罚金额
变更	法定代表人或主要负责人、存款人地址以及其他开户资料的变更事项未在规定期限内通知银行	1 000元	
开立、撤销	违反规定开立银行结算账户；伪造、变造证明文件欺骗银行开立银行结算账户；违反规定不及时撤销银行结算账户	1万元以上3万元以下	1 000元
开户许可证	伪造、变造、私自印制开户许可证		
使用	违反规定将单位款项转入个人银行结算账户；违反规定支取现金；逃废银行债务；出租、出借银行结算账户；从基本存款账户之外的银行结算账户转账存入等	5 000元以上3万元以下	

提示：对于经认定的出租、出借、出售、购买银行账户的单位和个人及组织者，5年内暂停其非柜面业务、支付账户所有业务，并不得为其新开立账户。

第40记 6分

票据概念、票据行为、票据权利

精准冲刺180题：10~13、39~42、60、61、70、72

（一）票据类型及当事人

1.基本当事人与非基本当事人

当事人	种类
基本当事人	出票人、收款人、付款人
非基本当事人	承兑人、背书人、被背书人、保证人等

2.票据的分类

<table>
<tr><th colspan="3">票据分类</th><th>即付/远期</th><th>出票人</th><th>付款人</th></tr>
<tr><td>本票</td><td colspan="2">银行本票</td><td rowspan="2">即付票据</td><td rowspan="2">银行</td><td rowspan="2">银行</td></tr>
<tr><td rowspan="3">汇票</td><td colspan="2">银行汇票</td></tr>
<tr><td rowspan="2">商业汇票</td><td>商业承兑汇票</td><td rowspan="2">即付/远期票据</td><td rowspan="2">企业</td><td>承兑企业</td></tr>
<tr><td>银行承兑汇票</td><td>承兑银行</td></tr>
</table>

续表

票据分类		即付/远期	出票人	付款人
支票	现金支票、转账支票、普通支票（划线支票是普通支票的一种）	即付票据	企业或个人	出票人的开户行

记忆口诀

命题角度：各类票据辨析，以及基本当事人的规定。

（1）基本当事人：出、收、付。

（2）出票人为银行的票据只有“银本”和“银汇”。

（3）银行承兑汇票出票人为“企业”，付款人和承兑人均为“承兑银行”。

（二）票据行为——出票

出票人签发并交付票据后，即承担该票据承兑或付款的责任。

通关绿卡

命题角度：票据行为的辨析。

票据行为只有：出、承、背、保。

付款、提示付款、失票后的三种补救措施、追索等，都不属于票据行为。

（三）票据行为——背书

1.背书的分类

（1）转让背书：包括票据的贴现。

（2）非转让背书：包括委托收款背书、质押背书。

2.背书连续

背书应当连续。第一背书人为票据收款人，最后持票人为最后背书的被背书人，中间的背书人为前手背书的被背书人。

通关绿卡

命题角度：对背书是否连续的识别。

头是头，尾是尾，每次背书时，背书人和被背书人“成对儿”出现。无论背书多少次，无论是哪种背书，背书必须连续。

3.背书特别规定

（1）附条件背书——背书有效，条件无效。

（2）部分背书——背书无效。

（3）禁转背书。

记载“不得转让”的当事人	效果
出票人	票据不得背书转让（丧失流通性）
背书人	其后手再背书转让的，原背书人对后手的被背书人不承担保证责任，只对直接的被背书人承担责任

4.不得背书转让的情形

票据被拒绝承兑、被拒绝付款或者超过付款提示期限的，不得背书转让；背书转让的，背书人应当承担票据责任。

（四）票据行为——承兑（仅适用于商业汇票）

1.附条件承兑

附条件承兑，视为拒绝承兑。

2.承兑的时间规定

（1）持票人提示承兑时间：

远期汇票种类	提示承兑时间
定日付款、出票后定期付款	汇票到期日前
见票后定期付款	出票日起1个月内

（2）付款人受理承兑的应答日：3日内。

（3）向银行提示承兑时，银行的信贷部门要对出票人的资格、资信、购销合同和汇票记载的内容进行认真审查。对电子商业汇票的真实交易关系和债权债务关系可以进行在线审核。

（4）符合规定和承兑条件的，与出票人签订承兑协议。

3.承兑人的责任vs出票人责任

<table>
<tr><th>分类</th><th colspan="2">具体规定</th></tr>
<tr><td>出票人</td><td>到期日前足额存钱</td><td rowspan="2">出票人未足额存钱的，承兑银行付款后，对出票人尚未支付的汇票金额按照每天“万分之五”计收利息</td></tr>
<tr><td>承兑人</td><td>无论到期日前出票人是否有足够存款，承兑人都要承担无条件付款的责任</td></tr>
</table>

（五）票据行为——保证

（1）保证人与被保证人对持票人承担连带责任。

（2）保证人清偿票据债务后，可以行使持票人对被保证人及其前手的追索权。

（3）保证不得附有条件，附有条件的，不影响对汇票的保证责任。

通关绿卡

命题角度：背书、承兑、保证记载事项的辨析。

票据行为	必须记载事项	相对记载事项	
背书	签章、被背书人名称（可授权补记）	背书日期	未记载的，视为在票据到期日前背书
承兑	字样、签章	承兑日期	未记载的，以收到提示承兑的汇票之日起3日内的最后一日为承兑日期
保证	字样、签章	被保证人	未记载的，已承兑的保“承兑”；未承兑的保“出票”
		保证日期	未记载的，出票日期为保证日期

（六）第一道票据权利——付款请求权

1.持票人提示付款

持票人应按规定期限提示付款，未按期限提示付款的，丧失对背书人和保证人的追索权，但承兑人或者出票人应当继续承担付款责任。

票据种类		提示付款期限
即期票据	银行汇票	自出票日起1个月
	银行本票	自出票日起不超过2个月
	支票	自出票日起10日
远期票据	商业汇票	自票据到期日起10日

记忆口诀

命题角度：票据提示付款的期限。

汇1本2；商支10。

2.付款人付款

（1）付款时，应当审查票据背书的连续，并审查提示付款人的身份证件。

（2）付款人足额付款后，全体票据债务人的责任解除。

（七）票据追索权

1.权利时效

<table>
<tr><th>票据种类</th><th colspan="2">对出票人及承兑人追索</th><th colspan="2">追索权</th><th>再追索权</th></tr>
<tr><td>支票</td><td rowspan="3">自出票日起</td><td>6个月</td><td rowspan="3">自被拒绝付款日起</td><td rowspan="4">6个月</td><td rowspan="4">自清偿日或被提起诉讼之日起3个月</td></tr>
<tr><td>银行汇票</td><td rowspan="3">2年</td></tr>
<tr><td>银行本票</td></tr>
<tr><td>商业汇票</td><td>自票据到期日起</td><td>自被拒绝承兑或被拒绝付款日起</td></tr>
</table>

提示：持票人“追到”出票人或承兑人时，适用对出票人和承兑人的权利时效。

2.追索适用情形

<table>
<tr><th>情形</th><th>适用规定</th></tr>
<tr><td>到期后追索</td><td>被拒绝付款的</td></tr>
<tr><td rowspan="2">到期前追索</td><td>汇票被拒绝承兑的</td></tr>
<tr><td>承兑人或者付款人死亡、逃匿的；承兑人或者付款人被依法宣告破产的或者因违法被责令终止业务活动的</td></tr>
</table>

提示：票据到期前，只有承兑人、付款人出了问题才可以追索。

3.追索对象

（1）出票人、背书人、承兑人和保证人对持票人承担连带责任。

（2）可以不按照票据债务人的先后顺序，对其中任何一人、数人或者全体行使追索权。

（3）对其中一人或者数人已经进行追索的，对其他票据债务人仍可以行使追索权。

（4）不可以向全体债务人行使追索权的特殊情形：

<table>
<tr><th colspan="2">情形</th><th>追索对象</th></tr>
<tr><td colspan="2">承兑附条件、拒绝承兑</td><td>除付款人（承兑人）外的其他前手</td></tr>
<tr><td colspan="2">背书人记载“不得转让”字样</td><td>除该背书人和该背书人的保证人外的前手</td></tr>
<tr><td colspan="2">未按规定期限提示承兑</td><td>出票人</td></tr>
<tr><td rowspan="2">未按规定期限提示付款</td><td>支票、本票、银行汇票</td><td>出票人</td></tr>
<tr><td>商业汇票</td><td>承兑人、出票人</td></tr>
</table>

4.持票人追索的其他事项

（1）提供证明：行使追索权，应当提供被拒绝承兑或者拒绝付款的有关证明。

（2）通知前手：应当自收到被拒绝承兑或者被拒绝付款的有关证明之日起3日内，将被拒绝事由书面通知其前手。

（3）追索金额包括：已清偿金额+利息+直接费用（如发出通知书的费用）。

提示：不包括间接损失。

记忆口诀

命题角度：票据权利时效。

（1）时间：支票663、其他263。

（2）起算点：①出票人及承兑人——出票日或到期日；②追索权——拒付日；③再追索权——清偿日。

（3）追索方式：爱咋追咋追。

（4）追索金额：金、利、费，滚雪球。

（八）票据丧失的补救

票据权利丧失共有三种补救措施：挂失止付、公示催告、普通诉讼。（“挂失、公示、普诉”）

1.挂失止付（非必经措施，而是暂时性预防措施）

（1）可挂失止付的票据种类：

已承兑的商业汇票、支票、填明“现金”字样和“代理付款人”的银行汇票、填明“现金”字样的银行本票。

记忆口诀

命题角度：可以挂失止付的票据类型。

承、支、现银汇/本。

（2）付款人/付款代理人的止付义务：

情形	止付义务及程序
收到挂失止付通知时未付款	“止付12天”：暂停支付12天。若未收到止付通知书，第13日起恢复
	“信息登记”：当日在票据交易所登记或者委托开户行进行信息登记
收到之前已付款	不再承担责任（以恶意或者重大过失付款的除外）

2.公示催告

（1）程序规定要求：

时间点		具体规定
失票人	申请	向票据支付地人民法院申请，或者在通知挂失止付后的3日内申请
法院	通知止付、公示催告	①通知停止支付。 ②3日内在“全国性报纸或其他媒体”发布公告。 ③公告期间不得少于60日，且公告届满日不得早于票据付款日后15日

续表

时间点		具体规定
付款人	止付期间	收到法院的止付通知应立即止付，直至公示催告程序终结

（2）公示催告期间，转让票据权利的行为无效。

（3）不同情形下的处理方式：

①有人申报——终结公示催告程序，通知各方进行诉讼以主张权利。

②无人申报——法院作出除权判决，宣告票据无效，并通知支付人。

4分

第41记

汇票、本票、支票

精准冲刺180题：62、63、70、72

（一）银行汇票

1.使用对象及用途（银行本票也有同样的规定）

项目	具体规定
用途	一般为转账用途，填明“现金”字样的可用于支取现金
使用对象	申请人或收款人均为个人的，才可以使用“现金”银行汇票

提示：银行本票出票时无须记载“付款人名称”，具体见本记后的“通关绿卡”。

2.实际结算金额vs出票金额

银行汇票以实际结算金额结算，实际结算金额和出票金额一经填写不得更改，更改则无效。

情形	解决方案
实际结算金额低于出票金额	多余部分由出票银行退还申请人
未填明实际结算金额和多余金额，或实际结算金额高于出票金额	银行不予受理

3.解讫通知与汇票一同流转

（1）持票人提示付款时，须同时提交银行汇票和解讫通知，缺少任何一联，银行不予受理。

（2）缺少解讫通知要求退款的，出票银行应于银行汇票提示付款期满1个月后办理。

4.退款原路径退回

对于转账银行汇票的退款，只能转入原申请人账户；对于符合规定填明“现金”字样银行汇票的退款，才能退付现金。

（二）商业汇票

商业汇票分为商业承兑汇票和银行承兑汇票，具体形式包括电子商业汇票和纸质商业汇票。

提示：银行承兑汇票的承兑银行，应向出票人收取按市场调节价定价的手续费。

1.基本要求

（1）使用对象：仅限于法人及其他组织，个人不可使用。

（2）可双向出票：商业承兑汇票可由付款人签发并承兑，也可由收款人签发交由付款人承兑。

（3）电子商业汇票：100万元以上的原则上使用，300万元以上的必须使用。

（4）付款期限：自出票日起至到期日止，最长不得超过6个月。

提示：商业承兑汇票到期付款时承兑人账户余额不足，视同拒绝付款。商业汇票出票必须记载事项见本记后的“通关绿卡”。

2.信息披露

（1）承兑人披露：商业承兑汇票的承兑人应当于承兑完成日次一个工作日内，在票据信息披露平台披露承兑相关信息。

（2）企业查询：企业签收商业承兑汇票前，可以通过平台查询票据承兑信息。

3.贴现

（1）贴现条件：

①票据未到期；②票据未记载“不得转让”事项；③持票人是在银行开立存款账户的企业法人以及其他组织；④与出票人或者直接前手之间具有真实的商品交易关系。

（2）贴现利息的基本公式：贴现利息=票面金额×日贴现率×贴现期。

维度	计算方法
贴现期	贴现日至汇票到期前1日（即算头不算尾），若承兑人在异地，另加3天
日贴现率	年贴现率/360

（3）电子商业汇票贴现必须记载事项：贴出人名称、贴出人签章、贴入人名称、贴现日期、贴现类型、贴现利率、实付金额。

记忆口诀

命题角度：商业汇票的金额、付款期限以及贴现。

（1）电子商业汇票开具的金额要求：100原则、300必须。

（2）商业汇票的付款期限：出票日起最长6个月。

（3）商业汇票贴现的条件：未到（期）、没写（不得转让）、开户、真实（交易）。

（4）商业汇票贴现利息：算头不算尾、一年360、异地加三天。

（三）支票

种类	用途
现金支票	只能取现
转账支票、划线支票	只能转账
普通支票	可取现，也可转账

提示：支票的金额、收款人名称，可以由出票人授权补记，未补记前不得背书转让和提示付款。出票必须记载事项见本记后的“通关绿卡”。

通关绿卡

命题角度：各类票据出票时“必须记载事项”的汇总和辨析。

各类票据出票必须记载事项：金、日、无条件、签、字、收、付（本无“付”、支无“收”“金、收”可补）。

票据类型		字样	无条件支付的承诺/委托	“出金”（出票/确定的金额）	“出日”（出票日期）	“收名”（收款人名称）	“付名”（付款人名称）	出票签章
汇票	银行汇票	√	√	√	√	√	√	√
	商业汇票	√	√	√	√	√	√	√
本票		√	√	√	√	√	×	√
支票		√	√	√（可补）	√	×（可补）	√	√

第42记 其他非现金支付业务 2分

精准冲刺180题：14、43~46、64~66

（一）银行非现金支付业务分类

包括票据、汇兑、委托收款、银行卡、银行电子支付。

（二）银行卡

1.分类

分类标准	卡类
是否可以透支	信用卡，又分为贷记卡、准贷记卡
	借记卡，又分为转账卡、专用卡、储值卡
币种	人民币卡、外币卡
信息载体	磁条卡、芯片卡
发行对象	单位卡、个人卡

2.信用卡

（1）非现金交易可享受免息还款期和最低还款额待遇。预借现金业务不适用。

（2）信用卡预借现金业务包括现金提取、现金转账和现金充值。

（3）信用卡收费对比：

项目	是否可以收费	是否对该项目计收利息
透支本金	√	√ 已取消透支利率上下限管理
违约金	√	×
年费、货币兑换费、取现手续费等服务费	√	×
超限费、滞纳金	×	—

3.支付金额上限

卡种	金额上限	
信用卡	ATM等自助机具取现每卡每日累计不得超过人民币	1万元
借记卡		2万元
储值卡	卡面值或币值不得超过1 000元	

4.银行卡收单

（1）发卡机构向收单机构收取发卡行服务费，收单机构向商户收取收单服务费。

（2）银行卡清算机构向发卡机构、收单机构分别收取网络服务费（不超过0.065%，由发卡、收单机构各承担一半）。

5.汇兑

（1）分类：信汇、电汇。

（2）适用范围：单位、个人的各种款项结算均可使用。

（3）汇款回单和收账通知的区别：

①汇款回单只能作为汇出银行受理汇款的依据，不能作为该笔汇款已转入收款人账户的证明。

②收账通知是银行将款项确已收入收款人账户的凭据。

（4）撤汇：汇款人对汇出银行尚未汇出的款项可以申请撤销。

6.委托收款

（1）单位和个人凭已承兑商业汇票、债券、存单等付款人债务证明办理款项的结算，均可以使用委托收款结算方式。同城异地均可使用。

（2）签发委托收款凭证的必须记载事项（欠缺记载下列事项之一的，银行不予受理）：①表明“委托收款”的字样；②确定的金额；③付款人名称；④收款人名称；⑤委托收款凭据名称及附寄单证张数；⑥委托日期；⑦收款人签章。

（3）收款人办理委托收款应向银行提交委托收款凭证和有关的债务证明。

（三）银行电子支付

银行电子支付的形式主要有网上银行、手机银行和条码支付。

1.条码支付

（1）分类：付款扫码和收款扫码。

（2）“先许可后服务”：条码支付（付款扫码）应取得网络支付业务许可，条码支付收单（收款扫码）业务应取得银行卡收单业务许可。

（3）交易验证要素。

要素	举例
仅客户本人知悉的要素	静态密码
仅客户本人持有并特有的不可复制要素	经安全认证的数字证书、电子签名以及一次性密码
客户本人生物特征要素	指纹等

（4）商户收款限额：以同一个身份证件在同一家银行、支付机构办理的全部小微商户基于信用卡的条码支付收款金额日累计不超过1 000元、月累计不超过1万元。

2.网上银行

（1）按照服务对象类型主要分为企业网上银行和个人网上银行。

（2）功能：

企业网上银行子系统	个人网上银行子系统
账户信息查询、支付指令、批量支付、B2B网上支付	账户信息查询、人民币转账、银证转账、外汇买卖、账户管理、B2C网上支付

（四）支付机构支付业务的类型

类型		具体内容
储值账户运营	储值账户运营Ⅰ类	互联网支付，或者同时开展互联网支付和移动电话支付（固定电话支付、数字电视支付）
	储值账户运营Ⅱ类	预付卡发行与受理
支付交易处理	支付交易处理Ⅰ类	银行卡收单
	支付交易处理Ⅱ类	仅开展移动电话支付、固定电话支付、数字电视支付，不开展互联网支付

（五）网络支付

1.开户要求

项目	具体规定
个人开户要求	实名制管理，可以为个人客户开立Ⅰ类、Ⅱ类、Ⅲ类支付账户
单位开户要求	应验证核实身份、核实开户意愿
共性要求	应当签订协议，约定限额和笔数，超出限额和笔数的，不得办理

2.网络支付的交易限额

对个人客户使用支付账户余额付款的交易有三种限额要求：

验证方式	限额
包含数字证书或电子签名共2类以上要素验证	自主协议约定
不含数字证书、电子签名的2类以上要素验证	单日累计金额不超过5 000元
不足2类要素验证	单日累计金额不超过1 000元

（六）预付卡

（1）按发卡机构和用途分为多用途预付卡和单用途预付卡。

（2）记名预付卡与不记名预付卡。

项目	记名预付卡	不记名预付卡
单张限额	5 000元	1 000元
挂失	可挂失	不可挂失
赎回	购卡后3个月可赎回	不可赎回
有效期	不得设置有效期	不得低于3年；超期的资金余额可延期、激活、换卡
实名办理	需要	一次性购买1万元以上需要

（3）支付及充值方式。

付款方式	购买	充值
使用信用卡	×	×
不得使用现金的情形	单位一次性5 000元以上； 个人一次性5万元以上	一次性充值金额5 000元以上

（4）使用要求：

①不得用于或变相用于提取现金。

②不得用于购买、交换非本机构发行的预付卡、单一行业卡及其他商业预付卡或向其充值。

③卡内资金不得向银行账户或向非本发卡机构开立的网络支付账户转移。

记忆口诀

命题角度：预付卡的使用要求。

（1）记名预付卡与不记名预付卡辨析：记名5千，可挂可赎；不记1千，1万实名。

（2）预付卡购买充值方式：单5千个5万，充5千不用现。

（3）预付卡使用限制：不取、不换、不充、不转。

第43记 劳动合同的条款及其内容

5分

精准冲刺180题：15~17、47、71

714 1-13

（一）劳动合同的条款类型

可备条款：试用期、服务期、保守商业秘密和竞业限制条款。

（二）无固定期限劳动合同

记忆口诀	具体规定
不签合同满1年	单位不与劳动者订立劳动合同，从用工之日起满一年的第一天视为订立无固定期限的劳动合同
10年	连续工作满10年（“非因本人原因换工作”仍然连续计算）。 提示：符合下列情形之一的，属于“非因本人原因换工作”。 （1）“原变新”：仍在工作场所、工作岗位工作，劳动合同主体由原用人单位变更为新用人单位。 （2）“派”：用人单位以组织委派或任命形式进行工作调动。 （3）“合分”：因用人单位合并、分立等原因导致工作调动。 （4）“关联签”：用人单位及其关联企业轮流订立劳动合同

续表

记忆口诀	具体规定
10年+10年	初次实行劳动合同制度或者国企改制重新订合同时，连续工作满10年，且距法定退休年龄不足10年。 提示：与不得终止劳动合同情形中的“15+5”辨析
2次+没错、能胜任	连续2次订立固定期限劳动合同后再续订，且劳动者没有“严重过错”“难胜任”的情形。 （1）“严重过错”的情形： ①严重违反规章制度的，严重失职，营私舞弊，给用人单位造成重大损害的。 ②劳动者同时与其他用人单位建立劳动关系，造成严重影响拒不改正的。 ③劳动者以欺诈、胁迫的手段或乘人之危订立劳动合同，致使劳动合同无效的。 ④被依法追究刑事责任的。 （2）“难胜任”的情形： ①患病或者非因工负伤，医疗期满后不能从事原工作，也不能从事另安排工作的。 ②劳动者不能胜任工作，经过培训或者调整工作岗位，仍不能胜任工作的

记忆口诀

命题角度：劳动合同可备条款以及无固定期限劳动合同。

（1）劳动合同可备条款：2期、秘、竞。

（2）订立无固定期限劳动合同的情形：10、10+10、2次+没错+能胜任。

（3）属于劳动者“非因本人原因换工作”的情形：原变新、派合分、关联签。

（三）带薪年休假

1.带薪年休假

累计工作年限	年假天数	不享受当年年假的情形	
		“病假多”	“其他假多”
已满1年不满10年	5天	病假累计2个月以上的	（1）享受寒暑假天数多于年休假天数的。 （2）事假累计20天以上且不扣工资的
已满10年不满20年	10天	病假累计3个月以上的	
已满20年的	15天	病假累计4个月以上的	

提示：年假不占用法定节假日。

2.换单位后的年休假时长

当年在新单位可享受的年休假天数按照下列公式计算（与在前单位已经休了多少天无关）：

在新单位的年休假天数=（当年度剩余日历天数÷365）×全年应享受的年休假天数

（四）劳动报酬

情形	具体规定	
基本规定	（1）以法定货币支付，不得以实物及有价证券替代货币支付。 （2）必须在约定日期支付，遇节假日提前支付。 （3）至少每月支付一次	
加班工资	工作日晚加班	150%加班费
	休息日	可调休；或200%加班费（不调休的）
	法定休假日	300%加班费
最低工资制度（红线）	红线	向劳动者支付的“纯工资”不得低于当地最低工资标准。 提示：“纯工资”不含加班工资、补贴、津贴和保险福利
	扣工资时的发放标准	劳动者给用人单位造成经济损失，应赔偿经济损失。可从劳动者本人的工资中按如下标准扣除： （1）每月扣除的部分不得超过劳动者当月工资的20%。 （2）扣除后的剩余工资不得低于最低工资标准
未按规定支付的法律责任	具体情形	（1）未按规定及时足额支付劳动报酬的。 （2）低于当地最低工资标准支付劳动者工资的。 （3）安排加班不支付加班费的
	法律责任	先付，逾期不付则赔： （1）劳动行政部门责令限期支付（低于“红线”的补差额）。 （2）逾期按应付金额50%以上100%以下加付赔偿金

记忆口诀

命题角度：劳动报酬的支付。

（1）劳动报酬支付：每月提前给钱。

（2）扣工资时的工资发放标准：80%或红线，按孰高。

（五）试用期

1.期限规定

劳动合同期限	试用期
非全日制用工、以完成一定工作任务为期限、固定期限合同不满3个月	不得约定

续表

劳动合同期限	试用期
3个月以上，不满1年	不得超过1个月
1年以上，不满3年	不得超过2个月
3年以上固定期限、无固定期限	不得超过6个月

提示：劳动合同仅约定试用期的，试用期不成立。同一单位与同一劳动者只能约定一次试用期。

记忆口诀

命题角度：试用期期限。

3～1，1。
1～3，2。
过3年，不超6。

2.试用期工资

“80%和红线”：试用期工资不得低于本单位相同岗位最低档工资的80%或者不得低于劳动合同约定工资的80%，并不得低于用人单位所在地的最低工资标准。

提示：同扣工资后的劳动报酬，仍然是“80%或红线，按孰高”。

3.违法约定试用期的法律责任

（1）责令改正。

（2）违法约定的试用期（试用期过长）已经履行的，由用人单位向劳动者支付赔偿金。

（六）服务期

劳动者违反服务期规定，应支付违约金。

项目	具体规定
合同期	（1）服务期超过合同期的，合同期顺延至服务期结束。 （2）约定服务期不影响劳动者“升职加薪”
违约责任	（1）劳动者违反服务期约定，应当支付违约金（违约金≤培训费）。 （2）部分履行，支付尚未履行部分所分摊的培训费用。 提示：没履行的天数才要赔钱，按比例算
服务期满	期满解除劳动合同无须支付违约金

（七）竞业限制

项目	要求
权利义务的双向约定	用人单位：限制一定的择业权，并在竞业限制期限内按月支付相应补偿。 提示：必须给予相应的经济补偿，否则竞业条款无效
	劳动者：遵守约定，否则支付违约金
适用人群	高级管理、高级技术人员和其他有保密义务的人员，非所有的劳动者
最长期限	2年，超过部分无效

第44记 劳动合同订立、履行、变更、解除和终止（4分）

精准冲刺180题：18~20、48、49、67、70、73

（一）劳动合同的订立和变更

1.订立和生效

（1）订立形式：应当订立书面劳动合同（非全日制用工除外）。

（2）劳动合同的生效：双方签字盖章，生效。

2.劳动关系的建立

（1）劳动关系的建立时间：用工之日。

（2）劳动合同的签订时间：自用工之日起1个月内。未按照法律规定订立合同的后果：

时间	未订立后果	记忆提示
用工之日起1个月内	劳动者不签，用人单位应当书面通知终止劳动关系，无须支付经济补偿，但应支付劳动报酬	1个月以内无责
自用工之日起超过1个月但不满1年	用人单位不签，应当向劳动者每月支付2倍的工资，自用工之日起满1个月的次日，至补订书面劳动合同的前一日	1个月～1年，2倍工资
	劳动者不签，用人单位应书面通知劳动者终止劳动关系，并支付经济补偿	
自用工之日起满1年	满1年当日视为已订立无固定期限合同	超过1年：拿了11个月2倍工资+视为无固定期限

3.无效的劳动合同

记忆提示	具体规定
无效的情形：欺胁违、免自己排他人	（1）欺诈、胁迫、乘人之危，违背真实意思的。 （2）用人单位免除自己的法定责任、排除劳动者权利的。 （3）违反法律、行政法规强制性规定的

续表

记忆提示	具体规定
订立起	无效合同，订立时起就没有法律约束力
可部分	劳动合同部分无效，不影响其他部分效力的，其他部分仍然有效
要工资	合同无效但劳动者已付出劳动的，用人单位应支付劳动报酬
应赔偿	合同无效，给对方造成损失的，有过错的一方应当承担赔偿责任

4.劳动合同的变更

变更劳动合同，应当采用书面形式。若未采用书面形式，但已经实际履行了口头变更超过1个月，且变更后的劳动合同内容不违反法律法规、国家政策以及公序良俗的，变更有效。

记忆口诀

命题角度：劳动合同的变更。

口头超1，有效。

（二）劳动合同的解除

1.协商解除（双方行为）

即使双方协商解除，如由用人单位提出解除，也必须依法向劳动者支付经济补偿。

2.法定解除（单方行为）

（1）劳动者可以单方面解除的情形：

是否需通知	适用情形	补偿
提前通知（主动辞）	正式工提前30日书面通知，试用期内提前3日通知。 提示：必须通知，没有履行通知程序属于违法解除	无
随时通知（单位错）	用人单位有错但不至于“危及生命”	有
无须通知立即解除（保命）	①以暴力、威胁、非法限制人身自由的手段强迫劳动。 ②违章指挥、强令冒险作业危及劳动者人身安全的	

（2）用人单位可以单方面解除的情形：

项目	适用情形及具体规定	补偿
预告解除/无过失性辞退（病、难胜任、客观）	①劳动者患病或者非因工负伤，医疗期满后不能从事原工作，也不能从事由用人单位另行安排的工作的。 ②劳动者不能胜任工作，经过培训或者调整工作岗位，仍不能胜任工作的。	有

续表

项目	适用情形及具体规定		补偿
预告解除/无过失性辞退（病、难胜任、客观）	③客观情况发生重大变化，致使劳动合同无法履行。 提示：无过失性辞退的情形下，用人单位可以“提前30天”通知解除劳动合同或“多付1月工资”（多付的“1个月工资”不可替代经济补偿）		有
经济性裁员	裁多少要报告	需要裁减人员20人以上或者裁减不足20人但占企业职工总数10%以上的，用人单位提前30日向工会或者全体职工说明情况，听取意见后，裁员方案应向劳动行政部门报告	有
	留用和招人	①优先留用：签订长期劳动合同或无固定期限劳动合同的、家庭无其他就业人员或有需要扶养的老人或未成年人的。 ②裁员后在6个月内重新招用人员的，被裁人员在同等条件下优先招用	
随时通知解除	劳动者：①在试用期间被证明不符合录用条件；②有“严重过错”		无

（三）劳动合同的终止

1.法定终止

情形	具体内容		补偿
到期	劳动合同期满	维持或涨薪：用人单位维持或者提高劳动合同约定条件续订劳动合同，劳动者不同意	无
		降薪或不续：用人单位降低劳动合同约定条件续订劳动合同，或不再续订	有
	以完成一定工作任务为期限的劳动合同任务完成		
退养	劳动者退休或开始依法享受基本养老保险待遇		无
一方没了	劳动者死亡，或者被人民法院宣告死亡或者宣告失踪		无
	用人单位破产、被吊销营业执照、责令关闭撤销或解散		有

记忆口诀

命题角度：劳动合同解除/终止时无须支付经济补偿金的情形。

用人单位无须支付经济补偿金的情形总结归纳如下：

（1）主动辞：劳动者主动提出（且用人单位无过错）。

（2）试用期、非全日：非全日制用工、试用期间被证明不符合录用条件。

（3）严重过错：劳动者有严重过错的情形。

（4）涨薪不续：维持或涨薪续签，劳动者不同意。

（5）退、养、死：劳动者退休享受基本养老保险待遇，或劳动者死亡或被宣告失踪。

2.不得终止劳动合同的情形

关键词	解释
弱者	工伤、职业病；患病或者非因工负伤医疗期内；孕期、产期、哺乳期
又老又久（15+5）	在本单位连续工作满15年，且距法定退休年龄不足5年的

（四）经济补偿金的计算

项目	具体规定
计算公式	经济补偿金=工作年限×月工资
补偿年限	在本单位工作的年限每满1年给1个月工资作为补偿金。 不足一年，根据月份数确定：6个月≤X≤1年，折算为1个月；X<6个月，折算为半个月
月工资	一般情形：劳动合同解除或者终止前12个月的平均工资
	“低薪人士按红线”：月均工资低于当地最低工资标准的，按照当地最低工资标准作为月工资
	“高薪人士3倍12月”：月均工资高于当地上年度职工月平均工资的3倍的，按当地职工月平均工资3倍作为月工资。 提示：“高薪人士”工作年限超过12年的，最多补偿12个月；没超过12年的，按实际年限补偿

（五）违法终止或解除的法律责任

违法情形	法律责任
解除或终止违法	按规定的经济补偿标准支付2倍赔偿金，无经济补偿金先付、逾期不付再赔
解除不违法但未支付经济补偿	（1）限期支付经济补偿。 （2）逾期未支付，按应付金额50%以上100%以下的标准加付赔偿金。 提示：同合同履行中未按时支付报酬、加班费及低于最低工资情形

第45记 特殊用工方式

2分

精准冲刺180题：50、51

（一）非全日制用工

程序	具体规定
合同订立	可订立口头协议，可与多家单位订立劳动合同
	不得约定试用期
合同解除及终止	任何一方都可以随时通知对方终止用工，且无须支付经济补偿金
劳动报酬	（1）报酬标准不得低于“红线”。 （2）结算周期最长不得超过15日

记忆口诀

命题角度：非全日制用工相关知识点。

可口可多无试用、随时解除无补偿、至少半月发工资。

（二）劳务派遣

1.劳务派遣单位（即“用人单位”）

（1）与劳动者订立2年以上的固定期限劳动合同，不得非全日制用工。

（2）工资按月支付，且被派遣劳动者在无工作期间应按最低工资标准支付。

（3）解除或终止劳动合同应支付经济补偿金或者赔偿金。

提示：用人单位和用工单位均不得向被派遣劳动者收取费用。

2.接受劳务派遣的单位（即“用工单位”）的用工要求

要求	具体规定
10%以内	被派遣劳动者数量不得超过其用工总量（正式员工+派遣员工）的10%
不得二次派	不得将被派遣劳动者再派遣到其他用人单位
不得自我派	不得设立劳务派遣单位向本单位或者所属单位派遣劳动者
同工同酬	被派遣劳动者与用工单位的劳动者同工同酬

第46记 2分

劳动仲裁

精准冲刺180题：52、68

（一）适用范围和原则

1.劳动争议的范围和分类

项目	具体内容
劳动争议的范围	劳动仲裁适用于绝大部分因劳动关系、劳动合同、辞职辞退离职、工作时间、休假、社保福利、培训及劳动保护、报酬、补偿金赔偿金等发生的争议
不属于劳动争议的项目	（1）请求社保机构发放社保金纠纷；（2）因住房改革产生的公有住房转让纠纷；（3）对伤残等级鉴定结论异议纠纷；（4）个体工匠与帮工学徒之间的纠纷；（5）农村承包经营户与受雇人之间的纠纷；（6）家庭或个人与家政服务人员之间的纠纷。 提示：上述项目不属于劳动争议，可以提起仲裁也可以直接提起诉讼

记忆口诀

命题角度：不属于劳动争议的项目。

住房改革雇保姆、个体工匠鉴伤残、农村承包发社保。

2.“先裁后诉”原则

劳动争议的案件必须先仲裁后诉讼。

劳动争议的解决途径包括协商和解、调解、劳动仲裁、劳动诉讼。其中协商和解、调解均非必经途径，但劳动仲裁为必经途径，劳动仲裁后不服才可提起劳动诉讼，即“先裁后诉”。

3.“一裁终局”案件

项目	规定	记忆提示
适用范围	追索劳动报酬、工伤医疗费、经济补偿或者赔偿金，不超过当地月最低工资标准12个月金额的争议	要小钱
	因执行国家的劳动标准在工作时间、休息休假、社会保险等方面发生的争议	社保休假
救济途径	劳动者可于收到裁决书之日起15日内直接起诉	劳动者可诉
	（1）用人单位自收到裁决书之日起30日内向仲裁委员会所在地中级人民法院申请撤销该裁决，而不能直接起诉。 （2）终局裁决被裁定撤销后，可自收到裁定书之日起15日内起诉	单位先撤销才可诉

（二）劳动仲裁的管辖、程序和裁定

1.地域管辖规定

情形	具体管辖地
一般规定	劳动合同履行地或用人单位所在地
各找各的	劳动合同履行地
履行地不明确	用人单位所在地
多个履行地	先受理的管辖地

2.基本程序

程序	规定	
申请	仲裁时效期间1年	（1）从当事人知道或者应当知道其权利被侵害之日起1年。 （2）因拖欠劳动报酬发生争议，从劳动关系终止开始计算1年
	形式	应书面、可口头；免费
裁决	开庭且公开	申请不公开：商业秘密、个人隐私、协议不公开
	人数	1人（简单）或3人（设首席）
	调解	应调解

3.不予执行的裁决种类

劳动争议仲裁裁决书、调解书有下列情形之一，经审查核实的，法院可以裁定不予执行：

（1）裁决的事项不属于劳动争议仲裁范围，或者劳动争议仲裁机构无权仲裁的；（2）适用法律、法规确有错误的；（3）违反法定程序的；（4）裁决所根据的证据是伪造的；（5）对方当事人隐瞒了足以影响公正裁决的证据的；（6）仲裁员在仲裁该案时有索贿受贿、徇私舞弊、枉法裁决行为的；（7）人民法院认定执行该劳动争议仲裁裁决违背社会公共利益的。

记忆口诀

命题角度：不予执行的劳动仲裁裁决书。

无权、违法、伪造、隐瞒、贿赂、有害。

第47记 社会保险法律制度 4分

精准冲刺180题：21~24、53~55、73

714 1-17

我国的社会保险项目包括基本养老保险、基本医疗保险、工伤保险、失业保险和生育保险。

（一）基本养老保险

1.征缴范围

（1）不征缴基本养老保险的人群：公务员、在校学生。

（2）灵活就业人员可以参保，由个人缴纳保险费。

2.缴费资金来源

（1）组成部分。

组成部分	具体规定	缴纳金额
单位缴费	计入基本养老保险统筹基金账户	工资基数×16%
个人缴费	计入个人账户：不得提前支取，死亡可继承；计息	工资基数×8%

（2）工资基数的确定。

职工	具体规定	
一般情形	为职工本人上一年度月平均工资（含工资、奖金、津贴、补贴等）	
	下限	当地职工月平均工资的60%
	上限	当地职工月平均工资的300%

3.享受条件和待遇

（1）享受条件，到达法定退休年龄，且累计缴费满15年（非连续缴费满15年）。

提示：从2025年1月1日起，男职工和原法定退休年龄为55周岁的女职工，法定退休年龄每4个月延迟1个月，分别逐步延迟至63周岁和58周岁；原法定退休年龄为50周岁的女职工，法定退休年龄每2个月延迟1个月，逐步延迟至55周岁。

（2）待遇：

待遇构成	具体规定
基本养老金	向符合条件的参保人按月支付基本养老金
丧葬补助金和遗属抚恤金	因病或者非因工死亡的，其遗属可领
病残津贴	未退休因病或非因工致残完全丧失劳动能力的，可领

提示：因工病残或死亡走“工伤保险”。

（二）失业保险

1.征缴范围

所有类型的单位（企业+事业单位），及其职工。

2.享受条件和待遇

（1）享受条件（需同时满足）：

①缴纳失业保险费满1年。

②失业事实（非因本人意愿中断就业）。

③登记且有求职要求。

（2）失业保险金。

①发放金额：不低于城市居民最低生活保障标准（低保），不高于当地最低工资标准（红线）。

②发放期限：

缴费期限（X年）	领取期限（月）
$1 \leqslant X < 5$	12
$5 \leqslant X < 10$	18
$X \geqslant 10$	24

（3）其他待遇：

待遇	具体规定
“病”：基本医疗保险费	失业人员应当缴纳的基本医疗保险费由失业保险基金支付，个人不缴纳，但享受基本医疗保险待遇
“亡”：丧葬补助金和遗属抚恤金	领取失业保险金期间死亡，由失业保险基金支付给其遗属
“就业”：职业介绍与职业培训补贴	接受职业介绍、职业培训的补贴由失业保险基金支付

记忆口诀

命题角度：享受失业保险的条件，以及失业保险金的发放标准。

（1）享受失业保险的条件：满1年、被迫离、想工作。

（2）失业保险的发放标准：不低于低保、不高于红线。

（3）失业保险的发放期限：1年接5，10；1年加6，6。

（4）其他失业保险待遇：病+亡+就业。

（4）停止享受失业保险待遇的情形：

①重新就业的；②应征服兵役的；③移居境外的；④享受基本养老保险待遇的；⑤被判刑收监执行的；⑥无正当理由，拒不接受当地人民政府指定部门或者机构介绍的适当工作或者提供的培训的。

记忆口诀

命题角度：停止享受失业保险待遇的情形。

有人管饭+态度不好。

（三）工伤保险

1.征缴范围

所有类型的单位。职工不缴纳工伤保险费。

提示："四险"中只有工伤保险仅由用人单位缴纳。

2.享受的条件——工伤认定

是否认定	具体内容
应当认定：工作相关+上下班非本人	（1）在工作时间和工作场所内，因工作原因受到事故伤害的，或因履行工作职责受到暴力等意外伤害的。 （2）工作时间前后工作场所内，从事与工作有关的预备性或收尾性工作受伤的。 （3）患职业病的。 （4）因工外出期间，由于工作原因受到伤害或者发生事故下落不明的。 （5）在上下班途中，非本人主要责任的交通事故中受到伤害的
视同工伤：工作发病+抢险救灾军人	（1）在工作时间和工作岗位，突发疾病死亡或在48小时内经抢救无效死亡的。 （2）在抢险救灾等维护国家利益、公共利益活动中受到伤害的。 （3）原在军队服役，因战、因公负伤致残，已取得革命伤残军人证，到用人单位后旧伤复发的
不认定	故意犯罪、醉酒或吸毒、自残或自杀

3.待遇

（1）工伤待遇包括：

项目	认定为工伤的停工留薪期	经鉴定丧失劳动能力、评定伤残等级后
治病	医疗费、住院伙食补助等	停工留薪期满后仍需治疗，继续享受工伤医疗待遇
生活	停工留薪期工资福利（单位付）	伤残津贴（5、6级单位付）
	生活护理费（单位付）	生活护理费
补助	—	一次性伤残补助金、一次性工伤医疗补助金
		一次性伤残就业补助金（单位付）

（2）停工留薪期的工资福利待遇：

①工资福利待遇不变（与医疗期区分）。

②时间一般不超过12个月；特殊情况可延长不超过12个月（"双12"）。

提示：评定伤残等级后，停止享受停工留薪期工资福利待遇，转为享受伤残待遇。

通关绿卡

命题角度：因工伤发生的费用中需要用人单位支付的费用。

需要由用人单位支付的费用：

（1）认定为工伤治疗期间（停工留薪期）的工资福利、生活护理费。

（2）一次性伤残就业补助金。

（3）5、6级伤残的伤残津贴。

（3）工亡待遇：

待遇	具体标准
丧葬补助金	为6个月当地上年度职工月平均工资
亲属抚恤金	—
一次性工亡补助金	上一年度全国城镇居民人均可支配收入的20倍

提示：个人死亡同时符合领基本养老保险、工伤保险、失业保险丧葬补助金条件的，其遗属只能选一项领取。

（四）基本医疗保险

1.征缴范围

所有单位及职工，无例外。

提示：职工达到法定退休年龄时累计缴费达到国家规定年限的，退休后不再缴纳基本医疗保险费，享受基本医疗保险待遇；未达到国家规定缴费年限的，可以缴费至国家规定年限。

2.保险费的缴纳

（1）单位缴费一部分建立统筹基金，另一部分划入个人账户。

（2）个人账户资金来源包括个人缴费以及单位缴费划入。

（五）医疗期

企业职工因患病或“非因工负伤”停止工作，可少发工资，但不可开除，期满解除合同要付补偿金。

（1）医疗期内工资最低不能低于“红线”（当地最低工资标准）的80%。

（2）医疗期内不得解除劳动合同，除非满足用人单位“随时通知解除”的条件。

（3）如医疗期内劳动合同期满，劳动合同必须延续至医疗期满，在此期间仍然享受医疗期待遇。

（4）医疗期长度：

<table>
<tr><th>参加工作年限
（A年）</th><th>本单位工作年限
（B年）</th><th>享受医疗期
（月）</th><th colspan="2">累计病休计算期（月）</th></tr>
<tr><td rowspan="2">$A<10$</td><td>$B<5$</td><td>3</td><td>6</td><td rowspan="2">医疗期×2</td></tr>
<tr><td>$B\geqslant 5$</td><td>6</td><td>12</td></tr>
<tr><td rowspan="5">$A\geqslant 10$</td><td>$B<5$</td><td>6</td><td>12</td><td rowspan="5">医疗期+6</td></tr>
<tr><td>$5\leqslant B<10$</td><td>9</td><td>15</td></tr>
<tr><td>$10\leqslant B<15$</td><td>12</td><td>18</td></tr>
<tr><td>$15\leqslant B<20$</td><td>18</td><td>24</td></tr>
<tr><td>$B\geqslant 20$</td><td>24</td><td>30</td></tr>
</table>

提示：医疗期从病休第一天开始累计计算，公休、假日和法定节日包括在内，是“自然日”而非“工作日”。

【斯考卡片】
扫码背重点

第二模块

税法部分

● 本模块为税法部分，具体包括教材第四章、第五章、第六章和第七章的内容。此部分为考试中的重点内容，除了单项选择题、多项选择题和判断题，还涉及2道不定项选择题。在复习时应在记忆的基础上掌握计算方法，同时务必配合足量的习题训练，掌握解题技巧，提升解题速度。

第48记 税法基本原理 2分

精准冲刺180题：123、163

714 2-1

（一）税收的特征

强制性、无偿性、固定性。

（二）税收法律关系的主体和客体

构成要素	具体内容
主体	国家税务机关（包括各级税务机关和海关）及纳税义务人。 提示：记住海关自己征收的两项——关税、船舶吨税，代征的两项——进口环节增值税及消费税。其他税种均由税务机关负责征收管理
客体	征税对象

（三）税法要素

税法要素一般包括纳税人、征税对象、税率、计税依据、纳税环节、纳税期限、纳税地点、税收优惠、法律责任等。

税法要素	具体规定
纳税人	纳税人指直接负有纳税义务的法人、自然人和其他组织。 提示：注意与扣缴义务人作区分
征税对象	征税对象是区别不同税种的重要标志
计税依据	根据不同的计税依据，计税方式分为从价、从量、复合三种形式
税率	（1）税率是税法的“核心要素”。 （2）税率包括比例税率、定额税率、累进税率。其中，累进税率又分为超额累进税率（如个人所得税综合所得）、超率累进税率（如土地增值税）。 提示：我国现行税率不包括全额累进税率

续表

税法要素	具体规定
税收优惠	（1）起征点：对征税对象开始征税的数额界限。征税对象的数额没有达到规定起征点的不征税，达到或超过起征点的，就其全部数额征税。 （2）免征额：对征税对象中的一部分给予减免，只就减除后的剩余部分征税

4分 第49记

增值税征税范围、纳税人

精准冲刺180题：74、75、124、125

（一）增值税基本征税范围

1.基本征税范围

征税范围	提示
销售货物和提供劳务	（1）销售货物、进口货物。 （2）提供劳务（加工、修理修配）。 提示：对有形动产进行维修属于“提供劳务——修理修配劳务”，对不动产进行的维修属于“建筑服务”
销售服务	交通运输服务、邮政服务、电信服务、建筑服务、金融服务、现代服务、生活服务
销售其他	销售无形资产、销售不动产

2.各征税项目中需要特别关注的项目

（1）交通运输服务包括陆路运输服务、水路运输服务、航空运输服务和管道运输服务。

提示：出租车公司向使用本公司自有出租车的出租车司机收取的管理费用（出租车司机上交的“份子钱”）属于“交通运输服务”。

（2）建筑服务包括工程服务、安装服务、修缮服务、装饰服务、其他建筑服务。其中：

①固定电话、有线电视、宽带、水、电、燃气、暖气等经营者向用户收取的“安装费、初装费、开户费、扩容费”以及类似收费，按照“建筑服务——安装服务”缴纳增值税。

②其他建筑服务包括钻井（打井）、拆除建筑物或者构筑物、平整土地、园林绿化、疏浚（不包括航道疏浚）、建筑物平移等。

（3）金融服务包括贷款服务、直接收费金融服务、保险服务、金融商品转让。其中：贷款服务包括利息收入、信用卡透支利息收入、买入返售金融商品利息收入、融资融券收取的利息收入，以及融资性售后回租、押汇、罚息、票据贴现、转贷等业务收取的利息性质的收入等。

提示：以货币投资或者购买理财产品等收取固定利润或保底（保本）收益，按照“金融服务——贷款服务”征税。

（4）现代服务主要面对“企业生产经营”，具体包括：

租赁（有形动产、不动产的融资租赁和经营租赁）、文化创意、广播影视、物流辅助、商务辅助、鉴证咨询、研发和技术、信息技术和其他现代服务。

（5）生活服务主要面对“居民日常生活需求”。具体包括：

文化体育、教育医疗、旅游娱乐、餐饮住宿、居民日常服务和其他生活服务。

（6）销售无形资产和销售不动产。

单独转让土地使用权属于“销售无形资产”，转让不动产时一并转让其所占土地的使用权的，属于“销售不动产”。

通关绿卡

命题角度：增值税征税范围中各类易错易混的征税范围辨析。

（1）区分与“租”相关的。

具体服务	对应税目
车辆停放服务、道路通行服务、广告位出租	现代服务——租赁服务
融资租赁	现代服务——租赁服务
融资性售后回租	金融服务——贷款服务
水路运输的程租、期租；航空运输的湿租	交通运输服务
水路运输的光租；航空运输的干租	现代服务——有形动产租赁服务

（2）区分“现代服务”与“生活服务”。

一般原则，看服务是为了生产经营活动还是居民日常生活。

具体服务	对应税目
物业管理	现代服务——企业管理服务
市容市政管理	生活服务——居民日常服务
文化创意服务	现代服务
文化体育服务	生活服务

（3）区分“贷款服务”与“直接收费金融服务”，看本质是不是“借钱”给别人收利息。

（4）区分“文广”相关的。

具体服务	对应税目
动产、不动产上的广告位出租	经营租赁服务 （并非广告服务）
广告的制作、发布	现代服务——文化创意服务
广播影视节目的制作服务、发行服务和播映服务	现代服务——广播影视服务

（5）区分“交通运输服务”与“现代服务——物流辅助服务”。

具体服务	对应税目
无运输工具承运、管道运输	交通运输服务
航空服务、港口码头服务、 货运客运场站服务、打捞救助服务、 仓储服务、装卸搬运服务和收派服务	现代服务——物流辅助服务
疏浚	建筑服务——其他建筑服务
航道疏浚	现代服务——物流辅助服务

（二）不征收增值税的情形

记忆提示	具体情形
雇主员工	单位聘用的员工为本单位提供加工、修理修配劳务
双境外	境外单位或者个人向境内单位或者个人销售完全在境外发生的服务、完全在境外使用的无形资产，出租完全在境外使用的有形动产
存利保赔	存款利息、被保险人获得的保险赔付
整体资产转让	资产重组中，资产与债权、负债、劳动力一并转让的行为
公益	无偿提供的用于公益事业的铁路、航空运输服务
住宅专项维修资金	房地产主管部门或者其指定机构、公积金管理中心、开发企业以及物业管理单位代收的住宅专项维修资金
财政补贴收入	与其销售货物、劳务、服务、无形资产、不动产的收入或者数量直接挂钩的，计算缴纳增值税；其他情形的财政补贴收入，不征收增值税

（三）增值税纳税人与扣缴义务人

1.纳税人概念

（1）一般规定：在我国境内销售货物或者加工、修理修配劳务，销售服务、无形资产、不动产以及进口货物的单位和个人，为增值税的纳税人。

（2）单位以承包、承租、挂靠方式经营的，承包人（包括承租人、挂靠人）以发包人（包括出租人、被挂靠人）名义对外经营并由发包人承担相关法律责任的，以该发包人为纳税人。否则，以承包人为纳税人。

（3）资管产品运营过程中发生的增值税应税行为，以资管产品管理人为增值税纳税人。

2.纳税人的分类

纳税人	具体规定
小规模纳税人	（1）年应税销售额“500万元以下”。 （2）其他个人（非个体户）必须按小规模纳税人纳税。 （3）非企业性单位、不经常发生应税行为的企业可选择按小规模纳税人纳税
一般纳税人	年应税销售额超过500万元的，应登记为一般纳税人。 一般纳税人与小规模纳税人之间的关系如下： （1）小规模纳税人“会计核算健全”，可以申请登记为一般纳税人。 （2）一般情况下，一般纳税人不可转为小规模纳税人。 （3）一般纳税人允许抵扣进项税额，小规模纳税人采用简易计税，不得抵扣进项税额

3.扣缴义务人

我国境外的单位或者个人在境内销售劳务，在境内未设有经营机构的，以购买方为扣缴义务人。

第50记 一般计税方法下增值税的计算（8分）

精准冲刺180题：76~78、126~128、164、172～175

（一）一般计税方法的计算公式

当期应纳税额=当期销项税额−当期进项税额=销售额×适用税率−当期进项税额

（二）税率（仅适用于一般计税方法）

应税行为	税率
销售货物、销售劳务、进口货物、有形动产租赁服务	13%
销售服务、无形资产	6%

续表

应税行为	税率
（1）销售交通运输、邮政、基础电信、建筑及不动产租赁服务、销售不动产、转让土地使用权。 （2）销售或进口粮食等农产品、食用植物油、食用盐；自来水、暖气等民用能源；图书、报纸、杂志；饲料、化肥、农药、农机、农膜	9%
出口货物，以及境内单位和个人"跨境销售"部分特定服务	零税率

提示：初级考试计算类题目会提供税率作为已知条件。

记忆口诀

命题角度：增值税低税率项目。

9%税率的服务：交通邮政基础电，建筑不动租与售，土地转让记心头。

9%税率的货物：粮油盐农产，水暖能书刊，肥药农机膜。

零税率的跨境服务：国、航、研、合、设、广、软；电路、信息、业、离、转。

（三）销售额的确定

1.价税分离

不含税销售额=含税销售额÷（1+适用税率）

通关绿卡

命题角度：在增值税计算类题目中对于"含税"和"不含税"价格的识别。

（1）含税金额需要进行价税分离换算。含税金额的说法包括"含税价格""价税合计金额""发票上注明的价税合计金额""零售价格"以及各种名目的"价外费用"和"包装物租金、押金"。

（2）不含税金额则无须进行价税分离换算。不含税金额的说法包括"不含税收入""不含税价""销售额""增值税专用发票上注明的金额""增值税专用发票上注明的价款"。

2.价外费用

默认为含税额，需进行价税分离。题目中可能会出现如下价外费用：销售货物同时向购买方收取的手续费、补贴、基金、集资费、返还利润、奖励费、违约金、滞纳金、延期付款利息、赔偿金、代收款项、代垫款项、包装费、包装物租金、储备费、优质费、运输装卸费等。

3.包装物押金与包装物租金

项目	具体内容
包装物租金	属于价外费用，收取即并入销售额，交增值税
包装物押金	（1）其他酒类（除黄酒、啤酒外）取得交。 （2）啤酒、黄酒、其他货物逾期交（合同约定或1年孰早）

4.销售额中不包括的项目

（1）受托加工的应税消费品所代收代缴的消费税。

（2）以委托方名义开具发票代委托方收取的款项（例如符合条件的“代垫运费”）。

（3）销售货物的同时代办保险等而向购买方收取的保险费、车辆购置税、车辆牌照费。

（4）符合条件的政府性基金或者行政事业性收费。

5.视同销售

（1）具体情形：

类型	具体情形和处理
自产、委托加工货物。 提示：此处无“购进”	用于集体福利或者个人消费
自产、委托加工或者购进的货物	①投（投资给其他单位或个体户）。 ②分（分配给股东或投资者）。 ③送（赠送其他单位或者个人）
委托代销货物	委托方、受托方，都应视同销售
无偿提供服务、无偿转让无形资产、不动产	用于公益事业或以社会公众为对象的除外

（2）视同销售情形下销售额的确定。

①按纳税人最近时期同类货物（或服务等）的平均销售价格确定。

②按其他纳税人最近时期同类货物的平均销售价格确定。

③按组成计税价格确定。

类型	计算公式
一般货物（非应税消费品）	组成计税价格=成本×（1+成本利润率）
应税消费品	组成计税价格=成本×（1+成本利润率）÷（1–消费税税率）

通关绿卡

命题角度：视同销售行为的辨析和销售额的确定。

（1）辨析视同销售情形和不得抵扣进项税的情形。

①“自产、委托加工货物”用于集体福利或个人消费的——视同销售。

②“外购货物”用于集体福利或者个人消费的——不视同销售，不得抵扣进项税。

（2）视同销售行为找销售额时，先在题目中找自己均价、再找他人（或市场）均价，若上面两项没有再用“组价”，切勿直接组价。

6.以旧换新

金银首饰按差额（实际收取的不含税销售额）作为销售额，其他货物按新货物的销售额确定。

7.还本销售

按正常售价作为销售额，不得扣减还本支出。

8.折扣销售和退货

（1）销售额和折扣额在同一张发票上分别注明的，可以按折扣后的销售额征收。

（2）纳税人开具增值税专用发票后，发生开票有误或者销售折让、中止、退回等情形的，应当开具红字增值税专用发票；否则，不得扣减销项税额或者销售额。

9.“营改增”行业的特殊规定（“差额征税”）

项目	计算公式
金融商品转让	基本公式：销售额=卖出价-买入价。 相抵后出现负差，可结转下一个纳税期，与下一期转让金融商品销售额相抵。年末出现负差，不得跨年结转
房地产开发企业销售其开发的不动产适用一般计税的	销售额=全部价款和价外费用-土地出让金
建筑服务适用简易计税的	销售额=全部价款和价外费用-分包费
旅游服务	允许扣除住宿费、餐饮费、交通费、签证费、门票费、接团费

记忆口诀

命题角度：“差额征税”项目以及允许扣除的项目。

金融转让买价扣；房企一般扣地价；建筑简易去分包；旅游不含签证门票、食住行。

10.混合销售、兼营、以物易物

（1）混合销售：一项销售行为如果既涉及货物又涉及服务，属于混合销售，按“主业”计税。

提示：纳税人销售活动板房、机器设备、钢结构件等自产货物的同时提供建筑、安装服务，不属于混合销售，应分别核算货物和建筑服务的销售额，分别适用不同的税率或者征收率。

（2）兼营：经营各类不同的应税行为，应分别核算纳税，否则，从高适用税率。

提示：纳税人兼营免税、减税项目的，应当分别核算免税、减税项目的销售额。

（3）以物易物：购、销双方都分别作购销处理。

（四）允许抵扣的进项税额

1.允许抵扣的进项税额——票

凭“扣税凭证”抵扣。扣税凭证包括增值税专用发票（含税控机动车销售统一发票）、海关进口增值税专用缴款书、（代扣代缴税款的）完税凭证、道路通行服务增值税电子普通发票、符合条件的国内旅客运输发票（包括增值税电子普通发票、航空运输电子客票行程单、铁路车票等）；还包括农产品收购发票、农产品销售发票（采用“计算抵扣”）。

提示：除了上述特定类型的电子普通发票以外，其他增值税普通发票均不得抵扣进项税额。

2.允许抵扣的进项税额——国内旅客运输服务

取得的抵扣依据	增值税进项税额
增值税电子普通发票	发票上注明的税额
航空运输电子客票行程单	进项税额=（票价+燃油附加费）÷（1+9%）×9%
铁路车票	进项税额=票面金额÷（1+9%）×9%
公路、水路等其他客票	进项税额=票面金额÷（1+3%）×3%
提示：航空运输电子客票行程单、铁路车票及其他客票均应注明旅客身份信息	

3.允许抵扣的进项税额——农产品

抵扣方法	取得的发票类型	计算进项税采用的扣除率
凭票抵扣	（1）从一般纳税人处购入农产品取得的增值税专用发票（可以直接按票上的税额抵扣） （2）进口取得的海关进口增值税专用缴款书	9%或10%。 提示：扣除率在题目中会作为已知条件告知
计算抵扣	（1）从小规模纳税人购进农产品取得的3%征收率的增值税专用发票。 （2）农产品收购发票、农产品销售发票	

（五）不得抵扣的进项税额

记忆提示	具体不可抵扣的项目	特殊规定
简、免、集、个	购进的货物、劳务、服务、无形资产和不动产，用于： （1）集体福利或者个人消费。 （2）简易计税项目和免税项目	“兼用”的处理： （1）固定资产、无形资产和不动产，“专用”不可抵，混用（“兼用”）全额抵。 （2）购进货物、劳务、服务“兼用”无法划分的，以销售额为比例划分进项税： 不得抵扣的进项税额=当期无法划分的全部进项税额×（当期简易计税方法计税项目销售额+免征增值税项目销售额）÷当期全部销售额
非正常损失	非正常损失的货物以及相关服务	“非正常损失”是指因管理不善、违反法律法规造成的损失。 提示：正常生产损耗和自然灾害造成的损失的进项税额准予抵扣
贷、餐、民、娱	贷款、餐饮、居民日常、娱乐服务	提示：购进贷款服务支付的利息支出不可抵扣；向贷款方支付的与该笔贷款直接相关的顾问费、手续费、咨询费等也不可抵扣

（六）进项税额的“转出”和留抵

1.进项税额的转出

情形	进项税额转出的计算	
购进货物	已知进项税额	将税额直接转出
	无法确定进项税额	按实际成本（不含税）×适用税率转出
购进固定资产等	不得抵扣的进项税额=扣除折旧后的资产净值（不含税）×适用税率	

2.进项税额的留抵

上期未抵扣完的进项税额即为留抵税额，可结转至下一期继续抵扣。

通关绿卡

命题角度：在不定项选择题中考查增值税的计算。

主要考查的方式包括：

（1）概念性小题：增值税征税范围、纳税义务发生时间、一般计税还是简易计税、差额计税、增值税抵扣凭证的范围、不得抵扣的进项税额的项目等。

（2）销项税额计算小题：价外费用、包装物押金或租金、视同销售销售额、折扣或以旧换新等特殊销售方式销售额、纳税义务发生时间以及对应的销售额等。

（3）进项税额计算小题：允许抵扣的进项税额、国内旅客运输服务的进项税额、农产品进项税额、不得抵扣进项税额或进项税额转出的计算。

（4）计算当月税额的算式（一般计税销减进，简易计税直接算）。

（5）其他：进口环节增值税的计算，同时结合关税、车辆购置税计算。

3.增值税留抵退税政策适用主体及需满足的条件。

<table>
<tr><th>适用企业行业及分型
（含个体工商户）</th><th>需满足的条件</th></tr>
<tr><td>小微企业（所有行业）</td><td rowspan="3">①纳税信用等级为A级或者B级。
②退税前36个月未骗取留抵退税、骗取出口退税或虚开增值税专用发票。
③退税前36个月未因偷税被税务机关处罚两次及以上。
④2019年4月1日起未享受即征即退、先征后返（退）政策</td></tr>
<tr><td>制造业等六行业</td></tr>
<tr><td>批发和零售业等七行业</td></tr>
<tr><td>除上述以外的其他企业
（旧政策下）</td><td>在上述四个条件基础上，多一个条件：
自2019年4月税款所属期起，连续6个月（按季纳税的，连续2个季度）增量留抵税额均大于零，且第6个月增量留抵税额不低于50万元</td></tr>
</table>

提示：如果是2019年4月1日以后新设立的纳税人，2019年3月31日留抵税额视为0。

第51记 2分

简易计税方法和进出口环节增值税规定

精准冲刺180题：79、129、173~175

（一）简易计税方法

1.适用范围

（1）小规模纳税人发生应税销售行为，适用简易计税方法。

（2）一般纳税人发生特定应税行为，可以选择适用简易计税方法计税，但一经选择，36个月内不得变更。

提示：适用简易计税方法的不可抵扣进项税额。

特定应税行为	具体内容
销售特定自产货物	电力、自来水、建筑用料、生物制品等

续表

特定应税行为	具体内容
“营改增”行业	①“漫影文体、公仓装派”。 ②“劳务派遣”：一般纳税人提供劳务派遣服务，可以选择采用简易计税方法“差额征税”，以取得的全部价款和价外费用，扣除代用工单位支付劳务派遣员工的工资、福利和社保公积金后的余额为销售额。 ③住房租赁企业中的一般纳税人向个人出租住房

2.计算

应纳税额=（不含税）销售额×征收率

=含税销售额÷（1+征收率）×征收率

3.征收率（仅适用于简易计税方法）

应税行为	征收率
（1）一般纳税人适用于简易计税方法的一般项目。 （2）小规模纳税人的一般情形。 提示：根据小规模纳税人最新优惠政策，小规模纳税人适用3%征收率的项目，在2027年12月31日前减按1%征收	3%
（1）一般纳税人和小规模纳税人适用于简易计税方法的“卖房、租房”。 （2）一般纳税人和小规模纳税人提供“劳务派遣”服务选择按差额征税的。 （3）住房租赁企业一般纳税人向个人出租住房（5%减按1.5%征收）	5%
二手车经销商销售其收购的二手车（一般纳税人、小规模纳税人均适用）。 提示：可以开具征收率为0.5%的增值税专用发票	0.5%
（1）一般纳税人销售自己使用过的不得抵扣且未抵扣进项税额的固定资产。 （2）小规模纳税人销售自己使用过的固定资产	3%减按2%（可以放弃减征，按3%开专票）
销售旧货	3%减按2%（不得放弃减税，不得开专票）

通关绿卡

命题角度：一般纳税人销售自己使用过的固定资产增值税税额计算。

（1）首先判断是否属于“自己使用过的不得抵扣且未抵扣进项税额的固定资产”范畴。如果购买该固定资产时已经抵扣过了进项税，那应采用“一般计税方法”正常计算销项税额。

（2）如果采用“简易计税方法”，需要判断是否享受2%的减征优惠。如果题目中明确给出纳税人放弃了减税，或开具了增值税专用发票，则需要按照3%的征收率计算应纳税额。

（二）进口环节增值税

进口环节组成计税价格：

货物类型	进口环节组成计税价格
不征收消费税的货物	关税计税价格+关税
（从价）征收消费税的货物	关税计税价格+关税+消费税 或者：（关税计税价格+关税）÷（1–消费税比例税率）

通关绿卡

命题角度：进口环节增值税的计算。

（1）进口“组价”即为不含增值税的价格，无须进行价税分离换算。

（2）计算出的进口环节增值税能够取得海关进口缴款书的，允许抵扣进项税。

（三）增值税出口退免税

（1）出口退免税政策适用范围：

类型	适用范围
免抵退税	主要适用于： ①生产企业出口自产货物、视同自产货物，以及对外提供加工修理修配劳务。 ②生产企业和外贸企业直接对外提供适用于零税率的应税服务
免退税	主要适用于： ①（不具备生产能力的）外贸企业出口货物、劳务。 ②外贸企业将外购的服务或无形资产出口

（2）出口退税率：一般货物设5档退税率（13%、10%、9%、6%、零税率）。

外贸企业购进按简易办法征税的出口货物、从小规模纳税人购进的出口货物，退税率为简易计税办法和小规模纳税人执行的征收率。

第52记 增值税税收优惠和征收管理 2分

精准冲刺180题：80、81、130、174

（一）税收优惠

1.销售、进口货物免税项目

（1）农业生产者销售的自产农产品。

（2）避孕药品和用具。

（3）古旧图书，指向社会收购的古书和旧书。

（4）直接用于科学研究、科学试验和教学的进口仪器、设备。

（5）外国政府、国际组织无偿援助的进口物资和设备。

（6）由残疾人组织直接进口供残疾人专用的物品。

（7）销售自己使用过的物品。自己使用过的物品是指其他个人自己使用过的物品。

2.“营改增”免税项目（节选）

（1）生活服务类：

①托儿所、幼儿园提供的保育和教育服务。

②养老机构提供的养老服务。

③军队空余房产租赁收入。

④婚姻介绍服务。

⑤殡葬服务。

⑥家政服务企业由员工制家政服务员提供家政服务取得的收入。

（2）医疗教育类：

①医疗机构提供的医疗服务。

②从事学历教育的学校（不包括职业培训机构）提供的教育服务。

③政府举办的从事学历教育的高等、中等和初等学校（不含下属单位），举办进修班、培训班取得的全部归该学校所有的收入。

（3）弱势群体类：

①残疾人员本人为社会提供的服务。

②残疾人福利机构提供的育养服务。

③学生勤工俭学提供的服务。

（4）农业类：

①农业机耕、排灌、病虫害防治、植物保护、农牧保险以及相关技术培训业务，家禽、牲畜、水生动物的配种和疾病防治。

②将土地使用权转让给农业生产者用于农业生产。

③土地所有者出让土地使用权和土地使用者将土地使用权归还给土地所有者。

（5）文体、金融行业：

①纪念馆、博物馆、文化馆、文物保护单位管理机构、美术馆、展览馆、书画院、图书馆在自己的场所提供文化体育服务取得的第一道门票收入。

②寺院、宫观、清真寺和教堂举办文化、宗教活动的门票收入。

③福利彩票、体育彩票的发行收入。

④金融同业往来利息收入。

⑤科普单位的门票收入。

（6）其他类：

①个人转让著作权。

②个人销售自建自用住房。

③纳税人提供技术转让、技术开发和与之相关的技术咨询、技术服务。

④涉及家庭财产分割的个人无偿转让不动产、土地使用权。

（二）纳税义务发生时间

（1）纳税人发生应税销售行为，纳税义务发生时间为收讫销售款项或者取得索取销售款项凭据的当天；先开具发票的，为开具发票的当天。

<table>
<tr><th colspan="2">销售方式</th><th>纳税义务发生时间</th></tr>
<tr><td colspan="2">直接收款</td><td>收到销售款或取得索取销售款凭据</td></tr>
<tr><td colspan="2">托收承付、委托收款</td><td>发出货物并办妥托收手续</td></tr>
<tr><td colspan="2">赊销、分期收款</td><td>书面合同约定的收款日期；
无合同或无约定的，货物发出时</td></tr>
<tr><td rowspan="2">预收货款</td><td>货物</td><td>货物发出时</td></tr>
<tr><td>租赁服务</td><td>收到预收款</td></tr>
<tr><td colspan="2">委托代销</td><td>收到代销清单或全部、部分货款未收到代销清单及货款的，发出货物满180天</td></tr>
<tr><td colspan="2">金融商品转让</td><td>所有权转移</td></tr>
<tr><td colspan="2">视同销售货物</td><td>货物移送、转让完成或权属变更</td></tr>
<tr><td colspan="2">视同销售劳务、服务、无形资产、不动产</td><td>为劳务、服务、无形资产转让完成的当天或者不动产权属变更的当天</td></tr>
</table>

（2）进口货物：报关当天。

（3）扣缴义务发生时间：纳税义务发生当天。

通关绿卡

命题角度：增值税纳税义务发生时间对确定增值税应税销售额的影响。

题目中会给出一些特殊销售方式，并给出发货、收款的情况，需要按照上述规定准确判断纳税义务是否已经发生。

（1）一旦到达纳税义务发生时间，即需要确认销售额，计算销项税额。在任何情况下先开具发票的，也需要计算销项税额。

（2）未到达纳税义务发生时间的，无须计算销项税额。

（三）纳税期限

（1）1日、3日、5日、10日、15日、1个月、1个季度或按次纳税。

（2）申报、纳税时间：自期满之日起15日内。

（3）小规模纳税人、银行、财务公司、信托投资公司、信用社以1个季度为纳税期限。

（四）纳税地点

业户	申报纳税地点
固定户	机构所在地
非固定户	销售地或劳务发生地
进口	报关地海关
其他个人提供建筑服务、销售或者租赁不动产、转让自然资源使用权	建筑服务发生地、不动产所在地、自然资源所在地

（五）增值税专用发票的管理

1.纸质专用发票的联次

（1）发票联：购买方核算采购成本和增值税进项税额的记账凭证。

（2）抵扣联：购买方报送主管税务机关认证和留存备查的扣税凭证。

（3）记账联：销售方核算销售收入和增值税销项税额的记账凭证。

2.不得开具增值税专用发票的情形

（1）商业企业零售烟、酒、食品、服装、鞋帽（不包括劳保专用部分）化妆品等消费品的。

（2）应税销售行为的购买方为消费者个人的。

（3）发生应税销售行为适用免税规定的。

（4）金融商品转让。

（5）从事经纪代理服务，向委托方收取的政府性基金或者行政事业性收费。

3.全面数字化电子发票

（1）试点纳税人通过电子发票服务平台开具数电票的受票方范围为全国。

提示：电子发票服务平台同时也支持开具纸质发票。

（2）数电票的法律效力、基本用途等与现有纸质发票相同。

（3）数电票由各省级税务局监制。

（4）数电票无联次。

（5）数电票基本内容包括：发票号码、开票日期、购买方信息、销售方信息、项目名称、规格型号、单位、数量、单价、金额、税率/征收率、税额、合计、价税合计（大写、小写）、备注、开票人等。

（6）其他管理规定：试点纳税人通过实人认证等方式进行身份验证后，无须使用税控专用设备即可开具发票，无须进行发票验旧操作。数电票无须进行发票票种核定和发票领用。税务机关对试点纳税人开票实行发票总额度管理。

6分 第53记

消费税

精准冲刺180题：82~87、131~134、138、165、173、174

（一）税目（15个“应税消费品”）

记忆提示	税目
男人爱的	（1）烟；（2）酒
女人爱的	（1）高档化妆品；（2）贵重首饰及珠宝玉石
2车1艇	（1）小汽车；（2）摩托车；（3）游艇
2木1球	（1）木制一次性筷子；（2）实木地板；（3）高尔夫球及球具
电表涂炮油	（1）电池；（2）高档手表；（3）涂料；（4）鞭炮和焰火；（5）成品油

（二）消费税税目的辨析

下列为各税目常考点辨析（必须牢固掌握细节）：

税目	具体考点	
烟	包括	卷烟、雪茄烟、烟丝、电子烟
	不包括	烟叶
酒	包括	白酒、黄酒、啤酒和其他酒
	不包括	调味料酒、酒精
高档化妆品	包括	高档美容、修饰类化妆品，高档护肤类化妆品和成套化妆品
	不包括	演员用的油彩、上妆油、卸妆油

续表

税目	具体考点	
贵重首饰及珠宝玉石	包括	（1）金银首饰、铂金首饰和钻石及钻石饰品。 （2）其他贵重首饰和珠宝玉石。 （3）宝石坯（珠宝玉石半成品）
鞭炮和焰火	不包括	体育上用的发令纸、鞭炮药引线
成品油	包括	汽油、柴油、石脑油、溶剂油、航空煤油、润滑油、燃料油
小汽车	包括	乘用车、中轻型商用客车、超豪华小汽车。 提示：用乘用车、中轻型商用客车改装的车辆也属于消费税征税范围
	不包括	（1）大客车、大货车、厢式货车。 （2）“专用汽车”：沙滩车、雪地车、卡丁车、高尔夫车，企业购进货车或厢式货车改装生产的商务车、卫星通信车。 （3）电动汽车
电池	免征	无汞原电池、金属氢化物镍蓄电池、锂原电池、锂离子蓄电池、太阳能电池、燃料电池和全钒液流电池
	征收	铅蓄电池
高尔夫球及球具	包括	高尔夫球、高尔夫球杆、高尔夫球包（袋），以及高尔夫球杆的杆头、杆身和握把
	不包括	高尔夫球服装、球帽

（三）征税环节和计税方法

1.一般情形——“源头”交

应在生产、进口、委托加工环节缴纳消费税。

提示：“委托加工”情形下有受托方代收代缴消费税的规定。

2.自产自用的情形

（1）自产应税消费品，用于“连续生产应税消费品”，移送时不纳税。

（2）用于其他所有情形，移交时纳税。包括用于连续生产非应税消费品，用于在建工程、管理部门等使用，或用于提供劳务、馈赠、赞助、集资、广告、样品、职工福利、奖励等。

3.“加征”的情形

（1）批发环节加征——卷烟。

卷烟消费税在生产（进口）环节和批发两个环节征收，均采用复合计征方式。

不征的情形——批发对批发。

（2）批发环节加征——电子烟。

电子烟在生产（进口）环节和批发两个环节征收，均采用从价计征方式。

（3）零售环节加征——超豪华小汽车。

在生产（进口）环节及零售环节均征收。

4.仅在零售环节征收的情形

（1）“金银铂钻”首饰仅在零售环节征收消费税。包括金银首饰、铂金首饰、钻石及钻石饰品；不含镀金和包金首饰、玉石等。

（2）既销售金银首饰又销售其他首饰时分别核算，否则一并征收。

5.计税方法

税率形式	适用税目
从价计税，比例税率	绝大多数应税消费品
从量计税，定额税率	黄酒、啤酒、成品油
复合计税，比例+定额税率	卷烟（生产及批发环节）、白酒

（四）一般情形消费税的计算

1.基本计算方法

计征方法	公式
从价计征	应纳税额=销售额×比例税率
从量计征	应纳税额=应税消费品的销售数量×定额税率（单位税额）
复合计征	应纳税额=从价计征的部分+从量计征的部分

2.包装物租金与包装物押金

（1）包装物租金计入消费税销售额，连同应税消费品品一同销售的包装物计入消费税销售额。

（2）包装物押金需要与增值税结合记忆。

通关绿卡

命题角度：包装物押金增值税、消费税的辨析。

包装物押金	增值税		消费税	
	取得时	逾期时或超一年	取得时	逾期时或超一年
一般货物	×	√	×	√
啤酒、黄酒	×	√	×	×
白酒、其他酒	√	—	√	—

3.销售额确定的特殊规定

（1）自产消费品用于换取生产资料和消费资料、投资入股和抵偿债务的，以纳税人同类应税消费品的最高销售价格作为计税依据计算消费税。

（2）纳税人通过自设非独立核算门市部销售的自产应税消费品，应当按照门市部对外销售额或者销售数量征收消费税。

记忆口诀

命题角度：消费税中对于销售额的特殊规定。

换资入股偿债难，最高售价来计算；自设非独门市卖，对外销售按门市。

（五）自产自用情形消费税的计算

自产自用情形下应缴纳消费税的，按以下顺序确定计税依据：

（1）按照纳税人同类消费品销售价格计算纳税。

（2）没有同类消费品销售价格的，按照“组成计税价格”计算纳税。

自产自用的组成计税价格公式为：

计征方式	计算公式
从价计征	自产自用组成计税价格=（成本+利润）÷（1–消费税比例税率） 应纳税额=组成计税价格×消费税比例税率
复合计征	自产自用组成计税价格=（成本+利润+自产自用数量×定额税率）÷（1–消费税比例税率） 应纳税额=组成计税价格×消费税比例税率+自产自用数量×定额税率

（六）进口情形消费税的计算

进口环节直接按照组成计税价格计算消费税。

进口组成计税价格公式为：

计征方式	计算公式
从价计征	进口组成计税价格=（关税计税价格+关税）÷（1–消费税比例税率） 应纳税额=组成计税价格×消费税比例税率
复合计征	进口组成计税价格=（关税计税价格+关税+进口数量×定额税率）÷（1–消费税比例税率） 应纳税额=组成计税价格×消费税比例税率+进口数量×定额税率

（七）委托加工情形消费税的计算

1.“委托加工”的概念

委托加工是指委托方提供原料和主要材料，受托方只收取加工费和代垫部分辅助材料成本的加工。

2.纳税环节

受托方	缴纳税款
个人（包含个体工商户）	委托方收回时缴纳消费税
单位	受托方代收代缴消费税

3.委托加工代收代缴消费税计税依据的确定

按下列顺序确定计税依据：

（1）按受托方的同类消费品的销售价格计算纳税（谁生产，按谁的同类价格纳税）。

（2）没有同类消费品销售价格的，按照组成计税价格计算纳税。

计征方式	计算公式
从价计征	组成计税价格=（材料成本+加工费）÷（1–消费税比例税率） 应纳税额=组成计税价格×消费税比例税率
复合计征	组成计税价格=（材料成本+加工费+委托加工数量×定额税率）÷（1–消费税比例税率） 应纳税额=组成计税价格×消费税比例税率+委托加工数量×定额税率
从量计征	按收回的应税消费品数量计征

提示：

①加工费：受托方加工应税消费品向委托方收取的全部费用（包括代垫辅助材料的实际成本），不包括增值税税款。

②通过代加工（委托加工）方式生产电子烟的，由持有电子烟商标的企业缴纳消费税。

通关绿卡

命题角度：自产自用、进口、委托加工情形下不同“组成计税价格”的辨析和运用。

消费税的计算中存在三种特殊情况，这三种情况下分别有三个特殊的“组成计税价格”（以从价计征为例）：

（1）自产自用“组价”=（成本+利润）÷（1–消费税比例税率）。

（2）进口“组价”=（关税计税价格+关税）÷（1–消费税比例税率）。

（3）委托加工“组价”=（材料成本+加工费）÷（1–消费税比例税率）。

4.委托方收回后的消费税扣除和缴纳规定

情形	税务处理
用于连续生产应税消费品	受托方已代收代缴的消费税税款准予抵扣
直接出售（不加价出售）	不再缴纳消费税
以高于受托方的计税价格出售（加价出售）	正常缴纳消费税， 已代收代缴的消费税准予抵扣

（八）已纳消费税的扣除

1.允许扣除的范围

外购应税消费品和委托加工收回应税消费品继续生产应税消费品销售的，可以将外购应税消费品和委托加工收回应税消费品已缴纳的消费税给予扣除。

记忆口诀

命题角度：已纳消费税扣除范围的辨析。

（1）酒表摩托汽车艇，涂料电池不允许。

（2）金银铂钻首饰仅在零售环节纳税，因此用外购已税珠宝玉石生产金银铂钻首饰，不得扣除外购珠宝玉石已纳的消费税（不得跨环节扣除）。

2.扣除方法

按当期生产领用数量（买价）计算准予扣除的已纳消费税税款。

（九）纳税义务发生时间及纳税地点

（1）一般情况下纳税义务发生时间同增值税。

（2）委托加工情形下：

情形	纳税义务发生时间	纳税地点
受托方非个人	纳税人提货时	受托方向机构所在地或居住地的税务机关
受托方为个人 （个体工商户及其他个人）		委托方向机构所在地的税务机关

第54记 2分

城市维护建设税和两个附加费、关税、车辆购置税

精准冲刺180题：88~91、135~137、174

（一）城市维护建设税、教育费附加、地方教育附加

项目	具体规定
纳税义务人	在我国境内缴纳增值税、消费税的单位和个人缴纳
代扣代缴规定	代扣代缴、代收代缴增值税、消费税时，也同时应缴纳城建税、教育费附加和地方教育附加。扣缴城建税时按受托方所在地的适用税率执行
计税依据	（1）应计入计税依据的： ①以实际缴纳的增值税、消费税税额为计税依据。 ②出口业务计算的增值税免抵税额应计入计税依据。 （2）不计入计税依据的/从计税依据中扣除的： ①进口货物、从境外购进劳务、服务、无形资产缴纳（扣缴）的增值税、消费税，不计入计税依据。 ②依法直接减免的增值税、消费税，不计入计税依据。 ③增值税期末留抵退税退还的增值税税额允许从计税依据中扣除。 （3）计算公式： 计税依据=实际缴纳的“两税”税额
纳税义务发生时间	与增值税、消费税纳税义务发生时间一致，同时缴纳

通关绿卡

命题角度：城市维护建设税、教育费附加和地方教育附加的计算。

城市维护建设税的税率、教育费附加和地方教育附加的征收比率在题目中会作为已知条件给出，直接以计算出来的“实际缴纳的增值税和消费税”之和乘以相应的税率或征收比率即可。

（二）关税

1.征税范围

对进出境的货物、物品不分产地（国籍），均征税。

2.纳税人

征税对象	纳税人
进出口货物	进口货物：收货人。出口货物：发货人
进境物品	携带人或收件人

提示：接受纳税人委托办理货物报关等有关手续的代理人，可以代办纳税手续，但不是纳税人，也不是扣缴义务人。

3.进口关税的计算

（1）计税规则。

计征方法	计税基础	适用税率	应纳税额
从价税	计税价格	比例税率	计税价格×比例税率
从量税	进口货物数量	定额税率	货物数量×定额税率
复合税	—	—	从价税+从量税

（2）进口关税的计税价格。

应计入/不可扣	不应计入/可扣
①由买方负担的购货佣金以外的佣金和经纪费。 ②由买方负担的与该货物视为一体的容器的费用。 ③由买方负担的包装材料费用和包装劳务费用。 ④与该货物的生产和向我国境内销售有关的，由买方以免费或者以低于成本的方式提供并可以按适当比例分摊的料件、工具、模具、消耗材料及类似货物的价款，以及在我国境外开发、设计等相关服务的费用。 ⑤作为该货物向我国境内销售的条件，买方必须支付的、与该货物有关的特许权使用费。 ⑥卖方直接或者间接从买方获得的该货物进口后转售、处置或者使用的收益	①厂房、机械、设备等货物进口后进行建设、安装、装配、维修和技术服务的费用，但保修费用除外。 ②进口货物运抵中华人民共和国境内输入地点起卸后的运输及其相关费用、保险费。 ③进口关税及国内税收

进口货物的成交价格不符合规定条件，或者成交价格不能确定的，海关经了解有关情况，并与纳税人进行价格磋商后，依次以下列价格估定该货物的计税价格：

①相同货物的成交价格。

②类似货物的成交价格。

③倒扣法。

④计算法。

⑤以合理方法估定的价格。

通关绿卡

命题角度：关税计税价格中，应计入和不应计入关税计税价格项目的辨析。

关税计税价格是关税中最为重要的考点。

第一，应掌握一般情形下，哪些项目应计入，哪些项目不计入。这些项目甚至还可能涉及关税的计算。

第二，需要掌握特殊情形下关税计税价格的确定。

（3）进口关税的税率（概念需要熟悉，具体税率计算类题目中会作为已知条件提供）。

种类	原产地国家
最惠国税率	①原产于共同适用最惠国待遇条款的世界贸易组织成员的进口货物。 ②原产于与我国缔结或者共同参加含有相互给予最惠国待遇条款的国际条约、协定的国家或者地区的进口货物。 ③原产于我国境内的进口货物
协定税率	原产于与我国缔结或者共同参加含有关税优惠条款的国际条约、协定的国家或者地区且符合国际条约、协定有关规定的进口货物
特惠税率	原产于我国给予特殊关税优惠安排的国家或者地区且符合国家原产地管理规定的进口货物
普通税率	①原产于除适用最惠国税率、协定税率、特惠税率国家或者地区以外的国家或者地区的进口货物。 ②原产地不明的进口货物
关税配额税率	配额内税率较低，配额外税率较高的国家
进口暂定税率	适用最惠国税率、协定税率、特惠税率、关税配额税率的进口货物在一定期限内可以实行暂定税率
出口税率	出口商品

4.税收优惠

优惠类型	具体规定	记忆提示
免征	国务院规定的免征额度内的一票货物	免征额度内
	无商业价值的广告品及货样	无价值
	国际组织、外国政府无偿赠送的物资	外交
	进出境运输工具装载的途中必需的燃料、物料和饮食	途中必需

续表

优惠类型	具体规定	记忆提示
免征	在海关放行前损毁或者灭失的货物、进境物品	损毁、灭失
	我国缔结或者共同参加的国际条约、协定规定免征关税的货物、进境物品	条约、协定
减征	（1）在海关放行前损毁、灭失的货物。 （2）我国缔结或者共同参加的国际条约、协定规定减征关税的货物、进境物品	损失 条约、协定

5.纳税期限

自海关填发税款缴款书之日起15日内缴纳税款。

（三）车辆购置税

1.征税范围及纳税人

对在中国境内购置应税车辆的单位和个人征收。

（1）“应税车辆”包括：汽车、有轨电车、汽车挂车、排气量超过150毫升的摩托车。

（2）“购置”是指：以购买、进口、自产、受赠、获奖或者其他方式取得并自用。

通关绿卡

命题角度：车辆购置税的征税范围和纳税人的易错点。

（1）车辆购置税由购置自用应税车辆的“买方”缴纳。

（2）应税车辆仅限于征税范围中列举的车辆，未列举的不征收车辆购置税。

（3）车辆购置税一次性征收，已经缴税的车辆再次转让（二手车）不再重复征收。

2.应纳税额的计算

（1）计算公式：应纳税额=计税依据×税率（10%）。

（2）计税依据。

情形	计税依据
购买自用	购置应税车辆实际支付给销售方的全部价款（不含增值税），以电子发票信息中的不含增值税价作为计税价格
进口自用	进口环节组成计税价格=关税计税价格+关税+消费税
自产自用	①纳税人生产的同类应税车辆的销售价格（不含增值税）。 ②没有同类应税车辆销售价格的，按照组成计税价格确定。 组成计税价格=成本×（1+成本利润率）

续表

情形	计税依据
受赠、获奖或其他方式取得自用	按下列顺序确定计税依据： ①购置应税车辆时相关凭证载明的价格。 ②无法提供相关凭证的，参照同类应税车辆市场平均交易价格确定。 ③无同类应税车辆销售价格的，按照组成计税价格确定

通关绿卡

命题角度：不同情形下车辆购置税的计算。

（1）仔细审题，确定应税的情形属于“购置自用”“自产自用”“购置自用”“自产自用”“受赠获奖自用”哪一类。

（2）按照规定，认真找出适用的计税依据，切勿被一些其他干扰信息混淆。

3.税收优惠

记忆提示	涉及范围
外交	外国驻华使馆、领事馆和国际组织驻华机构及其有关人员自用的车辆
军警消防	军队、武警列入装备订货计划的车辆。悬挂应急救援专用号牌的国家综合性消防救援车辆
固定装置	设有固定装置的非运输专用作业车辆
城市公交	城市公交企业购置的公共汽电车辆

4.征收管理

（1）纳税义务发生时间：购置应税车辆当日。

（2）纳税期限：应当自纳税义务发生之日起60日内申报缴纳车辆购置税。向公安机关交通管理部门办理车辆注册登记前，缴纳车辆购置税。

（3）纳税地点：登记跟车走、不登记跟人（机构）走。

第55记 企业所得税基本概念和征收管理

2分

精准冲刺180题：139、140、166、176

（一）企业所得税纳税人

（1）在中华人民共和国境内，企业和其他取得收入的组织（以下统称“企业”）为企业所得税的纳税人。

通关绿卡

命题角度：企业所得税和个人所得税的纳税人。

企业所得税的纳税人和个人所得税的纳税人在题目当中往往互为迷惑选项。需要特别注意的是，个体工商户、个人独资企业、合伙企业不属于企业所得税纳税人。

（2）纳税人的分类：一看在哪里成立；二看实际管理机构。

分类	具体概念
居民企业	①在中国境内成立。 ②依照其他国家（地区）法律成立但实际管理机构在中国境内的企业
非居民企业	①指依照其他国家（地区）法律成立且实际管理机构不在中国境内，但在中国境内设立机构、场所的企业。 ②在中国境内未设立机构、场所，但有来源于中国境内所得的企业

（二）征税对象及税率

纳税人		征税对象	比例税率
居民企业		境内外所得	25%
非居民企业	在境内设立机构、场所的	境内所得，以及发生在境外但与机构、场所有联系的所得	25%
	未设立机构、场所或取得的所得与机构场所无联系的	仅就来源于中国境内的所得征税（采用“源泉扣缴”方式）	20%减按10%
小型微利企业		—	20%
（1）高新技术企业、技术先进型服务企业、从事污染防治的第三方企业。 （2）西部大开发鼓励类企业			15%

通关绿卡

命题角度：不同企业类型优惠税率的运用。

“小微”企业：应纳税所得额先“打折”再乘20%税率。

高新+技服+西部：15%税率。

非居民2：10%税率。

（三）所得来源地的界定

所得		所得来源地的界定
销售货物、提供劳务		交易活动或劳务发生地
转让财产	动产转让所得	转让动产的企业或机构、场所所在地
	不动产转让所得	不动产所在地
	权益性投资资产转让所得	被投资企业所在地
股息、红利等权益性投资		分配所得的企业所在地
利息、租金、特许权使用费		负担、支付所得的企业或机构、场所所在地，或者负担、支付所得的个人的住所地

（四）纳税地点

企业类型	场所	纳税地点
居民企业	登记注册地在境内	登记注册地
	登记注册地在境外	实际管理机构所在地
非居民企业	有机构、场所的	机构、场所所在地
	无机构、场所，或所得与场所无联系	扣缴义务人所在地（“源泉扣缴”）

（五）纳税期限

1.纳税申报时间

申报行为	具体时间规定
分月或分季预缴	自月份或者季度终了之日起15日内
年终汇算清缴	自年度终了后5个月内（次年5月31日前）
年度中间终止经营活动	自实际经营终止之日起60日内

2.纳税年度

（1）一般情况：公历1月1日至12月31日。

（2）年中开业/停业：实际经营期不足12个月，以实际经营期为1个纳税年度。

（3）依法清算：以清算期间作为1个纳税年度。

（六）源泉扣缴

在我国境内未设立机构、场所的非居民企业，或者取得的所得与其机构、场所没有实际联系的非居民企业，就其来源于中国境内所得，实行源泉扣缴，以支付人为扣缴义务人。

（1）应纳所得税额=应纳税所得额×10%。

（2）转让财产所得，以收入全额减去财产净值后的余额为应纳税所得额。

（3）其他各类所得，以收入全额为应纳税所得额。

8分

第56记

企业所得税的计算

精准冲刺180题：92~96、141~143、167~169、176、177

通关绿卡

命题角度：企业所得税应纳税所得额的计算。

在企业所得税不定项选择题当中，计算应纳税所得额可能会要求采用“间接法”，即以“会计利润”为出发点，对于税法和会计处理有差异的项目，进行纳税调整。

（一）收入总额

1.收入总额的范围

（1）包括三大类：应税收入、不征税收入及免税收入。

（2）包括以货币形式和非货币形式从各种来源取得的收入。

形式	具体内容示例
货币形式	现金、存款、应收账款、应收票据、债务的豁免、准备持有至到期的债券投资
非货币形式	固定资产、生物资产、无形资产、股权投资、存货、劳务、不准备持有至到期的债券投资

（3）下列各项也属于应税收入，计入“收入总额”：企业资产溢余收入、逾期未退包装物押金收入、确实无法偿付的应付款项、已作坏账损失处理后又收回的款项、债务重组收入、补贴收入、违约金收入、汇兑收益等。

通关绿卡

命题角度：“收入总额”的范围。

题目中问及“收入总额”时，一定要将所有类型的收入全部选择，包括投资收益、营业外收入、不征税收入、免税收入（例如国债利息收入）。但收入总额不包括投资款（资本金等）。

（4）视同销售收入：非货币性资产交换，以及将货物、财产、劳务用于捐赠、偿债、赞助、集资、广告、样品、职工福利或者利润分配等用途的，应当视同销售。

（5）各类“折扣”方式下收入的确认。

折扣形式	概念	收入额
商业折扣	为促进商品销售而在商品价格上给予的价格扣除	折扣后收入
现金折扣	为鼓励债务人按期付款而向债务人提供的折扣	折扣前收入
销售折让及销售退回	因售出商品的质量不合格等而在售价上给予的减让或发生的退货	退回当月冲减收入
买一赠一	组合销售本企业商品，不属于捐赠	在各商品中分摊

2.收入确认时点

类别	具体内容	收入确认时点
销售货物	预收、分期收款、委托代销	一般同增值税
	需安装和检验的商品	购买方接受商品以及安装和检验完毕时
提供劳务		在期末采用完工百分比法确认
股息、红利等权益性投资		被投资方作出利润分配决定的日期
利息收入		合同约定应付的日期
租金收入		（1）合同约定应付的日期。 （2）若租赁期跨年度，且租金提前一次性支付的，在租赁期内分期均匀计入相关年度收入
特许权使用费		合同约定应付的日期
接受捐赠		实际收到捐赠资产的日期
以旧换新		销售的商品按售价确认收入；回购的商品作为购进商品处理

3.不征税收入

（1）财政拨款。

（2）县级以上人民政府将国有资产或财政资金无偿划入企业，作专门用途并专账管理。

（3）行政事业性收费、政府性基金。

（4）社保基金取得的收益。

记忆口诀

命题角度：不征税收入项目的辨析。

不征税收入可以总结为：财政拨款不征税；县级划转专款管；行政基金列其中；社保收益也相同。

4.免税收入及相关税收优惠

（1）利息收入。

减免税	适用收入
免税	国债利息收入、地方政府债券利息收入
	境外机构投资境内债券取得的利息收入
减半	铁路债券利息收入

（2）符合条件的股息、红利等权益性投资收益。

免税情形	不免税情形
居民企业之间，以及非居民企业在我国境内的机构、场所从居民企业取得有联系的股息、红利	投资上市公司的股票不足12个月取得的股息、红利

（3）非营利性活动收入。

非营利组织的非营利性活动取得的收入，免税。但不包括其从事营利性活动取得的收入。

（4）基础研究资金收入。

非营利性科研机构、高等学校接收企业、个人和其他组织机构基础研究资金收入，免税。

（5）保险保障基金收入。

中国保险保障基金有限责任公司取得的特定收入，免税。

通关绿卡

命题角度：“收入总额”的范围。

题型	提示
概念题	（1）掌握“收入总额”的范围。 （2）区分不征税收入与免税收入。 （3）区分货币形式收入与非货币形式收入。 （4）掌握各类收入的确认时点
计算题	（1）掌握收入总额的计算。 （2）确定免税收入（从收入总额中减除），例如国债利息收入和居民企业间股息、红利。 （3）掌握各类折扣情形下应税收入的计算

（二）扣除项目——限额类扣除项目

通关绿卡

命题角度：企业所得税限额扣除项目的计算方式。

限额扣除项目按下面两步走：

（1）按项目计算扣除上限，与实际发生金额相比较，按“孰低”原则扣除。

（2）限额高，实发低，按实发扣除；限额低，实发高，按限额扣除。

1.以实发工资、薪金总额为基数

费用类别	扣除上限
职工福利费	实发工资、薪金总额的14%
职工教育经费	实发工资、薪金总额的8%；超过部分，准予在以后纳税年度结转扣除
工会经费	实发工资、薪金总额的2%

2.以销售（营业）收入为基数

（1）业务招待费，两个“限额”取其中较低者：

限额一：业务招待费发生额的60%。

限额二：当年销售（营业）收入的5‰。

（2）广告费及业务宣传费：

企业类型	扣除上限	超限部分
一般企业	当年销售收入的15%	超过部分，准予在以后纳税年度结转扣除
化妆品制造或销售、医药和饮料（不含酒）制造企业	当年销售收入的30%	
烟草企业	不得扣除	—

（3）企业在筹建期间，业务招待费支出可按实际发生额的60%扣除，广告费及业务宣传费据实扣除，不受限额限制。

（4）“销售（营业）收入”的确定：

是否纳入	收入类型
是	销售货物、提供劳务（包括视同销售）、租金收入、特许权使用费
否	投资收益（股息、红利，利息收入、股权收入，理财产品收益等）、营业外收入（如处置固定资产、无形资产，接受捐赠收入）、收回的已核销坏账等

通关绿卡

命题角度：在不定项选择题中考查业务招待费、广告费和业务宣传费的计算。

（1）销售收入=主营业务收入+其他业务收入+视同销售收入；注意不要与“收入总额”混淆。

（2）在不定项选择题的计算中：找出有用条件，正确计算“销售收入”。再计算扣除限额：

①业务招待费，按照两个标准计算“上限”后取“孰低”，作为最终的“扣除限额”。

②广告费和业务宣传费，如果两项金额分别给出的，需要加总后，与计算的“扣除限额”进行比较。

3.公益性捐赠（以会计上利润总额为基数）

符合条件的公益性捐赠（当年发生以及以前年度结转的），不超过当年利润总额12%的部分准予扣除；超过部分，可结转以后三年内扣除。

（1）直接捐赠不可扣除。

（2）符合条件的目标脱贫地区的扶贫捐赠支出全额据实扣除。

（3）在非货币性资产捐赠过程中发生的运费、保险费、人工费用等相关支出，包含在公益捐赠票据金额中的，也按上述规定扣除。

（三）扣除项目——据实扣除项目和不得扣除项目

1.工资、薪金支出，劳动保护费

据实扣除。

2.保险费

费用类别	扣除标准
四险一金，以及公差的人身意外险、特殊工种的人身安全险、企业财产保险、雇主责任险、公众责任险等责任保险保费	准予扣除
员工商业保险（除特殊工种的人身安全险外）	不得扣除
补充养老保险费、补充医疗保险费	限额扣除

3.借款及利息费用

费用化借款及利息费用在当期扣除，资本化借款及利息费用随资产折旧摊销扣除。

情形	扣除标准
向金融企业借款的利息支出	准予扣除
向非金融企业借款的利息支出	不超过金融企业同期同类贷款利率计算的数额的部分据实扣除，超过部分不得扣除

续表

情形	扣除标准
发行债券的利息支出、金融企业各项存款利息支出和同业拆借利息支出	准予扣除
股东未尽出资义务时企业发生的借款利息	不得扣除

4.租金

费用类别	扣除标准
经营租赁	按照租赁期限均匀扣除。租金跨年度时需要将租金在各年度分摊
融资租赁	构成融资租入固定资产价值，提取折旧分期扣除

5.损失

生产经营活动中的各类资产损失，包括盘亏、毁损、报废损失，转让财产损失，坏账损失，自然灾害等不可抗力因素造成的损失，准予扣除：

（1）按减除责任人赔偿和保险赔款后的余额扣除。

（2）在实际发生损失的当年扣除；以后年度再收回时，计入收回当期收入。

6.其他可扣除的项目

项目	扣除标准
汇兑损失	准予扣除
专项资金	准予扣除，但提取后改变用途的不得扣除
总分机构分摊的费用	能够提供证明文件、合理分摊的，准予扣除
手续费及佣金支出（一般企业）	限额扣除：不超过中介服务协议或合同确认收入金额的5%

7.不得扣除的项目

（1）所得税及税后分配：企业所得税、向投资者支付的股息、红利等投资收益。

（2）处罚：税收滞纳金、罚金、罚款、被没收财物的损失等。

（3）赞助：非广告性质的赞助支出。

（4）准备金：计提的各项准备金支出。

（5）“利、租、管”：

①（非银行）企业内营业机构之间支付的利息。

②企业内营业机构之间支付的租金和特许权使用费。

③企业之间支付的管理费。

通关绿卡

命题角度：允许扣除和不得扣除的各类“损失”的辨析。

（1）“不可抗力”损失可扣除：例如自然灾害造成的损失等；“民事责任”损失可扣除：例如违约金、罚息、诉讼费、赔偿金。

（2）“行政”“刑事”性质损失不得扣除：例如罚款、罚金、滞纳金、没收、拆除违章建筑等。

（四）扣除项目——资产类扣除项目

1.固定资产、无形资产、生物性资产

按照税法规定提取的折旧、摊销准予扣除。

（1）不可扣除折旧摊销的资产。

记忆提示	项目
未使用	未投入使用的除房屋建筑物以外的固定资产
已提足折旧	已足额提取折旧仍继续使用的固定资产
不在我账上	经营租赁租入、融资租赁租出的固定资产
无关	与经营活动无关的固定资产、无形资产
已扣除过	自行开发的支出已在计算应纳税所得额时扣除的无形资产
单独记忆	单独估价作为固定资产入账的土地
	自创商誉（外购商誉的支出，在企业整体转让或清算时可扣除）

（2）如何扣除。

采用直线法计提折旧、摊销扣除。

（3）计税基础。

取得方式	计税基础
外购的	购买价款+支付的相关税费+直接归属于使该资产达到预定用途发生的其他支出
自行建造的	竣工结算前发生的支出
自行开发的	符合资本化条件后至达到预定用途前发生的支出
盘盈的	同类固定资产的重置完全价值

（4）最低折旧/摊销年限规定。

资产类型		最低折旧/摊销年限（年）
固定资产	房屋、建筑物	20

续表

资产类型		最低折旧/摊销年限（年）
固定资产	飞机、火车、轮船、机器设备等	10
	与生产经营活动有关的器具、工具、家具等	5
	飞机、火车、轮船以外的运输工具	4
	电子设备	3
无形资产		10

提示：享受税收优惠中“加速折旧”政策采取“缩短折旧年限”方法的，最低折旧年限不得低于上述折旧年限的60%。

（5）开始计提折旧、摊销时点。

固定资产：“次月折、次月停”。无形资产：“当月摊、当月停”。

2.长期待摊费用

主要包括：（1）已足额提取折旧的固定资产的改建支出；（2）租入固定资产的改建支出；（3）固定资产的大修理支出。

3.投资资产

投资资产包括权益性投资和债权性投资形成的资产。

（1）成本的扣除：持有期间不得扣除。出售、转让或处置时，准予扣除。

（2）成本的确定：①支付现金方式取得：购买价款；②非支付现金方式取得：公允价值+支付的相关税费。

4.存货

可以在先进先出法、加权平均法、个别计价法中选用一种。

（五）亏损弥补

1.税务“利润”与税务“亏损”

税务“利润”与税务“亏损”的概念：“收入总额-不征税收入-免税收入-各项扣除”后计算出的结果，若大于零，为应纳税所得额；若小于零，则为税务“亏损”。

2.可弥补亏损年限

（1）一般企业为5年。

（2）高新技术企业或科技型中小企业：具备资格年度之前5个年度的亏损，结转年限延长至10年。

3.境外亏损不可境内弥补

企业在汇总计算企业所得税时，其境外机构的亏损不得抵减境内营业机构的盈利。

2分

第57记

企业所得税税收优惠

精准冲刺180题：144

记忆口诀

命题角度：企业所得税税收优惠项目的识别和辨析。

所得税优惠的主要内容包括：

类别	具体形式
税率的优惠	高新、技服、小微、非居2［见第55记（二）］
免税收入	国债利息，股息、红利免税［见第56记（一）］
所得额的减免	减免所得：农林牧渔、技术转让、特定项目定期减免
	多扣扣除额：加计扣除、加速折旧、一次性扣除
税额的减免	专用设备投资额抵免应纳税额

（一）减免所得的优惠

1.农林牧渔

减半征收：花卉、茶以及其他饮料作物和香料作物的种植；海水养殖、内陆养殖。

免征：企业从事其他农林牧渔项目的所得。

2.技术转让所得

一个纳税年度内，居民企业技术转让所得不超过500万元的部分免征所得税，超过部分减半征收。

技术转让所得=技术转让收入–技术转让成本–相关税费

3.农户小额贷款

金融机构农户小额贷款的利息收入；保险公司为种植业、养殖业提供保险业务取得的保费收入；经批准成立的小额贷款公司取得的农户小额贷款利息收入减按90%计入收入总额。

4.特定利息收入

地方政府债券利息收入；外国政府向中国政府提供贷款取得的利息、国际金融组织向中国政府和居民企业提供优惠贷款取得的利息，免税。

（二）允许多扣的扣除项目的优惠

优惠政策	项目	
加计扣除	研发费用	（1）一般企业：计入当期损益的，按100%加计扣除；形成无形资产的，按无形资产成本的200%摊销扣除。 （2）符合条件的集成电路企业和工业母机企业：计入当期损益的，按120%加计扣除；形成无形资产的，按无形资产成本的220%摊销扣除。 提示：加计扣除不适用的行业包括烟草制造业、住宿和餐饮业、批发和零售业、房地产业、租赁和商务服务业、娱乐业
	安置残疾人工资	按100%加计扣除
	基础研究支出	自2022年1月1日起，企业出资给非营利性科研机构、高等学校和政府性自然科学基金用于基础研究的支出，按100%加计扣除
加速折旧	适用情形：全部制造业企业。 加速折旧方法可选择： （1）缩短折旧年限：不得低于税法规定折旧年限的60%。 （2）加速折旧方法：可以采取双倍余额递减法或者年数总和法	
一次性扣除	企业新购进（包括自行建造）的设备、器具，单位价值不超过500万元的，允许一次性计入当期成本费用扣除，不再分年度计算折旧。 提示：不包括房屋建筑物	

（三）抵免税额的优惠

购进并实际使用环境保护、节能节水、安全生产等专用设备，投资额的10%可以在应纳税额中抵免；当年不足抵免的，可以在以后5个纳税年度结转抵免。

提示：设备必须自用，不得转让转租。

专用设备数字化、智能化改造企业在2024年1月1日至2027年12月31日期间发生的专用设备数字化、智能化改造投入，不超过该专用设备购置时原计税基础50%的部分，可按照10%比例抵免企业当年应纳税额。企业当年应纳税额不足抵免的，可以向以后年度结转，但结转年限最长不超过5年。

通关绿卡

命题角度：企业所得税中，准予向以后纳税年度/月度结转扣除的项目。

（1）职工教育经费超限部分，无限期。

（2）广告费及业务宣传费超限部分，无限期。

（3）公益性捐赠超限部分，在以后3年内扣除。

（4）专用设备投资额的10%，当年应纳税额不足抵免的，在以后5年内抵免。

4分

第58记

个人所得税基本概念、征收管理和税收优惠

精准冲刺180题：97~99、145、146、179

（一）纳税人和征税对象

（1）个人所得税的纳税人包括个人、个体工商户、个人独资企业投资者和合伙企业自然人合伙人等。

（2）纳税人的分类：居民及非居民个人。

提示：两个条件，住所/累计183天，满足任意一条就是居民个人。

分类	住所标准	居住时间标准	征税对象
居民个人	有住所	—	境内外所得
	无住所	一个纳税年度内在中国境内居住累计满183天	
非居民个人	无住所	不居住，或一个纳税年度内在中国境内居住累计不满183天的个人	来源于境内的所得

（二）境内、境外所得的界定

下列所得不论支付地点是否在中国境内，均为来源于中国境内的所得。

所得类型	属于“来源于中国境内”所得的情形
因任职、受雇、履约等提供劳务取得的所得	在中国境内提供劳务
转让其他财产取得的所得	在中国境内转让其他财产
将财产出租给承租人而取得的所得； 许可各种特许权而取得的所得	财产、特许权在中国境内使用
转让不动产取得的所得	不动产坐落于中国境内
利息、股息、红利所得	从中国境内的单位及个人处取得的

（三）税目及适用税率概览

提示：9个应税项目，其中4个应税项目纳入“综合所得”。

税目		适用税率
综合所得（按年合并计算）	工资、薪金所得	七级超额累进税率
	劳务报酬所得	
	稿酬所得	
	特许权使用费所得	

续表

税目	适用税率
经营所得（按年合并计算）	五级超额累进税率
利息、股息、红利所得；财产租赁所得；财产转让所得；偶然所得（按次分别计算）	比例税率20% （个人出租住房减按10%）

通关绿卡

命题角度：个人所得税所得项目的辨析。

在个人所得税计算类题目中，首先要识别所得项目，应根据征税项目，判断各项目的计征方式。如果属于综合所得，需要按年度合并汇总计算个税。

具体总结如下：

税目		计征方式	一次收入的确定
综合所得	工资、薪金所得	居民：年度合并计算，按次或按月预扣预缴。 非居民：按月或者按次分项计算	“劳、稿、特”属于一次性收入的，以取得该项收入为一次；属于同一个项目连续收入的，以一个月为一次
	劳务报酬所得		
	稿酬所得		
	特许权使用费所得		
经营所得		按年计征	—
利息、股息、红利所得		按次计征	支付利息、股息、红利时取得的收入为一次
财产租赁所得			一个月取得的收入为一次
财产转让所得			—
偶然所得			每次取得的该项收入为一次

（四）征收管理

1.取得综合所得需要办理汇算清缴的情形

记忆提示	具体情形
多处赚钱	在两处或者两处以上取得综合所得，且综合所得年收入额减去专项扣除后的余额超过6万元
有副业	取得劳务报酬所得、稿酬所得、特许权使用费所得中一项或者多项所得，且综合所得年收入额减去专项扣除后的余额超过6万元

续表

记忆提示	具体情形
补税退税	预缴税额低于应纳税额，需要补税反之，纳税人申请退税

2.其他需办理纳税申报的情形

（1）取得应税所得没有扣缴义务人，或取得应税所得，扣缴义务人未扣缴税款。

（2）取得境外所得。

（3）因移居境外注销中国户籍。

（4）非居民个人在中国境内从两处以上取得工资、薪金所得。

3.免于办理汇算清缴的情形

取得的综合所得，年度综合所得收入不超过12万元且需要汇算清缴补税的，或者年度汇算清缴补税金额不超过400元的，可免于办理个人所得税综合所得汇算清缴。

（五）纳税期限

申报要求		税目
次年	3月1日至6月30日	取得综合所得（汇算清缴）、境外所得
	3月31日前	经营所得（汇算清缴）
次月15日内申报		经营所得（月度/季度预缴）；取得所得没有扣缴义务人；非居民个人从两处以上取得工资、薪金；扣缴义务人每月/次扣缴的税款

提示：注意与企业所得税年度汇算清缴辨析，企业所得税的年度汇算清缴为次年5月31日前。

（六）个人所得税税收优惠

1.概念题常考税收优惠项目汇总

记忆提示	具体免税项目
奖金与津贴	（1）“省部级+国际官方奖金”：省级人民政府、国务院部委和中国人民解放军军以上单位，以及外国组织、国际组织颁发的科学、教育、技术、文化、卫生、体育、环境保护等方面的奖金。 （2）政府特殊津贴、院士津贴
保生活	（1）福利费、抚恤金、救济金、安家费、退休金、离休生活补助费等。 （2）个人提存个人账户的三险一金。 （3）对出售自有住房并在现住房出售后1年内在市场重新购买住房的纳税人，对其出售现住房已缴纳的个人所得税予以退税优惠
军人和外交	（1）军人的转业费、复员费、退役金。 （2）外交代表、领事官员和其他人员的所得

续表

记忆提示	具体免税项目
赔款和太惨	（1）保险赔款、工伤职工及其近亲属按规定取得的工伤保险待遇。 （2）企业职工从破产企业取得的一次性安置费收入；拆迁补偿款
见义勇为	个人举报、协查各种违法、犯罪行为而获得的奖金
扣缴手续费	个人办理代扣代缴手续，按规定取得的扣缴手续费
外国人	（1）外籍个人取得的非现金形式或实报实销的住房补贴、伙食补贴、搬迁费、洗衣费，以及各类合理费用。 提示：外籍个人符合居民个人条件的，可以在2027年12月31日前选择享受专项附加扣除，但不得同时享受。 （2）外籍个人从外商投资企业取得的股息、红利所得

2.计算题常考免税项目汇总

记忆提示	具体免税项目
利息	国债、国家金融债券利息；储蓄存款利息
股息	持有期间＞1年的上市公司股票股息所得 （持有期大于1个月，不超过1年的减半征收）
转让股权	转让除新三板原始股、限售股以外的其他上市流通股票所得
满5唯一	个人转让“满5唯一”家庭生活用房取得的所得
彩票、发票中奖	福利、体育彩票中奖≤1万元，发票中奖≤800元
受赠房屋	直系亲属受赠房屋、继承人继承房屋

第59记 综合所得的范围和计算 4分

精准冲刺180题：100~102、147、178~180

（一）综合所得的范围

税目	考点提示	
工资、薪金所得	包括	因任职受雇而取得的各类所得：工资、薪金、奖金、年终加薪、劳动分红、津贴、补贴等
	不包括	独生子女补贴、托儿补助费；差旅费津贴、误餐补助。 提示：其他补助，如住房补助等，均属于工资、薪金

续表

税目		考点提示
劳务报酬所得	原则	个人兼职、演员走穴等
稿酬所得	概念	个人因其作品以图书、报刊形式出版、发表而取得的所得。 提示：审稿、翻译等均属劳务报酬
特许权使用费所得	概念	个人提供专利权、商标权、著作权、非专利技术以及其他特许权的使用权取得的所得

通关绿卡

命题角度：综合所得征税范围的辨析。

（1）“工资、薪金所得”和“劳务报酬”：工资、薪金所得一定是“任职、受雇”而取得的收入，而劳务报酬一定是“非雇佣”“兼职”取得的收入。

（2）“稿酬所得”和“特许权使用费所得”：稿酬所得要求出版和发表，而特许权使用费所得仅限于提供各类智力成果（“无形资产”）的使用权。部分需要记忆的特殊项目如下：

所得	税目
作品手稿原件或复印件拍卖	特许权使用费所得
保险营销员、证券经纪人佣金	劳务报酬所得

（二）综合所得的“预扣预缴”与“汇算清缴”

（1）扣缴义务人向纳税人支付各项所得时，要先“预扣预缴”个人所得税。

（2）纳税年度结束后，纳税人视需要办理全年“汇算清缴”。

通关绿卡

命题角度：“预扣预缴”计算方法与“年度汇算清缴”计算方法的辨析。

应对“预扣预缴”税额的计算，以及“汇算清缴”全年应纳税额的计算进行区分。如果题目问“计算李某2023年综合所得的应纳税额”，则应计算全年应纳税额，按照下面“汇算清缴”的方法计算；如果题目问“李某×月应预扣预缴税额”，则计算应预扣预缴的税额。按照“预扣预缴”的方法计算。

（三）综合所得全年应纳税额的计算——“汇算清缴”

应纳税额=应纳税所得额×适用税率－速算扣除数

应纳税所得额=收入额－费用6万元－专项扣除－专项附加扣除－依法确定的其他扣除

1.收入额

税目	收入额的确定
工资、薪金所得	100%
劳务报酬所得、特许权使用费所得	收入×（1–20%）
稿酬所得	收入×（1–20%）×70%

2.扣除项目

（1）扣除项目概述。

扣除项目	具体内容
费用减除	6万元（5 000元/月×12个月）
专项扣除	三险一金
专项附加扣除	3岁以下婴幼儿照护、子女教育、赡养老人、继续教育、大病医疗、住房贷款利息/住房租金（二选一）
依法确定的其他扣除	①个人缴付符合国家规定的企业年金、职业年金。 ②个人购买符合规定的商业健康保险的支出。 ③个人缴付的个人养老金。个人养老金在投资环节，计入个人账户的投资收益暂不征税；在领取时，不并入综合所得，单独计税，适用于3%的税率，由开立个人养老金资金账户的商业银行机构代扣代缴

（2）专项附加扣除项目的具体规定。

首先应记忆专项附加扣除的项目“两个教育、两个住房、婴儿老人和大病”共7项。具体需要熟悉的内容如下表：

项目	具体规定	扣除方式
3岁以下婴幼儿照护	出生到满3周岁前一个月	父母一方扣，或两方每人扣50%
子女教育	满3周岁子女接受学前教育、全日制学历教育	
继续教育	纳税人自己接受继续教育，包括学历学位继续教育和职业资格继续教育	本科及以下学历学位继续教育，可以选择由父母或本人扣除
大病医疗	纳税人自己、配偶、未成年子女发生的医保范围内的自付部分累计超过15 000元的部分	未成年子女发生的，由父母一方扣除

续表

项目	具体规定		扣除方式
住房	住房贷款利息	购买首套住房的贷款利息支出	经夫妻双方约定，可以选择由其中一方扣除
	住房租金	在主要工作城市没有自有住房而发生的租金支出	承租人扣除，夫妻双方主要工作城市相同的，只能由一方扣除
赡养老人	赡养一位及以上年满60岁的父母或“跨代”赡养祖父母		均摊、约定分摊，也可以由被赡养人指定分摊，指定优先于约定

3.适用税率及对应速算扣除数

适用综合所得“年度税率表”。

通关绿卡

命题角度：综合所得全年应纳税额的计算。

具体解题步骤为：

（1）识别各项所得，先计算收入额。牢记“劳、稿、特”有扣减。

（2）识别扣除项目，计算题中专项扣除（“三险一金”）和专项附加扣除的金额，在题目中会作为已知条件给出，但6万元“生计费”在题目中不会提示也不会给出，务必记得扣除。

（3）根据应纳税所得额，找到题目已知条件中给出的对应税率及速算扣除数，直接代入公式即可：应纳税额=应纳税所得额×适用税率−速算扣除数。

（四）综合所得“预扣预缴”金额的计算

1.工资、薪金所得每月预扣预缴税额的计算——累计预扣法

（1）先计算截至本月月末累计应缴数（与计算全年应纳税额思路一致），再减去前期已缴的，差额即本期应缴。具体公式及步骤：

截至本月月末累计预扣预缴应纳税所得额=累计收入−累计免税收入−累计减除费用−累计专项扣除−累计专项附加扣除−累计依法确定的其他扣除

累计减除费用=5 000元/月×截至本月在本单位的任职受雇月份数

本期预扣预缴税额=（累计预扣预缴应纳税所得额×预扣率−速算扣除数）−累计已预扣预缴税额

（2）“累计减除费用”的特殊规定：

①一个纳税年度内首次取得工资、薪金的居民个人，在预扣预缴时，直接按照截至本月累计月份数计算生计费：累计减除费用=5 000元/月×当年截至本月累计月份数

②对于上一完整纳税年度内均在同一单位预扣预缴工资、薪金个税，且全年累计收入（不扣任何费用）不超过6万元的居民个人，从1月份起，“累计减除费用”直接按60 000元计算。

通关绿卡

命题角度：计算工资、薪金预扣预缴税额时“生计费”的确定。

在计算预扣预缴税额时需要重点关注是否存在上述①和②中的特殊情形。

情形①，例如大学毕业刚参加工作的个人，“生计费”按照5 000元/月乘以累计月份数计算。

情形②，例如去年收入不足6万元的个人，“生计费”从1月起直接按60 000元计算。

但预扣预缴公式中的“专项附加扣除”不适用于上述规定，仍然按照“在本单位任职受雇月份数”计算。

2.劳务报酬所得、稿酬所得、特许权使用费所得预扣预缴税额的计算

（1）一次性收入的确定：

①属于一次性收入的，以取得该项收入为一次。

②属于同一项目连续性收入的，以一个月内取得的收入为一次。例如，小陈在某杂志上连载漫画，每周更新一次，应以一个月内取得的收入为一次。

（2）预扣预缴应纳税所得额：

税目	减除费用	应纳税所得额的确定
劳务报酬所得、特许权使用费所得	每次收入≤4 000元的，减除800元； 每次收入>4 000元的，减除20%	收入减除费用
稿酬所得		收入减除费用后，再减按70%

（3）预扣预缴应纳税额：

税目	预扣率	应纳税额计算公式
劳务报酬所得	超额累进税率20%/30%/40%（题目中作为已知条件给出）	预扣预缴应纳税所得额×预扣率-速算扣除数
特许权使用费所得、稿酬所得	20%	预扣预缴应纳税所得额×20%

3.“预扣预缴”与“汇算清缴”的关系

各项所得预扣预缴税额与年度应纳税额不一致，汇算清缴时多退少补。

（五）综合所得的特殊项目规定

从任职单位获得的其他各种形式所得：

所得形式		是否征税
单位低价向员工售房、超标缴纳的四险一金		√
解除劳动关系一次性补偿收入	当地上年职工平均工资3倍数额以内的部分	免税
	超过3倍数额的部分	√
离退休所得	按国家规定领取的离退休工资	×
	办理提前退休取得的一次性补贴收入	√
	退休人员再任职取得的收入，以及除离退休工资外，另从原单位取得的各类非免税补贴、奖金、实物	√
	达到法定退休年龄，领取的企业年金、职业年金	√
个人从单位取得公务性质的交通、通信补贴收入		√
居民个人取得股票期权、股票增值权、限制性股票、股权奖励等股权激励		√

2分 第60记

其他分类所得的范围和计算

精准冲刺180题：103、148、149、170、171、179、180

（一）经营所得

1.范围

主要包括个体工商户、个人独资企业、合伙企业个人合伙人经营所得。部分易考项目提示：

情形		所属税目
出租车司机	出租车属于个人（个体），挂靠出租车公司	经营所得
	出租车属于公司，采用承包或承租方式运营	工资、薪金所得
企业为个人购买资产（如买房）	个人独资企业、合伙企业投资者及其家庭成员	经营所得
	其他企业（非个人独资企业、合伙企业）投资者及其家庭成员	利息、股息、红利所得
	企业员工（非投资者）	工资、薪金所得

2.个体工商户应纳税额的计算

（1）计算方法：按年计征，适用超额累进税率。

（2）扣除项目。

取得经营所得的个人，没有综合所得的，计算其每一纳税年度的应纳税所得额时，应扣除费用减除6万元、专项扣除、专项附加扣除以及依法确定的其他扣除。

提示：对个体工商户经营所得年应纳税所得额不超过200万元的部分，在现行优惠政策基础上，再减半征收个人所得税。

通关绿卡

命题角度：个体工商户“经营所得”扣除项目的确定和应纳税所得额的计算。

在扣除项目中，需要重点记忆以下与企业所得税规定不同的项目，其余扣除项目和不得扣除项目的规定与企业所得税基本一致。

是否可扣除	具体内容
不可扣除	业主本人薪金、个人所得税税款
	代替从业人员负担的税款
	用于个人和家庭的支出。对于生产经营及家用难以划分的费用，按40%扣除
可扣除	从业人员薪金、业主及职工的四险一金据实扣除
	为符合规定的特殊工种从业人员支付保险费可扣除

3.创投企业的特殊规定

创投企业可以选择按单一投资基金核算（股权转让所得和股息红利所得分别按20%计税），或者选择按年度所得整体核算（合并按经营所得适用5级超额累进税率计税）两种方式之一，对个人合伙人来源于创投企业的所得计算个人所得税。

（二）财产转让所得

1.转让股权所得

具体形式	纳税义务
转让新三板挂牌公司原始股、限售股；转让非上市公司股权	征收
转让上市公司股票；个人转让全国中小企业股份交易系统（新三板）挂牌公司非原始股所得，以及内地个人投资者通过沪港通、深港通转让香港上市股票所得和通过基金互认转让香港基金份额所得	暂免征收

2.企业改组改制过程中个人取得的量化资产所得

情形		纳税义务
取得的股份	仅作为分红依据，无所有权	不征收个人所得税
	拥有所有权	取得时不征税；转让时征税
持有期间获得的股息、红利		按“利息、股息、红利所得”征税

3.其他所得

个人以非货币性资产对外投资、个人转售虚拟货币加价出售取得的所得均按“财产转让所得”项目纳税。

4.个人转让住房的优惠

“满5唯一”免税：个人转让自用5年以上、唯一家庭生活用房取得的所得免征个人所得税。

5.应纳税额的计算

（1）按次计征，应纳税额=应纳税所得额×20%。

（2）应纳税所得额=转让财产的收入额–财产原值–合理费用。

（3）合理费用，是指卖出财产时按照规定支付的有关税费。转让限售股过程中发生的合理费用包括印花税、佣金、过户费等与交易相关的费用。

（三）财产租赁所得

（1）按次计征。以一个月内取得的收入为一次。

（2）应纳税额的计算：

应纳税额=应纳税所得额×20%（或10%）

①每次（月）收入不足4 000元的：

应纳税额=［每次（月）收入–税费–修缮费用（800元为限）–800］×20%

②每次（月）收入在4 000元以上（含4 000元）的：

应纳税额=［每次（月）收入–税费–修缮费用（800元为限）］×（1–20%）×20%

通关绿卡

命题角度：各所得项目在计算应纳税所得额时可扣除的项目的总结和辨析。

税目		可扣除项目	
综合所得	全年60 000元生计费、专项扣除、专项附加扣除和其他扣除		
	劳务报酬、稿酬、特许权使用费收入额的确定	汇算清缴	20%（稿酬所得再乘70%）
		预扣预缴	800元或20%（稿酬所得再乘70%）
财产租赁所得		税费、修缮费（上限800元），800元或20%	

续表

税目	可扣除项目
财产转让所得	原值、合理费用（转让税费、过户费等）
经营所得	参照企业所得税（需注意与企业所得税不同的特殊项目）；无综合所得的，允许扣除“生计费”、专项扣除和专项附加扣除

（四）利息、股息、红利所得和偶然所得

1.利息、股息、红利所得

（1）国债利息、国家发行的金融债券利息、储蓄存款利息所得免税。

（2）个人持有上市公司股票获得股息、红利所得的有减征规定。

通关绿卡

命题角度：涉及股权、股票的个人所得税处理的辨析。

涉及股权、股票的所得分为持有期间的“股息、红利所得”与转让（出售）时的“股权转让所得”。具体内容总结归纳如下：

所得项目	个人所得税处理		
股息、红利所得	非上市公司	按“利息、股息、红利所得”全额纳税	
	上市公司（含新三板公司）	持股期限≤1个月	全额征收
		1个月＜持股期限≤1年	减按50%征收
		持股期限＞1年	免征
股权转让所得	新三板公司原始股、非上市公司股权	按“财产转让所得”纳税	
	其他上市公司流通股股票	暂不征收	

2.偶然所得

偶然所得指个人得奖、中奖、中彩以及其他偶然性质的所得。

（1）企业促销：

是否征税	具体情形
征税	①对累积消费达到一定额度的顾客，给予额外抽奖机会，个人中奖所得。 ②在业务宣传、广告及年会、座谈会、庆典活动中，随机向本单位以外的个人赠送礼品，包括网络红包（但赠送消费券、代金券、抵用券、优惠券除外）
不征税	①通过价格折扣、折让方式向个人销售商品和提供服务（如买手机赠话费）。 ②向个人销售商品和提供服务的同时给予"赠品"。 ③对累积消费达到一定额度的个人按消费积分反馈的"礼品"

（2）中奖所得的征免规定：福利、体育彩票1万元（一次中奖收入≤1万元），有奖发票800元（单张发票奖金所得≤800元）免征，超过全额征税。

（3）其他偶然所得项目：

①个人为单位或他人提供担保获得收入，按照"偶然所得"项目计征。

②受赠房屋：

是否征税	具体情形
全额征税	房屋产权无偿赠与，受赠人因无偿受赠房屋取得的受赠收入，按偶然所得征税
不征税	a.房屋产权所有人将房屋产权无偿赠与配偶、父母、子女、祖父母、外祖父母、孙子女、外孙子女、兄弟姐妹。 b.房屋产权所有人将房屋产权无偿赠与对其承担直接抚养或者赡养义务的抚养人或者赡养人。 c.房屋产权所有人死亡，依法取得房屋产权的法定继承人、遗嘱继承人或者受遗赠

3.利息、股息、红利所得和偶然所得应纳税额的计算

（1）按次计征：

以支付利息、股息、红利，以及每次取得偶然所得的收入为一次。

（2）计算公式：

应纳税额=应纳税所得额×20%=每次收入额×20%

提示：利息、股息、红利和偶然所得计算时没有费用减除项目（公益性捐赠除外）。

（五）个人所得税的其他特殊规定

1.捐赠支出

从应纳税所得额中扣除。

捐赠形式	是否可扣除	具体规定
公益性捐赠	全额扣除	（1）向"红十字"事业，教育事业，非营利性老年服务机构、公益性青少年活动场所的捐赠。 （2）通过宋庆龄基金会等特定基金会捐赠，用于公益救济

续表

捐赠形式	是否可扣除	具体规定
公益性捐赠	有限额扣除	其他公益事业捐赠，未超过应纳税得额30%的部分允许扣除
直接捐赠	不得扣除	—

2.股权激励

（1）不并入综合所得，单独纳税。

（2）在不超过36个月的期限内缴纳个人所得税。纳税人在此期间内离职的，应在离职前缴清全部税款。

第61记 2分 房地产相关小税种

精准冲刺180题：104~112、150、151

（一）房产税

1.征税范围

是否包括	具体内容
包括	城市、县城、建制镇和工矿区的房屋（有屋面和围护结构）
不包括	农村的房屋，以及独立于房屋之外的建筑物，如围墙、烟囱、水塔、菜窖、室外游泳池等

2.纳税人

具体情形		纳税人
产权属于集体和个人		集体单位和个人
产权属于国家所有		经营管理单位
产权出典		承典人
产权出租		出租人
产权未确定，产权所有人、承典人均不在房产所在地		房产代管人或者使用人
房地产开发企业建造的商品房，出售前	一般情况下	不征收房产税
	已使用或出租、出借的	按规定征收

3.应纳税额的计算

（1）计税方法及计算公式。

计征方式	计税依据	税率	全年应纳税额计算
从价计征	房产原值一次减除10%～30%后的“余值”	1.2%	应纳税额=应税房产原值×（1-扣除比例）×1.2%
从租计征	取得的不含增值税租金收入	12%	应纳税额=（不含增值税）租金收入×12%

提示：从租计征下，个人出租住房，以及各类单位组织向个人出租住房，税率减按4%。

（2）从价计征的特殊规定：

关键词	要点
原值	①不可减除折旧。 ②应包含房屋不可分割的各种附属设备、配套设施，以及改扩建支出。 提示：对更换房屋附属设备和配套设施的，在将其价值计入房产原值时，可扣减原来相应设备和设施的价值。 ③融资租赁租入的房产由承租人按“从价计征”
交多久	持有期间交，除将原有房产用于生产经营自“生产经营之月”起征外，其余均自“次月”起征

通关绿卡

命题角度：房产税全年应纳税额的计算。

（1）从价计征中，“余值”×税率计算出的是“全年税额”，如果不用缴满全年，需用全年税额÷12×应交的月份数。

（2）一年之内先自用后出租的，自出租的“次月”起开始从租计征，之前的月份从价计征。两段房产税分开计算，再相加，即为全年应纳税额。

4.税收优惠

记忆提示	优惠类型	具体内容
非经营自用	免税	（1）国家机关、人民团体、军队自用的房产。 （2）“科教文卫”相关的“事业单位”（学校、医院、幼儿园、养老院以及文体类单位）自有，且在本身业务范围内使用的房产。 （3）非营利性医疗、疾控、卫生机构自用的房产。 （4）老年服务机构自用的房产。 （5）宗教寺庙、公园、名胜古迹自用的房产。

续表

记忆提示	优惠类型	具体内容
非经营自用	免税	提示：附设的“经营用房”不免税，如事业单位附属工厂、商店、招待所，公园附设茶社、照相馆、饮食部等
共用房屋	分别征或免	对于纳税单位与免税单位共同使用的房屋，按各自使用的部分分别征收或免征房产税
自住、廉租、公租	免税	（1）公租房、廉租房租金。 （2）居民住房免征房产税。 提示：对个人拥有的营业用房或者出租的房产，不免税
毁、危、修、临	免税	（1）毁损房屋、危房，停用后免征。 （2）大修停用半年房，大修期间免征。 （3）工地临时用房

（二）城镇土地使用税

1.征税范围

要点同房产税，不含农村土地，国家、集体也征。

2.纳税人

拥有土地使用权的单位或个人缴纳（谁使用，谁交税）。

具体情形	纳税人
纳税人不在土地所在地的	代管人或实际使用人
土地使用权未确定或权属纠纷未解决的	实际使用人
土地使用权共有的	共有各方均纳税，以实际使用面积分摊计税

3.应纳税额的计算

年应纳税额=实际占用应税土地面积（平方米）×适用税额

4.税收优惠

记忆提示	优惠类型	具体内容
非经营自用	免税	（1）国家机关、人民团体、军队自用的土地。 （2）由国家财政部门拨付事业经费的单位自用的土地。 （3）老年服务机构自用的土地。 （4）宗教寺庙、公园、名胜古迹自用的土地
公共用地	免税	市政街道、广场、绿化地带等公共用地
农业用地	免税	直接用于农、林、牧、渔业的生产用地

续表

记忆提示	优惠类型	具体内容
专业厂区内外	免税	（1）厂区内列举的“专业生产用地”。 例如：盐矿盐滩的矿井、输电线路变电站用地、林业系统专用地、森林公园和保护区、勘探钻井油气田工程、港口码头用地、机场飞行区（包括跑道，但机场内其他道路应征收）。 （2）厂区以外，与社会用地未加隔离的铁路专用线、公路、公共绿化、公园用地、场外道路
	征税	（1）厂区以内的场内道路、铁路、公路、绿化用地。 （2）厂区以内的工作区、生产厂房、办公区、生活区、绿化带等
无偿使用	免税免、纳税征	免税单位无偿使用免，纳税单位无偿使用征
体育	免税	国家机关、军队、人民团体、财政补助事业单位、居民委员会、村民委员会拥有的体育场馆，用于体育活动的土地

5.纳税义务发生时间

除新占用耕地为批准征用之日起满1年以外，其余均是“次月”起征。

（三）耕地占用税

1.征税范围

占用农用地建设建筑物或者从事非农业建设的，征税；但为建设直接为农业生产服务的生产设施而占用农用地，不征税。

2.应纳税额的计算

应纳税额=实际占用耕地面积（平方米）×适用税额

3.税收优惠

记忆提示	优惠类型	具体内容
非经营自用	免税	军事设施、学校、幼儿园、社会福利机构、医疗机构占用耕地
交通设施	减按2元/平方米	铁路线路、公路线路、机场跑道、停机坪、港口、航道、水利工程占用耕地
农村居民	新建自用减半	在规定用地标准以内占用耕地新建自用住宅
	搬迁自用免税	经批准搬迁，新建自用住宅占用耕地不超过原宅基地面积的部分
	农村烈士遗属等照顾群体免税	在规定用地标准以内新建自用住宅

4.加征的情形

适用情形	加征规定
占用基本农田的	加征50%（即按150%征收）
人均耕地低于0.5亩的地区	加征不超过50%

5.纳税期限

（1）纳税义务发生时间为收到自然资源主管部门办理占用耕地手续书面通知的当日。

（2）自纳税义务发生之日起30日内申报缴纳。

（四）契税

1.征税范围

征税范围	具体内容
包括	（1）土地使用权出让、土地使用权转让（包括出售、赠与、互换）。 （2）房屋买卖、房屋赠与、房屋互换。 （3）以土地、房屋权属作价投资（入股）、偿债、划转、奖励等
不包括	（1）土地、房屋的典当、分拆（分割）、抵押以及出租等行为。 （2）土地承包经营权和土地经营权转移

2.纳税人

契税是在转移土地房屋权属时，向权属承受方征的税（即“买方”为纳税人）。

3.应纳税额的计算

（1）公式：应纳税额=计税依据×税率。

（2）计税依据。

情形	计税依据
土地使用权出让	为取得该土地使用权而支付的全部经济利益。包括土地出让金、土地补偿费、安置补助费、地上附着物和青苗补偿费、征收补偿费、城市基础设施配套费、实物配建房屋等
土地使用权出售、房屋买卖	①权属转移合同确定的成交价格。 ②土地使用权及所附建筑物转让的，为承受方应交付的总价款。 ③作价投资（入股）、抵债、以实物交换房地产，为合同确定的成交价格。 提示：上述价格均包括货币、实物、无形资产等各种经济利益。 ④承受已装修房屋的，装修费用应计入总价款

续表

情形	计税依据
土地使用权、房屋赠与、其他没有价格的转移房地产权属行为	参照市场价格核定
土地使用权、房屋互换	互换支付的价格差额（谁付差价谁交税）。 提示：“以房抵债”和“以房易货”均属于买卖行为，只有“房房、房地、地地”间互换可以按价格差额征税

通关绿卡

命题角度：不同情形下契税计税依据的确定和契税应纳税额的计算。

计税依据确定的原则：

（1）出让、出售、买卖等有价格的情形——找成交价格或支付的经济利益。

（2）赠与等没有价格的情形——参照市场价格。

（3）房屋、土地使用权互换——按照价格差额，支付差价的一方交。

4.税收优惠

记忆提示	优惠类型	具体描述
非经营自用	免征	国家机关、事业单位、社会团体、军事单位、非营利性学校、医疗机构、社会福利机构承受土地、房屋用于办公、教学、医疗、科研、军事设施、养老、救助。 提示：仅限于上述单位直接用于办公、教学、医疗、科研、军事用途的土地和房屋
农业生产	免征	承受荒山、荒地、荒滩土地使用权，用于农、林、牧、渔业生产
婚姻	免征	婚姻存续期间夫妻之间、离婚后分割共同财产变更土地、房屋权属
法定继承	免征	法定继承人通过继承承受土地、房屋权属
外交	免征	依照法律规定应当予以免税的外国驻华使馆、领事馆、国际组织驻华代表机构承受土地、房屋权属
酌情减免	酌情减免	土地、房屋被县级以上政府征收征用，重新承受土地、房屋权属的；以及因不可抗力灭失住房，重新承受住房的
个人投个人	免征	自然人将房地产划转至其个人设立的个人独资企业、一人有限公司，暂免征收

5.征收管理

项目	具体内容
纳税义务发生时间	为纳税人签订土地、房屋权属转移合同的当日，或取得其他土地房屋权属转移合同性质凭证的当日
纳税期限	（1）需要办理登记的，在办理土地、房屋权属登记手续前申报缴纳契税。 （2）无须办理权属登记的，纳税义务发生之日起90日内申报缴纳
纳税地点	土地、房屋所在地
退税	办理房产、土地权属登记前，权属转移合同无效、取消、解除的，可以申请退税

（五）土地增值税

1.征税范围

是否征收土地增值税以是否发生“权属转移”为判断标准。

（1）房地产出租、抵押期间、评估增值均不征收土地增值税。

（2）合作建房后按比例分房自用不征，对外转让征税。

（3）房地产开发企业将开发的房地产转为自用或出租，权属未转移，不征税；代建房属于提供服务，不征收。

2.征税范围的特殊规定

记忆提示	具体描述
出让不征，转让征	转让土地使用权征税，国有土地使用权出让不征
继承、赠与亲属、公益不征	继承不征；赠与直系亲属、公益赠与不征
个人换房免、企业换房征	个人之间互换自有居住用房经核实不征；企业间交换要征

3.纳税人

转让方交，即“卖方”交税。

4.计算公式

应纳税额=增值额×适用税率−扣除项目金额×速算扣除系数

通关绿卡

命题角度：土地增值税应纳税额的计算。

土地增值税的计算步骤如下：

第一步：确定不含税收入额。

第二步：确定扣除项目的金额。

第三步：计算增值额（增值额=不含增值税转让收入金额−扣除项目金额）。

第四步：计算“增值率”，找税率及速算扣除系数（增值率=增值额÷扣除项目金额）。

第五步：计算应纳税额（应纳税额=增值额×适用税率−扣除项目金额×速算扣除系数）。

5.扣除项目的确定

（1）新建房地产开发项目允许扣除的项目包括“拿地成本”“开发成本”“开发费用”“税金”和“加计扣除”一共五项。

<table>
<tr><th>提示</th><th>项目</th><th colspan="3">具体内容</th></tr>
<tr><td>拿地成本</td><td>①取得土地使用权所支付的金额</td><td colspan="3">据实扣除：地价款、买地的契税，以及登记过户手续费等</td></tr>
<tr><td>开发成本</td><td>②房地产开发成本</td><td colspan="3">据实扣除：土地征用费、耕地占用税及拆迁补偿费、前期工程费、建筑安装工程费、基础设施费、公共配套设施费、开发间接费用</td></tr>
<tr><td rowspan="3">开发费用</td><td rowspan="3">③房地产开发费用</td><td colspan="3">会计核算的销售费用、管理费用和财务费用，应按照下列公式计算扣除</td></tr>
<tr><td rowspan="2">扣除计算公式</td><td>利息支出可按项目分摊并提供贷款证明</td><td>利息+（①+②）×比例</td></tr>
<tr><td>利息支出不可按项目分摊或不能提供贷款证明</td><td>（①+②）×比例</td></tr>
<tr><td>税金</td><td>④与转让房地产有关的税金</td><td colspan="3">包括城市维护建设费、印花税、教育费附加</td></tr>
<tr><td>加扣</td><td>⑤加计扣除</td><td colspan="3">加计扣除项目=（①+②）×20%
提示：仅适用于房地产开发企业，其他企业不可扣此项</td></tr>
</table>

（2）销售存量房允许扣除项目包括旧房的扣除金额、拿地成本（如有）、税金。

项目	具体内容
旧房的扣除	按顺序确定：税务机关确认的评估价格＞购房发票金额。 ①有评估价，按评估价扣除：评估价=重置成本价×成新度折扣率。 ②不能取得评估价格，但能提供购房发票的，按发票所载金额计算，并从购买年度起至转让年度止每年加计5%计算扣除
地价款	题目中明确给出地价款，则扣除此项，不给地价款无须考虑此项
税金	转让环节缴纳的税金

6.税收优惠

记忆提示	具体内容
增值未超20%	（1）建造普通标准住宅出售，且增值率不超过20%，免税；超过则全额征税。 （2）转让旧房作为公共租赁住房，且增值率不超过20%，免税
国家征用、城市规划	（1）国家建设需要依法征用、收回的房地产，免税。 （2）因城市规划、国家建设需要而搬迁，纳税人自行转让房地产，免税
个人住房	个人转让住房，免税

7.征收管理

（1）纳税申报：在签订转让房地产合同后7日内申报。经常发生的，可定期申报。

（2）纳税清算。

清算要求	适用情形
应进行清算的情形	①房地产开发项目全部竣工、完成销售的。 ②整体转让未竣工决算房地产开发项目的。 ③直接转让土地使用权的
主管税务机关可以要求进行清算的情形	①“竣工且已出售85%”：已竣工验收的房地产开发项目85%以上已转让，或未转让85%，但剩余的可售建筑面积已经“出租或自用”的。 ②取得销售（预售）许可证满“3年”仍未销售完毕的。 ③纳税人申请注销税务登记但未办理土地增值税清算手续的

2分 第62记

其他小税种

精准冲刺180题：113~116、152~156

714 2-15

（一）车船税

1.征税范围

无论是否需要在车船登记管理部门登记，均征收车船税。

2.纳税人及扣缴义务人

纳税人/扣缴义务人	具体规定
纳税人	车船的所有人或者管理人。 提示：纳税人是“拥有并使用”车辆的人
扣缴义务人	机动车第三者责任强制保险业务的保险机构

提示：扣缴义务人在收取保险费时代收车船税，纳税人不再自行申报；没有扣缴义务人，纳税人自行申报。

3.应纳税额的计算

年应纳税额=计税依据×适用年税额

大类	税目	计税依据的单位
车	乘用车、商用客车、摩托车	每辆
	商用货车、专用作业车和轮式专用机械车（不包括拖拉机）	整备质量每吨
	挂车	
船	机动船舶、非机动驳船、拖船	净吨位每吨
	游艇	艇身长度每米

4.税收优惠

记忆提示	优惠类型	涉及范围
临时入境	不征	临时入境的外国和特别行政区车辆
纯电动		纯电动和燃料电池乘用车
新能源	免征	新能源车船：纯电动商用车、插电式（含增程式）混合动力汽车、燃料电池商用车
农业	免征	捕捞、养殖渔船
军警消防		军队、武警、警用车船及应急救援专用号牌的消防救援车船
外交		符合规定的外交人员车船
节能汽车	减半征收	节能汽车：1.6升及以下小排量乘用车、符合标准的商用车
拖、驳、挂		拖船、非机动驳船、挂车

5.征收管理

项目		具体规定
纳税义务发生时间		取得车船所有权或者管理权的当月
纳税申报		分月计算，按年申报，一次性缴纳
纳税地点	扣缴义务人代收代缴的	扣缴义务人所在地
	自行申报的	（1）需登记跟车：车船登记地的主管税务机关所在地。 （2）无须登记跟人：车船的所有人或者管理人所在地

（二）资源税

1.征税范围和免征项目

项目		征税
能源矿产	原油	天然原油（不含人造石油）
	天然气	—

续表

项目		征税
能源矿产	煤	原煤及以未税原煤加工的洗选煤
	其他能源矿产	页岩气、天然气水合物、煤成（层）气、铀、钍、油页岩、油砂、天然沥青、石煤、地热
金属矿产		黑色金属、有色金属
非金属矿产		矿物类、岩石类、宝玉石类
水气矿产		矿泉水、二氧化碳气、硫化氢气、氦气、氡气
盐类		钠、钾、镁、锂盐，天然卤水、海盐
水（试点）		地表水、地下水

2. “视同销售”

开采或者生产应税产品自用的，应视同销售。包括以应税产品用于非货币性资产交换、捐赠、偿债、赞助、集资、投资、广告、样品、职工福利、利润分配，或者连续生产非应税产品。

提示：开采的应税产品自用于连续生产应税产品的，移送环节不征收。

3.应纳税额的计算——从价计征

（1）基本公式：应纳税额=不含税销售额×税率。

其中：销售额为不含增值税价款。

（2）包含在销售额中的运杂费用（到车站码头或者指定交货地点的运输费用、建设基金，以及随之产生的装卸、仓储、港杂费用）取得合法有效凭证的，准予从销售额中扣除。

提示：判断是否扣除之前要看是不是已经“包含在销售额之中”。

（3）视同销售情形下销售额按照如下顺序：

①自己的同期同类平均价格；②他人的同期同类平均价格；③后续非应税产品售价，减去后续加工环节的成本利润；④组成计税价格：成本×（1+成本利润率）÷（1−资源税税率）。

4.应纳税额的计算——从量计征

应纳税额=实际销售数量（或视同销售移送数量）×定额税率

5.外购应税产品已纳税额的扣减

外购应税产品与自采应税产品混合销售或混合加工为应税产品销售的，准予从销售额中扣减外购应税产品的购进金额。

情形	扣减计算
外购原矿+自采原矿，卖原矿	直接扣减外购原矿、选矿的购进金额
外购选矿+自产选矿，卖选矿	
外购原矿+自采原矿，加工后卖选矿	准予扣减的购进金额=外购原矿×（原矿税率÷选矿税率）

6.税收优惠

优惠类型	具体适用情形	优惠幅度
免税	开采原油及在油田范围内运输原油过程中用于加热的原油、天然气	免
	煤炭开采企业因安全生产需要抽采的煤成（层）气	
减征	低丰度油气田开采的原油、天然气	20%
	高含硫天然气、三次采油和深水油气田开采的原油、天然气	30%
	从衰竭期矿山开采的矿产品	30%
	稠油、高凝油	40%

7.征收管理

情形		具体规定	
纳税义务发生时间		一般规定	同增值税
		自产自用	移送当日
纳税地点		矿产品：开采地；海盐：生产地	
纳税期限	申报期限	按月、按季或按次	
	缴纳期限	月、季、次后15日之内	

（三）环境保护税

1.征税范围

是否包括	具体内容
包括	大气污染物、水污染物、固体废物和噪声
不包括	不属于直接向环境排放污染物不征税： （1）向依法设置的污水、生活垃圾集中处理场所排放应税污染物。 （2）在符合国家和地方环境保护标准的设施、场所贮存或者处置固体废物

2.税收优惠——免税情形

记忆提示	具体内容
农业	农业生产排放应税污染物
交通工具	机动车、铁路机车等流动污染源排放
专业处理机构排放	依法设立的城乡污水集中处理、生活垃圾集中处理场所排放相应应税污染物，不超过国家和地方规定的排放标准的
综合利用	纳税人综合利用的固体废物

记忆口诀

命题角度：环境保护税的征税范围和税收优惠。

（1）集中处理污染物，依法排放不征税；贮存处置场所好，符合条件也不征；排放应税污染物，不超标准能免征。

（2）免征的项目：农业、交通工具、处理机构、综合利用。

3.应纳税额的计算——从量计征

应纳税额=计税依据×单位税额

提示：大气污染物、水污染物的计税依据为“污染当量数”，固体废物的计税依据为“排放量”，噪声的计税依据为“超标的分贝数”。

（四）印花税

1.征税范围和税目

分类	内容
合同类	买卖、借款、融资租赁、租赁、承揽、建设工程、运输、技术、保管、仓储、财产保险合同
产权转移书据	（1）土地使用权出让和转让书据；（2）房屋等建筑物、构筑物所有权转让书据；（3）股权（不包括上市公司股票）转让书据；（4）商标专用权、著作权、专利权、专有技术使用权转让书据
营业账簿	资金账簿（按“实收资本”和“资本公积”的资金增减变动金额）
证券交易	证券交易印花税（单边征收，只对卖方征收）

通关绿卡

命题角度：印花税各个税目的辨析。

（1）技术合同的辨析事项：

①技术转让合同：

a.包括专利申请转让、非专利技术转让所书立的合同。

b.不包括专利权转让、专有技术使用权、专利实施许可合同。这三者属于“产权转移书据”。

②技术咨询合同不包括一般的法律、会计、审计等方面的咨询合同，此类合同不交印花税。

（2）买卖合同的辨析事项：

①包括发电厂与电网之间、电网与电网之间签订的购售电合同。纳税人以电子形式签订的各类应税凭证按规定征收印花税。

②不包括个人书立的动产买卖合同、电网与用户之间签订的供用电合同。

（3）借款合同的辨析事项：

①包括银行等金融机构与借款人所签订的借款合同。

②不包括企业之间签订的借款合同。

（4）运输合同不包括管道运输合同和客运合同。

（5）财产保险合同不包括再保险合同、人身保险合同。

（6）产权转移书据包括买卖（出售）、继承、赠与、互换、分割所签订的数据。

2.纳税人

（1）委托贷款借款合同的纳税人，为受托人和借款人，不包括委托人。

（2）按买卖合同或者产权转移书据税目缴纳印花税的拍卖成交确认书的纳税人，为拍卖标的的产权人和买受人，不包括拍卖人。

（3）同一应税凭证由两方或者两方以上当事人订立的，应当按照各自涉及的价款或者报酬分别计算应纳税额。

3.计税依据

（1）增值税的处理：单独列明的，计税依据不含增值税，若合同价款和增值税“未分别列明”，则按合计金额计税贴花。

（2）各类应税合同的计税依据具体规定：

合同类型	包括	不包括
买卖合同、建设工程合同	买卖、合同价款	—
加工承揽合同	报酬	委托方提供的材料
租赁合同、融资租赁合同	租金	租赁财产价值
运输合同、仓储合同、保管合同	运费、仓储费、保管费	装卸费等其他杂费
借款合同	借款金额	利息
财产保险合同	保费	被保险物价值、赔偿款
技术合同	价款、报酬、使用费	—

（3）营业账簿：按实收资本、资本公积合计金额征税。金额不变不再纳税，金额增加差额纳税。

（4）其他特殊规定：

①合同中未列明价款/金额的，按照市场价格或实际结算金额计算印花税。

②合同中金额与实际结算金额不一致，不变更合同的，按原合同金额计算印花税；变更合同的，以变更后的金额计算。已缴纳的印花税，变更后金额增加的，补税；变更后金额减少的，可以退抵税。

③同一应税凭证载有两个以上税目事项并分别列明金额的，按照各自税目税率分别计算；未分别列明金额的，从高。

4.税收优惠

记忆提示	具体内容
农业	农民、家庭农场、农民专业合作社、农村集体经济组织、村民委员会购买农业生产资料或者销售农产品书立的买卖合同和农业保险合同
个人网购	个人与电子商务经营者订立的电子订单
不重复贴花	（1）应税凭证的副本或抄本。 （2）对应税合同的同一项业务，既书立合同，又开立单据的，只就合同贴花。所开立的各类单据，不再贴花
特定金融业	（1）无息或者贴息借款合同、国际金融组织向中国提供优惠贷款书立的借款合同。 （2）融资性售后回租业务中，出售租赁资产及购回租赁资产所签订的合同，不征收印花税
军警、外交	（1）中国人民解放军、中国人民武装警察部队书立的应税凭证。 （2）附有军事运输命令或使用专用的军事物资运费结算凭证。 （3）外国驻华使馆、领事馆和国际组织驻华代表机构为获得馆舍书立的应税凭证
公益、租房	（1）财产所有权人将财产赠与政府、学校、社会福利机构、慈善组织书立的产权转移书据。 （2）非营利性医疗卫生机构采购药品或者卫生材料书立的买卖合同。 （3）抢险救灾物资运输结算凭证。 （4）对与高校学生签订的高校学生公寓租赁合同，免征印花税。 （5）对个人出租、承租住房签订的租赁合同，免征印花税。对个人销售或购买住房暂免征收印花税

5.征收管理

（1）纳税义务发生时间：书立应税凭证的当日；证券交易为完成证券交易的当日。

（2）按季、按年或者按次计征的：自季度、年度终了，或纳税义务发生之日起15日内申报纳税；证券交易印花税按周解缴。

2分

第63记

税收管理

精准冲刺180题：117、157

（一）适用范围及征纳双方的权利和义务

1.征管法的适用范围

《中华人民共和国税收征收管理法》（简称《征管法》）属于税收程序法。凡依法由税务机关征收的各种税收的征收管理，均适用《征管法》。

提示：海关征收的税种不适用《征管法》。

2.征纳双方权利与义务

主体	权利	义务
征税机关	税收立法权、税务管理权、税款征收权、税务检查权、税务行政处罚权等。提示：税款征收权中也包括“追征税款权”	宣传普法、保密等。提示：税收违法行为不属于保密范围
纳税人	知情权、要求保密权、纳税申报方式选择权、申请延期申报权、申请延期缴纳税款权、申请退还多缴税款权、依法享受税收优惠权、委托税务代理权、税收监督权、陈述与申辩权	按期办理税务登记；依法设置、保管账簿，开具、使用、取得和保管发票；按期如实申报；缴纳或解缴税款；接受税务检查；及时提供信息；报告其他涉税信息等

（二）税务登记管理

1.税务登记

（1）税务登记时限为“30天”，国家机关、自然人、流动农村小商贩无须办理税务登记。

（2）设立和变更登记时，先工商后税务；注销登记时，先税务后工商。

2.多证合一

登记制度从“三证合一”推进为“五证合一”，又进一步推进为“多证合一、一照一码”制度。改革后，市场监管部门核发加载统一社会信用代码的营业执照即作为税务登记证件使用。

（三）账簿和凭证管理

（1）纳税人15日内建账、扣缴义务人10日内建账。

（2）除按照会计法律制度保管期限为30年的凭证账簿之外，其他的会计和纳税资料等应至少保存10年。

（四）发票管理

1.发票类型

发票包括纸质发票和电子发票。电子发票与纸质发票法律效力相同。

2.发票开具

（1）一般情形卖方（收款方）开；特殊情形买方（付款方）开。

（2）开具发票应当按照规定的时限、顺序、栏目，全部联次一次性如实开具，开具纸质发票应当加盖发票专用章。付款方取得发票时，不得要求变更品名和金额，也不得要求变更涉及金额计算的单价和数量。

（3）不可虚开发票。下列行为属于“虚开发票”行为：

①为他人、为自己开具与实际经营业务情况不符的发票；②让他人为自己开具与实际经营业务情况不符的发票；③介绍他人开具与实际经营业务情况不符的发票。

（4）一般纳税人可使用各类发票，小规模纳税人可自愿使用发票管理系统自行开具增值税专用发票（选择自行开具的，税务机关不再为其代开）。

通关绿卡

命题角度：发票开具的要求。

（1）“虚开发票”：关键在于开具“与实际经营业务情况不符”的发票。

（2）小规模纳税人虽然自身不得抵扣进项税，但是其对外可以自行开具增值税专用发票。

3.发票保管

已经开具的发票存根联和发票登记簿，应当保存5年。

（五）纳税申报管理

1.纳税申报方式

包括自行申报、邮寄申报、数据电文申报、其他方式。

2.纳税申报要求

（1）纳税人在纳税期内没有应纳税款的，也应当按照规定办理纳税申报。

（2）纳税人享受减税、免税待遇的，在减税、免税期间应当按照规定办理纳税申报（减免税期满次日恢复申报纳税）。

（3）自法院受理破产申请之日至企业注销之日期间：

①发生应税情形，应按规定申报纳税。

②从法院指定管理人之日起，管理人可以按规定以企业名义办理纳税申报等涉税事宜。

通关绿卡

命题角度：应进行纳税申报的情形。

不论怎样都要报税，没税要报，免税也要报，破产也要报。

3.延期纳税申报

（1）纳税人可以提出书面延期申请，经税务机关核准，在核准的期限内办理。

（2）纳税人遇不可抗力可以延期办理，但应在不可抗力情形消除后立即向税务机关报告。

（3）预缴税款：经核准延期报税的，应当在纳税期内按照上期实际缴纳的税额或者税务机关核定的税额预缴税款，并在核准的延期内办理税款结算。

2分 第64记

税款征收

精准冲刺180题：118、119、158~160

（一）税款征收主体

（1）税务机关是征税的法定主体。

（2）税务机关依照法律、行政法规的规定征收税款，不得违反法律、行政法规的规定开征、停征、多征、少征、提前征收、延缓征收或者摊派税款。

（二）税款征收方式

征收方式	备注	
查账征收	"有账且健全"	财务会计制度健全，能够如实核算和提供生产经营情况，并能正确计算应纳税款和如实履行纳税义务的纳税人
查定征收	"有账但不健全的小型生产"	生产经营规模较小、产品零星、税源分散、会计账册不健全，但能控制原材料或进销货的小型厂矿和作坊
查验征收	"有账但不健全的小型流动"	纳税人财务制度不健全、生产经营不固定、零星分散、流动性大的税源
定期定额征收	"没账的个体和个独"	生产、经营规模小，达不到法律规定设置账簿标准，难以查账征收，不能准确计算计税依据的个体工商户和个人独资企业
扣缴征收	—	包括代扣代缴和代收代缴两种征收方式
委托代征	零星、分散、异地	税务机关以委托形式将税款委托给代征单位或个人以税务机关名义代为征收

（三）核定应纳税额

记忆提示	具体情形
无账可查	可以不设置账簿的；应设未设账簿的；擅自销毁或者拒不提供纳税资料的
账不可靠	账目混乱或者成本资料、收入凭证、费用凭证残缺不全，难以查账的；未按期办理纳税申报，税务机关责令限期申报后仍不申报的；纳税人申报的计税依据明显偏低，又无正当理由的

（四）应纳税额的调整

项目	具体规定
关联企业定义	有下列关系之一的为关联企业： （1）在资金、经营、购销等方面，存在直接或者间接的拥有或者控制关系。 （2）直接或者间接地同为第三者所拥有或者控制。 （3）在利益上具有相关联的其他关系
关联交易原则	不按照独立企业之间的业务往来原则进行交易的，税务机关有权进行合理调整
应纳税额调整的方法	（1）按照独立企业之间进行的相同或者类似业务活动的价格。 （2）按照再销售给无关联关系的第三者的价格所应取得的收入和利润水平。 （3）按照成本加合理的费用和利润
调整期限	自该业务往来发生的纳税年度起，一般3年，特殊10年

（五）延期缴纳税款

项目	具体规定
适用情形	因有特殊困难，不能按期缴纳税款的。特殊困难包括： （1）不可抗力。 （2）当期货币资金在扣除应付职工工资、社会保险费后，不足以缴纳税款的
审批层级	经省、自治区、直辖市税务机关批准
延期期限	延期最长不得超过3个月
延期内处理	延期内免于加收滞纳金

（六）税款征收的保障措施

税款征收的保障措施包括责令缴纳、责令提供纳税担保、采取税收保全措施、采取强制执行措施、欠税清缴、税收优先权、阻止出境。

（1）责令缴纳。

适用情形		责令缴纳程序	仍不缴纳
未按期缴纳税款	①纳税人未缴纳税款。 ②扣缴义务人未解缴税款。 ③担保人未缴纳担保税款	加收滞纳金：从滞纳税款之日（即税款缴纳期限届满次日）起，至实际缴纳税款为止，按日加收万分之五	强制执行
未办理税务登记		核定其应纳税额，责令其缴纳应纳税款	强制执行

续表

适用情形	责令缴纳程序	仍不缴纳
税务机关有根据认为逃避纳税义务行为的	可在规定的纳税期之前责令其限期缴纳应纳税款	责令提供纳税担保→保全措施→强制执行措施

（2）责令提供纳税担保。

①纳税担保方式：纳税保证、纳税抵押、纳税质押。

②纳税担保范围：税款、滞纳金和实现税款滞纳金的费用（本+息+直接费用）。

③适用情形：

记忆提示	具体情形
“有根据、提前缴、有迹象、要担保”	税务机关有根据认为从事生产、经营的纳税人有逃避纳税义务行为，在规定的纳税期限之前责令其限期缴纳税款，在限期内发现纳税人有明显的转移、隐匿其应纳税的商品、货物以及其他财产或者应纳税收入的迹象，责成纳税人提供纳税担保
欠税要出境	欠缴税款、滞纳金的纳税人或者其法定代表人需要出境的
争议需复议	纳税人同税务机关在征税行为上发生争议而未缴清税款，需要申请行政复议的。 提示：如因存在税务违法行为被税务机关处以罚款，未缴清罚款而申请行政复议，不需要提供纳税担保

（3）税收保全措施及税收强制执行措施。

关键词	保全	强制执行
前提	税务机关有根据认为纳税人有逃税行为，经过法定程序责令其提供纳税担保而纳税人不能提供的	未按时缴纳税款或未按时缴纳担保税款，责令限期缴纳仍未缴纳的
审批层级	县级以上税务局（分局）局长批准	
具体措施	冻结、扣押、查封“价值相当”的财产： ①冻结金额相当于应纳税款的资产，如冻结存款。 ②扣押、查封价值相当于应纳税款的财产。 提示：题目表述为“全部财产”，则为陷阱	强制扣款、拍卖变卖“价值相当”的财产： ①强制扣款，即书面通知其开户银行或者其他金融机构从其存款中扣缴税款。 ②扣押、查封、拍卖变卖相当于应纳税款的财产，以拍卖或者变卖所得抵缴税款。 提示：滞纳金同时强制执行

续表

关键词	保全	强制执行
期限	一般不得超过6个月	—
不适用的财产	①个人及其所扶养家属维持生活必需的住房和用品。 ②单价5 000元以下的其他生活用品。 提示：必需品不包括机动车辆、金银饰品、古玩字画、豪华住宅或者一处以外的住房	

记忆口诀

命题角度：税收保全措施与税收强制执行措施的辨析。

（1）税收保全措施：届满前，冻结、扣押查封。

（2）税收强制执行措施：届满后，扣缴、拍卖变卖。

（4）欠税清缴。

具体措施包括离境清缴、代位权和撤销权、欠税信息报告、欠税公告。

存在下列情形的，适用“欠税报告”：

①纳税人解散、撤销、破产的（在清算前报告）；②合并、分立的；③欠缴税款5万元以上的纳税人在处分其不动产或者大额资产之前。

（5）税收优先权。

①税收优先于无担保债权。

②纳税人发生欠税在前的，税收优先于抵押权、质权和留置权的执行。

③税收优先于罚款、没收违法所得。

记忆口诀

命题角度：税收优先权的含义以及优先级。

（1）税款优于无担保债权、罚款、没收。

（2）税款与有担保债权看先来后到。

（6）阻止出境。

对于欠税的纳税人或其法定代表人（出境前未结清税款或提供纳税担保），税务机关可以通知出境管理机关阻止其出境。

（七）税款的追征和补缴

情形	追征和补缴期限
税务机关责任	3年内补缴；不得加收滞纳金

续表

情形	追征和补缴期限
纳税人、扣缴义务人计算等失误	3年内追征，特殊情况5年内；加收滞纳金
偷、逃、抗、骗	无限期追征；加收滞纳金

2分 第65记

纳税信用管理和法律责任

精准冲刺180题：120、161

（一）纳税信用管理

1.纳税信用管理的对象

（1）适用于已办理税务登记，查账征收的企业纳税人。

（2）从首次在税务机关办理涉税事宜之日起时间不满一个评价年度的企业。

（3）评价年度内无生产经营业务收入的企业。

（4）适用企业所得税核定征收办法的企业。

（5）非独立核算分支机构可自愿参与纳税信用评价。

2.纳税信用评价

（1）评价方式：

评价方式	内容
年度评价指标得分	采取扣分方式
直接判级方式	适用于有严重失信行为的纳税人

（2）评价周期：一个纳税年度。

有下列情形之一的纳税人，不参加本期的评价：

①纳入纳税信用管理时间不满一个评价年度的。

②因涉嫌税收违法被立案查处尚未结案的；或被审计、财政部门依法查出税收违法行为，税务机关正在依法处理，尚未办结的；或已申请税务行政复议、提起行政诉讼尚未结案的。

提示："不满1年+未结案"不参加本期的评价。

（二）税收法律责任

1.违法行为分类和法律责任

违法行为	法律责任（除追缴税款和滞纳金之外的责任）
逃税（以欺骗、隐瞒手段进行虚假纳税申报或不申报逃避缴纳税款）	处50%以上5倍以下罚款

续表

违法行为	法律责任（除追缴税款和滞纳金之外的责任）
欠税（欠缴，采取转移或隐匿财产的手段，妨碍税务机关追缴欠税）	处50%以上5倍以下罚款
抗税 （以暴力、威胁方法拒不缴纳税款）	处1倍以上5倍以下罚款
骗税（骗取出口退税或留抵退税款）	处1倍以上5倍以下的罚款，停止办理退税

提示：上述违法行为构成犯罪的，应当依法追究刑事责任。

2.首违不罚适用条件

（1）首次发生清单中所列事项。

（2）危害后果轻微。

（3）在税务机关发现前主动改正或者在税务机关责令限期改正的期限内改正的。

（三）失信主体的确定

违法行为	标准
逃税	100万元以上，且任一年度不缴或者少缴应纳税款占当年各税种应纳税总额10%以上的
欠税	100万元以上的
抗税、骗税	—
虚开发票	（1）虚开增值税专用发票或虚开用于骗取出口退税、抵扣税款的其他发票的。 （2）虚开普通发票100份或金额400万元以上的
伪造、变造发票及周边	私自印制、伪造、变造发票，非法制造发票防伪专用品，伪造发票监制章的
失联	有上述违法行为在稽查案件执行完毕前确认走逃的
其他	（1）非法提供银行账户、发票、证明或者其他方便，导致未缴、少缴税款100万元以上或者骗取国家出口退税款的。 （2）税务代理人违反税收法律、行政法规造成纳税人未缴或者少缴税款100万元以上的

2分 第66记

税务行政复议

精准冲刺180题：121、122、162

（一）税务行政复议的适用范围

解决途径	适用范围	
必经复议	征税行为	（1）税法要素：纳税人（纳税主体）、征税对象、征税范围、纳税环节、税率、计税依据、减税、免税、退税、抵税、纳税期限、纳税地点。 （2）税款征收方式、征收税款、加收滞纳金，代扣代缴、代收代缴、代征行为
可复议、可诉讼	其他行政行为	对征税行为以外的其他行政行为不服的，可以申请行政复议，也可以直接向人民法院提起行政诉讼

（二）复议机关

1.一般原则

“找上级”：作出行政行为的上一级税务机关。

2.特殊规定

对“谁”不服	找“谁”
国家税务总局、计划单列市税务局	先找国家税务总局，不服可起诉或向国务院申请最终裁决
税务所（分局）、各级税务局稽查局	所属税务局
被撤销的税务机关在撤销以前作出	继续行使其职权的税务机关的上一级税务机关
对逾期不缴纳罚款加处罚款不服	作出行政处罚决定的税务机关
对已处罚款和加处罚款都不服	作出行政处罚决定的税务机关的上一级税务机关

提示：申请人向县级地方人民政府提交行政复议申请的，由接受申请的县级地方人民政府依法予以转送。

记忆口诀

命题角度：不同情形下复议机关的判断。

基本原则——找上级。两项特殊：国家税务总局、加处罚款——找同级。

（三）复议程序

项目	具体规定
申请期限	“60日”：知道税务机关作出行政行为之日起60日内
	（1）“纳税前置”后60日：对“征税行为”不服：先行缴纳或者解缴税款及滞纳金，或者提供相应的担保，自实际缴清税款和滞纳金后或者所提供的担保得到作出行政行为的税务机关确认之日起60日内。 （2）对“罚上加罚”不服：对逾期不缴纳罚款加处罚款的决定不服的，应当先缴纳罚款和加处罚款，再申请行政复议
申请方式	书面或口头
参加人	申请人、被申请人和第三人。 提示：参加人不包括复议机关
执行情况	一般情况下，不停止执行。有下列情况之一，停止执行：被申请人、复议机关认为需要停止执行的；申请人申请且行政复议机关同意、法律规定停止。 提示：老百姓不能自行决定停止执行
复议决定	受理60日内决定；经批准，可延长最多30天
	决定书一经送达，即发生法律效力

初级会计实务

精准背诵 1 · 会计职能

- 会计职能
  - 基本职能
    - 核算职能（基础、提供依据）→ 监督职能
    - 监督职能（保障质量）→ 核算职能
  - 拓展职能
    - （1）预测经济前景
    - （2）参与经济决策
    - （3）评价经营业绩

精准背诵 2 · 会计信息质量要求

会计信息质量要求	主要内容
可靠性	以实际发生的交易或者事项为依据进行确认、计量、记录和报告，保证会计信息真实可靠、内容完整
相关性	与财务会计报告使用者的经济决策需要相关
可理解性	清晰明了，便于财务报告使用者理解及使用
可比性	会计信息应相互可比，具体可分为： （1）纵向可比：同企业、不同时期、相同或者相似事项可比。 （2）横向可比：不同企业、相同会计期间、相同或相似事项可比
实质重于形式	按交易或事项的经济实质而非法律形式进行会计确认、计量、记录和报告
重要性	重要性应根据项目的功能、性质和金额大小等多方面加以判断
谨慎性	不应高估资产或者收益、不应低估负债或者费用，其常见应用包含： （1）计提各类减值准备。 （2）确认预计负债
及时性	及时确认、计量、记录和报告，不得提前或延后

精准背诵 3 · 会计凭证的分类

分类	标准	类别	举例
原始凭证	按取得来源	自制原始凭证	领料单、产品入库单、借款单等
		外来原始凭证	发票、飞机票、火车票等
	按格式	通用凭证	发票、收据、银行转账结算凭证等
		专用凭证	领料单、报销单、折旧计算表、费用分配表等
	按填制的手续和内容	一次凭证	收据、收料单、发票、银行转账结算凭证等
		累计凭证	限额领料单等
		汇总凭证	发料凭证汇总表等

续表

分类	标准	类别	举例
记账凭证	按经济业务内容	收款凭证	记录库存现金和银行存款收款业务的记账凭证
		付款凭证	记录库存现金和银行存款付款业务的记账凭证
		转账凭证	记录不涉及库存现金和银行存款业务的记账凭证

精准背诵 4 · 银行存款的余额调节

银行存款日记账	银行对账单
账面余额（企业）：	账面余额（银行）：
加：银行已收，企业未收	加：企业已收，银行未收
减：银行已付，企业未付	减：企业已付，银行未付
调节后的余额：	调节后的余额：

提示：

（1）如果银行存款日记账余额与银行对账单余额不相符，则可能是企业或银行一方或双方记账过程有错误或者存在未达账项；而非一定存在“未达账项”，此为判断题常见干扰手段。

（2）银行存款余额调节表只用于核对账目，不能作为记账的依据。

精准背诵 5 · 其他货币资金

其他货币资金包括：银行汇票存款、银行本票存款、信用卡存款、信用证保证金存款、存出投资款和外埠存款。

提示：“银行承兑汇票”不属于其他货币资金。

精准背诵 6 · 交易性金融资产的会计处理

情形	账务处理	重点提示
取得时	借：交易性金融资产——成本（公允价值） 　　应收股利（已宣告但尚未发放的现金股利） 　　应收利息（已到付息期但尚未领取的债券利息） 　　投资收益（交易费用） 　　应交税费——应交增值税（进项税额）（交易费用可抵扣的增值税） 　贷：其他货币资金等（支付的总价款）	（1）交易费用：题目表述为“另支付交易费用”时，交易费用不包括在支付的购买价款中；题目表述为“其中包括交易费用”，则需要在购买价款中将交易费用减除。 （2）代垫款项，主要为代垫的应收股利或利息，交易性金融资产入账金额中需要扣除上述代垫款项

续表

情形	账务处理	重点提示
公允价值变动	借或贷：交易性金融资产——公允价值变动 贷或借：公允价值变动损益	（1）交易性金融资产公允价值上升时，应贷记"公允价值变动损益"，将导致营业利润增加。 （2）本期公允价值变动额=每一期公允价值-上一期公允价值
宣告发放现金股利（或债券利息已到付息期）	借：应收股利/交易性金融资产——应计利息 贷：投资收益	当被投资方"宣告发放现金股利（或债券利息已到付息期）"时，投资方才需要确认投资收益；如果仅仅是实际收到上述现金股利或利息，仅是资产内部的此消彼长，不影响损益
出售	借：其他货币资金（或银行存款）（实际收到的售价净额） 贷：交易性金融资产——成本 ——公允价值变动 （或借方） 差额：投资收益	如涉及"转让金融商品应交增值税"，售价高于账面价值时，产生的增值税需抵减投资收益

提示：交易性金融资产在取得、持有及处置过程中的处理及损益影响见下表：

情形	影响投资收益	影响公允价值变动损益	影响营业利润	影响当期损益
取得时产生交易费用	√	—	√	√
公允价值变动	—	√	√	√
宣告发放现金股利（或债券利息已到付息期）	√	—	√	√
出售差额	√	—	√	√
产生转让金融商品应交增值税	√	—	√	√

精准背诵 7 · 应收票据

情形	账务处理
销售商品或提供劳务取得时	借：应收票据 　贷：主营业务收入等 　　　应交税费——应交增值税（销项税额） 提示：入账金额=合同价款+增值税销项税额+代购货单位垫付的包装及运杂费等-商业折扣
票据到期收回款项时	借：银行存款 　贷：应收票据
票据到期未收回款项时	借：应收账款 　贷：应收票据
票据贴现时	借：银行存款 　　财务费用（贴现息） 　贷：应收票据（符合终止确认） 　　　短期借款（不符合终止确认）

精准背诵 8 · 应付票据

情形	账务处理
赊购形成应付票据时	借：原材料等 　　应交税费——应交增值税（进项税额） 　贷：应付票据
申请银行承兑汇票并支付银行承兑手续费时	借：财务费用 　　应交税费——应交增值税（进项税额） 　贷：银行存款
偿还票据时	借：应付票据 　贷：银行存款
商业承兑汇票到期无力偿还款项时	借：应付票据 　贷：应付账款
银行承兑汇票到期无力偿还款项时	借：应付票据 　贷：短期借款

精准背诵 9 · 应付账款

情形	账务处理
赊购时	借：原材料等 　　应交税费——应交增值税（进项税额） 　贷：应付账款

续表

情形	账务处理
偿还时	借：应付账款 　贷：银行存款等
无法支付时	借：应付账款 　贷：营业外收入

精准背诵 10 · 股票股利

情形	会计分录
宣告发放股票股利	不进行账务处理
实际发放股票股利（不影响所有者权益总额）	借：利润分配 　贷：股本

精准背诵 11 · 其他应收款及其他应付款

其他应收款	其他应付款
（1）应收的各种赔款、罚款。 （2）应收取出租包装物的租金。 （3）存出保证金（如支付的包装物押金）。 （4）应向职工收取的各种垫付款项（如代垫水电费、房租、医药费等）。 （5）其他各种应收、暂付款项	（1）现金盘盈报批后应付有关单位或个人款项。 （2）应付租入包装物租金。 （3）存入保证金（如收到的包装物押金）。 （4）代扣代缴的社保费。 （5）应付短期租赁固定资产的租金

精准背诵 12 · 应收款项的减值

情形	账务处理（备抵法）	对坏账准备的影响	对应收账款账面价值的影响
计提时	借：信用减值损失 　贷：坏账准备	增加	减少
冲减多计提的坏账准备时	借：坏账准备 　贷：信用减值损失	减少	增加
实际发生坏账损失时	借：坏账准备 　贷：应收账款	减少	不变
已确认并转销的应收账款以后又收回（三笔分录）	借：应收账款 　贷：坏账准备 借：坏账准备 　贷：信用减值损失	不变	增加
	借：银行存款 　贷：应收账款	不变	减少

精准背诵 13 · 存货成本项目

项目	是否计入存货成本
进口原材料支付的关税	√
存货采购过程中的运输费用	√
存货采购过程中的保险费	√
存货入库前的挑选整理费	√
运输途中的合理损耗	√
存货采购过程中的装卸费	√
生产产品过程中发生的制造费用	√
为特定客户设计产品 发生的可直接认定的设计费	√
存货入库后发生的储存费用 （不包括在生产过程中为达到下一个阶段所必需的仓储费用）	× 计入管理费用
管理不善导致原材料的净损失	× 计入管理费用
自然灾害等非常损失 原因造成的原材料的净损失	× 计入营业外支出

精准背诵 14 · 发出存货的计价方法

发出存货的计价方法包括：个别计价法、先进先出法、月末一次加权平均法、移动加权平均法。

月末一次加权平均法下：

存货单位成本=［月初结存存货的实际成本+∑（本月各批进货的实际单位成本×本月各批进货的数量）］÷（月初结存存货的数量+本月各批进货数量之和）

本月发出存货的成本=本月发出存货的数量×存货单位成本

本月月末结存存货成本=月末结存存货的数量×存货单位成本

提示：如采用先进先出法，在物价持续上升时，期末存货成本接近市价，而发出成本偏低，会高估企业当期利润和库存存货价值；反之，会低估当期利润和企业存货价值。

精准背诵 15 · 实际成本核算下的账务处理

情形	账务处理
单货同到	借：原材料 　　应交税费——应交增值税（进项税额） 　贷：银行存款（或其他货币资金、应付票据、应付账款等）

续表

情形	账务处理
单到货未到	单到时： 借：在途物资 　　应交税费——应交增值税（进项税额） 　贷：银行存款（或其他货币资金、应付票据、应付账款等）
	材料验收入库时： 借：原材料 　贷：在途物资
货到单未到	月末仍未收到单据时，材料按暂估价值入账： 借：原材料 　贷：应付账款——暂估应付账款 下月初用红字冲销原暂估入账金额，等单据到后按“单货同到”进行会计处理
采用预付货款方式采购材料	预付货款时： 借：预付账款 　贷：银行存款
	收到材料并验收入库时： 借：原材料 　　应交税费——应交增值税（进项税额） 　贷：预付账款
	补付货款时： 借：预付账款 　贷：银行存款
发出原材料	借：生产成本（直接材料成本） 　　制造费用（间接材料成本） 　　销售费用（销售部门消耗） 　　管理费用（行政管理部门消耗） 　　在建工程（工程项目消耗） 　　研发支出（研发环节消耗） 　　委托加工物资（发出加工材料） 　贷：原材料
出售原材料	借：其他业务成本 　贷：原材料

精准背诵 16 · 计划成本核算下的账务处理

<table>
<tr><th rowspan="2">情形</th><th colspan="2">会计处理</th></tr>
<tr><th>实际成本＞计划成本（超支差）</th><th>实际成本＜计划成本（节约差）</th></tr>
<tr><td>外购原材料</td><td colspan="2">借：材料采购（实际成本）
应交税费——应交增值税（进项税额）
贷：银行存款（或其他货币资金、应付票据、应付账款等）</td></tr>
<tr><td>验收入库</td><td>借：原材料（计划成本）
材料成本差异（超支差）
贷：材料采购（实际成本）
提示：材料成本差异的方向可参考“借超贷节”确定</td><td>借：原材料（计划成本）
贷：材料采购（实际成本）
材料成本差异（节约差）</td></tr>
<tr><td>生产领用</td><td colspan="2">借：生产成本等
贷：原材料（计划成本）</td></tr>
<tr><td>月末结转差异</td><td>借：生产成本等
贷：材料成本差异（结转超支差）
提示：材料成本差异的方向与入库时相反</td><td>借：材料成本差异（结转节约差）
贷：生产成本等</td></tr>
</table>

提示：

材料成本差异的计算：

项目	公式
本期材料成本差异率（正数表超支，负数表节约）	（期初结存材料的成本差异+本期验收入库材料的成本差异）÷（期初结存材料的计划成本+本期验收入库材料的计划成本）×100%
本期发出材料应负担的成本差异	本期发出材料的计划成本×本期材料成本差异率
期末结存材料的实际成本	期末结存材料的计划成本×（1+材料成本差异率）

精准背诵 17 · 周转材料之包装物

情形	会计处理
生产过程中用于包装产品作为产品组成部分的包装物	借：生产成本 贷：周转材料——包装物
出租给购买单位使用的包装物（摊销额、维修费）	借：其他业务成本 贷：周转材料——包装物

续表

情形		会计处理
出借给购买单位使用的包装物（摊销额、维修费）		借：销售费用 贷：周转材料——包装物
出售	随同商品出售单独计价	借：其他业务成本 贷：周转材料——包装物
	随同商品出售不单独计价	借：销售费用 贷：周转材料——包装物

精准背诵 18 · 委托加工物资的入账成本

税种	纳税人	会计科目	说明
增值税	一般纳税人	应交税费——应交增值税（进项税额）	需要关注纳税人身份
	小规模纳税人	委托加工物资	
消费税	全部	委托加工物资	收回后直接对外出售
		应交税费——应交消费税	收回后连续加工生产应税消费品

提示：委托加工物资成本=实际耗用物资的成本+加工费+应负担的运杂费+小规模纳税人的增值税+收回后直接对外出售应税消费品的消费税。

精准背诵 19 · 委托加工物资的账务处理

情形	账务处理
发给外单位加工的物资	借：委托加工物资 贷：原材料等
支付加工费用、应负担的运杂费取得增值税专用发票	借：委托加工物资 应交税费——应交增值税（进项税额） 贷：银行存款等
支付受托方代收代缴消费税	借：委托加工物资（收回后直接对外出售） 贷：银行存款等
	借：应交税费——应交消费税（收回后连续生产应税消费品） 贷：银行存款等
收回加工物资入库	借：原材料 库存商品等 贷：委托加工物资

精准背诵 20 · 发出库存商品成本计算

项目	毛利率法	售价金额核算法
“率”的计算	毛利/净收入	（期初进销差价+本期购入进销差价）/（期初商品售价+本期购入商品售价）
毛利或进销差价计算	（1）净收入-成本。 （2）净收入×毛利率	（1）售价-进价。 （2）售价×进销差价率
本期销货成本计算	净收入×（1-毛利率）	售价×（1-进销差价率）
期末成本余额的计算	期初成本+本期购入-本期销售	期初成本+本期购入-本期销售

精准背诵 21 · 存货的减值

情形	账务处理	存货跌价准备	存货账面价值
计提时	借：资产减值损失 　贷：存货跌价准备	增加	减少
转回时	借：存货跌价准备 　贷：资产减值损失	减少	增加
随同销售结转	借：主营业务成本等 　　存货跌价准备 　贷：库存商品等	减少	对应出售部分账面价值减少为零

提示：

（1）存货成本=存货账面余额。

（2）可变现净值=存货的估计售价-进一步加工成本（如有）-估计的销售费用和税金。

精准背诵 22 · 固定资产的取得

<table>
<tr><th>项目</th><th>外购不需要安装</th><th>外购需要安装</th><th colspan="2">自营方式建造</th></tr>
<tr><td rowspan="2">购入时</td><td rowspan="2">借：固定资产
　贷：银行存款等</td><td rowspan="2">借：在建工程
　贷：银行存款等
提示：一般购入同时开始安装</td><td>购入工程物资</td><td>借：工程物资
　贷：银行存款等</td></tr>
<tr><td>领用工程物资</td><td>借：在建工程
　贷：工程物资</td></tr>
<tr><td>发生后续安装、建造支出时</td><td>—</td><td colspan="3">借：在建工程
　贷：银行存款
　　　应付职工薪酬
　　　原材料、库存商品（账面价值）</td></tr>
<tr><td>达到预定可使用状态时</td><td>—</td><td colspan="3">借：固定资产
　贷：在建工程</td></tr>
</table>

精准背诵 23 · 固定资产的折旧

1. 计提折旧的范围

需要计提折旧的常见项目	无须计提折旧的常见项目
（1）已达到预定可使用状态且已投入使用的固定资产（经营或非经营使用均需计提折旧）。 （2）闲置不用的固定资产。 （3）已达到预定可使用状态但尚未使用的固定资产。 （4）日常维修停用的固定资产。 （5）达到预定可使用状态但尚未办理竣工决算的固定资产	（1）已提足折旧仍继续使用的固定资产。 （2）单独计价入账的土地。 （3）处于更新改造、改良或改扩建期间的固定资产。 （4）提前处置的固定资产

提示：

对于尚未竣工决算的固定资产：

时间节点	入账价值的处理原则	折旧的处理原则
竣工决算前	按暂估价值入账	需要计提
竣工决算后	需要调整原来的暂估价值	已计提折旧额无须调整；后续折旧额重新计算

2. 计提折旧的方法

折旧方法		计算公式
年限平均法（直线法）		①年折旧额=（固定资产原值−预计净残值）÷预计使用年限。 ②月折旧额=年折旧额÷12。 ③年折旧率=年折旧额/固定资产原值=（1−预计净残值率）/预计使用年限。 ④月折旧率=年折旧率/12
工作量法		①单位工作量折旧额=（固定资产原值−预计净残值）÷预计总工作量。 ②月/年折旧额=当月/年工作量×单位工作量折旧额
双倍余额递减法	前N−2年	①年折旧额=固定资产账面净值×年折旧率。 ②年折旧率=2/预计使用年限×100%
	最后两年	年折旧额=（固定资产原值−已计提折旧额−预计净残值）/2
年数总和法		①年折旧额=（固定资产原值−预计净残值）×年折旧率。 ②年折旧率=尚可使用年限÷预计使用年限的年数总和

3. 账务处理

借：制造费用（用于生产车间）
　　管理费用（用于行政管理部门）
　　销售费用（用于销售部门）
　　在建工程（用于工程建设）
　　研发支出（用于项目研发）
　　其他业务成本（用于经营租赁）
　贷：累计折旧

精准背诵 24 · 固定资产的后续支出

类型	情形	账务处理	说明
资本化支出	固定资产转为改扩建	借：在建工程 累计折旧 固定资产减值准备 贷：固定资产	将固定资产的账面价值转入在建工程
	发生改扩建支出	借：在建工程 贷：银行存款、原材料、应付职工薪酬等	工程期间发生的支出计入在建工程成本
	存在替换资产时	借：银行存款（残料变价） 原材料（残料入库） 营业外支出（净损失） 贷：在建工程（被替换资产的账面价值）	这样可以避免将替换部分的成本和被替换部分的成本同时计入固定资产成本，导致高估固定资产成本
	工程完工达到预定可使用状态	借：固定资产 贷：在建工程	需要按照重新确定的使用寿命、预计净残值和折旧方法计提折旧
费用化支出	行政管理部门固定资产修理费	管理费用	—
	专设销售机构固定资产修理费	销售费用	—
	与生产车间相关的固定资产修理费	制造费用	—

精准背诵 25 · 固定资产的处置

情形	账务处理
将固定资产的账面价值结转	借：固定资产清理 累计折旧 固定资产减值准备 贷：固定资产
发生清理费等支出	借：固定资产清理 应交税费——应交增值税（进项税额） 贷：银行存款等

续表

<table>
<tr><th colspan="2">情形</th><th>账务处理</th></tr>
<tr><td colspan="2">出售（入库）残料以及保险公司或责任人赔偿</td><td>借：银行存款（残料变价）
原材料（残料入库）
其他应收款（保险公司或责任人赔款）
贷：固定资产清理
应交税费——应交增值税（销项税额）</td></tr>
<tr><td colspan="2">取得处置价款</td><td>借：银行存款
贷：固定资产清理
应交税费——应交增值税（销项税额）</td></tr>
<tr><td rowspan="2">结转处置损益</td><td>因已丧失使用功能、自然灾害发生毁损等原因而报废清理产生的利得或损失</td><td>借：固定资产清理
贷：营业外收入（利得）
或
借：营业外支出（损失）
贷：固定资产清理</td></tr>
<tr><td>因出售、转让等原因产生的固定资产处置利得或损失</td><td>借或贷：固定资产清理
贷或借：资产处置损益</td></tr>
</table>

提示：固定资产处置损益=处置价款（或变价收入+保险公司或责任人赔偿+残料成本）−固定资产账面价值−清理费用。

精准背诵 26 · 内部研发无形资产

<table>
<tr><th colspan="2">阶段</th><th>是否满足资本化条件</th><th>发生时</th><th>期末
（或达到预定用途时）</th></tr>
<tr><td colspan="2">研究阶段</td><td>×</td><td rowspan="2">借：研发支出——费用化支出
贷：银行存款、累计折旧、应付职工薪酬等</td><td rowspan="2">每一会计期末：
借：管理费用
贷：研发支出——费用化支出</td></tr>
<tr><td rowspan="2">开发阶段</td><td>不满足资本化条件</td><td>×</td></tr>
<tr><td>满足资本化条件</td><td>√</td><td>借：研发支出——资本化支出
贷：银行存款、累计折旧、应付职工薪酬等</td><td>达到预定用途时：
借：无形资产
贷：研发支出——资本化支出</td></tr>
</table>

精准背诵 27 · 无形资产的后续计量及处置

情形		账务处理
摊销		借：制造费用（专门用于产品生产的无形资产） 管理费用（管理用无形资产） 销售费用（销售用无形资产） 其他业务成本（经营出租的无形资产） 贷：累计摊销
处置	出售	借：银行存款、其他应收款等 无形资产减值准备 累计摊销 贷：无形资产 应交税费——应交增值税（销项税额） 差额：资产处置损益
	报废	借：无形资产减值准备 累计摊销 营业外支出 贷：无形资产

精准背诵 28 · 投资性房地产的内容

属于投资性房地产的内容	不属于投资性房地产的内容
（1）已出租的土地使用权。 （2）持有并准备增值后转让的土地使用权。 （3）已出租的建筑物（拥有所有权）	（1）自用房地产： ①企业拥有并自行经营的旅店或饭店。 ②企业持有的准备建造办公楼等建筑物的土地使用权。 ③出租给本企业职工居住的自建宿舍楼等。 （2）作为存货的房地产： 房地产开发企业持有并准备增值后出售的商品房。 （3）其他项目： ①按照国家有关规定认定的闲置土地。 ②租入后再转租的房地产（不具备所有权）。 ③不能单独计量和出售的部分

精准背诵 29 · 投资性房地产的后续计量

情形	成本模式计量	公允价值模式计量
初始取得	借：投资性房地产 贷：银行存款/在建工程等	借：投资性房地产——成本 贷：银行存款/在建工程等

续表

情形	成本模式计量	公允价值模式计量
取得租金收入	借：银行存款等 　贷：其他业务收入	
计提折旧或摊销	借：其他业务成本 　贷：投资性房地产累计折旧（摊销）	—
公允价值变动	—	借或贷：投资性房地产——公允价值变动 　贷或借：公允价值变动损益
减值	借：资产减值损失 　贷：投资性房地产减值准备 （减值一经计提，不得转回）	—

精准背诵 30 · 投资性房地产的转换

情形		会计分录
将自用房地产转换为成本模式计量的投资性房地产		借：投资性房地产（原固定资产或无形资产的账面原值） 　累计折旧（摊销） 　固定（无形）资产减值准备 　贷：固定资产、无形资产 　　投资性房地产累计折旧（摊销） 　　投资性房地产减值准备
将自用房地产转换为以公允价值模式计量的投资性房地产	转换当日的公允价值小于原账面价值	借：投资性房地产（转换日的公允价值） 　累计折旧（摊销） 　固定资产（无形资产）减值准备、存货跌价准备 　公允价值变动损益（公允价值小于账面价值的差额） 　贷：固定资产（无形资产）
	转换当日的公允价值大于原账面价值	借：投资性房地产（转换日的公允价值） 　累计折旧（摊销） 　固定资产（无形资产）减值准备、存货跌价准备 　贷：固定资产（无形资产）、开发产品 　　其他综合收益（公允价值大于账面价值的差额）

精准背诵 31 · 投资性房地产的处置

情形	成本模式	公允价值模式
收到价款	借：银行存款 贷：其他业务收入 应交税费——应交增值税（销项税额）	
结转成本	借：其他业务成本 投资性房地产累计折旧（摊销） 投资性房地产减值准备 贷：投资性房地产	借：其他业务成本 贷：投资性房地产——成本 ——公允价值变动（或借方）
结转其他项目	—	结转其他综合收益： 借：其他综合收益 贷：其他业务成本 结转公允价值变动损益： 借或贷：公允价值变动损益 贷或借：其他业务成本

精准背诵 32 · 长期股权投资

1. 初始计量

类别项目	企业合并方式（后续成本法）		非企业合并方式（后续权益法）
	同控合并	非同控合并	
长期股权投资的初始计量金额	被合并方在最终控制方合并财务报表中净资产的账面价值份额	支付对价的公允价值	支付对价的公允价值+交易费用
中介费、服务费等交易费用	计入管理费用		计入长期股权投资成本
发行权益性证券支付给券商的佣金、手续费	冲减发行溢价收入（不影响长期股权投资初始投资成本）； 冲减顺序：资本公积→盈余公积→利润分配——未分配利润		
已宣告但尚未发放的现金股利	单独确认为应收股利，不影响长期股权投资初始投资成本		

2. 后续计量及处置

事项		成本法	权益法
调整初始投资成本	原则	—	权益法下需对长期股权投资初始投资成本进行调整，调整后其金额应为“享有的被投资方可辨认净资产公允价值份额”及“付出对价的公允价值+交易费用”的较高者

续表

事项		成本法	权益法
调整初始投资成本	分录	—	借：长期股权投资——投资成本（差额） 贷：营业外收入
被投资方发生盈亏变动		—	借或贷：长期股权投资——损益调整 贷或借：投资收益
被投资方宣告发放现金股利或利润		借：应收股利 贷：投资收益	借：应收股利 贷：长期股权投资——损益调整
被投资方其他综合收益变动		—	借或贷：长期股权投资——其他综合收益 贷或借：其他综合收益
被投资单位所有者权益的其他变动		—	借或贷：长期股权投资——其他权益变动 贷或借：资本公积——其他资本公积
处置		借：银行存款等 长期股权投资减值准备（如有） 贷：长期股权投资 差额：投资收益	借：银行存款等 长期股权投资减值准备（如有） 贷：长期股权投资——各类二级明细 差额：投资收益 同时： 借或贷：资本公积——其他资本公积 其他综合收益 贷或借：投资收益（资本公积、可转损益的其他综合收益） 留存收益（不可转损益的其他综合收益）

精准背诵 33 · 资产减值汇总对比

资产类别	对应损益类科目	能否转回
存货	资产减值损失	√
应收款项	信用减值损失	√
债权投资	信用减值损失	√
长期股权投资	资产减值损失	×
固定资产	资产减值损失	×
投资性房地产（成本模式）	资产减值损失	×
无形资产	资产减值损失	×

精准背诵 34 · 职工薪酬的类型

类型	内容
短期薪酬	职工工资、奖金、津贴和补贴，职工福利费，医疗保险费、工伤保险费等社会保险费，住房公积金，工会经费和职工教育经费，短期带薪缺勤，短期利润分享计划、非货币性福利，以及其他短期薪酬
离职后福利	设定受益计划和设定提存计划（养老保险、失业保险）
辞退福利	主要为支付的经济补偿金
其他长期职工福利	长期带薪缺勤、长期残疾福利、长期利润分享计划等

提示：

不属于职工薪酬的项目：①支付职工差旅费（本质是员工出差后报销代垫款）；②为职工代垫的医药费（未来员工需偿还）；③员工个人所得税。

精准背诵 35 · 职工薪酬的账务处理

1. 职工提供服务的受益对象，分别计入相关资产成本或当期损益。账务处理如下：

借：生产成本（车间生产工人薪酬）
　　制造费用（车间管理人员薪酬）
　　管理费用（行政管理人员薪酬）
　　销售费用（销售人员薪酬）
　　研发支出（研发人员薪酬）
　　在建工程等（工程人员薪酬）
　贷：应付职工薪酬

2. 非货币性职工薪酬

<table>
<tr><th>情形</th><th colspan="2">发放时</th><th>根据受益对象分配时</th></tr>
<tr><td rowspan="2">以自产产品发放</td><td>确认收入</td><td>借：应付职工薪酬
　贷：主营业务收入
　　　应交税费——应交增值税（销项税额）</td><td rowspan="4">借：管理费用
　　销售费用
　　生产成本
　　制造费用等
　贷：应付职工薪酬</td></tr>
<tr><td>结转成本</td><td>借：主营业务成本
　贷：库存商品</td></tr>
<tr><td>以外购产品发放</td><td colspan="2">借：应付职工薪酬
　贷：库存商品
　　　应交税费——应交增值税（进项税额转出）
如果当时未抵扣增值税则无须做转出处理</td></tr>
<tr><td>将自有或租入资产无偿提供职工使用</td><td colspan="2">借：应付职工薪酬
　贷：累计折旧（自有住房）
　　　银行存款等（租入住房）</td></tr>
</table>

精准背诵 36 · 所有者权益的账务处理及主要影响

情形	账务处理	相关影响	
		所有者权益总额	留存收益总额
接受投资	借：原材料、库存商品、固定资产等 应交税费——应交增值税（进项税额） 贷：实收资本（或股本） 资本公积——资本溢价（或股本溢价）	↑	不变
发行股票	借：银行存款等 贷：股本 资本公积——股本溢价	↑	不变
支付股票发行手续费	借：资本公积——股本溢价① 盈余公积② 利润分配——未分配利润③ 贷：银行存款	↓	资本公积不足冲减时将减少留存收益
提取盈余公积	借：利润分配 贷：盈余公积	不变	不变
宣告分配现金股利	借：利润分配 贷：应付股利	↓	↓
实际发放现金股利	借：应付股利 贷：银行存款	不变	不变
宣告分配股票股利	不进行账务处理	不变	不变
实际发放股票股利	借：利润分配 贷：股本	不变	↓
资本公积转增资本	借：资本公积 贷：股本/实收资本	不变	不变
盈余公积转增资本	借：盈余公积 贷：股本/实收资本	不变	↓
盈余公积补亏	借：盈余公积 贷：利润分配	不变	不变
税后利润补亏	无须进行账务处理	不变	不变
回购股票	借：库存股 贷：银行存款	↓	不变

续表

情形	账务处理	相关影响	
		所有者权益总额	留存收益总额
注销库存股	回购股票支付的价款高于面值总额： 借：股本 资本公积——股本溢价① 盈余公积② 利润分配——未分配利润③ 贷：库存股	不变	资本公积不足冲减时将减少留存收益
	回购股票支付的价款低于面值总额： 借：股本 贷：库存股 资本公积——股本溢价	不变	不变

精准背诵 37 · 收入的高频科目考点

科目	考查事项
合同负债	（1）预收咨询服务合同的咨询费。 （2）预收装修服务的装修费。 （3）预收健身卡会员年费等
其他业务收入	（1）对外出租闲置设备取得的租金收入。 （2）出租无形资产使用权。 （3）受托代销商品取得的手续费收入（委托方手续费计销售费用，注意区分）。 （4）随同商品销售单独计价包装物的销售收入。 （5）出租包装物取得的收入。 （6）销售生产用原材料/辅料取得的收入
合同取得成本	（1）销售佣金。 （2）为了续约或变更合同额外支付的佣金

精准背诵 38 · 某一时段的履约义务

情形	账务处理
履约过程中	借：合同履约成本 贷：银行存款 原材料 应付职工薪酬等

续表

情形	账务处理
确认收入时	借：银行存款（款项已收妥） 应收票据（取得商业票据时） 应收账款（取得无条件的收款权） 合同资产（取得附有条件的收款权） 合同负债（此前已预收客户商品款） 贷：主营业务收入 应交税费——应交增值税（销项税额）
结转成本时	借：主营业务成本 贷：合同履约成本

提示：应确认收入的金额=交易价格总额×履约进度-以前会计期间已确认的收入。

精准背诵 39 · 某一时点的履约义务

情形		账务处理
发出商品且满足收入确认条件时	确认收入	借：银行存款（款项已收妥） 应收票据（取得商业票据时） 应收账款（取得无条件的收款权） 合同资产（取得附有条件的收款权） 合同负债（此前已预收客户商品款） 贷：主营业务收入 应交税费——应交增值税（销项税额）
	结转成本	借：主营业务成本 贷：库存商品等
发出商品但不满足收入确认条件时	发出商品	借：发出商品 贷：库存商品
	满足收入确认条件时确认收入	借：银行存款（款项已收妥） 应收票据（取得商业票据时） 应收账款（取得无条件的收款权） 合同资产（取得附有条件的收款权） 合同负债（此前已预收客户商品款） 贷：主营业务收入 应交税费——应交增值税（销项税额）
	结转成本	借：主营业务成本 贷：发出商品

续表

情形		账务处理
发出商品但不满足收入确认条件时	支付代销手续费	借：销售费用 　贷：银行存款、应收账款等
销售退回（退货退款）	冲减收入	借：主营业务收入 　　应交税费——应交增值税（销项税额） 　贷：应收账款等
	冲减成本	借：库存商品 　贷：主营业务成本
销售折让（仅退款不退货）	冲减收入	借：主营业务收入 　　应交税费——应交增值税（销项税额） 　贷：应收账款等
发生销售原材料等其他业务	确认收入	借：银行存款等 　贷：其他业务收入 　　　应交税费——应交增值税（销项税额）
	结转成本	借：其他业务成本 　贷：原材料

精准背诵 40 · 特定交易

1. 附有销售退回条款的销售

项目		收入端	成本端
账务处理	确认收入时	借：应收账款等 　贷：主营业务收入 　　　预计负债（售价×预期退货数）	借：主营业务成本 　　应收退货成本（成本×预期退货数） 　贷：库存商品等
	重估退货率时	借或贷：预计负债 　贷或借：主营业务收入	借或贷：主营业务成本 　贷或借：应收退货成本
	实际退货时	借：预计负债（冲销余额） 　贷：银行存款（售价×实际退货数） 差额：主营业务收入	借：库存商品（成本×实际退货数） 　贷：应收退货成本（冲销余额） 差额：主营业务成本

2. 附有质量保证条款

类型	内容
保证类质保	一般不属于一项单独的质量保证服务
服务类质保	可以额外购买，执行收入准则，需要按单独售价分摊交易价格

3. 附有客户额外购买选择权

项目		内容
确认原则		（1）企业提供重大权利的，应当作为单项履约义务并分摊交易价格。 （2）主要包括：销售激励、客户奖励积分、未来购买商品的折扣券
账务处理	商品控制权转移时	借：银行存款 　贷：主营业务收入（商品） 　　合同负债（积分/消费券分摊的交易价格）
	积分/消费券被消费时	借：合同负债 　贷：主营业务收入（按履约进度）

精准背诵 41 · 期间费用

分类	内容
销售费用	（1）在销售商品过程中发生的保险费、包装费、展览费和广告费、商品维修费、运输费、装卸费等。 （2）专设的销售机构职工薪酬、业务费、折旧费等经营费用，与专设销售机构相关的固定资产修理费用等后续支出
管理费用	（1）在筹建期间内发生的开办费。 （2）行政管理部门职工薪酬、物料消耗、低值易耗品摊销、办公费、差旅费等。 （3）行政管理部门负担的工会经费、董事会费（包括董事会成员津贴、会议费、差旅费等）。 （4）聘请中介机构费、咨询费（含顾问费）、诉讼费、业务招待费、技术转让费、研究费用等。 （5）企业行政管理部门发生的固定资产修理费用等后续支出
财务费用	（1）利息支出（减利息收入）。 （2）汇兑损益以及相关的手续费

精准背诵 42 · 营业外收入及营业外支出

项目	常见核算内容
营业外收入	（1）无法查明原因的现金盘盈。 （2）固定资产、无形资产报废净收益。 （3）非关联方捐赠收入。 （4）长期股权投资初始投资成本调整差额。 （5）无法支付的应付账款

续表

项目	常见核算内容
营业外支出	（1）非正常损失的存货。 （2）固定资产盘亏损失。 （3）固定资产、无形资产报废净损失。 （4）罚款、违约金支出。 （5）捐赠支出

精准背诵 43 · 现金流量的分类

类别	内容	常见事项
投资活动产生的现金流量	长期资产的购建和不包括在现金等价物范围内的投资及其处置活动产生的现金流量	①收到的现金股利。 ②转让股权投资（股票）收到的现金。 ③收到的债券投资利息。 ④转让债券投资收到的现金。 ⑤购买生产设备/固定资产支付的现金
筹资活动产生的现金流量	指导致企业资本及债务规模和构成发生变化的活动产生的现金流量	①支付的债券利息。 ②支付的借款利息。 ③收到及偿还银行借款。 ④吸收投资收到的现金。 ⑤支付/发放现金股利
经营活动产生的现金流量	投资活动和筹资活动以外的所有交易和事项产生的现金流量	①销售产品收到的现金。 ②预收商品销售款。 ③支付给生产工人的工资。 ④购买原材料支付的现金。 ⑤缴纳企业所得税

精准背诵 44 · 产品成本的计算方法

项目	品种法	分批法	分步法
成本核算对象	产品品种	产品批别	各个加工步骤（分品种）
适用范围	单步骤、大量生产	单件、小批生产	大量大批的多步骤生产
成本计算期	定期计算； 与生产周期不一致； 与财务报告期一致	不定期计算； 与生产周期一致； 与财务报告期不一致	定期计算；与生产周期不一致；与财务报告期一致

续表

项目	品种法	分批法	分步法
完工产品与在产品之间的成本分配	如果月末有在产品，要进行分配	一般不需要	如果月末有在产品，要进行分配
适用行业	发电、供水、采掘	造船、重型机器制造、精密仪器、新产品试制、在建工程以及设备修理	冶金、纺织、机械制造

经济法基础

精准背诵 1 · 法的效力

一般原则：根本法优于普通法、上位法优于下位法、新法优于旧法、特别法优于一般法。

精准背诵 2 · 自然人的民事行为能力

<table>
<tr><th>行为能力</th><th>年龄（X）</th><th>心智</th><th>认定标准</th></tr>
<tr><td>无民事行为能力人</td><td>不满8周岁（$X<8$）</td><td>（完全）不能辨认自己的行为</td><td rowspan="2">年龄、精神状况任一条件符合即可认定</td></tr>
<tr><td>限制民事行为能力人</td><td>8周岁以上不满18周岁（$8\leqslant X<18$）</td><td>不能完全辨认自己的行为</td></tr>
<tr><td rowspan="2">完全民事行为能力人</td><td>年满18周岁（$X\geqslant 18$）</td><td rowspan="2">没有任何问题</td><td rowspan="2">年龄、精神状况同时都要符合</td></tr>
<tr><td>16周岁以上（$16\leqslant X<18$），“自力更生”</td></tr>
</table>

精准背诵 3 · 会计档案管理保管期限

保管期限	会计档案
永久	年度财务会计报告、会计档案保管清册、会计档案销毁清册、会计档案鉴定意见书
30年	凭证、账簿、会计档案移交清册
10年	月度、季度、半年度财务会计报告；银行存款余额调节表；银行对账单；纳税申报表
5年	固定资产卡片
临时保管	会计档案由会计机构临时保管1年，特殊情形下最多不超过3年

精准背诵 4 · 会计档案鉴定与销毁

<table>
<tr><th>程序</th><th>人员安排</th><th colspan="2">具体规定</th></tr>
<tr><td>销毁前鉴定</td><td>档案管理机构负责牵头</td><td colspan="2">（1）保管期到期必须先鉴定，形成会计档案鉴定意见书。
（2）对保管期满，确无保存价值的会计档案，可以销毁；仍需继续保存的应当重新划定保管期限。
（3）未结清的债权债务会计凭证、涉及其他未了事项的会计凭证不得销毁</td></tr>
<tr><td>销毁</td><td>档案管理机构负责组织</td><td colspan="2">（1）档案管理机构负责编制档案销毁清册。
（2）应由5方在销毁清册签署意见：单位负责人、档案管理机构负责人、会计管理机构负责人、档案管理机构经办人、会计管理机构经办人</td></tr>
<tr><td rowspan="2">监销</td><td rowspan="2">档案管理机构、会计管理机构派员，电子档案还需信息系统管理机构派员</td><td>事前核对</td><td>监销人应按照会计档案销毁清册内容清点核对</td></tr>
<tr><td>事后签字</td><td>在会计档案销毁清册上签名或盖章</td></tr>
</table>

精准背诵 5 · 会计工作的交接

涉及人员	要求
移交人员	（1）对所移交的会计资料的合法性、真实性承担法律责任。 （2）要按移交清册逐项移交
接替人员	（1）应当继续使用移交的会计账簿，不得另立新账，以保持会计记录的连续性。 （2）逐项核对点收
监交人员	（1）会计人员办理交接手续，必须有监交人员负责监交。 （2）直接上级进行监交： ①一般会计人员办理交接手续，由会计机构负责人（会计主管人员）监交。 ②会计机构负责人（会计主管人员）办理交接手续，由单位负责人监交，必要时主管单位可以派人会同监交

精准背诵 6 · 违反会计法律制度的法律责任

1. 违法行为分类

（1）“恶2条”。

记忆提示	具体违法行为
伪变账证、编假报	伪造、变造会计凭证、会计账簿，编制虚假财务会计报告
隐匿或者故意销毁	隐匿或者故意销毁依法应当保存的会计凭证、会计账簿、财务会计报告

（2）“违10条”。

记忆提示	具体违法行为
“建账违规”	①不依法设置会计账簿的。 ②私设会计账簿的
“记账违规”	①未按照规定填制、取得原始凭证或者填制、取得的原始凭证不符合规定的。 ②以未经审核的会计凭证为依据登记会计账簿或者登记会计账簿不符合规定的。 ③向不同的会计资料使用者提供的财务会计报告编制依据不一致的。 ④随意变更会计处理方法的。 ⑤未按照规定使用会计记录文字或者记账本位币的。 ⑥未按照规定保管会计资料，致使会计资料毁损、灭失的
“监督违规”	未按照规定建立并实施单位内部会计监督制度或者拒绝依法实施的监督或者不如实提供有关会计资料及有关情况的
“聘人违规”	任用会计人员不符合《中华人民共和国会计法》规定的

2. 法律责任

<table>
<tr><th>违法行为及结果</th><th>行政处罚</th><th>公职人员</th><th>会计人员</th><th>构成犯罪</th></tr>
<tr><td>“恶2条”</td><td>（1）责令限期改正，给予警告、通报批评。
（2）对单位、直接负责的主管人员和其他直接责任人员进行罚款</td><td rowspan="2">给予处分</td><td>5年禁入</td><td rowspan="2">刑事责任</td></tr>
<tr><td>“违10条”</td><td>（1）责令限期改正，给予警告、通报批评，没收违法所得。
（2）对单位、直接负责的主管人员和其他直接责任人员进行罚款</td><td>情节严重的5年禁入</td></tr>
</table>

精准背诵 7 · 各类银行账户的开立及使用要求

银行账户	内容
基本户	主办账户，办理日常转账结算和现金收付，一个单位只能开立一个
一般户	（1）已开立基本户的存款人因借款或其他结算需要，在基本户开户银行以外的银行开立的银行结算账户。 （2）可办理借款转存、借款归还和其他结算的资金收付，可存现不可取现。 （3）开立一般存款账户没有数量限制
专用户	（1）已开立基本户的存款人，对其特定用途资金进行专项管理和使用而开立的银行结算账户。 （2）专用户的分类及使用限制。 ①证券交易结算资金、期货交易保证金、信托基金：不得支取现金。 ②收入汇缴资金和业务支出资金： a.收入汇缴账户：除向其基本存款账户划缴款项外，只收不付，不得支取现金。 b.业务支出账户除从其基本存款账户拨入款项外，只付不收，其现金支取必须按照国家现金管理的规定办理。 ③基本建设资金、更新改造资金、政策性房地产开发资金需要支取现金的，应在开户时报中国人民银行当地分支机构批准。 ④其他专用账户：都可以依法支取现金
临时户	（1）使用期限最长不得超过2年。 （2）可设立的情形：设立临时机构，异地临时经营活动，注册验资、增资，军队、武警单位承担基本建设或者异地执行作战、演习、抢险救灾、应对突发事件。 （3）可支取现金，但注册验资的临时存款账户在验资期间只收不付
预算单位零余额账户	实行财政国库集中支付的预算单位可开立，一个基层预算单位开立一个零余额账户

精准背诵 8 · 个人账户

业务		Ⅰ类	Ⅱ类	Ⅲ类
转账业务	转出资金	√	限额	限额
	转入资金	√	限额+面对面	限额+面对面
消费和缴费		√	限额	限额
投资理财、借还贷款、配发实体卡		√	√	×
现金存取款		√	限额+面对面	×
限额		无	日累计≤1万元、 年累计≤20万元	任一时点余额≤2 000元

精准背诵 9 · 票据的分类

票据分类			即付/远期	出票人	付款人
本票	银行本票		即付票据	银行	银行
汇票	银行汇票		即付票据	银行	银行
	商业汇票	商业承兑汇票	即付/远期票据	企业	承兑企业
		银行承兑汇票			承兑银行
支票	现金支票、转账支票、普通支票 （划线支票是普通支票的一种）		即付票据	企业	出票人的 开户行

精准背诵 10 · 票据行为——背书

项目	内容
背书的分类	（1）转让背书：包括票据的贴现。 （2）非转让背书：包括委托收款背书、质押背书
背书连续	第一背书人为票据收款人，最后持票人为最后背书的被背书人，中间的背书人为前手背书的被背书人
背书特别规定	（1）附条件背书——背书有效，条件无效。 （2）部分背书——背书无效。 （3）禁转背书： ①出票人记载“不得转让”票据不得背书转让（丧失流通性）。 ②背书人记载“不得转让”其后手再背书转让的，原背书人对后手的被背书人不承担保证责任，只对直接的被背书人承担责任
不得背书转让的情形	票据被拒绝承兑、被拒绝付款或者超过付款提示期限的，不得背书转让；背书转让的，背书人应当承担票据责任

精准背诵 11 · 背书、承兑、保证记载事项的辨析

票据行为	必须记载事项	相对记载事项	
背书	签章、被背书人名称（可授权补记）	背书日期	未记载的，视为在票据到期日前背书
承兑	字样、签章	承兑日期	未记载的，以收到提示承兑的汇票之日起3日内的最后一日为承兑日期
保证	字样、签章	被保证人	未记载的，已承兑的保“承兑”；未承兑的保“出票”
		保证日期	未记载的，出票日期为保证日期

精准背诵 12 · 持票人提示付款

票据种类		提示付款期限
即期票据	银行汇票	自出票日起1个月
	银行本票	自出票日起不超过2个月
	支票	自出票日起10日
远期票据	商业汇票	自票据到期日起10日

精准背诵 13 · 票据追索权

票据种类	对出票人及承兑人追索		追索权		再追索权
支票	自出票日起	6个月	自被拒绝付款日起	6个月	自清偿日或被提起诉讼之日起3个月
银行汇票		2年			
银行本票					
（远期）商业汇票	自票据到期日起		自被拒绝承兑或被拒绝付款日起		

精准背诵 14 · 票据

1. 各类票据出票时“必须记载事项”的汇总和辨析

票据类型		字样	无条件支付的承诺/委托	“出金”（出票/确定的金额）	“出日”（出票日期）	“收名”（收款人名称）	“付名”（付款人名称）	出票签章
汇票	银行汇票	√	√	√	√	√	√	√
	商业汇票	√	√	√	√	√	√	√
本票		√	√	√	√	√	×	√
支票		√	√	√（可授权补记）	√	×（可授权补记）	√	√

2. 各类票据注意事项

票据	内容
银行汇票	（1）申请人或收款人均为个人的，才可以使用“现金”银行汇票。 （2）实际结算金额低于出票金额多余部分由出票银行退还申请人。 （3）未填明实际结算金额和多余金额或实际结算金额高于出票金额的银行不予受理
商业汇票	（1）仅限于法人及其他组织，个人不可使用。 （2）电子商业汇票：100万元以上的原则上使用，300万元以上的必须使用
支票	（1）支票的金额、收款人名称，可以由出票人授权补记，未补记前不得背书转让和提示付款。 （2）出票人签发的支票金额超过其存款金额的，为空头支票

精准背诵15·劳动报酬

情形	具体规定	
基本规定	（1）以法定货币支付，不得以实物及有价证券替代货币支付。 （2）必须在约定日期支付，遇节假日提前支付。 （3）至少每月支付一次	
加班工资	工作日晚加班	150%加班费
	休息日	可调休；或200%加班费（不调休的）
	法定休假日	300%加班费
最低工资制度（红线）	红线	用人单位支付劳动者的“纯工资”不得低于当地最低工资标准。 提示：“纯工资”，不含加班工资、补贴、津贴和保险福利
	扣工资时的发放标准	劳动者给用人单位造成经济损失，应赔偿经济损失。可从劳动者本人的工资中按如下标准扣除： （1）每月扣除的部分不得超过劳动者当月工资的20%。 （2）扣除后的剩余工资不得低于最低工资标准
未按规定支付的法律责任	具体情形	（1）未按规定及时足额支付劳动报酬的。 （2）低于当地最低工资标准支付劳动者工资的。 （3）安排加班不支付加班费的
	法律责任	先付，逾期不付则赔： （1）劳动行政部门责令限期支付（低于最低工资的应补差额）。 （2）逾期按应付金额“50%以上100%以下”“加付”赔偿金

精准背诵 16 · 试用期

劳动合同期限	试用期
非全日制用工、以完成一定工作任务为期限、固定期限合同不满3个月	不得约定
3个月以上，不满1年	不得超过1个月
1年以上，不满3年	不得超过2个月
3年以上固定期限	不得超过6个月
无固定期限	

精准背诵 17 · 劳动关系的建立

劳动关系的建立时间为自用工之日起。劳动合同的签订时间为自用工之日起1个月内。

未按照法律规定订立合同的后果如下：

时间	未订立后果	记忆提示
用工之日起1个月内	劳动者不签，用人单位应当书面通知终止劳动关系，无须支付经济补偿，但应支付劳动报酬	1个月以内无责
自用工之日起超过1个月但不满1年	用人单位不签，应当向劳动者每月支付2倍的工资，自用工之日起满1个月的次日，至补订书面劳动合同的前一日	1个月—1年，2倍工资
	劳动者不签，用人单位应书面通知劳动者终止劳动关系，并支付经济补偿	
自用工之日起满1年	满1年当日视为已订立无固定期限合同	超过1年：拿了11个月2倍工资+视为无固定期限

精准背诵 18 · 单方结束劳动合同

1. 劳动者可以单方面解除的情形

是否需通知	适用情形	补偿
提前通知（主动辞）	正式工提前30日书面通知，试用期内提前3日通知。 提示：必须通知，没有履行通知程序属于违法解除	无
随时通知（单位错）	用人单位有错但不至于“危及生命”	有
无须通知立即解除（保命）	（1）以暴力、威胁、非法限制人身自由的手段强迫劳动。 （2）违章指挥、强令冒险作业危及劳动者人身安全的	

2. 用人单位可以单方面解除的情形

情形	适用情形及具体规定		补偿
预告解除/无过失性辞退（病、难胜任、客观）	（1）劳动者患病或者非因工负伤，医疗期满后不能从事原工作，也不能从事由用人单位另行安排的工作的。 （2）劳动者不能胜任工作，经过培训或者调整工作岗位，仍不能胜任工作的。 （3）客观情况发生重大变化，致使劳动合同无法履行。 提示：无过失性辞退的情形下，用人单位可以"提前30天"通知解除劳动合同或"多付1月工资"（多付的"1个月工资"不可替代经济补偿）		有
经济性裁员	裁多少要报告	需要裁减人员20人以上或者裁减不足20人但占企业职工总数10%以上的，用人单位提前30日向工会或者全体职工说明情况，听取意见后，裁员方案应向劳动行政部门报告	有
	留用和招人	（1）优先留用：签订长期劳动合同或无固定期限劳动合同的、家庭无其他就业人员或有需要扶养的老人或未成年人的。 （2）裁员后在6个月内重新招用人员的，被裁人员在同等条件下优先招用	
随时通知解除	劳动者： （1）在试用期间被证明不符合录用条件。 （2）有"严重过错"		无

精准背诵 19 · 经济补偿金的计算

项目	具体规定
计算公式	经济补偿金=工作年限×月工资
补偿年限	按劳动者在本单位工作的年限计算：每满1年给1个月工资作为补偿金。 不足一年，根据月份数确定X：6个月≤X≤1年，折算为1个月；X<6个月，折算为半个月
月工资	一般情形：劳动合同解除或者终止前12个月的平均工资
	"低薪人士按红线"：月均工资低于当地最低工资标准的，按照当地最低工资标准作为月工资
	"高薪人士3倍12月"：月均工资高于当地上年度职工月平均工资的3倍的，按当地职工月平均工资3倍作为月工资。 提示："高薪人士"工作年限超过12年的，最多补偿12个月；没超过12年的，按实际年限补偿

精准背诵 20 · 增值税征税范围、纳税人

1. 增值税征税范围

征税范围	提示
货物和劳务	销售货物、提供劳务（加工、修理修配）、进口货物。 提示：对有形动产进行维修属于“提供劳务——修理修配劳务”，对不动产进行的维修属于“建筑服务”
销售服务	交通运输服务、邮政服务、电信服务、建筑服务、金融服务、现代服务、生活服务
其他	销售无形资产、销售不动产

2. 不征收增值税的情形

记忆提示	具体情形
雇主员工	单位聘用的员工为本单位提供加工、修理修配劳务
双境外	境外单位或者个人向境内单位或者个人销售完全在境外发生的服务、完全在境外使用的无形资产，出租完全在境外使用的有形动产（双境外：卖方在境外+服务发生地/无形资产和有形动产使用地在境外）
存利保赔	存款利息、被保险人获得的保险赔付
整体资产转让	资产重组中，资产与债权、负债、劳动力一并转让的行为
公益	无偿提供的用于公益事业的铁路、航空运输服务
住宅专项维修资金	房地产主管部门或者其指定机构、公积金管理中心、开发企业以及物业管理单位代收的住宅专项维修资金
财政补贴收入	与其销售货物、劳务、服务、无形资产、不动产的收入或者数量直接挂钩的，计算缴纳增值税；其他情形的财政补贴收入，不征收增值税

3. 纳税人

纳税人	具体规定
小规模纳税人	（1）年应税销售额“500万元以下”。 （2）其他个人（非个体户）必须按小规模纳税人纳税。 （3）非企业性单位、不经常发生应税行为的企业可选择按小规模纳税人纳税
一般纳税人	年应税销售额超过500万元的，应登记为一般纳税人。 一般纳税人与小规模纳税人之间的关系如下： （1）小规模纳税人“会计核算健全”，可以申请登记为一般纳税人。 （2）一般情况下，一般纳税人不可转为小规模纳税人。 （3）一般纳税人允许抵扣进项税额，小规模纳税人采用简易计税，不得抵扣进项税额

精准背诵 21 · 视同销售

1. 具体情形

类型	具体情形和处理
自产、委托加工货物。 提示：此处无“购进”	用于集体福利或者个人消费
自产、委托加工或者购进的货物	（1）投（投资给其他单位或个体户）。 （2）分（分配给股东或投资者）。 （3）送（赠送其他单位或者个人）
委托代销货物	委托方、受托方，都应视同销售
无偿转让服务、无形资产、不动产	用于公益事业或以社会公众为对象的除外

2.视同销售情形下销售额的确定

（1）按纳税人最近时期同类货物（或服务等）的平均销售价格确定。

（2）按其他纳税人最近时期同类货物的平均销售价格确定。

（3）按组成计税价格确定。

类型	计算公式
一般货物（非应税消费品）	组成计税价格=成本×（1+成本利润率）
应税消费品	组成计税价格=成本×（1+成本利润率）÷（1−消费税税率）

精准背诵 22 · 以旧换新和折扣销售

项目	内容
以旧换新	金银首饰按差额（实际收取的不含税销售额）作为销售额，其他货物按新货物的销售额确定
折扣销售	（1）销售额和折扣额在同一张发票的金额栏上分别注明的，可以按折扣后的销售额征收。 （2）纳税人开具增值税专用发票后，发生开票有误或者销售折让、中止、退回等情形的，应当开具红字增值税专用发票；否则，不得扣减销项税额或者销售额

精准背诵 23 · 混合销售、兼营、以物易物

项目	内容
混合销售	一项销售行为如果既涉及货物又涉及服务，属于混合销售，按“主业”计税
兼营	经营各类不同的应税行为，应分别核算纳税，否则，从高适用税率
以物易物	购、销双方都分别作购销处理

精准背诵 24 · 允许抵扣的进项税额——国内旅客运输服务

取得的抵扣依据	增值税进项税额
增值税电子普通发票	发票上注明的税额
航空运输电子客票行程单	进项税额=（票价+燃油附加费）÷（1+9%）×9%
铁路车票	进项税额=票面金额÷（1+9%）×9%
公路、水路等其他客票	进项税额=票面金额÷（1+3%）×3%
提示：航空运输电子客票行程单、铁路车票及其他客票均应注明旅客身份信息	

精准背诵 25 · 不得抵扣的进项税额

记忆提示	具体不可抵扣的项目	特殊规定
简、免、福、人	购进的货物、劳务、服务、无形资产和不动产，用于： （1）集体福利或者个人消费。 （2）简易计税项目和免税项目	“兼用”的处理： （1）固定资产、无形资产和不动产，“专用”不可抵，混用（“兼用”）全额抵。 （2）购进货物、劳务、服务“兼用”无法划分的，以销售额为比例划分进项税： 不得抵扣的进项税额=当期无法划分的全部进项税额×（当期简易计税方法计税项目销售额+免征增值税项目销售额）÷当期全部销售额
非正常损失	非正常损失的货物以及相关服务	“非正常损失”，是指因管理不善、违反法律法规造成的损失。 提示：正常生产损耗和自然灾害造成的损失的进项税额准予抵扣
贷、餐、民、娱	贷款、餐饮、居民日常、娱乐服务	提示：购进贷款服务支付的利息支出不可抵扣；向贷款方支付的与该笔贷款直接相关的顾问费、手续费、咨询费等也不可抵扣

精准背诵 26 · 一般纳税人简易计征

特定应税行为	具体内容
销售特定自产货物	电力、自来水、建筑用料、生物制品等
“营改增”行业	（1）“漫影文体、公仓装派”。 提示：适用简易计税方法的不可抵扣进项税额。 （2）“劳务派遣”：一般纳税人提供劳务派遣服务，可以选择采用简易计税方法“差额征税”，以取得的全部价款和价外费用，扣除代用工单位支付劳务派遣员工的工资、福利和社保公积金后的余额为销售额。 （3）房租赁企业中的一般纳税人向个人出租住房，可以选择适用简易计税方法

精准背诵 27 · 征收率

应税行为	征收率
（1）一般纳税人适用于简易计税方法的一般项目。 （2）小规模纳税人的一般情形。 提示：根据小规模纳税人最新优惠政策，小规模纳税人适用3%征收率的项目，在2027年12月31日前减按1%征收	3%
（1）一般纳税人和小规模纳税人适用于简易计税方法的“卖房、租房”。 （2）一般纳税人和小规模纳税人提供“劳务派遣”服务选择按差额征税的。 （3）住房租赁企业一般纳税人向个人出租住房，可以选择简易计税方法（5%的征收率减按1.5%征收）	5%
二手车经销商销售其收购的二手车（一般纳税人、小规模纳税人均适用）。 提示：可以开具征收率为0.5%的增值税专用发票	0.5%
（1）一般纳税人销售自己使用过的不得抵扣且未抵扣进项税额的固定资产。 （2）一般纳税人销售旧货。 （3）小规模纳税人销售自己使用过的固定资产	3%减按2% （可以放弃减征，按3%征收率，开专票）

精准背诵 28 · 纳税义务发生时间

销售方式		纳税义务发生时间
直接收款		收到销售款或取得索取销售款凭据
托收承付、委托收款		发出货物并办妥托收手续
赊销、分期收款		书面合同约定的收款日期。 无合同或无约定的，货物发出时
预收货款	货物	货物发出时
	租赁服务	收到预收款
委托代销		收到代销清单或全部、部分货款未收到代销清单及货款的，发出货物满180天
金融商品转让		所有权转移
视同销售货物		货物移送、转让完成或权属变更
视同销售劳务、服务、无形资产、不动产		为劳务、服务、无形资产转让完成的当天或者不动产权属变更的当天

精准背诵 29 · 消费税税目辨析

税目	具体考点	
烟	包括	卷烟、雪茄烟、烟丝、电子烟
	不包括	烟叶
酒	包括	白酒、黄酒、啤酒和其他酒
	不包括	调味料酒、酒精
高档化妆品	包括	高档美容、修饰类化妆品，高档护肤类化妆品和成套化妆品
	不包括	演员用的油彩、上妆油、卸妆油
贵重首饰及珠宝玉石	包括	（1）金银首饰、铂金首饰和钻石及钻石饰品。 （2）其他贵重首饰和珠宝玉石。 （3）宝石坯（珠宝玉石半成品）
鞭炮和焰火	不包括	体育上用的发令纸、鞭炮药引线
成品油	包括	汽油、柴油、石脑油、溶剂油、航空煤油、润滑油、燃料油
小汽车	包括	乘用车、中轻型商用客车、超豪华小汽车。 提示：用乘用车、中轻型商用客车改装的车辆也属于消费税征税范围
	不包括	（1）大客车、大货车、厢式货车。 （2）“专用汽车”：沙滩车、雪地车、卡丁车、高尔夫车，企业购进货车或厢式货车改装生产的商务车、卫星通信车。 （3）电动汽车
电池	免征	无汞原电池、金属氢化物镍蓄电池、锂原电池、锂离子蓄电池、太阳能电池、燃料电池和全钒液流电池
	征收	铅蓄电池
高尔夫球及球具	包括	高尔夫球、高尔夫球杆、高尔夫球包（袋），以及高尔夫球杆的杆头、杆身和握把
	不包括	高尔夫球服装、球帽

精准背诵 30 · 消费税的征税环节

项目	内容
一般情形——“源头”交	应在生产、进口、委托加工环节缴纳消费税

续表

项目	内容
自产自用的情形	（1）自产的应税消费品，用于“连续生产应税消费品”，内部移送时不纳税（最终生产出的应税消费品对外出售时纳税）。 （2）用于其他所有情形，移交时纳税。 包括用于连续生产非应税消费品，用于在建工程（例如实木地板用于办公楼装修）、管理部门等使用，或用于提供劳务、馈赠、赞助、集资、广告、样品、职工福利、奖励等
“加征”的情形	（1）批发环节加征——卷烟。 卷烟消费税在生产（进口）环节和批发两个环节征收，均采用复合计征方式。 不征的情形——批发对批发：烟草批发企业将卷烟销售给其他烟草批发企业的，不缴纳消费税。 （2）批发环节加征——电子烟。 电子烟在生产（进口）环节和批发两个环节征收，均采用从价计征方式。 （3）零售环节加征——超豪华小汽车。 在生产（进口）环节及零售环节均征收
仅在零售环节征收的情形	（1）“金银铂钻”首饰仅在零售环节征收消费税。 （2）包括金银首饰、铂金首饰、钻石及钻石饰品；不含镀金和包金首饰、玉石等。 （3）既销售金银首饰又销售其他首饰时分别核算，否则从高征收

精准背诵 31 · 包装物押金增值税、消费税的辨析

包装物押金	增值税		消费税	
	取得时	逾期时	取得时	逾期时
一般货物	×	√	×	√
啤酒、黄酒	×	√	×	×
白酒、其他酒	√	—	√	—

精准背诵 32 · 所得来源地的界定

所得		所得来源地的界定
销售货物、提供劳务		交易活动或劳务发生地
转让财产	动产转让所得	转让动产的企业或机构、场所所在地
	不动产转让所得	不动产所在地
	权益性投资资产转让所得	被投资企业所在地

续表

所得	所得来源地的界定
股息、红利等权益性投资	分配所得的企业所在地
利息、租金、特许权使用费	负担、支付所得的企业或机构、场所所在地，或者负担、支付所得的个人的住所地

精准背诵 33 · 收入确认时点

类别	具体内容	收入确认时点
销售货物	预收、分期收款、委托代销	一般同增值税
	需安装和检验的商品	购买方接受商品以及安装和检验完毕时
提供劳务		在期末采用完工百分比法确认
股息、红利等权益性投资		被投资方作出利润分配决定的日期
利息收入		合同约定应付的日期
租金收入		（1）合同约定应付的日期。 （2）若租赁期跨年度，且租金提前一次性支付的，在租赁期内分期均匀计入相关年度收入
特许权使用费		合同约定应付的日期
接受捐赠		实际收到捐赠资产的日期
售后回购、以旧换新		销售的商品按售价确认收入；回购的商品作为购进商品处理

精准背诵 34 · 不征税收入、免税收入及相关税收优惠

项目	内容
不征税收入	（1）财政拨款。 （2）县级以上人民政府将国有资产或财政资金无偿划入企业，作专门用途并专账管理。 （3）行政事业性收费、政府性基金。 （4）社保基金取得的收益
免税收入	（1）利息收入 （2）符合条件的股息、红利等权益性投资收益： ①居民企业之间，设立机构、场所的非居民企业从居民企业取得有联系的股息、红利，免税。 ②投资上市公司的股票不足12个月取得的股息、红利，不免税。 （3）非营利性活动收入。 （4）基础研究资金收入。 （5）保险保障基金收入

精准背诵 35 · 以实发工资、薪金总额为基数的限额扣除

费用类别	扣除上限
职工福利费	实发工资、薪金总额的14%
职工教育经费	实发工资、薪金总额的8%；超过部分，准予在以后纳税年度结转扣除
工会经费	实发工资、薪金总额的2%

精准背诵 36 · 以销售（营业）收入为基数的限额扣除

（1）业务招待费，两个“限额”取其中较低者：

限额一：业务招待费发生额的60%。

限额二：当年销售（营业）收入的5‰。

（2）广告费及业务宣传费：

企业类型	扣除上限	超限部分
一般企业	当年销售收入的15%	超过部分，准予在以后纳税年度结转扣除
化妆品制造或销售、医药和饮料（不含酒）制造企业	当年销售收入的30%	
烟草企业	不得扣除	—

（3）企业在筹建期间，业务招待费支出可按实际发生额的60%扣除，广告费及业务宣传费据实扣除，不受限额限制。

（4）“销售（营业）收入”的确定：

是否纳入	收入类型
是	销售货物、提供劳务（包括视同销售）、租金收入、特许权使用费
否	投资收益（股息、红利，利息收入，理财产品收益等）、营业外收入（如处置固定资产、无形资产、接受捐赠收入）等

精准背诵 37 · 公益性捐赠（以会计利润总额为基数）

符合条件的其他公益性捐赠（当年发生以及以前年度结转的），不超过当年利润总额12%的部分准予扣除；超过部分，可结转以后三年内扣除。

（1）直接捐赠不可扣除。

（2）符合条件的目标脱贫地区的扶贫捐赠支出全额据实扣除。

（3）在非货币性资产捐赠过程中发生的运费、保险费、人工费用等相关支出，包含在公益捐赠票据金额中的，也按上述规定扣除。

精准背诵 38 · 扣除项目——借款及利息费用

情形	扣除标准
向金融企业借款的利息支出	准予扣除
向非金融企业借款的利息支出	不超过金融企业同期同类贷款利率计算的数额的部分据实扣除，超过部分不得扣除
发行债券的利息支出、金融企业各项存款利息支出和同业拆借利息支出	准予扣除
股东未尽出资义务时企业发生的借款利息	不得扣除

精准背诵 39 · 不得扣除项目

（1）所得税及税后分配：企业所得税、向投资者支付的股息、红利等投资收益。

（2）处罚：税收滞纳金、罚金、罚款、没收等。

（3）赞助：非广告性质的赞助支出。

（4）准备金：计提的各项准备金支出。

（5）“利、租、管”：

①（非银行）企业内营业机构之间支付的利息。

②企业内营业机构之间支付的租金和特许权使用费。

③企业之间支付的管理费。

精准背诵 40 · 企业所得税税收优惠

项目	内容
免征和减半征收的项目	（1）花卉、茶以及其他饮料作物和香料作物的种植、海水养殖、内陆养殖减半征收。 （2）其他农林牧渔项目所得免税
技术转让所得	一个纳税年度内，居民企业技术转让所得不超过500万元的部分免征所得税，超过部分减半征收。 技术转让所得=技术转让收入−技术转让成本−相关税费
研发费用加计扣除	（1）一般企业：计入当期损益的，按100%加计扣除；形成无形资产的，按无形资产成本的200%摊销扣除。 （2）符合条件的集成电路企业和工业母机企业：计入当期损益的，按120%加计扣除；形成无形资产的，按无形资产成本的220%摊销扣除
安置残疾人员工资加计扣除	残疾人员工资允许按100%加计扣除
固定资产一次性扣除	所有类型企业新购进（包括自行建造）的设备、器具，单位价值不超过500万元的，允许一次性计入当期成本费用扣除，不再分年度计算折旧。 提示：本政策适用范围不包括房屋、建筑物

续表

项目	内容
专用设备税额抵免	专用设备：购进并实际使用环境保护、节能节水、安全生产等专用设备，投资额的10%可以在应纳税额中抵免；当年不足抵免的，可以在以后5个纳税年度结转抵免。 提示：设备必须自用，不得转让或转租
专用设备数字化、智能化改造	企业在2024年1月1日至2027年12月31日期间发生的专用设备数字化、智能化改造投入，不超过该专用设备购置时原计税基础 50% 的部分，可按照 10% 比例抵免企业当年应纳税额。企业当年应纳税额不足抵免的，可以向以后年度结转，但结转年限最长不超过5 年

精准背诵 41 · 个人所得税所得项目

税目		计征方式	一次收入的确定
综合所得	工资、薪金所得	居民：年度合并计算，按次或按月预扣预缴。 非居民：按月或者按次分项计算	“劳、稿、特”属于一次性收入的，以取得该项收入为一次；属于同一个项目连续收入的，以一个月为一次
	劳务报酬所得		
	稿酬所得		
	特许权使用费所得		
经营所得		按年计征	—
利息、股息、红利所得		按次计征	支付利息、股息、红利时取得的收入为一次
财产租赁所得			一个月取得的收入为一次
财产转让所得			—
偶然所得			每次取得的该项收入为一次

精准背诵 42 · 综合所得全年应纳税额的计算——“汇算清缴”

应纳税额=应纳税所得额×适用税率−速算扣除数

应纳税所得额=收入额−费用6万元−专项扣除−专项附加扣除−依法确定的其他扣除

1. 收入额

税目	收入额的确定
工资、薪金所得	100%
劳务报酬所得、特许权使用费所得	收入×（1−20%）
稿酬所得	收入×（1−20%）×70%

2. 扣除项目

扣除项目	具体内容
费用减除	60 000元（5 000元/月×12月）
专项扣除	三险一金
专项附加扣除	3岁以下婴幼儿照护、子女教育、赡养老人、继续教育、大病医疗、住房贷款利息/住房租金（二选一）
依法确定的其他扣除	（1）个人缴付符合国家规定的企业年金、职业年金。 （2）个人购买符合规定的商业健康保险、税收递延型商业养老保险的支出。 （3）个人养老金在投资环节，计入个人养老金资金账户的投资收益暂不征税；在领取时，不并入综合所得，单独计税，适用于3%的税率，由开立个人养老金资金账户的商业银行机构代扣代缴

精准背诵 43 · 各所得项目在计算应纳税所得额时可扣除的项目的辨析

<table>
<tr><th colspan="2">税目</th><th colspan="2">可扣除项目</th></tr>
<tr><td rowspan="4">综合所得</td><td colspan="3">全年60 000元费用、专项扣除、专项附加扣除和其他扣除</td></tr>
<tr><td rowspan="3">劳务报酬、稿酬、特许权使用费收入额的确定</td><td>汇算清缴</td><td>20%</td></tr>
<tr><td>预扣预缴</td><td>800元或20%</td></tr>
<tr><td colspan="2">提示：稿酬所得以扣除20%（或800元）后的余额再乘70%</td></tr>
<tr><td colspan="2">财产租赁所得</td><td colspan="2">税费、修缮费（上限800元），800元或20%费用</td></tr>
<tr><td colspan="2">财产转让所得</td><td colspan="2">原值、合理费用（转让税费、过户费等）</td></tr>
<tr><td colspan="2">经营所得</td><td colspan="2">参照企业所得税，注意与企业所得税不同的“特殊项目”。
无综合所得的，允许扣除“生计费”、专项扣除和专项附加扣除</td></tr>
<tr><td colspan="2">利息、股息、红利所得，偶然所得</td><td colspan="2">无减除项目</td></tr>
</table>

精准背诵 44 · 涉及股权、股票的个人所得税处理的辨析

<table>
<tr><th>所得项目</th><th colspan="3">个人所得税处理</th></tr>
<tr><td rowspan="3">股息、红利所得</td><td>非上市公司</td><td colspan="2">按“利息、股息、红利所得”全额纳税</td></tr>
<tr><td rowspan="2">上市公司（含新三板公司）</td><td>持股期限≤1个月</td><td>全额计税</td></tr>
<tr><td>1个月＜持股期限≤1年
持股期限＞1年</td><td>减按50%计税免征</td></tr>
<tr><td rowspan="2">股权转让所得</td><td>新三板公司原始股、非上市公司股权</td><td colspan="2">按“财产转让所得”纳税</td></tr>
<tr><td>其他上市公司流通股股票</td><td colspan="2">暂不征收</td></tr>
</table>

精准背诵 45 · 税收保全措施及税收强制执行措施

关键词	保全	强制执行
前提	税务机关有根据认为纳税人有逃税行为，经过法定程序责令其提供纳税担保而纳税人不能提供的	未按时缴纳税款或未按时缴纳担保税款，责令限期缴纳仍未缴纳的
具体措施	冻结、扣押、查封“价值相当”的资产： （1）冻结金额相当于应纳税款的资产，如冻结存款。 （2）扣押、查封价值相当于应纳税款的财产。 提示：题目表述为“全部财产”，则为陷阱	强制扣款、拍卖变卖： （1）强制扣款，即书面通知其开户银行或者其他金融机构从其存款中扣缴税款。 （2）扣押、查封、拍卖变卖相当于应纳税款的财产，以拍卖或者变卖所得抵缴税款。 提示：滞纳金同时强制执行
期限	一般不得超过6个月	—
不适用的财产	（1）个人及其所扶养家属维持生活必需的住房和用品。 （2）单价5 000元以下的其他生活用品。 提示：必需品不包括机动车辆、金银饰品、古玩字画、豪华住宅或者一处以外的住房	

精准背诵 46 · 税务行政复议适用范围

解决途径		适用范围
必经复议	“征税行为”	（1）税收实体法要素： 纳税人（纳税主体）、征税对象、征税范围、纳税环节、税率、计税依据、减税、免税、退税、抵税、纳税期限、纳税地点。 （2）程序性规定： 税款征收方式、征收税款、加收滞纳金，代扣代缴、代收代缴、代征行为
可复议、可诉讼	其他行政行为	对征税行为以外的其他行政行为不服的，可以申请行政复议，也可以直接向人民法院提起行政诉讼

精准背诵 47 · 复议程序

项目	具体规定
申请期限	“60日”：知道税务机关作出行政行为之日起60日内
	“纳税前置”后60日。 （1）对“征税行为”不服：先行缴纳或者解缴税款及滞纳金，或者提供相应的担保，自实际缴清税款和滞纳金后或者所提供的担保得到作出行政行为的税务机关确认之日起60日内提出。 （2）对“罚上加罚”不服：对逾期不缴纳罚款加处罚款的决定不服的，应当先缴纳罚款和加处罚款，再申请行政复议

续表

项目	具体规定
申请方式	书面或口头
审理形式	书面审理、重大复杂案件公开听证
参加人	申请人、被申请人和第三人。 提示：参加人不包括复议机关
执行情况	（1）一般情况下，不停止执行。 （2）有下列情况之一，停止执行：被申请人、复议机关认为需要停止执行的；申请人申请且行政复议机关同意、法律规定停止
复议决定	受理60日内决定；经批准，可延长最多30天
	决定书一经送达，即发生法律效力

精准背诵 48 · 房地产相关 5 个税种

税种	征税范围要点	交纳方/纳税义务人	计税依据/应纳税额的计算	纳税义务发生时间	纳税期限	税收优惠：非经营自用	税收优惠：农林牧渔	税收优惠：其他优惠项目
房产税	不包括农村	一般为产权所有人。 特殊情况为：使用人、承典人、出租人	从价：原值减除一定比例后的余值； 从租：租金收入向个人出租用于居住的住房减按4%税率	一般“次月”。 原有房产用于生产经营“之月”（当月）	按年计算、分期缴纳	免	—	（1）“居民自住”。 （2）“廉租公租”。 （3）“毁、危、修、临”。 （4）共用房屋分别征或免
城镇土地使用税	不包括农村	一般为拥有土地使用权的人。 特殊情况为：代管人、使用人	实际占用的土地面积	一般“次月”。 新征用耕地：批准征用满1年时	按年计算、分期缴纳	免	免	（1）“公共用地”。 （2）无偿使用：免税免、纳税征。 （3）“供暖”。 （4）厂区内列举的“专业生产用地”免；厂区以外与社会用地未加隔离免。 （5）厂区内的场内道路、铁路、公路、绿化用地，以及厂区内的工作区、生产厂房、办公区、生活区，征税

续表

税种	征税范围要点	交纳方/纳税义务人	计税依据/应纳税额的计算	纳税义务发生时间	纳税期限	税收优惠		
						非经营自用	农林牧渔	其他优惠项目
耕地占用税	占用农用地，不包括直接为农业生产服务的生产设施占用	占用方	实际占用的耕地面积；占用基本农田按150%征收	收到主管部门占地手续书面通知的当天	30日内	免	不征	（1）“交通设施”减按2元/平米。 （2）“农村居民”：新建自用减半、搬迁自用免税
契税	征：出让、转让、买卖、赠与、互换、入股、偿债、划转奖励。 不征：典当、抵押、分割、出租和承包经营权转移	承受方	（1）出让、出售、买卖、投资、抵债——成交价格。 （2）赠与、奖励——参照市场价格核定。 （3）互换——支付差价的一方按差价交	权属转移 合同签订当日	办理权属登记之前，或90日内	免	免	免税： （1）“婚姻”。 （2）“法定继承”。 （3）“外交”。 （4）“酌情减免”：被征用、不可抗力灭失
土地增值税	出让不征转让征；赠与亲属、继承、公益不征；权属不转移不征	卖方	应纳税额＝增值额×适用税率–扣除项目金额×速算扣除系数。 扣除项目：卖新房5项，卖旧房3项或2项	转让房地产 合同签订当日	7日内	—	—	（1）“增值率未超20%”。 （2）“国家征用、城市规划”。 （3）“个人卖住房”

精准背诵 49 · 车船、关境相关 3 个税种

税种	征税范围要点	纳税义务人	计税依据/应纳税额的计算	纳税地点	纳税义务发生时间	纳税期限	税收优惠		
							军警消防、外交	农业捕捞养殖	其他优惠项目
车船税	无论是否需要登记，均征收	所有人或管理人；保险机构代收代缴	车辆计税单位： 每辆、整备质量每吨。 船舶计税单位：净吨位、艇身长度每米	扣缴跟扣缴人；登记跟车、不登记跟人	取得当月、失而复得当月	分月计算，按年申报缴纳	免	免	（1）免："临时入境"和"新能源"。 （2）减半："节能"和"拖、驳、挂"
车辆购置税	汽车、有轨电车、汽车挂车、排气量超过150毫升的摩托车	取得并自用	（1）购买自用：不含税价款。 （2）进口自用：进口组价。 （3）自产自用：同类售价。 （4）奖赠自用：相关凭证价格	登记跟车、不登记跟人	购置当日	60日内，登记之前	免	—	（1）"固定装置"。 （2）"城市公交"
关税	进出口的货物、进出境物品	收、发货人；携带人、收件人	（1）从价、从量、复合。 （2）从价按照"关税计税价格"（包含运抵/起卸前运输费及相关费用、保险费；不含运抵后）。 （3）税率：最惠国、协定、特惠、普通、配额进口暂定、出口	—		一般15日内；符合规定且提供担保，次月5个工作日内；不可抗力可以延期6个月	—		免税： （1）"免征额度内"。 （2）"无价值"。 （3）"途中必需"。 （4）"放行前损毁或者灭失"。 （5）外国政府、国际组织无偿赠送。 （6）"国际条约、协定"规定的。 提示：放行前损坏的；有"国际条约、协定"规定的，可以减征关税

精准背诵 50 · 环境保护税、资源税、印花税

税种	征税范围要点	纳税义务人	计税依据/应纳税额的计算	纳税义务发生时间	纳税期限/地点	税收优惠
印花税	买卖、借款、融资租赁、租赁、承揽、建设工程、运输、技术、保管、仓储、财产保险；产权转移书据；资金账簿；证券交易。 重点关注买卖、技术、借款、运输、财产保险合同中的特别规定	书立凭证双方。 证券交易：卖方交	（1）从价计征，计税依据为合同金额。 （2）价税分别列示的为“不含税金额”。 （3）营业账簿按“实收资本+资本公积”	书立应税凭证、完成证券交易当日	15日内；证券交易按周	免税：农业、个人网购、不重复贴花、特定金融、军警外交、公益、租房
资源税	原油、天然气、煤、其他能源矿产、金属矿产、非金属矿广场、水气矿产、盐类；自产自用应视同销售	开采应税资源的单位或个人	（1）从价：销售额中允许扣“运杂费用”。 （2）视同销售按顺序。 （3）外购已税能扣减——直接扣或按公式扣	—	15日内	（1）免税：开采原油及在油田范围内运输过程中用于加热的原油、天然气；煤炭开采企业因安全生产需要抽采的煤成（层）气。 （2）减征：低丰度、高三深、衰竭期、稠高凝
环境保护税	包括：大气污染物、水污染物、固体废物、噪声。 不包括：向污水垃圾处理场排放、符合标准的地方贮存处置固体废物	排污人	—	排污当日	15日内向排污地缴纳	暂免：农业、交通工具、专业机构排放不超标、综合利用

会计专业技术初级资格考试辅导用书·冲刺飞越

精准冲刺180题

初级会计实务·经济法基础

斯尔教育　组编

電子工業出版社

Publishing House of Electronics Industry

北京 · BEIJING

图书在版编目（CIP）数据

精准冲刺180题. 初级会计实务·经济法基础 / 斯尔教育组编. -- 北京 : 电子工业出版社, 2025. 2.
(会计专业技术初级资格考试辅导用书). -- ISBN 978-7-121-49483-3

Ⅰ. F23-44

中国国家版本馆CIP数据核字第2025QD6769号

责任编辑：张春雨
印　　刷：天津鸿景印刷有限公司
装　　订：天津鸿景印刷有限公司
出版发行：电子工业出版社
　　　　　北京市海淀区万寿路173信箱　　　邮编：100036
开　　本：787×1092　1/16　　印张：26.25　　字数：567千字
版　　次：2025年2月第1版
印　　次：2025年2月第1次印刷
定　　价：52.00元（全2册）

凡所购买电子工业出版社图书有缺损问题，请向购买书店调换。若书店售缺，请与本社发行部联系，联系及邮购电话：（010）88254888，88258888。

质量投诉请发邮件至zlts@phei.com.cn，盗版侵权举报请发邮件至dbqq@phei.com.cn。

本书咨询联系方式：faq@phei.com.cn。

开卷必读

一、图书定位

《会计专业技术初级资格考试辅导用书·冲刺飞越》这套图书共包括两部分，分别是《精准冲刺66记·初级会计实务·经济法基础》（以下简称《精准冲刺66记》）《精准冲刺180题·初级会计实务·经济法基础》（以下简称《精准冲刺180题》）。这一套图书是“冲刺飞越”阶段图书，适合在考前对重点内容进行再次学习、练习和背诵。

二、《精准冲刺180题》特色介绍

（1）贴近考情：本书的题目难度、考查方式、命题角度等紧贴真题，每一道题都经过精心揣摩和编写，希望大家好好利用这套习题集。对于不会或拿不准的题做好标记，及时复盘，争取做到每一道题都能彻底掌握。

（2）解析详细：在撰写时，力求每一道题目的解析都详实、有用，不说废话，不追求篇幅，杜绝罗列政策法条，以有逻辑的解析增加本书的可读性。在面对不会做的题时，可以先研读解析，学习解题思路和方法，学会之后务必再独立地做几遍题，直到能正确完成每一道题为止。

（3）注重应试：每一道主观题后，都设置了“应试攻略”模块。此模块的内容涉及主观题的解题思路、命题陷阱、解题技巧等，有助于大家更好地掌握主观题的解答方法和技巧。

（4）功能齐全：斯尔教育官方网站和App均有在线配套题库，只有亲自上机感受一下机考系统，真正考试时才能临危不惧。

希望大家认真对待本书中的每一道题，充分训练，自信上场。

三、《精准冲刺180题》使用方法

为了更好地利用本书，现对大家提出如下三点建议：

（1）把控做题时间。想要在考场上正常发挥，找到正确的做题节奏、提高做题速度是必经之路。在平时训练时，务必要计时训练，找到做题节奏。

（2）研读“应试攻略”。本书为大家撰写了“应试攻略”栏目，目的就是帮助大家了解解题技巧、做题套路，识别易混、易错考点等，以提高考场应变能力和做题速度。

（3）做完题目，及时复盘、总结。只听课、不做题，等于没学习。只做题、不复盘，等于白做题。所以，及时总结错题、反思原因，至关重要。另外，本书收录的题目均有一定难度，因此错误率高是正常现象，考前犯错是好事，大家切勿慌张，查漏补缺才是王道。

此外，我们还准备了“只做好题”和“5年真题·3套模拟”两个系列的图书作为练习题用，分别包含百余道精选好题、历年真题和模拟题，也是练习的好选择。

祝各位顺利通关，前程似锦！

目录

初级会计实务

题目

> 第一模块　基础必拿70分　3

> 第二模块　努力提升25分　31

> 第三模块　简单随缘5分　43

答案与解析

> 第一模块　基础必拿70分　45

> 第二模块　努力提升25分　79

> 第三模块　简单随缘5分　93

经济法基础

题目

第一模块　非税部分 97

第二模块　税法部分 113

答案与解析

第一模块　非税部分 141

第二模块　税法部分 153

初级会计实务

第一模块　基础必拿70分

一、单项选择题

1　下列会计要素计量属性中考虑了货币时间价值的是（　　）。

A.历史成本　　B.重置成本

C.可变现净值　　D.现值

第1记　66记 知识链接

2　下列各项中，企业对很可能承担的环保责任确认预计负债，主要体现的会计信息质量要求是（　　）。

A.谨慎性　　B.可理解性

C.相关性　　D.实质重于形式

第1记　66记 知识链接

3　下列各项中，应作为企业资产进行核算的是（　　）。

A.经营出租的办公楼

B.已腐烂变质的包装物

C.预期无法收回的应收账款

D.企业发行的普通股

第1记　66记 知识链接

4　下列各项中，应作为企业非流动资产核算的是（　　）。

A.交易性金融资产　　B.长期股权投资

C.周转材料　　D.合同资产

第1记　66记 知识链接

5　下列各项中，会导致“资产=负债+所有者权益”会计等式两边金额同时增加的是（　　）。

A.以盈余公积向投资者发放现金股利

B.签发银行承兑汇票抵付前欠货款

C.向客户收取出借包装物押金

D.以银行存款缴纳企业所得税

第1记　66记 知识链接

6 下列各项中，按照会计科目反映的经济内容分类，属于成本类科目的是（ ）。

A.研发支出 B.其他业务成本

C.主营业务成本 D.合同履约成本

第1记 66记 知识链接

7 下列各项中，关于会计账簿分类的表述，不正确的是（ ）。

A.会计账簿按照用途可分为序时账簿、分类账簿、备查账簿

B.会计账簿按照账页格式可分为三栏式账簿、多栏式账簿、数量金额式账簿

C.会计账簿按照外形特征可分为订本式账簿、活页式账簿和卡片式账簿

D.会计账簿按照填制方法可分为总分类账簿和明细分类账簿

第1记 66记 知识链接

8 下列各项中，属于账实核对的是（ ）。

A.总账和明细账核对

B.银行存款日记账和银行对账单核对

C.账簿记录和记账凭证核对

D.总账和日记账核对

第1记 66记 知识链接

9 下列各项中，不属于会计基本假设的是（ ）。

A.会计分期 B.持续经营

C.会计主体 D.会计核算

第1记 66记 知识链接

10 下列各项中，关于企业采用财产清查方法的表述，正确的是（ ）。

A.对应收账款采用发函询证的方法

B.对银行存款采用技术推算法

C.对露天堆放的煤炭采用实地盘点法

D.对大型设备采用技术推算法

第13记 66记 知识链接

11 某企业银行存款日记账余额53 000元，发生未达账项：银行代付电费2 000元，企业未入账；银行确认存款利息500元入账，企业未收到通知。企业编制银行存款余额调节表中的“调节后的存款余额”金额为（ ）元。

A. 51 500 B. 53 000 C. 51 000 D. 61 000

第2记 66记 知识链接

12　下列各项中，企业应通过“其他货币资金”科目核算的是（　　）。

A.销售商品收到商业承兑汇票　　B.用单位信用卡支付管理部门购书款

C.购买办公用品开出现金支票　　D.采购原材料开出银行承兑汇票

第2记 66记 知识链接

13　下列各项中，企业办理银行承兑汇票贴现，实际收到的金额与票面金额之间的差额应记入的会计科目是（　　）。

A.管理费用　　B.财务费用

C.营业外支出　　D.其他业务成本

第3记 66记 知识链接

14　下列各项中，应在“预付账款”科目贷方核算的是（　　）。

A.预付设备采购款　　B.收回多预付款项

C.收回前欠货款　　D.支付前欠赊购货款

第3记 66记 知识链接

15　2024年12月初，某企业“其他应收款”科目借方余额为5万元。12月份发生业务如下：销售商品为客户代垫运费2万元，增值税税额为0.18万元；收回垫付的房租4万元；支付租入包装物押金2万元。不考虑其他因素，该企业12月31日“其他应收款”科目的借方余额为（　　）万元。

A. 3　　B. 5　　C. 1　　D. 5.18

第3记 66记 知识链接

16　甲公司为增值税一般纳税人，适用的增值税税率为13%。4月3日，甲公司向乙公司销售商品一批，商品标价22万元，由于乙公司属于批量购入，甲公司给予乙公司2万元商业折扣，并按扣除折扣后的金额开具增值税专用发票。同时，甲公司以银行存款支付代垫运费1万元（不考虑增值税），上述款项尚未收到。不考虑其他因素，甲公司应收账款的入账金额为（　　）万元。

A. 21　　B. 22.6　　C. 23.6　　D. 20

第3记 66记 知识链接

17　某企业为增值税一般纳税人。2024年1月，购入原材料900千克，每千克不含税价格为50元，运输途中发生合理损耗30千克，入库前发生挑选整理费用1 000元。不考虑其他因素，该批原材料的入账价值为（　　）元。

A. 44 500　　B. 45 000　　C. 43 500　　D. 46 000

第4记 66记 知识链接

18 甲公司采用计划成本法进行材料的日常核算。2023年9月月初库存M材料200千克，计划成本为40 000元，材料成本差异为超支3 000元；当月购入M材料800千克，计划成本为160 000元，材料成本差异为节约5 000元；本月领用M材料600千克，计划成本为120 000元。不考虑其他因素，甲公司2023年9月领用M材料的实际成本为（　　）元。

A. 118 800　　B. 121 200　　C. 120 000　　D. 124 800

第5记 66记 知识链接

19 某企业为增值税一般纳税人，委托外单位加工一批材料，发出材料的实际成本为200万元。支付加工费10万元，取得的增值税专用发票上注明的增值税税额为1.3万元，受托方代收代缴的消费税为30万元，企业收回这批材料后用于继续加工应税消费品。不考虑其他因素，该批材料加工收回后的入账价值为（　　）万元。

A. 210　　B. 241.3　　C. 211.3　　D. 240

第6记 66记 知识链接

20 下列各项中，企业发出随同商品出售单独计价包装物的实际成本应计入（　　）。

A.主营业务成本　　B.其他业务成本

C.销售费用　　D.管理费用

第6记 66记 知识链接

21 下列各项中，制造业企业应作为固定资产核算的是（　　）。

A.为建造厂房购入的工程物资　　B.正在建设中的生产线

C.行政管理部门使用的汽车　　D.生产完工准备出售的产品

第7记 66记 知识链接

22 某企业为增值税小规模纳税人，2024年4月1日购入一台不需要安装即可投入使用的设备，取得的增值税专用发票上注明的价款为40 000元，增值税税额为5 200元；支付运费，取得的增值税专用发票上注明的运费为300元，增值税税额为27元，全部款项以银行存款支付。不考虑其他因素，该设备的入账价值为（　　）元。

A. 40 300　　B. 40 000　　C. 45 527　　D. 45 500

第7记 66记 知识链接

23 下列各项中，关于企业对固定资产会计处理的表述，不正确的是（　　）。

A.专设销售机构固定资产的日常维护费用应计入管理费用

B.达到预定可使用状态但尚未办理竣工决算的固定资产按估计价值计提折旧

C.固定资产减值损失一经确认，在以后会计期间不得转回

D.盘亏的固定资产当月应计提折旧

第8记 66记 知识链接

24　某企业2024年9月30日自行建造的一条生产线投入使用，该生产线建造成本为3 100万元，预计使用年限为5年，预计净残值为100万元，采用年数总和法计提折旧。不考虑其他因素，企业2024年对该生产线应计提的折旧金额为（　　）万元。

A. 250　B. 600　C. 1 000　D. 1 200

第8记 66记 知识链接

25　2022年12月31日，某企业购入一台生产设备并直接投入使用。该设备的入账价值为121万元，预计净残值为1万元，预计使用寿命为4年，采用双倍余额递减法计提折旧。不考虑其他因素，2024年该设备应计提的折旧金额为（　　）万元。

A. 30.25　B. 60.5　C. 36.3　D. 30

第8记 66记 知识链接

26　某企业专设销售部门的固定资产维修费计入（　　）。

A.销售费用　B.管理费用

C.其他业务成本　D.财务费用

第8记 66记 知识链接

27　某企业提前报废生产设备，原值为20万元。至出售当月已计提折旧13万元，已计提减值准备2万元。处置中发生清理费用1万元，相关增值税进项税额为0.06万元。关于该企业结转报废设备净损失会计处理的表述，正确的是（　　）。

A.借记“营业外支出”科目6万元

B.贷记“固定资产清理”科目6.06万元

C.借记“资产处置损益”科目5万元

D.贷记“营业外收入”科目6万元

第9记 66记 知识链接

28　甲公司自行研发一项技术，研究阶段发生支出100万元，其中研究费60万元，分配职工薪酬40万元。进入开发阶段，在开发阶段共发生支出150万元，其中90万元符合资本化条件，非专利技术达到预定可使用状态。不考虑其他因素，非专利技术的入账价值是（　　）万元。

A. 150　B. 0　C. 90　D. 190

第10记 66记 知识链接

29　某企业为增值税一般纳税人，转让一项专利权，开具的增值税专用发票上注明的价款为15万元，增值税税额为0.9万元。该专利权初始入账成本为40万元，已累计摊销15万元，已计提减值准备4万元。不考虑其他因素，转让该项专利权应确认的净损失为（　　）万元。

A. 10　B. 5.1　C. 6　D. 6.9

第10记 66记 知识链接

30 某企业采用公允价值模式对投资性房地产进行后续计量，期末投资性房地产公允价值上升时，应贷记的会计科目是（　　）。

A.投资收益　　B.公允价值变动损益

C.投资性房地产　　D.其他综合收益

第11记 66记 知识链接

31 甲公司为增值税一般纳税人，购入乙上市公司股票并通过“交易性金融资产”科目核算。该股票价款为200万元（其中包含已宣告但尚未发放的现金股利6万元），另支付交易费用0.5万元，取得的增值税专用发票上注明的增值税税额为0.03万元。不考虑其他因素，甲公司购入股票的初始入账金额为（　　）万元。

A. 194.53　　B. 200.5　　C. 200　　D. 194

第12记 66记 知识链接

32 甲公司于2024年12月1日从证券市场上购入A公司发行在外的股票100万股，作为交易性金融资产核算。购入时每股支付价款10元，另支付相关费用20万元；2024年12月31日，该部分股票的公允价值为1 060万元。不考虑其他因素，2024年12月31日，甲公司应确认的公允价值变动损益为（　　）万元。

A. 60　　B.−60　　C. 40　　D.−40

第12记 66记 知识链接

33 企业将自用房地产转为以公允价值模式计量的投资性房地产，下列关于转换日该房地产公允价值大于账面价值的差额会计处理的表述中，正确的是（　　）。

A.记入“其他收益”科目　　B.记入“公允价值变动损益”科目

C.记入“其他综合收益”科目　　D.记入“资本公积”科目

第11记 66记 知识链接

34 下列各项中，企业现金清查发现的无法查明原因的短缺，经批准后应记入的会计科目是（　　）。

A.管理费用　　B.财务费用

C.其他应收款　　D.营业外支出

第13记 66记 知识链接

35 下列各项中，不属于职工薪酬的是（　　）。

A.支付给职工的困难生活补助　　B.为职工缴存的养老保险费

C.为职工支付的业务培训费　　D.为高管人员代垫的医药费

第14记 66记 知识链接

36 某企业将自产的一批产品作为非货币性福利发给车间的生产工人，该批产品不含税售价为50 000元，适用的增值税税率为13%，成本为35 000元。期末，该批产品尚未对外出售。不考虑其他因素，下列各项中，发放该项非货币性福利对该企业损益的影响金额是（ ）元。

A. 50 000 B. 35 000 C. 15 000 D. 56 500

第14记 66记 知识链接

37 下列各项中，企业按照税法规定代扣职工个人所得税，应借记的会计科目是（ ）。

A.应付职工薪酬——工资 B.应交税费——应交个人所得税

C.税金及附加 D.财务费用

第14、24记 66记 知识链接

38 某公司辞退计划的职工最佳估计数为60名，为生产工人和车间管理人员，预计离职补偿总额1 200 000元。该公司有关辞退福利的会计处理正确的是（ ）。

A.借：管理费用 1 200 000

　贷：应付职工薪酬——辞退福利 1 200 000

B.借：生产成本 1 200 000

　贷：应付职工薪酬——离职后福利 1 200 000

C.借：生产成本 1 200 000

　贷：应付职工薪酬——辞退福利 1 200 000

D.借：管理费用 1 200 000

　贷：应付职工薪酬——离职后福利 1 200 000

第14记 66记 知识链接

39 2024年9月1日，某企业向银行借入一笔期限2个月、到期一次还本付息的生产经营周转借款200 000元，年利率6%。借款利息采用预提方式，月末确认。11月1日，企业以银行存款偿还借款本息的会计处理正确的是（ ）。

A.借：短期借款 200 000

　贷：银行存款 200 000

B.借：短期借款 200 000

　　应付利息 2 000

　贷：银行存款 202 000

C.借：短期借款 200 000

　　财务费用 2 000

　贷：银行存款 202 000

D.借：短期借款 202 000

　贷：银行存款 202 000

第15记 66记 知识链接

40 甲公司为增值税一般纳税人，接受乙公司一项无形资产投资，合同价款为100万元，增值税税额9万元；接受丙公司一台固定资产投资，合同价款为200万元，增值税税额26万元。税款全部由投资方承担，合同价款均与公允价值相符，经约定，全部作为公司实收资本。则甲公司实收资本的金额为（　　）万元。

A. 309　　B. 326　　C. 300　　D. 335

第16记 66记 知识链接

41 某股份有限公司发行普通股30 000万股，每股面值为1元，发行价格为3元，发行股票的手续费为1 900万元，扣除手续费的发行所得款项已存入银行，不考虑其他因素。下列各项中，关于该公司发行股票会计处理的表述，正确的是（　　）。

A.借记“银行存款”科目90 000万元　　B.贷记“股本”科目90 000万元

C.借记“财务费用”科目1 900万元　　D.贷记“资本公积”科目58 100万元

第16记 66记 知识链接

42 某企业所有者权益总额为600万元。当年实现净利润360万元，提取盈余公积36万元，向投资者分配现金股利84万元，以资本公积转增资本60万元。该企业所有者权益总额为（　　）万元。

A. 960　　B. 516　　C. 912　　D. 876

第16记 66记 知识链接

43 下列各项中，导致企业留存收益减少的经济业务是（　　）。

A.追加投资　　B.公司发放现金股利

C.以盈余公积弥补以前年度亏损　　D.提取盈余公积

第16记 66记 知识链接

44 2024年初某企业未分配利润为300万元，本年实现净利润200万元，提取盈余公积20万元，以未分配利润支付现金股利90万元。不考虑其他因素，2024年12月31日该企业未分配利润余额是（　　）万元。

A. 390　　B. 410　　C. 480　　D. 500

第16记 66记 知识链接

45 咨询服务公司本月与客户签订为期半年的咨询服务合同，并已预收全部咨询服务费，该合同于下月开始执行。下列各项中，该公司预收咨询服务费应记入的会计科目是（　　）。

A.合同取得成本　　B.合同负债

C.主营业务成本　　D.主营业务收入

第17记 66记 知识链接

46 某企业向其客户销售M和N两台设备，不含增值税的合同总价款为400万元，M、N设备不含增值税的单独售价分别为330万元和110万元。不考虑其他因素，该企业销售M设备应分摊的交易价格为（　　）万元。

A. 100　　B. 110　　C. 30　　D. 300

第17记 66记 知识链接

47 某公司通过竞标取得一项3年期的保洁合同，为取得该合同，该公司聘请外部律师事务所进行尽职调查并支付相关费用10万元，为投标发生差旅费2万元，支付销售人员佣金5万元。该公司预期这些支出未来均能收回。该公司计入合同取得成本的金额为（　　）万元。

A. 15　　B. 7　　C. 5　　D. 17

第17记 66记 知识链接

48 某企业与客户签订设备定制合同，双方约定，若3个月完工，价款15万元，若提前1个月完工，客户将额外奖励1万元，该企业预计提前1个月完工的概率为5%，不考虑其他因素，该设备的交易价格为（　　）万元。

A. 16　　B. 1　　C. 15.05　　D. 15

第17记 66记 知识链接

49 甲公司2024年5月20日销售A商品一批，增值税专用发票上注明的价款为350 000元，增值税税额为45 500元，该批商品成本为182 000元。A商品于2024年5月20日发出，客户于5月27日付款。该项业务属于在某一时点履行的履约义务。2024年9月16日，该商品质量出现严重问题，客户将该批商品全部退回给甲公司。甲公司同意退货，于退货当日支付了退货款，并按规定向客户开具了增值税专用发票（红字）。不考虑其他因素，下列各项中，关于甲公司的会计处理，说法不正确的是（　　）。

A. 2024年5月20日，甲公司应确认收入350 000元，确认应收账款395 500元

B. 2024年5月20日，甲公司应结转成本182 000元，确认增值税销项税额45 500元

C. 2024年9月16日，甲公司应冲减收入350 000元，应冲减成本182 000元

D. 2024年9月16日，甲公司应确认增值税进项税额45 500元

第18记 66记 知识链接

50 2024年9月1日，某建筑施工企业与客户签订一份施工合同，合同约定不含增值税总价款为3 500万元，属于在某一时段内履行的单项履约义务。企业预计履行该合同将发生的总成本为2 000万元，按照已发生成本占估计总成本的比例确定履约进度。截至2024年12月31日，企业履行合同实际发生成本800万元。企业履行该合同已满足收入确认条件，不考虑其他因素，2024年该企业应确认的收入为（　　）万元。

A. 1 400　　B. 2 000　　C. 2 100　　D. 800

第18记 66记 知识链接

51 下列各项中，不应计入财务费用的是（　　）。

A.银行存款利息　　B.短期借款利息

C.银行承兑手续费　　D.财务人员的工资

第19记 66记 知识链接

52 下列各项中，企业应计入管理费用的是（　　）。

A.销售商品发生的广告费

B.支付给银行的票据贴现手续费

C.计提专设售后服务网点维修设备的折旧费

D.支付给董事会成员的津贴

第19记 66记 知识链接

53 某企业2024年当期应交所得税为650万元。递延所得税负债年初数为45万元、年末数为58万元，递延所得税资产年初数为36万元、年末数为32万元。不考虑其他因素，该企业2024年应确认的所得税费用为（　　）万元。

A. 667　　B. 663　　C. 633　　D. 650

第19记 66记 知识链接

54 某企业2024年度利润总额为500万元，应纳税所得额为480万元；递延所得税资产年初数为18万元，年末数为10万元，所得税税率为25%。不考虑其他因素，该企业2024年末确认的所得税费用为（　　）万元。

A. 125　　B. 112　　C. 120　　D. 128

第19记 66记 知识链接

55 下列各项中，企业应通过“税金及附加”科目核算的是（　　）。

A.确认应交的增值税　　B.确认应交的房产税

C.确认代扣代缴的个人所得税　　D.确认应交的企业所得税

第19记 66记 知识链接

56 下列各项中，经管理权限批准后应计入营业外支出的是（　　）。

A.存货运输途中的合理损耗　　B.出售设备的处置净损失

C.无法查明原因的现金短缺　　D.因台风原因造成的材料盘亏净损失

第19记 66记 知识链接

57 下列各项中，不会影响企业利润总额的是（　　）。

A.销售商品承担的质量保证费

B.确认的当期应交所得税

C.结转已提供劳务的成本

D.确认固定资产减值损失

第20记 66记 知识链接

58 某企业适用的所得税税率为25%。2024年该企业实现营业利润80万元，实现营业外收入10万元，实现的投资收益中含国债利息收入6万元。不考虑其他纳税调整因素，企业当年实现的净利润为（　　）万元。

A. 67.5　　B. 69　　C. 63　　D. 66

第20记 66记 知识链接

二、多项选择题

59 下列会计主体中，会计核算必须采用权责发生制的有（　　）。

A.某国有股份制银行　　B.某民营互联网公司

C.某外商房地产开发公司　　D.某市财政局

第1记 66记 知识链接

60 下列各项中，关于会计职业道德与会计法律制度的说法，正确的有（　　）。

A.会计法律制度具有很强的他律性，会计职业道德具有内在的控制力

B.会计法律制度和会计职业道德均为成文规定或规范

C.会计法律制度依靠国家强制力保证其执行，会计职业道德通过教育、评价等方式实现

D.会计法律制度以法律规定为评价标准，会计职业道德以行业行政管理规范和道德评价为标准

第1记 66记 知识链接

61 下列各项中，属于会计职业道德的有（　　）。

A.坚持诚信，守法奉公　　B.坚持准则，守责敬业

C.坚持学习，守正创新　　D.坚持原则，守职爱岗

第1记 66记 知识链接

62 下列各项中，属于原始凭证应当具备的基本内容的有（　　）。

A.记账符号　　B.交易或事项的内容

C.经办人员签名或盖章　　D.填制凭证的日期

第1记 66记 知识链接

63 下列各项中，属于记账凭证按其反映经济业务的内容划分的有（　　）。

A.收款凭证　　B.付款凭证

C.转账凭证　　D.通用凭证

第1记 66记 知识链接

64 下列各项中，企业应根据相关业务的原始凭证填制收款凭证的有（　　）。

A.收取出租包装物押金　　B.从银行存款中提取现金

C.将库存现金送存银行　　D.销售产品取得货款存入银行

第1记 66记 知识链接

65 在实际成本核算方式下，企业可以采用的发出存货成本的计价方法有（　　）。

A.个别计价法　　B.先进先出法

C.月末一次加权平均法　　D.移动加权平均法

第4记 66记 知识链接

66 下列各项中，一般纳税企业不需要计入收回委托加工物资成本的有（　　）。

A.支付的加工费

B.随同加工费支付的增值税

C.支付的收回后用于继续加工应税消费品的委托加工物资的消费税

D.支付的收回后用于直接销售的委托、加工物资的消费税

第6记 66记 知识链接

67 某企业为增值税一般纳税人，自营建造一幢厂房。下列各项中，应计入该厂房成本的有（　　）。

A.领用工程物资的成本　　B.领用本企业自产产品的成本

C.购买工程物资支付的增值税　　D.确认工程人员的薪酬

第7记 66记 知识链接

68 下列各项中，关于企业固定资产折旧方法的表述，不正确的有（　　）。

A.采用年限平均法计算的年折旧额相等

B.采用年数总和法计算的年折旧率相等

C.采用年数总和法计算的年折旧额递减

D.采用双倍余额递减法计算的年折旧额相等

第8记 66记 知识链接

69 下列各项中，企业无须计提折旧的资产有（　　）。

A.已达到预定可使用状态但尚未办理竣工决算的办公楼

B.日常维修停用的设备

C.处于更新改造期间的机器设备

D.已提足折旧仍继续使用的厂房

第8记 66记 知识链接

70 企业固定资产发生增减变动应通过“固定资产清理”核算的有（　　）。

A.出售老旧生产设备

B.盘亏行政管理用的办公设备

C.盘盈销售机构装卸设备

D.报废因交通事故毁损的运输车辆

第9记 66记 知识链接

71 下列各项中，关于企业无形资产摊销的表述，不正确的有（　　）。

A.当月报废的非专利技术当月应计提摊销

B.无形资产的摊销金额应计入管理费用

C.使用寿命不确定的非专利技术不计提摊销

D.当月达到预定用途的专利权当月起计提摊销

第10记 66记 知识链接

72 下列各项中，关于企业出售无形资产会计处理的表述，正确的有（　　）。

A.按照已计提的累计摊销额借记“累计摊销”科目

B.出售无形资产的净损失借记“营业外支出”科目

C.按照已计提的减值准备借记“无形资产减值准备”科目

D.按照无形资产的账面余额贷记“无形资产”科目

第10记 66记 知识链接

73 下列各项中，关于制造业企业无形资产摊销会计处理的表述，正确的有（　　）。

A.出租的无形资产摊销额计入其他业务成本

B.专门用于某种产品生产的无形资产摊销额计入该产品成本

C.使用寿命有限的无形资产自取得当月开始摊销

D.使用寿命不确定的无形资产按10年进行摊销

第10记 66记 知识链接

74 下列各项中，关于制造业企业投资性房地产会计处理的表述，正确的有（　　）。

A.处置时的净损益计入资产处置损益

B.出租的租金收入计入其他业务收入

C.公允价值模式可以变更为成本模式

D.成本模式下，投资性房地产应按相关规定计提折旧

第11记 66记 知识链接

75 下列各项中，关于投资性房地产会计处理的表述，不正确的有（　　）。

A.采用公允价值模式计量的投资性房地产，可变更为成本模式计量

B.自用房地产转为公允价值模式计量的投资性房地产，差额计入公允价值变动损益

C.采用成本模式计量的投资性房地产，在满足条件时，可变更为公允价值模式计量

D.采用公允价值模式计量的投资性房地产，处置差额计入投资收益

第11记 66记 知识链接

76 下列各项中，不属于企业投资性房地产的有（　　）。

A.用于出售的楼盘　　B.用于自建厂房的土地使用权

C.拥有并自行经营的旅馆　　D.已出租的办公楼

第11记 66记 知识链接

77 2023年5月7日，甲公司支付50万元购入乙公司普通股并作为交易性金融资产核算，另发生交易费用2万元。2023年12月31日，该项交易性金融资产公允价值为51万元。2024年1月5日，甲公司以56万元的金额将该交易性金融资产转让，相关款项已存入企业专门设立的存出投资款账户。不考虑其他因素，下列各项关于交易性金融资产会计处理的表述中，正确的有（　　）。

A. 2023年5月7日，该项交易性金融资产入账成本为50万元

B. 2024年1月5日，甲公司出售该交易性金融资产，“其他货币资金——存出投资款”科目金额增加56万元

C. 2023年12月31日，甲公司应确认公允价值变动损益3万元

D. 2024年1月5日，甲公司应确认投资收益5万元

第12记 66记 知识链接

78 下列事项中，企业需要进行全面清查的有（　　）。

A.原材料短缺　　B.出纳人员离职

C.年终决算　　D.股份制改造前

第13记 66记 知识链接

79 下列各项中，企业分配职工薪酬时应计入当期损益的有（　　）。

A.专设销售机构人员薪酬　　B.自营工程施工人员薪酬

C.行政管理人员薪酬　　D.基本生产车间管理人员薪酬

第14记 66记 知识链接

80 下列各项中，不属于短期薪酬的有（　　）。

A.提前解除劳动合同给予职工的补偿

B.按规定计提的基本养老保险

C.按规定计提的住房公积金

D.向职工发放的生活困难补助

第14记 66记 知识链接

81 2024年10月1日，某企业经批准按面值发行债券1 000万元并全部用于建设厂房，该债券期限为3年，该债券为分期付息、到期还本，票面利率和实际利率均为4%。厂房于2024年初开工建设，至2024年12月31日尚未完工。不考虑其他因素，下列各项关于企业2024年12月31日确认债券利息费用的会计处理，不正确的有（　　）。

A.借：在建工程　10

　贷：应付债券——应计利息　10

B.借：财务费用　40

　贷：应付债券——应计利息　40

C.借：在建工程　40

　贷：应付债券——应计利息　40

D.借：财务费用　10

　贷：应付债券——应计利息　10

第15记 66记 知识链接

82 某股份有限公司股本为10 000万元，每股面值为1元，资本公积（股本溢价）为3 000万元。2024年1月1日经股东大会批准，以银行存款回购本公司股票1 000万股，回购价格为每股3元，并注销。不考虑其他因素，该公司的会计处理正确的有（　　）。

A.回购时，股东权益减少3 000万元

B.注销时，资本公积减少2 000万元

C.回购时，库存股增加1 000万元

D.注销时，股本减少1 000万元

第16记 66记 知识链接

83 下列各项中，关于有限责任公司资本公积的表述，正确的有（　　）。

A.投资者出资额超过其在注册资本中所占份额的股东权益

B.不得用于企业利润分配

C.可以作为企业股利分配的依据

D.可以体现各位投资者在企业所有者权益中所占的比例

第16记 66记 知识链接

84 下列各项中，不会导致企业“资本公积”科目金额增加的有（　　）。

A.企业溢价发行股票时，支付给券商的手续费、佣金

B.企业持有权益法核算的长期股权投资，被投资方实现其他权益变动

C.企业按月计提短期借款利息

D.企业折价回购股票，在注销库存股时产生的差额

第16记 66记 知识链接

85 下列各项中，导致企业留存收益变动的有（　　）。

A.用未分配利润发放现金股利
B.接受投资者设备投资
C.用盈余公积转增资本
D.提取法定盈余公积

第16记 66记 知识链接

86 下列各项中，会影响年末可供分配利润的有（　　）。

A.当年实现净利润
B.年初未分配利润
C.资本公积转增资本
D.盈余公积补亏

第16记 66记 知识链接

87 下列各项中，制造业企业不应通过“其他业务收入”科目核算的有（　　）。

A.出租固定资产实现的收入
B.转让交易性金融资产取得的收益
C.处置投资性房地产收到的处置价款
D.接受现金捐赠产生的利得

第17记 66记 知识链接

88 下列各项中，不应计入合同履约成本的有（　　）。

A.非正常消耗的直接材料
B.企业承担的管理费用
C.本期发生直接为客户提供承诺服务且预期能够收回的人员工资
D.与企业过去的履约活动相关的差旅费

第17记 66记 知识链接

89 2024年9月1日，甲公司与乙公司签订委托代销商品合同，合同约定甲公司按不含增值税的销售价格的10%向乙公司支付手续费。在商品对外销售之前，乙公司没有义务向甲公司支付货款，乙公司不承担包销责任，未售出的商品必须退还给甲公司。不考虑其他因素，下列各项中，关于乙公司对该受托代销业务的会计处理，表述正确的有（　　）。

A.收到受托代销商品时，确认为库存商品
B.出售受托代销商品收到的销售款确认为销售收入
C.按照收取的手续费确认收入
D.出售受托代销商品收到的款项应确认为应付账款

第18记 66记 知识链接

90 下列各项中，应计入企业期间费用的有（ ）。

A.专设销售机构自有固定资产计提的折旧

B.生产部门机器设备的折旧费

C.行政管理部门职工的薪酬

D.固定资产出售净收益

第19记 66记 知识链接

91 企业销售商品相关的下列各项税费中，应通过“税金及附加”科目核算的有（ ）。

A.委托加工环节由受托方代收代缴的消费税

B.车船税

C.印花税

D.城市维护建设税

第19、24记 66记 知识链接

92 下列各项中，企业应计入销售费用的有（ ）。

A.出借包装物的摊销

B.预计产品质量保证损失

C.因产品质量原因给予客户的销售退回

D.销售部门人员报销的差旅费

第19记 66记 知识链接

93 下列各项中，不符合收入要素定义、不可以确认为收入的有（ ）。

A.出售无形资产收取的价款

B.销售材料收到的价款

C.出售固定资产收取的价款

D.确认的政府补助利得

第17记 66记 知识链接

94 下列各项中，导致企业营业利润发生增减变动的有（ ）。

A.行政管理部门设备日常维修

B.接受非关联方现金捐赠

C.取得无形资产转让净收益

D.无法查明原因的现金溢余

第20记 66记 知识链接

95 下列各项中，影响企业营业利润的有（ ）。

A.存货盘盈净收益

B.出售包装物实现的净收益

C.报废专利权净损失

D.处置联营企业长期股权投资取得的收益

第20记 66记 知识链接

三、判断题

96 企业集团既是会计主体又是法律主体。 (　　)

第1记 66记 知识链接

97 试算平衡检查账户记录，如果借贷双方发生额合计与余额合计均相等，表明记账正确。 (　　)

第1记 66记 知识链接

98 企业发现未查明原因的现金溢余，按管理权限报经批准后应冲减财务费用。 (　　)

第13记 66记 知识链接

99 企业销售商品收到银行承兑汇票应通过“其他货币资金”科目核算。 (　　)

第2记 66记 知识链接

100 企业为特定客户设计产品所发生的、可直接确定的设计费用，应计入存货成本。 (　　)

第4记 66记 知识链接

101 材料采用计划成本核算，发出材料应负担的成本差异在年末一次计算分摊。 (　　)

第5记 66记 知识链接

102 月末，企业对已验收入库但发票账单未到并且其货款尚未支付的材料，不应确认企业的应付账款。 (　　)

第5记 66记 知识链接

103 企业领用低值易耗品并采用一次摊销法核算，其实际成本均应计入制造费用。 (　　)

第6记 66记 知识链接

104 企业委托加工应税消费品（非金银首饰），该消费品收回后继续用于加工应税消费品，受托方代收代缴的消费税计入委托加工物资成本。 (　　)

第6记 66记 知识链接

105 企业委托加工的应税消费品（非金银首饰）收回后直接用于销售的，由受托方代收代缴的消费税记入“应交税费——应交消费税”科目。 (　　)

第6记 66记 知识链接

106 商品流通企业采购商品的进货费用金额较小的，可在发生时直接计入当期损益。 (　　)

第6记 66记 知识链接

107 企业以一笔款项购入多项没有单独标价的固定资产时，应按各项固定资产评估价的比例对总成本进行分配，以确定各项固定资产的成本。（　）

第7记 66记 知识链接

108 企业自行研究开发无形资产发生无法可靠区分研究阶段和开发阶段的支出，应将发生的研发支出全部计入无形资产成本。（　）

第10记 66记 知识链接

109 企业取得交易性金融资产时，支付的价款中包括已到期尚未领取的利息应作为投资收益核算。（　）

第12记 66记 知识链接

110 企业在财产清查中盘盈固定资产的重置成本，应通过“营业外收入”科目核算。（　）

第13记 66记 知识链接

111 企业发生存货盘盈，按管理权限报经批准后应计入营业外收入。（　）

第13记 66记 知识链接

112 企业将自产产品作为福利发放给本单位职工，应根据产品的成本价作为应付职工薪酬核算。（　）

第14记 66记 知识链接

113 企业提前解除劳动合同给予职工解除劳动关系的补偿，应按照受益对象进行分摊，计入相关资产成本或当期损益。（　）

第14记 66记 知识链接

114 企业以外购商品作为非货币性福利发放给职工时，应确认其他业务收入。（　）

第14记 66记 知识链接

115 “短期借款”科目贷方的核算内容包括短期借款计提的利息。（　）

第15记 66记 知识链接

116 企业计提的应付债券利息，应通过“应付利息”科目核算。（　）

第15记 66记 知识链接

117 股份有限公司的资本公积可以转增股本，不能分派现金股利。（　）

第16记 66记 知识链接

118 企业采用权益法核算的长期股权投资，在持有期间确认的其他综合收益，待该项股权投资处置时，将原计入其他综合收益的金额转入当期损益。 (　　)

第16记 66记 知识链接

119 年度终了，企业应将“本年利润”科目的本年累计余额转入“利润分配——未分配利润”科目。 (　　)

第16记 66记 知识链接

120 企业计提盈余公积会导致企业可供分配的利润金额减少。 (　　)

第16记 66记 知识链接

121 企业回购股票但未注销时，应冲减股本总额。 (　　)

第16记 66记 知识链接

122 股份有限公司发行股票支付的手续费、佣金等费用，计入财务费用。 (　　)

第16记 66记 知识链接

123 企业为取得建筑施工合同发生的预期能够收回的增量成本，应当作为合同履约成本，并确认为一项资产。 (　　)

第17记 66记 知识链接

124 交易价格中不包括企业代第三方收取的款项但应包括企业预期将退还给客户的款项。 (　　)

第17记 66记 知识链接

125 在支付手续费委托代销方式下，委托方按合同约定发出商品时应将库存商品转入“发出商品”科目核算。 (　　)

第18记 66记 知识链接

126 对于在某一时段内履行的履约义务，当履约进度不能合理确定时，企业已发生的成本预计能够得到补偿的，应当按照已发生的成本金额确认收入。 (　　)

第18记 66记 知识链接

127 企业的所得税费用应根据当期应交所得税和递延所得税计算确定。 (　　)

第19记 66记 知识链接

128　表结法下，各损益类科目每月月末只需结计出本月发生额和月末累计余额，年末再将全年累计额一次性结转入“本年利润”科目。（　　）

第20记 66记 知识链接

四、不定项选择题

129　某企业为增值税一般纳税人，适用的增值税税率为13%。2023年12月1日，该企业“原材料——甲材料”科目期初结存数量为2 000千克，单位成本为15元，未计提存货跌价准备。12月发生有关原材料收发的业务或事项如下：

（1）10日，购入甲材料2 020千克，增值税专用发票上注明的价款为32 320元，增值税税额为4 201.6元，销售方代垫运杂费2 680元（不考虑增值税），运输过程中发生合理损耗20千克。材料已验收入库，款项尚未支付。

（2）20日，销售甲材料100千克，开出的增值税专用发票上注明的价款为2 000元，增值税税额为260元，材料已发出，并向银行办妥托收手续。

（3）25日，本月生产产品耗用甲材料3 000千克，生产车间一般耗用甲材料100千克。

（4）31日，采用月末一次加权平均法计算结转发出的甲材料成本。

（5）31日，预计甲材料可变现净值为12 800元。

要求：

根据上述资料，不考虑其他因素，分析回答下列小题。

（1）根据资料（1），下列会计处理核算正确的是（　　）。

A.借记“原材料”科目32 320元

B.借记“应交税费——应交增值税（进项税额）”科目4 201.6元

C.借记“销售费用”科目2 680元

D.原材料的单位成本为17.5元

（2）根据资料（2），下列说法中，正确的是（　　）。

A.增加应收账款2 260元　　B.增加银行存款2 260元

C.增加应收票据2 260元　　D.增加其他货币资金2 260元

（3）根据资料（3），下列各项中，关于该企业发出材料会计处理的表述，正确的是（　　）。

A.生产产品耗用原材料应计入制造费用

B.生产产品耗用原材料应计入生产成本

C.生产车间一般耗用原材料应计入管理费用

D.生产车间一般耗用原材料应计入制造费用

（4）根据期初资料、资料（1）至（4），下列各项中，关于结转销售材料成本的会计处理，正确的是（　　）。

A.甲材料加权平均单位成本15.58元

B.主营业务成本增加1 625元

C.其他业务成本增加1 625元

D.甲材料加权平均单位成本16.25元

（5）根据期初资料、资料（1）至（5），下列各项中，关于该企业12月末原材料的会计处理，表述正确的是（　　）。

A. 12月末应计提存货跌价准备200元

B. 12月末列入资产负债表“存货”项目的“原材料”金额为12 800元

C. 12月末甲材料的成本为13 000元

D. 12月末甲材料成本高于其可变现净值，不计提存货跌价准备

第4、5、6、21记 66记 知识链接

130 甲公司为增值税一般纳税人，2024年度该公司发生的固定资产相关业务如下：

（1）1月8日，购入一台需要安装的M设备，取得的增值税专用发票上注明的价款为500 000元，增值税税额为65 000元，另支付安装费，取得的增值税专用发票上注明的价款为40 000元，增值税税额为3 600元，全部款项以银行存款支付。该设备预计可使用5年，预计净残值为30 000元，采用年限平均法计提折旧。1月10日，M设备达到预定可使用状态并交付生产车间使用。

（2）6月30日，委托外单位对本企业设备进行日常维护修理，其中行政管理部门设备的修理费为30 000元，销售部门设备修理费为10 000元，取得的增值税专用发票上注明的价款为40 000元，增值税税额为5 200元，全部款项以银行存款支付。

（3）12月5日，报废一台N设备，该设备原值为800 000元，已计提折旧760 000元，未发生减值损失。设备报废取得残值变价收入20 000元，开具的增值税专用发票上注明的增值税税额为2 600元，报废过程中发生自行清理费用6 000元，全部款项均已通过银行办理结算。

（4）12月31日，对固定资产进行减值测试。2024年1月购入的M设备存在减值迹象，其可收回金额为440 000元。

要求：

根据上述资料，不考虑其他因素，分析回答下列小题。（答案中的金额单位用“元”表示）

（1）根据资料（1），下列各项中，甲公司购入M设备的入账价值是（　　）元。

A. 540 000　　B. 605 000　　C. 565 000　　D. 500 000

（2）根据资料（1），下列各项中，关于甲公司购入M设备计提折旧的表述，正确的是（　　）。

A.自2024年1月开始计提折旧

B. 2024年计提折旧93 500元

C.自2024年2月开始计提折旧

D.每月折旧额为8 500元

（3）根据资料（2），下列各项中，甲公司支付设备修理费的会计处理正确的是（　　）。

A.确认管理费用40 000元

B.确认制造费用40 000元

C.确认销售费用10 000元

D.确认管理费用30 000元

（4）根据资料（3），下列各项中，甲公司报废N设备的会计处理正确的是（　　）。

A.支付清理费用时：

借：固定资产清理　　6 000

　贷：银行存款　　6 000

B.转入清理时：

借：固定资产清理　　40 000

　　累计折旧　　760 000

　贷：固定资产　　800 000

C.取得残值变价收入时：

借：银行存款　　22 600

　贷：固定资产清理　　20 000

　　　应交税费——应交增值税（销项税额）　　2 600

D.结转报废净损失时：

借：资产处置损益　　26 000

　贷：固定资产清理　　26 000

（5）根据资料（1）和（4），下列各项中，12月31日关于M设备期末计量和报表填列，正确的是（　　）。

A.M设备应计提减值准备6 500元

B.期末M设备在资产负债表“固定资产”项目填列的金额为446 500元

C.M设备的减值损失在以后会计期间不得转回

D.期末M设备在资产负债表“固定资产”项目填列的金额为440 000元

第7、8、9、21、29记　66记 知识链接

131　2024年1月1日，甲企业（增值税一般纳税人）开始自行研发一项专利技术，发生与该项专利技术相关的经济业务活动如下：

（1）1月31日，该项专利技术研究阶段工作结束，共发生研发人员薪酬25万元。本月用银行存款支付其他研发支出，取得的增值税专用发票上注明的价款为64万元，增值税税额为3.84万元。

（2）2月1日，研发活动进入开发阶段，该阶段领用的本企业原材料成本为100万元（不考虑增值税），确认研究人员薪酬130万元，用银行存款支付其他研发支出，取得的增值税专用发票上注明的价款为18万元，增值税税额为1.08万元。开发阶段的全部支出中有10万元不符合资本化条件。

（3）8月1日，该专利技术达到预定用途，并按法律程序申请获得专利权，以银行存款支付注册登记费2万元。8月5日，交付企业行政管理部门使用。专利权采用直线法分5年进行摊销，预计净残值为零。

（4）2025年1月1日，将专利权短期租赁给乙企业，租期为10个月，每月租金为5万元（不考虑增值税），每月摊销额为4万元。

要求：

根据上述资料，不考虑其他因素，分析回答下列小题。（答案中的金额单位用“万元”表示）

（1）根据资料（1），下列各项中，关于研究阶段研发支出的会计处理，正确的是（　　）。

A.发生其他研发支出时：

借：研发支出——费用化支出	64	
应交税费——应交增值税（进项税额）	3.84	
贷：银行存款		67.84

B.确认研发人员薪酬时：

借：研发支出——费用化支出	25	
贷：应付职工薪酬		25

C. 1月末结转研究阶段支出时：

借：管理费用	89	
贷：研发支出——费用化支出		89

D. 1月末结转研究阶段支出时：

借：无形资产	89	
贷：研发支出——费用化支出		89

（2）根据资料（2），下列各项中，关于开发阶段研发支出的会计处理，表述正确的是（　　）。

A.借记“研发支出——资本化支出”科目248万元

B.借记“研发支出——资本化支出”科目238万元

C.借记“研发支出——费用化支出”科目248万元

D.借记“研发支出——费用化支出”科目10万元

（3）根据资料（2）至（3），下列各项中，该企业相关会计处理正确的是（　　）。

A.专利权入账价值为240万元

B. 2024年专利权摊销额为20万元

C. 2024年专利权摊销额为20.83万元

D.专利权入账价值为250万元

（4）根据资料（4），下列各项中，关于专利权出租会计处理的表述，正确的是（　　）。

A.摊销额计入营业外支出

B.摊销额计入其他业务成本

C.租金收入计入其他业务收入

D.租金收入计入营业外收入

（5）根据资料（1）至（4），截至2025年10月末，上述业务对甲企业2 024至2025年营业利润的影响合计金额是（　　）万元。

A.−99　　B.−111　　C.−109　　D.−113

132 某企业为增值税一般纳税人，2024年12月初“应付职工薪酬”科目贷方余额为210万元。本月该企业发生的有关职工薪酬的经济业务如下：

（1）以银行存款发放上月应付职工薪酬，并按规定代扣职工个人所得税18万元，扣除已垫付职工房租12万元，实发薪酬180万元。

（2）分配本月货币性职工薪酬240万元，其中基本生产车间生产工人薪酬为120万元，车间管理人员薪酬为50万元，企业行政管理人员薪酬为40万元，专设销售机构人员薪酬为30万元。

（3）将自制的200台加湿器作为本月生产车间生产工人的职工福利发放，加湿器的成本为每台400元，市场不含税售价为每台500元，适用的增值税税率为13%。

（4）该企业将租赁的房屋无偿提供给10名部门经理人员和20名销售人员使用，支付的租金金额分别为15万元和18万元。

要求：

根据上述资料，不考虑其他因素，分析回答下列小题。（答案中的金额单位用“万元”表示）

（1）根据期初资料和资料（1），下列各项中，该企业支付职工薪酬的相关会计处理，表述正确的（　　）。

A.贷记“应交税费”科目18万元

B.贷记“其他应收款”科目30万元

C.贷记“银行存款”科目180万元

D.借记“应付职工薪酬”科目210万元

（2）根据资料（2），下列各项中，关于该企业分配职工薪酬会计处理的表述，正确的是（　　）。

A.车间管理人员薪酬50万元计入管理费用

B.企业行政管理人员薪酬40万元计入管理费用

C.专设销售机构人员薪酬30万元计入销售费用

D.基本生产车间生产工人薪酬120万元计入生产成本

（3）根据资料（3），下列各项中，该企业确认和发放非货币性福利的会计处理正确的是（　　）。

A.结转发放非货币性福利的产品成本：

借：主营业务成本　8

　贷：库存商品　8

B.发放非货币性福利：

借：应付职工薪酬　11.3

　贷：主营业务收入　10

　　应交税费——应交增值税（销项税额）　1.3

C.发放非货币性福利：

借：应付职工薪酬　9.3

　贷：库存商品　8

　　应交税费——应交增值税（销项税额）　1.3

D.确认非货币性福利：

借：生产成本　11.3

　贷：应付职工薪酬　11.3

(4) 根据资料（4），下列各项中，关于租赁住房无偿提供给职工使用的会计处理，正确的是（　　）。

A.借：管理费用　　15
　　销售费用　　18
　贷：其他应付款　　33

B.借：管理费用　　33
　贷：应付职工薪酬　　33

C.借：应付职工薪酬　　33
　贷：银行存款　　33

D.借：其他应付款　　33
　贷：银行存款　　33

(5) 根据资料（2）至（4），2024年12月该企业应计入产品成本的职工薪酬金额是（　　）万元。

A. 181.3　　B. 254.6　　C. 173.3　　D. 170

第14记 66记 知识链接

133　2024年1月1日，某股份有限公司所有者权益各项目金额分别为：股本10 000万元（每股面值为1元），资本公积（股本溢价）50 000万元，盈余公积3 000万元，未分配利润1 000万元（贷方余额）。2024年该公司发生的相关业务资料如下：

（1）4月25日，经股东大会批准，以盈余公积向普通股股东转增股本400万元，宣告分配现金股利200万元。5月24日，以银行存款支付全部现金股利。

（2）5月18日，经股东大会批准，以现金回购方式回购本公司股票1 000万股并注销，每股回购价为3元。

（3）12月31日，全年实现净利润2 000万元，按净利润的10%提取法定盈余公积，并结转至未分配利润。

要求：

根据上述资料，不考虑其他因素，分析回答下列小题。（答案中的金额单位用“万元”表示）

(1) 根据期初资料和资料（1），下列各项中，关于该公司转增资本、发放并支付现金股利的会计处理，正确的是（　　）。

A.支付现金股利时：

借：利润分配——未分配利润　　200
　贷：银行存款　　200

B.宣告分配现金股利时：

借：利润分配——应付现金股利或利润　　200
　贷：应付股利　　200

C.支付现金股利时：

借：应付股利　　200

　贷：银行存款　　200

D.用盈余公积转增股本时：

借：盈余公积　　400

　贷：股本　　400

(2) 根据期初资料和资料（2），下列各项中，关于该公司回购并注销本公司股票的会计处理，正确的是（　　）。

A.借记“盈余公积”2 000万元　　B.借记“股本”1 000万元

C.贷记“银行存款”3 000万元　　D.借记“资本公积”2 000万元

(3) 根据资料（3），下列各项中，关于该公司结转净利润、提取法定盈余公积及结转未分配利润的会计处理，正确的是（　　）。

A.结转未分配利润时：

借：利润分配——未分配利润　　200

　贷：利润分配——提取法定盈余公积　　200

B.结转净利润时：

借：本年利润　　2 000

　贷：利润分配——未分配利润　　2 000

C.提取法定盈余公积时：

借：利润分配——提取法定盈余公积　　200

　贷：盈余公积　　200

D.结转未分配利润时：

借：利润分配——提取法定盈余公积　　200

　贷：利润分配——未分配利润　　200

(4) 根据期初资料、资料（1）至（3），2024年末该公司“利润分配——未分配利润”科目余额是（　　）万元。

A. 2 800　　B. 3 000　　C. 2 600　　D. 2 000

(5) 根据期初资料、资料（1）至（3），2024年末该公司所有者权益总额是（　　）万元。

A. 63 800　　B. 66 000　　C. 64 000　　D. 62 800

第16记 66记 知识链接

134　甲公司为增值税一般纳税人，2024年发生的有关交易性金融资产业务如下：

（1）1月3日，向证券公司存出投资款2 000万元。同日，委托证券公司购入乙上市公司股票50万股，支付价款505万元（其中包含已宣告但尚未发放的现金股利5万元），另支付相关交易费用1.25万元，支付增值税0.075万元，甲公司将该股票投资确认为交易性金融资产。

（2）3月20日，收到乙上市公司发放的现金股利并存入银行的投资款专户，3月31日，持有的乙上市公司股票公允价值为480万元。

（3）4月30日，全部出售乙上市公司股票50万股，售价为600万元，转让该金融商品应交的增值税为5.38万元，款项已收到。

要求：

根据上述资料，假定该企业取得的增值税专用发票均已经税务机关认证，不考虑其他因素，分析回答下列小题。（答案中的金额单位用“万元”表示）

（1）根据资料（1），下列各项中甲公司购买股票应记入“交易性金融资产——成本”科目的金额是（　　）万元。

A. 505　　B. 501.25　　C. 500　　D. 501.325

（2）根据资料（1）和（2），下列各项中，3月20日甲公司收到乙上市公司发放现金股利的处理正确的是（　　）。

A.借：银行存款　5
　贷：应收股利　5

B.借：其他货币资金——存出投资款　5
　贷：投资收益　5

C.借：银行存款　5
　贷：投资收益　5

D.借：其他货币资金——存出投资款　5
　贷：应收股利　5

（3）根据资料（1）和（2），下列各项中，甲公司3月31日相关科目的会计处理，正确的是（　　）。

A.借记“公允价值变动损益”科目20万元

B.贷记“交易性金融资产——成本”科目15万元

C.贷记“交易性金融资产——公允价值变动”科目20万元

D.借记“投资收益”科目15万元

（4）根据资料（1）至（3），下列各项中，关于甲公司4月30日出售乙上市公司股票时的会计处理，正确的是（　　）。

A.增值税（销项税额）减少5.38万元

B.投资净收益增加114.62万元

C.其他货币资金（存出投资款）增加600万元

D.交易性金融资产（成本）减少500万元

（5）根据资料（1）至（3），该股票投资对甲公司2024年度营业利润的影响额是（　　）万元。

A. 93.37　　B. 100　　C. 98.75　　D. 114.62

第二模块　努力提升25分

一、单项选择题

135 下列各项中，关于资产减值会计处理的表述正确的是（　　）。

A.交易性金融资产无须计提减值准备

B.投资性房地产应计提减值，并计入资产减值损失

C.长期股权投资计提的减值金额，后续期间可以转回

D.固定资产计提的减值金额，后续期间可以转回

第21记 66记 知识链接

136 2024年12月1日，某企业“坏账准备”科目贷方余额为50万元。本月发生坏账损失30万元。12月31日，该企业“坏账准备”科目贷方余额为80万元。不考虑其他因素，2024年12月31日应计提的坏账准备金额为（　　）万元。

A. 30　　B. 60　　C. 80　　D. 0

第21记 66记 知识链接

137 某企业2024年3月31日，乙存货的实际成本为100万元，加工该批存货至完工产成品估计还将发生成本25万元，估计销售费用和相关税费为3万元，估计该存货生产的产成品售价为120万元。假定乙存货月初“存货跌价准备”科目余额为贷方余额12万元，2024年3月31日应计提的存货跌价准备为（　　）万元。

A.−8　　B. 4　　C. 8　　D.−4

第21记 66记 知识链接

138 下列各项中，应通过“信用减值损失”科目核算的是（　　）。

A.转回已计提的存货跌价准备

B.计提应收账款坏账准备确认的损失

C.计提存货跌价准备确认的损失

D.计提无形资产减值准备确认的损失

第21记 66记 知识链接

139 2024年年初，某企业“坏账准备”科目贷方余额为10万元，当期实际发生坏账损失5万元。经减值测试，2024年年末“坏账准备”科目贷方余额为16万元。不考虑其他因素，2024年年末该企业应计提坏账准备为（　　）万元。

A. 11　　B. 6　　C. 16　　D. 1

第21记 66记 知识链接

140 下列各项中，关于“长期股权投资”各明细科目核算内容的表述，不正确的是（　　）。

A.“投资成本”反映取得投资的初始投资成本

B.“损益调整”核算被投资单位实现净利润或发生净亏损

C.“其他综合收益”核算被投资单位各交易事项引起的其他综合收益变动

D.“其他权益变动”核算被投资单位除净损益以外所有者权益的其他变动

第23记 66记 知识链接

141 企业下列各项权益性投资中，不能作为长期股权投资核算的是（　　）。

A.对子公司的投资

B.对合营企业的投资

C.对联营企业的投资

D.无控制、共同控制和重大影响的股权投资

第22记 66记 知识链接

142 甲公司和乙公司不存在关联方关系。2024年1月1日，甲公司以其拥有的无形资产对乙公司投资，取得乙公司55%的股权，能够控制乙公司。该无形资产原值为2 000万元，累计摊销600万元，已计提减值准备150万元，投资日该无形资产的公允价值为1 600万元。2024年1月1日，乙公司的可辨认净资产公允价值为2 000万元。甲公司取得对乙公司长期股权投资的入账价值为（　　）万元。

A. 1 600　　B. 2 000　　C. 1 100　　D. 1 250

第23记 66记 知识链接

143 甲公司持有乙公司70%的股权，并能对乙公司实施控制，该项长期股权投资的入账金额为1 500万元，当年，乙公司宣告发放现金股利120万元，不考虑其他因素，年末，甲公司长期股权投资的账面价值为（　　）万元。

A. 1 380　　B. 1 640　　C. 1 416　　D. 1 500

第23记 66记 知识链接

144 甲公司和乙公司是同一母公司最终控制下的两家公司。2024年1月1日，甲公司向其母公司发行1 000万股普通股，取得母公司拥有乙公司80%的股权，该普通股每股面值为1元，每股的公允价值为3.6元，甲公司能够控制乙公司，合并后乙公司维持其独立法人的地位继续经营。合并日母公司合并财务报表中，乙公司的净资产账面价值为4 000万元，公允价值为4 200万元。假定合并前双方采用的会计政策及会计期间均相同。不考虑其他因素，下列有关甲公司合并日会计处理的表述，正确的是（　　）。

A.该长期股权投资的初始投资成本为4 000万元

B.该长期股权投资的初始投资成本为3 200万元

C.借方登记“股本”科目1 000万元

D.贷方登记“实收资本”科目1 000万元

第23记 66记 知识链接

145 下列各项中，不会影响权益法核算长期股权投资账面价值的是（ ）。

A.被投资单位提取盈余公积 B.被投资单位实现净利润

C.计提长期股权投资减值准备 D.被投资单位宣告分派现金股利

第23记 知识链接

146 甲公司持有其联营企业乙公司30%的股权，采用权益法核算。2024年1月1日，该项投资账面价值为1 300万元。2024年乙公司实现净利润200万元，宣告发放现金股利120万元。不考虑其他因素，2024年12月31日，甲公司该项长期股权投资的账面价值为（ ）万元。

A. 1 324 B. 1 360 C. 1 264 D. 1 380

第23记 知识链接

147 下列各项中，应通过“应交税费”科目核算的是（ ）。

A.一般纳税人进口商品缴纳的关税

B.占用耕地缴纳的耕地占用税

C.购买印花税票缴纳的印花税

D.销售应税消费品缴纳的消费税

第24记 知识链接

148 某企业产品生产方式为大量大批多步骤生产，并且成本管理要求分步计算产品成本，下列各项中，该企业采用的成本计算方法是（ ）。

A.品种法 B.种类法

C.分批法 D.分步法

第25记 知识链接

149 2023年12月，某制造业企业月初无在产品，采用约当产量比例法核算在产品成本。本月投产甲产品共发生直接人工费用945 000元，期末完工产品为2 200件，在产品为500件，在产品的平均完工程度为60%。不考虑其他因素，该企业期末完工产品的直接人工成本为（ ）元。

A. 175 000 B. 831 600 C. 189 000 D. 770 000

第26记 知识链接

150 制造业企业采用计划成本分配法分配辅助生产费用，辅助生产车间实际发生的费用与计划单位成本分配转出的费用之间的差额应计入（ ）。

A.基本生产成本 B.辅助生产成本

C.管理费用 D.制造费用

第26记 知识链接

151 某企业只生产一种产品，期初无在产品，本月投产产品2 400件，本月发生直接材料成本10 000元，直接人工成本16 000元，制造费用4 000元。本月共有完工产品600件，在产品1 800件，平均完工程度为50%。本月发生的所有成本均按约当产量比例法分配。不考虑其他因素，本月完工产品成本为（　　）元。

A. 7 500　　B. 10 000　　C. 12 000　　D. 18 000

第26记 66记 知识链接

152 2024年2月，某企业基本生产车间生产甲、乙两种产品，共同领用原材料9 000千克，每千克30元，该企业按材料定额消耗量比例分配。本月投产甲产品为400件，投产乙产品为600件，甲、乙产品每件消耗定额分别为15千克、20千克。不考虑其他因素，本月甲产品应分配的材料费用为（　　）元。

A. 18 000　　B. 162 000　　C. 108 000　　D. 90 000

第26记 66记 知识链接

153 2024年度，某商场销售各类商品共取得货款6 000万元。同时，共授予客户奖励积分60万分，奖励积分的公允价值为1元/分，奖励积分从2024年开始长期有效，消费者在购物时可以直接使用此积分。根据历史经验，该商场估计授予的奖励积分的兑换率为90%。不考虑其他因素，该商场2024年度应确认的收入金额是（　　）。

A. 6 000万元

B. 5 946.48万元

C. 5 309.74万元

D. 5 940.59万元

第27记 66记 知识链接

154 2024年1月1日，甲公司开始推行一项奖励积分计划。根据该计划，客户在甲公司每消费10元可获得1个积分，每个积分从次月开始在购物时可以抵减1元。截至2024年1月31日，客户共消费100 000元，可获得10 000个积分，根据历史经验，甲公司估计该积分的兑换率为95%。假定不考虑增值税等因素的影响，应确认的合同负债金额为（　　）元。

A. 8 676　　B. 91 324

C. 100 000　　D. 9500

第27记 66记 知识链接

二、多项选择题

155 甲公司和乙公司为两家独立公司。2024年1月1日，甲公司发行普通股9 000万股取得乙公司有表决权股份的60%，能够控制乙公司。该股票的面值为每股1元，市场发行价格为5元。甲公司向证券承销机构支付股票的发行费1 350万元，为企业合并支付审计费300万元。不考虑其他因素，下列各项中，甲公司对该股权投资的会计处理正确的有（　　）。

A.甲公司取得的该项股权投资应作为长期股权投资核算

B.甲公司取得该项股权投资的初始投资成本为45 300万元

C.甲公司向证券承销机构支付的股票发行费应冲减资本公积

D.甲公司为企业合并支付的审计费应计入当期损益

第23记 66记 知识链接

156 下列各项中，应通过“应交税费”科目核算的有（　　）。

A.签订购买合同时应交的印花税

B.开采矿产品应交的资源税

C.计提本期应交的企业所得税

D.发放职工薪酬时代扣代缴的个人所得税

第24记 66记 知识链接

157 下列各项中，属于制造业企业产品成本计算方法的有（　　）。

A.品种法

B.分批法

C.分步法

D.先进先出法

第25记 66记 知识链接

158 2024年8月1日，甲公司向乙公司销售一批产品，合同约定价格为1 000万元，增值税税额为130万元，其成本为900万元。根据合同约定，乙公司应于签订合同当日支付该笔款项，同时甲公司当日发出产品。乙公司可以在3个月内无条件退货，当日，甲、乙公司均已履行各自义务，甲公司估计退货率为10%。不考虑其他因素，下列各项对该业务会计处理的表述中，正确的有（　　）。

A.甲公司在发出产品时控制权已转移，所以应确认1 000万元收入

B.甲公司在发出产品时应结转成本810万元

C.甲公司应确认预计负债100万元

D.甲公司应确认应交税费130万元

第27记 66记 知识链接

159 某公司经营一家健身俱乐部。2024年1月1日，与客户签订合同，并收取客户会员费6 000元，客户可在未来12个月内享受健身服务，且没有次数限制，属于在某一时段内履行的履约义务。不考虑其他因素，下列各项与该业务相关会计处理正确的有（　　）。

A. 1月1日收到会员费确认合同负债6 000元

B. 1月1日收到会员费确认预计负债6 000元

C. 1月31日确认主营业务收入的金额为530元

D. 1月31日确认主营业务收入的金额为500元

第27记 66记 知识链接

三、判断题

160 应收款项和债权投资计提减值损失应通过“信用减值损失”科目核算。（ ）

第21记 66记 知识链接

161 企业采用权益法核算长期股权投资，被投资单位宣告发放现金股利时，应将本企业分得的股利确认为投资收益。（ ）

第23记 66记 知识链接

162 企业在建工程领用自产的应税消费品计提的消费税，应记入“税金及附加”科目核算。（ ）

第24记 66记 知识链接

163 季节性工业企业在停工期间发生的制造费用，应在开工期间进行合理分摊，连同开工期间发生的制造费用一并计入产品成本。（ ）

第25记 66记 知识链接

164 对于客户不能选择单独购买的质量保证，企业不应当将其作为单项履约义务分摊交易价格。（ ）

第27记 66记 知识链接

165 企业采用逐步结转分步法，可以提供各个生产步骤的半成品成本资料。（ ）

第26记 66记 知识链接

四、不定项选择题

166 甲公司为一般纳税人，从事装修服务适用的增值税税率为9%，2×23年发生与收入有关的业务或事项如下：

（1）2月1日，通过竞标取得乙公司一项办公楼装修合同，合同约定的装修期15个月，装修价款总共1 000万元，增值税税额为90万元；发生与取得合同相关的律师咨询费5万元，差旅费1万元，投标费1万元，销售人员佣金18万元，以上款项均能收回。对于合同取得成本的摊销，企业应当采用与该资产相关的商品收入确认相同的基础。

（2）6月30日，经专业人员测量工程完工进度为30%，累计发生劳务成本210万元（全部为工程人员工资），预计还将发生490万元支出，当日按履约进度支付进度款。

（3）12月31日，经专业人员测量完工进度为70%，累计发生劳务成本483万元（全部为工程人员工资），预计还将发生207万元支出。当日按履约进度支付进度款。

要求：

根据上述资料，不考虑其他因素，分析回答下列小题。（答案中的金额单位用“万元”表示）

(1) 根据资料（1），下列应确认为合同取得成本的是（　　）。

A.律师咨询费5万元　　B.差旅费1万元

C.投标费1万元　　D.销售佣金18万元

(2) 根据资料（1）和（2），2×23年6月30日摊销合同取得成本为（　　）万元。

A. 5.4　　B. 6　　C. 18　　D. 1.2

(3) 根据资料（1）和（2），2×23年6月30日甲公司履行装修合同的相关会计处理正确的是（　　）。

A.摊销合同取得成本时：

借：销售费用　　6

　贷：合同取得成本　　6

B.发生劳务成本时：

借：合同履约成本　　210

　贷：应付职工薪酬　　210

C.结转合同履约成本时：

借：主营业务成本　　210

　贷：合同履约成本　　210

D.按履约进度确认收入时：

借：银行存款　　327

　贷：主营业务收入　　300

　　应交税费——应交增值税（销项税额）　　27

(4) 根据资料（1）至（3），甲公司7月～12月提供装修服务的会计处理表述正确的是（　　）。

A.发生合同履约成本483万元　　B.确认主营业务收入400万元

C.摊销合同取得成本7.2万元　　D.结转主营业务成本273万元

(5) 根据资料（1）至（3），以上业务对甲公司2×23年营业收入的影响金额是（　　）万元。

A. 1 000　　B. 300　　C. 400　　D. 700

第17、18、29记　66记 知识链接

167　甲、乙、丙公司均不在同一集团内，2023年至2024年甲公司发生如下与长期股权投资相关的交易或事项：

（1）2023年1月，甲公司以11 000万元购入乙公司有表决权股份的80%，能够对乙公司实施控制。取得投资时，乙公司所有者权益的账面价值为15 000万元（与公允价值相等）。

（2）2023年1月，甲公司以9 000万元取得丙公司有表决权股份的30%，能够对丙公司施加重大影响。取得投资时，丙公司可辨认净资产的账面价值为25 000万元（与公允价值相等）。

（3）2023年度，乙公司实现净利润4 000万元，丙公司实现净利润3 000万元。

（4）2024年3月，乙公司和丙公司分别宣告分派现金股利，甲公司按其持股比例可分得乙公司现金股利200万元，丙公司现金股利100万元。

（5）2024年10月，丙公司其他资本公积增加1 000万元。

（6）2024年12月，甲公司将其持有的丙公司股份全部出售，取得价款11 000万元。

要求：

根据上述资料，不考虑其他因素，分析回答下列小题。（答案中的金额单位用“万元”表示）

（1）根据资料（1）和（2），下列各项中，关于甲公司长期股权投资的核算方法，表述正确的是（　　）。

A.对乙公司的长期股权投资应采用权益法核算

B.对丙公司的长期股权投资应采用权益法核算

C.对乙公司的长期股权投资应采用成本法核算

D.对丙公司的长期股权投资应采用成本法核算

（2）根据资料（1）和（2），下列各项中，关于甲公司取得长期股权投资时的会计处理，正确的是（　　）。

A.对丙公司的投资，“长期股权投资”科目增加9 000万元

B.对乙公司的投资，“长期股权投资”科目增加12 000万元

C.对乙公司的投资，“长期股权投资”科目增加11 000万元

D.对丙公司的投资，“长期股权投资”科目增加7 500万元

（3）根据资料（3）和（4），下列各项中，关于甲公司的会计处理，正确的是（　　）。

A.乙公司宣告分派现金股利：

借：应收股利	200	
贷：投资收益		200

B.乙公司实现净利润：

借：长期股权投资——损益调整——乙公司	3 200	
贷：投资收益		3 200

C.丙公司宣告分派现金股利：

借：应收股利	100	
贷：长期股权投资——损益调整——丙公司		100

D.丙公司实现净利润：

借：长期股权投资——损益调整——丙公司	900	
贷：投资收益		900

（4）根据资料（5），下列各项中，关于甲公司的会计处理，正确的是（　　）。

A.“长期股权投资——其他权益变动——丙公司”科目增加300万元

B.“其他综合收益”科目增加300万元

C.“投资收益”科目增加300万元

D.“资本公积——其他资本公积”科目增加300万元

（5）根据资料（6），下列各项中，甲公司应确认的投资收益是（　　）万元。

A. 900　　B. 1 200　　C. 800　　D. 2 000

第23记 66记 知识链接

168　某企业为增值税一般纳税人，设有一个基本生产车间，生产销售M、N两种产品。

2024年10月初，M在产品直接材料成本为165万元、直接人工及制造费用为60万元，N产品无在产品。2024年10月份，该企业发生相关的经济业务如下：

（1）8日，采购生产M、N产品所需要的材料1 500千克，验收合格后入库。增值税专用发票上注明的价款为80万元，增值税税额为10.4万元，全部款项以银行承兑汇票结算，汇票的面值为90.4万元，另支付银行承兑手续费0.05万元。

（2）20日，发出材料共计85万元，其中M、N产品共同耗用60万元，车间一般耗用12万元，出售积压材料13万元。生产M、N产品共同耗用的材料费用采用定额消耗量比例法进行分配，M产品材料定额消耗量6 000千克，N产品定额消耗量4 000千克。

（3）31日，N产品全部未完工，M产品完工产品数量为800件、月末在产品数量为400件，在产品完工程度为50%。生产M、N产品所耗材料均在生产开始时一次性投入，生产费用按约当产量比例法在完工产品与期末在产品之间进行分配。

要求：

根据上述资料，假定该企业取得的增值税专用发票均已经税务机关认证，不考虑其他因素，分析回答下列小题。（答案中的金额单位用“万元”表示）

（1）根据资料（1），下列各项中，关于材料采购业务相关科目的会计处理，正确的是（　　）。

A.材料采购时，应借记“原材料”科目90.4万元

B.支付银行承兑手续费时，应借记“财务费用”科目0.05万元

C.开具银行承兑汇票时，应贷记“其他货币资金”科目90.4万元

D.结算采购材料货款时，应贷记“应付票据”科目90.4万元

（2）根据资料（2），下列各项中，关于该企业M、N产品材料费用分配率计算结果，正确的是（　　）。

A. 0.0085　　B. 0.0072　　C. 0.0073　　D. 0.006

（3）根据资料（2），下列各项中，关于该企业发出材料相关科目的会计处理，正确的是（　　）。

A.借记“主营业务成本”科目13万元

B.借记“生产成本——N产品”科目34万元

C.借记“其他业务成本”科目13万元

D.借记“生产成本——M产品”科目36万元

(4) 根据期初资料、资料(2)和(3),下列各项中,关于M、N产品成本的计算结果,表述正确的是(　　)。

A.M完工产品的直接材料成本为134万元

B.M在产品直接材料成本为40.2万元

C.N在产品的直接材料成本为34万元

D.N在产品的直接材料成本为36万元

(5) 根据期初资料和资料(1)至(3),该企业10月31日M产品"生产成本——直接材料"科目余额是(　　)万元。

A. 40.2　　B. 67　　C. 64.2　　D. 24

第26记 66记 知识链接

169 甲公司(工业企业)为增值税一般纳税人。2024年发生的与收入有关的资料如下:

(1)2月25日,甲公司向乙公司销售一批商品,不含增值税的销售价格为3 000万元,增值税税额为390万元,该批商品成本为2 400万元,未计提存货跌价准备,货款尚未收到。根据合同约定,乙公司在3月1日前验收合格后向甲公司付款,在此期间,乙公司可以无条件退货。当日甲公司已将商品发往乙公司,并开具增值税专用发票。甲公司预计乙公司的退货率为10%。

(2)12月25日,甲公司向丙公司销售一批商品,合同标价1 000万元,甲公司给予丙公司30%商业折扣,并承诺提供2年延保服务,甲公司销售2年延保服务的单独售价为20万元。当日,商品已发出且控制权转移给丙公司。

(3)12月28日销售M产品时领用单独计价的包装物一批,随同M产品出售。甲公司开具的增值税专用发票上注明的包装物价款为6万元,增值税税额为0.78万元;全部款项已收到并存入银行,包装物的实际成本为4万元。

要求:

根据上述资料,不考虑其他因素,分析回答下列小题。(答案中的金额单位用"万元"表示)

(1) 根据资料(1),甲公司销售商品应确认收入的金额是(　　)万元

A. 3 000　　B. 2 700　　C. 3 390　　D. 3 051

(2) 根据资料(1),甲公司此项业务对当月营业利润的影响金额是(　　)万元。

A. 540　　B. 600　　C. 990　　D. 891

(3) 根据资料(2),甲公司会计处理正确的是(　　)。

A.甲公司该项合同应确认的交易价格为700万元

B.甲公司该项合同识别两个单项履约义务,分别是商品销售和延保服务

C.甲公司应确认主营业务收入680.56万元

D.甲公司应确认预计负债19.44万元

（4）根据资料（3），关于甲公司会计处理正确的是（　　）。

A.应确认主营业务收入6万元

B.应确认其他业务收入6万元

C.应确认其他业务成本4万元

D.应确认销售费用4万元

（5）根据资料（1）~（3），甲公司利润表中“营业收入”列报金额是（　　）万元。

A. 3 400　　B. 3 680.56　　C. 3 386.56　　D. 3 700

第27、29记 66记 知识链接

第三模块　简单随缘5分

一、单项选择题

170　下列各项中，关于会计准则体系的表述，正确的是（　　）。

A.企业会计准则主要适用于上市公司、金融机构、国有企业等大中型企业

B.具体准则在企业会计准则体系中起统驭作用

C.股票或债券在市场上公开交易的小企业执行《小企业会计准则》

D.政府会计准则主要规定政府会计科目及账务处理、报表体系及编制说明等

第28记 66记 知识链接

171　企业“固定资产”科目借方余额为3 500万元，“累计折旧”科目贷方余额为1 300万元，“在建工程”科目借方余额为600万元，“工程物资”科目借方余额为40万元。不考虑其他因素，资产负债表中“固定资产”项目期末余额填列的金额为（　　）万元。

A. 2 200　　B. 2 800　　C. 2 840　　D. 3 500

第29记 66记 知识链接

172　下列各项中，应当根据总账科目余额直接填列资产负债表的项目是（　　）。

A.应收账款　　B.短期借款

C.固定资产　　D.应付账款

第29记 66记 知识链接

173　下列各项中，反映企业净利润及其分配情况的财务报表是（　　）。

A.现金流量表　　B.所有者权益变动表

C.资产负债表　　D.利润表

第29记 66记 知识链接

二、多项选择题

174　下列各项中，属于政府会计主体非流动资产的有（　　）。

A.公共基础设施　　B.文物文化资产

C.政府储备资产　　D.保障性住房

第30记 66记 知识链接

175 下列各项中，属于在现金流量表中“支付给职工以及为职工支付的现金”项目列示的有（　　）。

A.支付给职工的工资　　B.职工报销的差旅费

C.支付给高管的住房补贴　　D.代扣代缴的个人所得税

第29记 66记 知识链接

176 下列各项中，不应在制造业企业利润表“营业收入”项目列示的有（　　）。

A.持有交易性金融资产期间取得的利息收入

B.出售固定资产实现的净收益

C.销售商品取得的收入

D.出租无形资产的租金收入

第29记 66记 知识链接

三、判断题

177 利润表中“综合收益总额”项目依据企业净利润和其他综合收益（税后净额）的合计金额填列。（　　）

第29记 66记 知识链接

178 企业在财务报表附注中披露存货增减变动情况，可使财务报表使用者了解资产负债表中未单列的存货分类信息。（　　）

第29记 66记 知识链接

179 年末，企业不得将摊销年限只剩一年或不足一年的长期待摊费用，或预计在一年内（含一年）进行摊销的部分转入资产负债表“一年内到期的非流动资产”项目。（　　）

第29记 66记 知识链接

180 不同合同下的合同资产和合同负债应当以净额列示。（　　）

第29记 66记 知识链接

第一模块　基础必拿70分
答案与解析

一、单项选择题

题号	答案	题号	答案	题号	答案	题号	答案	题号	答案
1	D	2	A	3	A	4	B	5	C
6	A	7	D	8	B	9	D	10	A
11	A	12	B	13	B	14	B	15	A
16	C	17	D	18	A	19	A	20	B
21	C	22	C	23	A	24	A	25	A
26	A	27	A	28	C	29	C	30	B
31	D	32	A	33	C	34	A	35	D
36	C	37	A	38	A	39	B	40	D
41	D	42	D	43	B	44	A	45	B
46	D	47	C	48	D	49	D	50	A
51	D	52	D	53	A	54	D	55	B
56	D	57	B	58	B				

二、多项选择题

题号	答案	题号	答案	题号	答案	题号	答案	题号	答案
59	ABC	60	ACD	61	ABC	62	BCD	63	ABC
64	AD	65	ABCD	66	BC	67	ABD	68	BD

69	CD	70	AD	71	AB	72	ACD	73	ABC
74	BD	75	ABD	76	ABC	77	ABD	78	CD
79	AC	80	AB	81	BCD	82	ABD	83	AB
84	AC	85	AC	86	ABD	87	BD	88	ABD
89	CD	90	AC	91	BCD	92	AD	93	ACD
94	AC	95	ABD						

三、判断题

96	×	97	×	98	×	99	×	100	√
101	×	102	×	103	×	104	×	105	×
106	√	107	×	108	×	109	×	110	×
111	×	112	×	113	×	114	×	115	×
116	×	117	√	118	×	119	√	120	×
121	×	122	×	123	×	124	×	125	√
126	√	127	√	128	√				

四、不定项选择题

129（1）	BD	129（2）	A	129（3）	BD	129（4）	CD
129（5）	ABC	130（1）	A	130（2）	BCD	130（3）	CD
130（4）	ABC	130（5）	ACD	131（1）	ABC	131（2）	BD

131（3）AB	131（4）BC	131（5）C	132（1）ACD
132（2）BCD	132（3）ABD	132（4）C	132（5）A
133（1）BCD	133（2）BCD	133（3）ABC	133（4）C
133（5）D	134（1）C	134（2）D	134（3）AC
134（4）BCD	134（5）A		

一、单项选择题

1　斯尔解析▶　D　本题考查会计要素计量属性。历史成本又称实际成本，是指取得或制造某项财产物资时所实际支付的现金或者现金等价物，选项A不当选；重置成本又称现行成本，是指按照当前市场条件，重新取得同样一项资产所需支付的现金或者现金等价物金额，选项B不当选；可变现净值是指在生产经营过程中，以预计售价减去进一步加工成本和销售所必需的预计税金、费用后的净值，选项C不当选；现值是指未来现金流量以恰当的折现率进行折现后的价值，是考虑货币时间价值因素等的一种计量属性，选项D当选。

2　斯尔解析▶　A　本题考查会计信息质量要求。谨慎性要求“不高估资产和收益、不低估负债和费用”，题目中对很可能承担的环保责任确认预计负债体现了“不低估负债和费用”，符合谨慎性的要求，选项A当选，选项BCD不当选。

3　斯尔解析▶　A　本题考查资产的定义及确认。企业经营出租的办公楼，应作为投资性房地产进行核算，属于企业资产，选项A当选；已腐烂变质的包装物，预期无法收回的应收账款，不能为企业带来经济利益，不属于企业资产，选项BC不当选；企业发行的普通股，属于企业所有者权益，选项D不当选。

4　斯尔解析▶　B　本题考查非流动资产的范围。交易性金融资产、周转材料以及合同资产属于企业流动资产，选项ACD不当选；长期股权投资属于企业非流动资产，选项B当选。

5　斯尔解析▶　C　本题考查经济业务对会计等式产生的影响。选项A不当选，会同时导致所有者权益减少和负债增加，等式两边金额不变；选项B不当选，会导致负债内部一增一减，等式两边金额不变；选项C当选，会导致资产和负债同时增加，等式两边金额增加；选项D不当选，会导致资产和负债同时减少，等式两边金额减少。

6　斯尔解析▶　A　本题考查会计科目分类。**成本类科目，是对可归属于产品生产成本、劳务成本等的具体内容进行分类核算的项目，主要有“生产成本”“制造费用”“研发支出”等科目**，选项A当选；“其他业务成本”“主营业务成本”属于损益类科目，选项BC不当选；“合同履约成本”属于资产类科目，选项D不当选。

应试攻略

“名不副实”的会计科目汇总。

科目名称	科目性质	科目名称	科目性质
合同履约成本	资产类	制造费用	成本类
合同取得成本	资产类	生产成本	成本类
递延收益	负债类	本年利润	所有者权益类
长期待摊费用	资产类	利润分配	所有者权益类

7 斯尔解析▶ D 本题考查会计账簿分类，为否定式提问。会计账簿按照用途可分为序时账簿、分类账簿、备查账簿，选项A不当选；会计账簿按照账页格式可分为三栏式账簿、多栏式账簿、数量金额式账簿，选项B不当选；会计账簿按照外形特征可分为订本式账簿、活页式账簿、卡片式账簿，选项C不当选；会计账簿按照反映经济业务的详略程度（而非填制方法），可分为总分类账簿和明细分类账簿，选项D当选。

8 斯尔解析▶ B 本题考查对账的分类。总账和明细账的核对，属于账账核对，选项A不当选；银行存款日记账和银行对账单核对，属于账实核对，选项B当选；账簿记录和记账凭证核对，属于账证核对，选项C不当选；总账和日记账核对，属于账账核对，选项D不当选。

应试攻略

对账分为账证核对、账账核对、账实核对、账表核对，属于高频考点，对比如下：

对账类型	核对内容
账证核对	账簿记录与会计凭证（原始凭证、记账凭证）核对
账账核对	（1）总账有关账户的余额核对。 （2）总账与明细账核对。 （3）总账与日记账核对。 （4）会计机构的财产物资明细账与财产物资保管和使用部门的有关明细账核对
账实核对	（1）现金日记账账面余额与现金实际库存数核对。 （2）银行存款日记账账面余额与银行对账单定期核对。 （3）各项财产物资明细账账面余额与财物实存数额核对。 （4）各种应收、应付款明细账账面余额与有关债务、债权单位或者个人核对
账表核对	将会计账簿记录与会计报表核对

需要注意的是，银行存款日记账与银行对账单余额的核对，以及债权债务明细账与对方单位债务债权的核对均属于账实核对的范畴，此处的“实”并非强调“实物资产”，而是“实有数额”。

9 斯尔解析▶ D 本题考查会计基本假设，本题属于否定式提问。会计基本假设包括会计主体、持续经营、会计分期和货币和计量，选项ABC不当选；会计核算属于会计的基本职能，不属于会计基本假设，选项D当选。

10 斯尔解析▶ A 本题考查财产清查的方法。对往来款项采用发函询证法，选项A当选；对银行存款采用与“银行对账单”进行核对的方法，选项B不当选；对露天堆放的煤炭采用技术推算法，选项C不当选；对大型设备采用实地盘点法，选项D不当选。

11 斯尔解析▶ A 本题考查银行存款余额调节表。企业编制银行存款余额调节表中的“调节后的存款余额”金额=53 000-2 000+500=51 500（元），选项A当选；选项B不当选，误以银行存款日记账余额作为调节后余额；选项C不当选，未将银行确认的存款利息计入调节后余额；选项D不当选，无法通过计算得出此答案。

12 斯尔解析▶ B 本题考查其他货币资金的核算范围。其他货币资金主要包括银行汇票存款、银行本票存款、信用卡存款（选项B当选）、信用证保证金存款、存出投资款和外埠存款等；销售商品收到的商业承兑汇票，通过“应收票据”科目核算，选项A不当选；购买办公用品开出现金支票，通过“银行存款”科目核算，选项C不当选；采购原材料开出银行承兑汇票，通过“应付票据”科目核算，选项D不当选。

13 斯尔解析▶ B 本题考查银行承兑汇票贴现的会计处理。银行承兑汇票贴现符合终止确认时，企业通常应按实际收到的金额，借记“银行存款”科目，按应收票据的票面金额，贷记“应收票据”科目，按其差额，借记或贷记“财务费用”科目，选项B当选，选项ACD不当选。

14 斯尔解析▶ B 本题考查“预付账款”科目的会计处理。“预付账款”科目借方核算预付的款项及补付的款项，贷方核算收到货物时应结转的预付账款及收回多付款项的金额。预付设备采购款，记入“预付账款”科目借方，选项A不当选；收回多预付款项，记入“预付账款”科目贷方，选项B当选；收回前欠货款，记入“应收账款”科目贷方，选项C不当选；支付前欠赊购货款，记入“应付账款”科目借方，选项D不当选。

15 斯尔解析▶ A 本题考查其他应收款的核算。销售商品为客户代垫的运费及增值税通过“应收账款”科目核算；收回垫付的房租导致其他应收款减少；支付租入包装物押金导致其他应收款增加，期末“其他应收款”科目借方余额=5-4+2=3（万元），选项A当选；选项B不当选，未考虑收回垫付房租和支付租入包装物押金对“其他应收款”科目余额的影响；选项C不当选，未考虑支付租入包装物押金对“其他应收款”科目余额的影响；选项D不当选，误将垫付的增值税税额计入其他应收款，且未考虑收回垫付房租和支付租入包装物押金对“其他应收款”科目余额的影响。

16 斯尔解析▶ C 本题考查应收账款入账金额的确定。应收账款的入账金额应按扣除商业折扣后的金额确定，其包括销售商品价款、增值税销项税额、代垫款项，所以，应收账款入账金额=20+20×13%+1=23.6（万元），选项C当选；选项A不当选，没有将增值税计入应收账款；选项B不当选，没有将代垫运费计入应收账款；选项D不当选，没有将增值税和代垫运费计入应收账款。

17 斯尔解析▶ D 本题考查外购存货成本的确定。**存货的采购成本=购买价款+相关税费+运输费+装卸费+保险费+其他可归属于存货采购成本的费用**。其他可归属于存货采购成本的费用包括在存货采购过程中发生的包装费、运输途中的合理损耗、入库前的挑选整理费用等。该批材料的入账价值=900×50+1 000=46 000（元），选项D当选；选项A不当选，未将运输途中发生的合理损耗计入存货成本；选项B不当选，未将入库前挑选整理费计入存货成本；选项C不当选，未将运输途中发生的合理损耗和入库前挑选整理费计入存货成本。

18 斯尔解析▶ A 本题考查计划成本法的核算。根据题目已知条件，先计算出成本差异率，材料成本差异率=（期初结存材料的成本差异+本期验收入库材料的成本差异）÷（期初结存材料的计划成本+本期验收入库材料的计划成本）=（3 000−5 000）÷（40 000+160 000）×100%=−1%；领用M材料实际成本=领用材料计划成本×（1+材料成本差异率）=120 000×（1−1%）=118 800（元），选项A当选，选项BCD不当选。

19 斯尔解析▶ A 本题考查委托加工物资的会计处理。（1）该企业为增值税一般纳税人，支付加工费相关的增值税税额应记入"应交税费——应交增值税（进项税额）"科目，不影响委托加工物资成本；（2）该批材料收回后用于继续加工应税消费品，受托方代收代缴的消费税应记入"应交税费——应交消费税"科目借方，不影响委托加工物资成本。综上，企业收回该批材料的入账价值=200+10=210（万元），选项A当选；选项B不当选，误将增值税和消费税计入委托加工物资成本；选项C不当选，误将增值税计入委托加工物资成本；选项D不当选，误将消费税计入委托加工物资成本。

应试攻略

委托加工物资涉及的增值税和消费税的会计处理小结：

（1）对于增值税，主要关注纳税人（委托方）的身份。

①若为一般纳税人，增值税应记入"应交税费——应交增值税（进项税额）"科目。

②若为小规模纳税人，增值税应记入"委托加工物资"科目，构成委托加工物资成本。

（2）对于消费税，主要关注纳税人（委托方）收回后的目的。

①若收回后直接对外出售，消费税应记入"委托加工物资"科目，构成委托加工物资成本。

②若收回后用于连续加工生产应税消费品，消费税应记入"应交税费——应交消费税"科目。

20 斯尔解析▶ B 本题考查包装物的会计处理。随同商品出售单独计价包装物的实际成本记入"其他业务成本"科目，选项B当选；主营业务成本主要核算的是企业销售商品、提供劳务等经常性活动所发生的成本，选项A不当选；随同商品出售不单独计价的包装物，按实际成本记入"销售费用"科目，选项C不当选；管理费用主要核算的是行政管理部门负担的工会经费、董事会费、咨询费、业务招待费以及研究费用等，选项D不当选。

21 斯尔解析▶ C 本题考查固定资产的核算内容。为建造厂房购入的工程物资属于工程物资，工程物资是为构建固定资产而购入的物资，但其本身不属于固定资产，选项A不当选；尚未达到预定可使用状态的生产线应通过“在建工程”科目核算，不属于固定资产，选项B不当选；行政管理部门使用的汽车属于固定资产，选项C当选；生产完工准备出售的产品属于库存商品，不属于固定资产，选项D不当选。

22 斯尔解析▶ C 本题考查固定资产入账成本的确定。增值税小规模纳税人取得发票注明的增值税不得抵扣，构成固定资产的入账成本，该企业设备的入账成本=40 000+5 200+300+27=45 527（元），选项C当选；选项A不当选，未将增值税计入设备成本；选项B不当选，未将增值税和运费计入设备成本；选项D不当选，未将运费的增值税计入设备成本。再次说明，此题目是增值税小规模纳税人，所以增值税计入固定资产成本。

23 斯尔解析▶ A 本题考查固定资产的会计处理，为否定式提问。专设销售机构固定资产的日常维护费用应计入销售费用，选项A当选；达到预定可使用状态但尚未办理竣工决算的固定资产按估计价值计提折旧，选项B不当选；**固定资产减值损失一经确认，在以后会计期间不得转回**，选项C不当选；固定资产减少（盘亏）的当月要照提折旧，选项D不当选。

24 斯尔解析▶ A 本题考查固定资产折旧的计算。该固定资产第一个折旧年度的折旧率=5/（1+2+3+4+5）=1/3。该固定资产于2024年10月开始计提折旧，2024年企业对其应计提的折旧金额=（3 100−100）×1/3×3/12=250（万元），选项A当选；选项B不当选，误以年限平均法计提折旧，且未考虑时间权重影响；选项C不当选，未考虑当年计提折旧的时间权重影响；选项D不当选，无法通过计算得出此答案。

25 斯尔解析▶ A 本题考查固定资产折旧的计算。该项固定资产应于2023年1月开始计提折旧。采用双倍余额递减法计提折旧时，前两个折旧年度的折旧率为2/4。2023年该固定资产应计提的折旧金额=121×2/4=60.5（万元）；2024年该固定资产应计提的折旧金额=（121−60.5）×2/4=30.25（万元），选项A当选；选项B不当选，误将2023年的折旧金额作为2024年折旧金额；选项C不当选，无法通过计算得出此答案；选项D不当选，误以年限平均法计提折旧。

26 斯尔解析▶ A 本题考查固定资产费用化后续支出的会计处理。销售部门固定资产日常修理费用，不符合资本化条件，应计入销售费用，选项A当选；管理部门固定资产日常修理费用，不符合资本化条件，应计入管理费用，选项B不当选；固定资产后续支出，不涉及其他业务成本和财务费用，选项CD不当选。

27 斯尔解析▶ A 本题考查处置固定资产的会计处理。报废净损失=（20−13−2）+1=6（万元），增值税不影响报废净损失，选项B不当选；提前报废借记的会计科目是“营业外支出”，而非“资产处置损益”，选项A当选，选项C不当选；处置收益计入营业外收入，选项D不当选。会计分录如下：

借：固定资产清理	5	
累计折旧	13	
固定资产减值准备	2	
贷：固定资产		20

借：固定资产清理　1

　应交税费——应交增值税（进项税额）　0.06

　贷：银行存款等　1.06

借：营业外支出　6

　贷：固定资产清理　6

28 斯尔解析▶ C 本题考查自行研发无形资产的入账价值。研究阶段的支出100万元和开发阶段不符合资本化条件的支出60万元，应记入“研发支出——费用化支出”科目，期末转入“管理费用”科目；开发阶段满足资本化条件的支出90万元计入无形资产的成本，选项C当选；选项A不当选，误将开发阶段的全部支出作为非专利技术的入账价值；选项B不当选，无法通过计算得出此答案；选项D不当选，误将研究阶段的支出计入非专利技术的入账价值。

29 斯尔解析▶ C 本题考查无形资产的处置。企业转让该专利权应确认的损益金额=处置所收到的价款-处置时无形资产的账面价值=15-（40-15-4）=-6（万元），增值税销项税额属于价外税，不影响处置损益，选项C当选；选项A不当选，无形资产账面价值未扣除已计提的减值准备；选项B不当选，误将增值税税额减少处置净损失；选项D不当选，误将增值税税额增加处置净损失。

本题应编制的会计分录为：

借：银行存款　15.9

　累计摊销　15

　无形资产减值准备　4

　资产处置损益　6

　贷：无形资产　40

　　应交税费——应交增值税（销项税额）　0.9

30 斯尔解析▶ B 本题考查公允价值模式计量的投资性房地产公允价值变动的会计处理。采用公允价值模式计量的投资性房地产公允价值上升时，应贷记的会计科目是“公允价值变动损益”，选项B当选；选项AD不当选，投资性房地产公允价值变动不涉及投资收益和其他综合收益；选项C不当选，投资性房地产公允价值上升时，应借记“投资性房地产”科目。

31 斯尔解析▶ D 本题考查交易性金融资产初始入账金额的确定。交易性金融资产以公允价值进行初始计量。（1）**价款中包含的已宣告但尚未发放的现金股利，通过“应收股利”科目核算**；（2）**发生的交易费用，通过“投资收益”科目核算**；（3）**增值税一般纳税人购买时支付的与交易费用相关的增值税，通过“应交税费——应交增值税（进项税额）”科目核算**；上述三项均不影响“交易性金融资产”初始入账金额。因此，本题甲公司购入股票的初始入账金额=200-6=194（万元），选项D当选，选项ABC不当选。

32 斯尔解析▶ A 本题考查交易性金融资产公允价值变动的核算。2024年12月1日，甲公司购入该交易性金融资产的入账价值=100×10=1 000（万元），相关交易费用不计入交易性金融资产的入账价值，应作为投资收益处理；2024年12月31日该部分股票的公允价值为1 060万元，应确认的公允价值变动损益=1 060-1 000=60（万元），选项A当选；选项B不当选，误将公允价值上升作为公允价值下降处理；选项C不当选，误将相关交易费用计入交易性金融资产的入账价值；选项D不当选，误将相关交易费用计入交易性金融资产的入账价值并作为公允价值下降处理。

33 斯尔解析▶ C 本题考查自用房地产转为以公允价值模式计量投资性房地产的会计处理。企业将自用房地产转为以公允价值模式计量的投资性房地产，当日公允价值大于账面价值的差额，计入其他综合收益，选项C当选；此类业务不涉及其他收益和资本公积，选项AD不当选；企业将自用房地产转为以公允价值模式计量的投资性房地产，当日公允价值小于账面价值的差额，计入当期损益，选项B不当选。

34 斯尔解析▶ A 本题考查现金的清查盘点。企业现金清查发现的无法查明原因的短缺，经批准后应记入“管理费用”科目，选项A当选，选项BCD不当选。

35 斯尔解析▶ D 本题考查职工薪酬的范围，为否定式提问。支付给职工的困难生活补助、为职工缴存的养老保险费以及为职工支付的业务培训费，均属于职工薪酬，选项ABC不当选；为高管人员代垫的医药费，是企业对职工的债权，不属于职工薪酬，选项D当选。

36 斯尔解析▶ C 本题考查非货币性职工福利的会计处理。以自产产品发放职工福利，应按照产品的公允价值确认收入，并按账面价值结转成本，发放给车间生产工人的薪酬计入生产成本，且该批产品尚未对外出售，不影响当期损益。因此，本题对该企业损益的影响金额=50 000−35 000=15 000（元），选项C当选；选项A不当选，未考虑结转产品销售成本对损益的影响；选项B不当选，未考虑按照产品公允价值确认收入对损益的影响；选项D不当选，误以为计入生产成本的金额影响当期损益。

本题应编制的会计分录为：

借：应付职工薪酬	56 500	
贷：主营业务收入		50 000
应交税费——应交增值税（销项税额）		6 500
借：主营业务成本	35 000	
贷：库存商品		35 000
借：生产成本	56 500	
贷：应付职工薪酬		56 500

37 斯尔解析▶ A 本题考查代扣个人所得税的核算。企业从应付职工薪酬中代扣个人所得税，应借记“应付职工薪酬——工资”科目，贷记“应交税费——应交个人所得税”科目，选项A当选，选项BCD不当选。

38 斯尔解析▶ A 本题考查辞退福利的会计处理。企业确认辞退福利时，不区分受益对象，借记“管理费用”科目，贷记“应付职工薪酬——辞退福利”科目，选项A当选；选项B不当选，误将辞退福利计入生产成本且将辞退福利二级明细错用成离职后福利；选项C不当选，误将辞退福利计入生产成本，选项D不当选，误将辞退福利二级明细错用成离职后福利。

39 斯尔解析▶ B 本题考查短期借款到期一次还本付息的账务处理。

9月30日以及10月31日预提利息时：

借：财务费用	（200 000 × 6% × 1/12）1 000	
贷：应付利息		1 000

11月1日偿还本息时：

借：短期借款　200 000

　　应付利息　2 000

　贷：银行存款　202 000

选项B当选，选项ACD不当选。

40 斯尔解析▶ D 本题考查非现金资产投资的会计处理。公司接受投资者作价投入的非现金资产，应按投资合同或协议约定价值确定入账价值，但投资合同或协议约定价值不公允的除外。则甲公司实收资本=100+9+200+26=335（万元）。应编制的会计分录如下：

借：无形资产　100

　　固定资产　200

　　应交税费——应交增值税（进项税额）　（9+26）35

　贷：实收资本　335

选项D当选，选项ABC不当选。

41 斯尔解析▶ D 本题考查发行股票的会计处理。该公司发行股票会计处理如下：

借：银行存款　（30 000×3）90 000

　贷：股本　（30 000×1）30 000

　　　资本公积——股本溢价　60 000

借：资本公积——股本溢价　1 900

　贷：银行存款　1 900

合并以上两笔分录：

借：银行存款　88 100

　贷：股本　30 000

　　　资本公积——股本溢价　58 100

选项D当选，选项ABC不当选。

42 斯尔解析▶ D 本题考查所有者权益总额的计算。企业实现净利润会增加所有者权益总额；提取盈余公积，借记“利润分配——提取法定（任意）盈余公积”科目，贷记“盈余公积”科目，属于所有者权益内部增减变动，不影响所有者权益总额；向投资者分配现金股利，借记“利润分配——应付现金股利”科目，贷记“应付股利”科目，导致所有者权益总额减少；资本公积转增资本，借记“资本公积”科目，贷记“股本（实收资本）”科目，属于所有者权益内部增减变动，不影响所有者权益总额，因此，所有者权益总额=600+360−84=876（万元），选项D当选；选项A不当选，未将向投资者分配现金股利作为影响所有者权益总额的事项；选项B不当选，未将实现净利润作为影响所有者权益总额的事项；选项C不当选，误将提取盈余公积作为增加所有者权益总额的事项。

43 斯尔解析▶ B 本题考查留存收益的会计处理。追加投资，借记资产类科目，资产增加，贷记“实收资本”“资本公积”，不影响留存收益，选项A不当选；公司分配现金股利，是从净利润中进行分配，借记“利润分配——未分配利润”科目，贷记“应付股利”科目，利润分配-未分配利润减少，导致留存收益减少，选项B当选；以盈余公积弥补以前年度亏损，借记“盈余公积”科目，贷记“利润分配——盈余公积补亏”科目，留存收益内部一增一减，不影响留存收益总额，选项C不当选；提取盈余公积，借记“利润分配——提取法定（任意）盈余公积”，贷记“盈余公积”，留存收益内部一增一减，不影响留存收益总额，选项D不当选。

44 斯尔解析▶ A 本题考查年末未分配利润的计算。**年末未分配利润=年初未分配利润+当年实现的净利润（或-当年发生的净亏损）-计提盈余公积-宣告发放的现金股利+盈余公积补亏**，2024年12月31日该企业未分配利润余额=300+200-20-90=390（万元），选项A当选；选项B不当选，未考虑计提盈余公积对年末未分配利润的影响；选项C不当选，未考虑宣告发放现金股利对年末未分配利润的影响；选项D不当选，未考虑计提盈余公积及宣告发放现金股利对年末未分配利润的影响。

45 斯尔解析▶ B 本题考查“合同负债”科目的核算范围。合同负债是企业已收或应收客户对价而应向客户转让商品的义务。该公司预收的咨询服务费在收到时，应借记“银行存款”等科目，贷记“合同负债”科目，选项B当选，选项ACD不当选。

46 斯尔解析▶ D 本题考查将交易价格分摊至各单项履约义务的计算。当合同中包含两项或多项履约义务时，需要将交易价格分摊至各单项履约义务，**在合同开始日按照各单项履约义务所承诺商品的单独售价（企业向客户单独销售商品的价格）的相对比例，将交易价格分摊至各单项履约义务**，因此，M设备应分摊的交易价格=400×（330÷440）=300（万元），选项D当选，选项ABC不当选。

47 斯尔解析▶ C 本题考查合同取得成本。**企业不取得合同就不会发生的成本，例如销售佣金、企业因现有合同续约或发生合同变更需要支付的额外佣金等应计入合同取得成本**。支付销售人员佣金属于不取得合同就不会发生的，应计入合同取得成本，选项C当选，无论是否取得合同均会发生的差旅费、投标费、为准备投标资料发生的相关费用等，应当在发生时计入当期损益，除非这些支出明确由客户承担；选项A不当选，误将聘请外部律师事务所进行尽职调查支付的相关费用计入合同取得成本；选项B不当选，误将为投标发生的差旅费计入合同取得成本；选项D不当选，误将聘请外部律师事务所进行尽职调查支付的相关费用和为投标发生的差旅费计入合同取得成本。

48 斯尔解析▶ D 本题考查收入中存在可变对价的处理。**若合同中存在可变对价，企业应当对计入交易价格的可变对价进行估计**。本题中存在提前完工和按时完工两种结果，应采用最可能发生结果（按时完工的概率为95%）确定可变对价最佳估计数，因此，该设备的交易价格为15万元，选项D当选，选项ABC不当选。

49 斯尔解析▶ D 本题考查销售退回的会计处理。甲公司应编制如下会计分录：

（1）2024年5月20日确认收入时，会计分录为：

借：应收账款	395 500	
贷：主营业务收入		350 000
应交税费——应交增值税（销项税额）		45 500
借：主营业务成本	182 000	
贷：库存商品		182 000

选项AB不当选。

（2）2024年5月27日收到货款时，会计分录为：

借：银行存款　　395 500

　贷：应收账款　　395 500

（3）2024年9月16日销售退回时，会计分录为：

借：主营业务收入　　350 000

　　应交税费——应交增值税（销项税额）　　45 500

　贷：银行存款　　395 500

借：库存商品　　182 000

　贷：主营业务成本　　182 000

选项C不当选，选项D当选。

50 斯尔解析▸ A 本题考查在某一时段内履行履约义务收入的确认。截至2024年12月31日，该企业应确认的履约进度=已发生成本/预计总成本=800/2 000=40%，应确认的收入金额=合同交易价格总额×履约进度-以前期间已确认收入=3 500×40%-0=1 400（万元），选项A当选；选项B不当选，误以总成本作为本期应确认收入金额；选项C不当选，无法通过计算得出此答案；选项D不当选，误以已发生成本作为本期应确认收入金额。

51 斯尔解析▸ D 本题考查财务费用的核算范围，为否定式提问。财务费用主要核算企业发生的利息支出（选项B不当选）、银行存款利息收入（选项A不当选）、汇兑损益以及从银行等金融机构取得借款等发生的手续费（选项C不当选），财务人员的工资应通过“管理费用”科目核算，选项D当选。

52 斯尔解析▸ D 本题考查管理费用应核算的内容。管理费用是指企业为组织和管理生产经营而发生的各种费用，主要包括：（1）企业在筹建期间内发生的开办费；（2）董事会和行政管理部门在企业的经营管理中发生的以及应由企业统一负担的公司经费（包括行政管理部门职工薪酬、物料消耗、低值易耗品摊销、办公费和差旅费等）、行政管理部门负担的工会经费、董事会费（包括董事会成员津贴会议费和差旅费等）（选项D当选）；（3）聘请中介机构费、咨询费（含顾问费）、诉讼费、业务招待费、技术转让费、研究费用等。选项AC不当选，属于销售费用；选项B不当选，属于财务费用。

53 斯尔解析▸ A 本题考查所得税费用金额的计算。所得税费用=当期所得税费用+递延所得税费用。（1）当期所得税费用=当期应交所得税=650万元；（2）递延所得税负债本年发生额=58-45=13（万元），计入所得税费用；（3）递延所得税资产本年发生额=32-36=-4（万元），计入所得税费用。综上，该企业2024年应确认的所得税费用=650+13+4=667（万元），选项A当选；选项B不当选，未考虑递延所得税资产本年发生额对所得税费用的影响；选项C不当选，误将本年发生的递延所得税费用冲减所得税费用；选项D不当选，未考虑递延所得税费用对所得税费用的影响。

本题应编制的会计分录为：

借：所得税费用　　650

　贷：应交税费——应交所得税　　650

借：所得税费用　　13

　贷：递延所得税负债　　13

借：所得税费用　4

　贷：递延所得税资产　4

54 斯尔解析▶ D　本题考查所得税费用的计算。所得税费用=当期所得税费用+递延所得税费用。（1）当期所得税费用=当期应交所得税=应纳税所得额×税率=480×25%=120（万元）；（2）本年递延所得税资产发生额=10-18=-8（万元），计入所得税费用（递延）。因此，该企业2024年末应确认的所得税费用金额=120+8=128（万元），选项D当选；选项A不当选，误将利润总额乘以所得税税率后的金额作为所得税费用金额；选项B不当选，误将本年发生的递延所得税费用冲减所得税费用；选项C不当选，未考虑递延所得税费用对所得税费用的影响。

本题应编制的会计分录为：

借：所得税费用　120

　贷：应交税费——应交所得税　120

借：所得税费用　8

　贷：递延所得税资产　8

55 斯尔解析▶ B　本题考查税金及附加核算的内容。企业应当设置“税金及附加”科目，核算企业经营活动发生的消费税、城市维护建设税、教育费附加、资源税、房产税（选项B当选）、环境保护税、城镇土地使用税、车船税、印花税等相关税费。企业确认的增值税、代扣代缴的个人所得税、应交的企业所得税应通过“应交税费”核算，选项ACD不当选。

56 斯尔解析▶ D　本题考查营业外支出核算的范围。存货运输途中的合理损耗计入存货入账成本，选项A不当选；出售设备的处置净损失计入资产处置损益，选项B不当选；无法查明原因的现金短缺计入管理费用，选项C不当选；因台风原因造成的材料盘亏净损失计入营业外支出，选项D当选。

57 斯尔解析▶ B　本题考查交易事项对利润总额的影响，为否定式提问。销售商品承担的质量保证费，计入主营业务成本，影响利润总额，选项A不当选；确认的当期应交所得税，计入所得税费用，不影响利润总额，选项B当选；结转已提供劳务的成本，计入主营业务成本，影响利润总额，选项C不当选；确认固定资产减值损失，计入资产减值损失，影响利润总额，选项D不当选。

58 斯尔解析▶ B　本题考查净利润的计算。净利润=利润总额-所得税费用。（1）利润总额=营业利润+营业外收入-营业外支出=80+10-0=90（万元）；（2）因本题不存在影响递延所得税费用的事项，所得税费用=当期所得税费用=当期应交所得税=应纳税所得额×税率=（利润总额±税会差异调整）；国债利息收入属于免税收入，在计算应纳税所得额时应予以扣除，因此，所得税费用=（90-6）×25%=21（万元）。综上，企业当年实现的净利润=90-21=69（万元），选项B当选，选项ACD不当选。

二、多项选择题

59 斯尔解析▶ ABC　本题考查权责发生制的核算范围。股份制银行、互联网公司和房地产开发公司均属于企业，应采用权责发生制进行会计核算，选项ABC当选；某市财政局属于行政单位，行政单位预算会计一般采用收付实现制核算，选项D不当选。

60 斯尔解析▶ ACD 本题考查会计职业道德与会计法律制度的区分。会计法律制度通过国家权力强制执行，具有很强的他律性；会计职业道德通过行业行政管理部门规范和会计从业人员自觉执行，具有内在的控制力，具有很强的自律性，选项A当选；会计法律制度是通过一定的程序由国家立法部门或行政管理部门制定、颁布的，其表现形式是具体的、明确的、正式形成文字的成文规定；会计职业道德出自会计人员的职业生活和职业实践，其表现形式既有成文的规范，也有不成文的规范，选项B不当选；会计法律制度依靠国家强制力保证其贯彻执行；会计职业道德主要依靠行业行政管理部门监管执行和职业道德教育、社会舆论、传统习惯和道德评价来实现，选项C当选；会计法律制度以法律规定为评价标准，会计职业道德以行业行政管理规范和道德评价为标准。选项D当选。

61 斯尔解析▶ ABC 本题考查会计职业道德。**会计职业道德包括：坚持诚信，守法奉公。坚持准则，守则敬业。坚持学习，守正创新**。选项ABC当选，选项D不当选。

62 斯尔解析▶ BCD 本题考查原始凭证的基本内容。原始凭证的格式和内容因经济业务和经营管理的不同而有所差异，但原始凭证应当具备以下基本内容：（1）凭证的名称；（2）填制凭证的日期（选项D当选）；（3）填制凭证单位名称和填制人姓名；（4）经办人员的签名或者盖章（选项C当选）；（5）接受凭证单位名称；（6）经济业务内容（选项B当选）；（7）数量、单价和金额。原始凭证中不包括记账符号，选项A不当选。

63 斯尔解析▶ ABC 本题考查记账凭证的分类。记账凭证按照其反映经济活动的内容可以分为：收款凭证、付款凭证和转账凭证，选项ABC当选，选项D不当选。

64 斯尔解析▶ AD 本题考查填制收款凭证业务的范围。收取出租包装物押金和将销售货款存入银行会导致银行存款增加，需要填制收款凭证，选项AD当选；将现金存入银行，从银行提取现金需填制付款凭证，选项BC不当选。

65 斯尔解析▶ ABCD 本题考查发出存货的计价方法。企业发出的存货如采用实际成本核算，企业可以采用的发出存货成本的计价方法包括个别计价法、先进先出法、月末一次加权平均法和移动加权平均法等。选项ABCD当选。

66 斯尔解析▶ BC 本题考查委托加工物资的成本核算。本题为否定式提问。选项B当选，增值税一般纳税人随同加工费支付的增值税应当作为进项税抵扣，不应列入成本；选项C当选，支付的收回后用于继续加工应税消费品的委托加工物资的消费税应记入“应交税费——应交消费税”；选项AD不当选，应计入存货成本。

67 斯尔解析▶ ABD 本题考查自营建造固定资产成本的确定。增值税一般纳税人自营建造的固定资产成本包括使其达到预定可使用状态前的合理必要支出，领用工程物资的成本、领用本企业自产产品的成本以及发生的工程人员薪酬，应计入固定资产成本，选项ABD当选；增值税一般纳税人购买工程物资支付的增值税可以抵扣，不计入成本，选项C不当选。

68 斯尔解析▶ BD 本题考查固定资产折旧方法，为否定式提问。采用年限平均法计算的年折旧额相等，选项A不当选；采用年数总和法计算的年折旧率逐年递减，选项B当选，选项C不当选；采用双倍余额递减法计算的年折旧额仅在资产使用的剩余两年相等，选项D当选。

69 斯尔解析▶ CD 本题考查固定资产的折旧范围，为否定式提问。**除以下情况外，企业应当对所有固定资产计提折旧：**

（1）已提足折旧仍继续使用的固定资产（选项D当选）。

（2）单独计价入账的土地。

（3）处于更新改造（改扩建）期间的固定资产（选项C当选）。

（4）提前处置的固定资产。

已达到预定可使用状态但尚未办理竣工决算的固定资产，需要按照暂估价值计提折旧，选项A不当选；日常维修停用的设备需要计提折旧，选项B不当选。

70 斯尔解析▶ AD 本题考查固定资产的会计处理。出售老旧生产设备，应通过“固定资产清理”科目核算，选项A当选；盘亏行政管理用的办公设备，应通过“待处理财产损溢”科目核算，选项B不当选；盘盈销售机构装卸设备，应通过“以前年度损益调整”科目核算，选项C不当选；报废因交通事故毁损的运输车辆，应通过“固定资产清理”科目核算，选项D当选。

71 斯尔解析▶ AB 本题考查无形资产摊销的会计处理，为否定式提问。无形资产当月减少，当月不提摊销，当月增加，当月开始摊销，选项A当选，选项D不当选；无形资产的摊销金额应按受益对象分摊，计入制造费用、管理费用等，选项B当选；使用寿命不确定的无形资产不计提摊销，选项C不当选。

72 斯尔解析▶ ACD 本题考查出售无形资产的会计处理。

出售无形资产时：

借：银行存款等（实际取得价款）

　　累计摊销（累计摊销额）（选项A当选）

　　无形资产减值准备（累计减值准备）（选项C当选）

　贷：无形资产（账面余额）（选项D当选）

差额：资产处置损益（选项B不当选）

73 斯尔解析▶ ABC 本题考查无形资产摊销的会计处理。经营出租的无形资产的摊销计入其他业务成本，选项A当选；用于生产专门产品的无形资产摊销计入该产品成本，选项B当选；使用寿命有限的无形资产应当自取得当月起开始摊销，处置当月不再摊销，选项C当选；使用寿命不确定的无形资产不应摊销，选项D不当选。

74 斯尔解析▶ BD 本题考查投资性房地产的会计处理。投资性房地产处置时的净损益计入其他业务收入，选项A不当选；出租投资性房地产的租金收入计入其他业务收入，选项B当选；投资性房地产后续计量可以从成本模式变更为公允价值模式，已采用公允价值模式的不得转为成本模式，选项C不当选；投资性房地产成本模式下计提折旧，公允价值模式下不计提折旧，选项D当选。

75 斯尔解析▶ ABD 本题考查投资性房地产的会计处理，为否定式提问。投资性房地产的后续计量模式，在满足条件时，能够从成本模式变更为公允价值模式，但不能从公允价值模式变更为成本模式，选项A当选，选项C不当选；自用房地产转为公允价值模式计量的投资性房地产，公允价值大于账面价值的差额计入其他综合收益，公允价值小于账面价值的差额计入公允价值变动损益，选项B当选；采用公允价值模式计量的投资性房地产，处置时应确认其他业务收入，结转其他业务成本，同时将持有期间产生的公允价值变动损益和其他综合收益结转至其他业务成本，选项D当选。

76 斯尔解析▶ ABC 本题考查投资性房地产的核算范围，为否定式提问。用于出售的楼盘应作为房地产开发企业的存货核算，不属于投资性房地产，选项A当选；用于自建厂房的土地使用权应作为无形资产核算，不属于投资性房地产，选项B当选；拥有并自行经营的旅馆应作为固定资产核算，不属于投资性房地产，选项C当选；已出租的办公楼应作为投资性房地产核算，选项D不当选。

应试攻略

关于房产和地产核算时应用科目的总结：

用途	房屋建筑物	土地使用权
赚取租金、资本增值或两者兼而有之	投资性房地产	投资性房地产
房地产开发企业持有的用于建造商品房的土地或用于出售的商品房	存货 （开发产品）	存货 （开发成本）
用于建造厂房、车间的土地使用权及经营管理用的建筑物	固定资产	无形资产
外购房屋建筑物所支付的价款中包括土地使用权和地上建筑物的价值	（1）可以合理区分，分别作为固定资产和无形资产。 （2）无法合理区分，全部作为固定资产	

77 斯尔解析▶ ABD 本题考查交易性金融资产的会计处理。企业取得交易性金融资产发生的交易费用不计入初始入账成本（应冲减投资收益），2023年5月7日，甲公司购入该交易性金融资产时，入账成本为50万元，选项A当选；2023年12月31日，甲公司应确认公允价值变动损益金额=51-50=1（万元），选项C不当选；2024年1月5日，甲公司处置该交易性金融资产时，应借记“其他货币资金——存出投资款”科目56万元，选项B当选；应确认投资收益金额=处置时收到的价款-处置时资产的账面价值=56-51=5（万元），选项D当选。

78 斯尔解析▶ CD 本题考查全面清查的适用情况。原材料短缺，适用于局部清查，选项A不当选；出纳人员离职，适用于局部清查，选项B不当选。需要进行全面清查的情况通常有：（1）年终决算前（选项C当选）；（2）在合并、撤销或改变隶属关系前；（3）中外合资、国内合资前；（4）股份制改造前（选项D当选）；（5）开展全面的资产评估、清产核资前；（6）单位主要领导调离工作前等。

79 斯尔解析▶ AC 本题考查应付职工薪酬的会计处理。专设销售机构人员薪酬计入当期损益（销售费用），选项A当选；自营工程施工人员薪酬计入在建工程，不影响当期损益，选项B不当选；行政管理人员薪酬计入当期损益（管理费用），选项C当选；基本生产车间管理人员薪酬计入制造费用（属于成本类科目而非损益类科目），不影响当期损益，选项D不当选。

80 斯尔解析▶ AB 本题考查短期薪酬的范围，为否定式提问。提前解除劳动合同给予职工的补偿，属于辞退福利，选项A当选；按规定计提的基本养老保险，属于离职后福利，选项B当选；按规定计提的住房公积金、向职工发放的生活困难补助，属于短期薪酬，选项CD不当选。

81 斯尔解析▶ BCD 本题考查应付债券计提利息的会计处理，为否定式提问。本题中为分期付息、到期还本的应付债券，且**相关利息支出满足资本化条件，在进行会计处理时，应将相关利息确认为应付债券–应计利息，并计入在建工程成本**，金额=1 000×4%×1/4（2024年10月1日至2024年12月31日）=10（万元），应编制的会计分录为：

借：在建工程　　10

　贷：应付债券——应计利息　　10

选项A不当选，选项BCD当选。

82 斯尔解析▶ ABD 本题考查回购股票并注销的会计处理。**回购股票冲销库存股**，股东权益减少3 000万元（1 000×3），选项A当选，选项C不当选；注销股票，**回购股票支付的价款高于面值总额的差额依次冲减资本公积——股本溢价、盈余公积、利润分配——未分配利润**，资本公积减少的金额=3×1 000−1 000=2 000（万元），资本公积（股本溢价）为3 000万元，足够冲减，选项BD当选。相关会计处理如下：

回购时：

借：库存股　　3 000

　贷：银行存款　　3 000

注销时：

借：股本　　1 000

　　资本公积——股本溢价　　2 000

　贷：库存股　　3 000

83 斯尔解析▶ AB 本题考查资本公积的会计处理。资本公积代表投资者出资额超过其在注册资本中所占份额的股东权益，选项A当选；**资本公积不可以用于企业利润分配**，选项B当选；资本公积的用途主要是转增资本（或股本），资本公积不体现各所有者的占有比例，也不能作为所有者参与企业财务经营决策或进行利润分配或股利分配的依据，选项CD不当选。

84 斯尔解析▶ AC 本题考查交易事项对资本公积的影响，为否定式提问。企业溢价发行股票时，支付给券商的手续费、佣金，应冲减资本公积（股本溢价），导致“资本公积”科目金额减少，选项A当选；企业持有权益法核算的长期股权投资，被投资方实现其他权益变动时，企业应借记“长期股权投资”科目，贷记“资本公积——其他资本公积”科目，导致“资本公积”科目金额增加，选项B不当选；企业按月计提短期借款利息，应借记“财务费用”科目，贷记“应付利息”科目，不影响“资本公积”科目金额，选项C当选；企业折价回购股票，在注销库存股时，应按股票面值总额，借记“股本”科目，按所注销的库存股账面余额，贷记“库存股”科目，按其差额，贷记“资本公积——股本溢价”科目，导致“资本公积”科目金额增加，选项D不当选。

85 斯尔解析▶ AC 本题考查交易事项对留存收益的影响。用未分配利润发放现金股利，应借记“利润分配”科目，贷记“应付股利”科目，导致留存收益减少，选项A当选；接受投资者设备投资，应借记“固定资产”等科目，贷记“实收资本”等科目，不影响留存收益，选项B不当选；用盈余公积转增资本，应借记“盈余公积”科目，贷记“实收资本”科目，导致留存收益减少，选项C当选；提取法定盈余公积，应借记“利润分配”科目，贷记“盈余公积”科目，不影响留存收益，选项D不当选。

86 斯尔解析▶ ABD 本题考查利润分配的会计核算。年末可供分配利润=年初未分配利润（或-年初未弥补亏损）+当年实现净利润（或亏损）+其他转入。选项ABD当选，选项C不当选，不影响未分配利润科目余额。

87 斯尔解析▶ BD 本题考查“其他业务收入”科目的核算范围，为否定式提问。出租固定资产实现的收入记入“其他业务收入”科目，选项A不当选；转让交易性金融资产取得的收益记入“投资收益”科目，选项B当选；处置投资性房地产收到的处置价款记入“其他业务收入”科目，选项C不当选；接受现金捐赠产生的利得记入“营业外收入”科目，选项D当选。

88 斯尔解析▶ ABD 本题考查合同履约成本的核算范围，为否定式提问。本期发生直接为客户提供承诺服务且预期能够收回的人员工资，该成本与一份当前的合同直接相关，应计入合同履约成本，选项C不当选；非正常消耗的直接材料、企业承担的管理费用、与企业过去的履约活动相关的差旅费应当于发生时计入当期损益，选项ABD当选。

89 斯尔解析▶ CD 本题考查受托代销业务的会计处理，乙公司为受托方，收到商品时应确认受托代销商品，选项A不当选；乙公司对外出售受托代销商品收到的销售款应为应付账款，选项B不当选，选项D当选；乙公司应按照收取的代销手续费确认收入，选项C当选。

90 斯尔解析▶ AC 本题考查期间费用的范围。期间费用包括销售费用、管理费用和财务费用。专设销售机构自有固定资产计提的折旧计入销售费用，选项A当选；生产部门机器设备的折旧费计入制造费用，选项B不当选；行政管理部门职工的薪酬计入管理费用，选项C当选；固定资产出售净收益计入资产处置损益，选项D不当选。

91 斯尔解析▶ BCD 本题考查税金及附加的核算范围。委托加工环节由受托方代收代缴的消费税，应计入委托加工物资成本或应交税费（应交消费税），不影响税金及附加，选项A不当选；企业计提车船税和城市维护建设税，应借记“税金及附加”科目，贷记“应交税费”科目，选项BD当选；企业购买印花税票时，应借记“税金及附加”科目，贷记“银行存款”科目，选项C当选。

92 斯尔解析▶ AD 本题考查“销售费用”科目的核算内容。出借包装物的摊销计入销售费用，选项A当选；预计产品质量保证损失计入主营业务成本，选项B不当选；因产品质量原因给予客户的销售退回，应当在发生时冲减当期销售商品收入，选项C不当选；销售部门人员报销的差旅费计入销售费用，选项D当选。

93 斯尔解析▶ ACD 本题考查收入的确认条件。收入是指企业在日常活动中形成的、会导致所有者权益增加的、与所有者投入资本无关的经济利益的总流入。选项B不当选，符合收入要素定义，计入其他业务收入；选项ACD当选，出售无形资产、固定资产收取的价款以及政府补助利得属于非日常活动形成的。

94 斯尔解析▶ AC　本题考查影响营业利润的项目。行政管理部门设备日常维修记入“管理费用”科目，导致营业利润减少，选项A当选；接受非关联方现金捐赠记入“营业外收入”科目，不影响营业利润，选项B不当选；取得无形资产转让净收益记入“资产处置损益”科目，导致营业利润增加，选项C当选；无法查明原因的现金溢余记入“营业外收入”科目，不影响营业利润，选项D不当选。

95 斯尔解析▶ ABD　本题考查影响营业利润的项目。存货盘盈净收益冲减管理费用，影响营业利润，选项A当选；出售包装物实现的净收益计入其他业务收入，影响营业利润，选项B当选；报废专利权净损失计入营业外支出，不影响营业利润，选项C不当选；处置联营企业长期股权投资取得的收益计入投资收益，影响营业利润，选项D当选。

三、判断题

96 斯尔解析▶ ×　本题考查会计主体。会计主体，是指会计工作服务的特定对象，是企业会计确认、计量、记录和报告的空间范围。法律主体和会计主体并非对等的概念，法律主体通常都可以作为会计主体，但会计主体不一定是法律主体。企业集团只能作为会计主体，但不能作为法律主体。本题表述错误。

97 斯尔解析▶ ×　本题考查试算平衡。如果借贷双方发生额或余额相等，表明账户记录基本正确，但有些错误并不影响借贷双方的平衡。因此，试算不平衡，表示记账一定有错误，但试算平衡时，不能表明记账一定正确。本题表述错误。

98 斯尔解析▶ ×　本题考查现金清查盘点。企业发现未查明原因的现金溢余，按管理权限报经批准后计入营业外收入。本题表述错误。

99 斯尔解析▶ ×　本题考查银行承兑汇票的核算。企业销售商品收到银行承兑汇票应通过“应收票据”科目核算。本题表述错误。

100 斯尔解析▶ √　本题考查存货成本的确定。企业为特定客户设计产品发生的、可直接确定的设计费用，计入存货成本。本题表述正确。

101 斯尔解析▶ ×　本题考查计划成本核算。企业采用计划成本对材料进行日常核算，应按月分摊发出材料应负担的成本差异，不应在季末或年末一次计算分摊。本题表述错误。

102 斯尔解析▶ ×　本题考查原材料的会计处理。对于材料已到达并已验收入库，但发票账单等结算凭证未到，货款尚未支付的采购业务，月末按材料的暂估价值，借记“原材料”科目，贷记“应付账款——暂估应付账款”科目。本题表述错误。

103 斯尔解析▶ ×　本题考查低值易耗品的会计处理。企业领用低值易耗品应根据受益对象进行分配，一般情况下摊销额计入制造费用，但是，涉及企业管理部门领用的，相关摊销额计入管理费用。本题表述错误。

104 斯尔解析▶ ×　本题考查委托加工物资成本的确定。委托加工物资收回后用于继续加工应税消费品的，受托方代收代缴的消费税记入“应交税费——应交消费税”科目借方。本题表述错误。

105 斯尔解析▶ ×　本题考查委托加工物资的会计处理。企业委托加工的应税消费品（非金银首饰）收回后直接用于销售的，由受托方代收代缴的消费税应计入委托加工物资成本。本题表述错误。

106 斯尔解析▶ √ 本题考查商品流通企业采购商品的会计处理。商品流通企业采购商品的进货费用金额较小的，可在发生时直接计入当期损益（销售费用）。本题表述正确。

107 斯尔解析▶ × 本题考查固定资产的初始计量。企业以一笔款项购入多项没有单独标价的固定资产时，应按各项固定资产公允价值的比例对总成本进行分配，以确定各项固定资产的成本。本题表述错误。

108 斯尔解析▶ × 本题考查自行研发无形资产的会计处理。企业自行研究开发无形资产发生的无法可靠区分研究阶段和开发阶段的支出，应将其所发生的研发支出全部费用化，计入当期损益（管理费用）。本题表述错误。

109 斯尔解析▶ × 本题考查交易性金融资产的初始计量。企业取得交易性金融资产时，支付的价款中包括已到期尚未领取的利息应作为代垫款项处理，记入“应收利息”科目。本题表述错误。

110 斯尔解析▶ × 本题考查固定资产盘盈的会计处理。固定资产的盘盈属于会计差错，企业应将盘盈固定资产的重置成本，记入“以前年度损益调整”科目。本题表述错误。

111 斯尔解析▶ × 本题考查存货盘盈的会计处理。企业发生的存货盘盈，按管理权限报经批准后，应冲减管理费用。本题表述错误。

112 斯尔解析▶ × 本题考查非货币性职工福利的会计处理。企业将自产产品作为福利发放给本单位职工，应根据产品的含税公允价值作为应付职工薪酬核算。本题表述错误。

113 斯尔解析▶ × 本题考查辞退福利的会计处理。企业在确认因解除与职工劳动关系应给予的补偿时，无须按照受益对象进行分摊，直接计入当期损益（管理费用）。本题表述错误。

114 斯尔解析▶ × 本题考查非货币性职工福利的会计处理。企业以外购商品作为非货币性福利发放给职工时，不能确认营业收入，而应当按照商品的购买价款确认职工薪酬。本题表述错误。

115 斯尔解析▶ × 本题考查短期借款预提利息的会计处理。计提利息借记“财务费用”科目，贷记“应付利息”科目，不涉及“短期借款”科目。本题表述错误。

116 斯尔解析▶ × 本题考查应付债券的会计处理。企业计提应付债券利息，应通过“应付债券——应计利息”科目核算。本题表述错误。

117 斯尔解析▶ √ 本题考查资本公积的用途。股份有限公司的资本公积可以转增股本，不能分派现金股利。本题表述正确。

118 斯尔解析▶ × 本题考查其他综合收益的重分类。权益法核算的长期股权投资，在持有期间确认的其他综合收益，需要区分以下情形考虑是否可以重分类进损益：（1）若按权益法核算因被投资单位重新计量设定受益计划净负债或净资产变动导致的权益变动以及因被投资单位持有的其他权益工具投资发生的公允价值变动，上述原因产生的其他综合收益不得重分类进损益；（2）除（1）所述情形外，权益法核算长期股权投资产生的其他综合收益可以重分类进损益。本题表述错误。

119 斯尔解析▶ √ 本题考查本年利润结转。年度终了，企业应将“本年利润”科目的本年累计余额转入“利润分配——未分配利润”科目。本题表述正确。

120 斯尔解析▶ × 本题考查可供分配利润计算的影响因素。可供分配的利润金额=年初未分配利润（或–年初未弥补亏损）+当年实现的净利润（或–净亏损）+其他转入，企业计提盈余公积不影响可供分配利润的计算。本题表述错误。

121 斯尔解析▶ × 本题考查回购股票的会计处理。企业回购股票但未注销时，借记“库存股”科目，贷记“银行存款”等科目，不涉及股本。本题表述错误。

122 斯尔解析▶ × 本题考查发行股票的会计处理。发行股票支付给券商的佣金和手续费冲减资本公积——股本溢价，不足冲减时，冲减留存收益。本题表述错误。

123 斯尔解析▶ × 本题考查合同取得成本的确认条件。企业为取得合同发生的增量成本预期能够收回的（如销售佣金等），应当作为合同取得成本确认为一项资产。本题表述错误。

124 斯尔解析▶ × 本题考查交易价格的内容。交易价格是企业因向客户转让商品而预期有权收取的对价金额，不包括企业代第三方收取的款项以及企业预期将退还给客户的款项。本题表述错误。

125 斯尔解析▶ √ 本题考查支付手续费方式的委托代销的会计处理。在支付手续费委托代销方式下，委托方按合同约定发出商品时，商品相关控制权尚未转移，企业不应确认收入结转成本，而应借记“发出商品”科目，贷记“库存商品”科目。本题表述正确。

126 斯尔解析▶ √ 本题考查在某一时段内履行履约义务收入的确认。对于在某一时段内履行的履约义务，当履约进度不能合理确定时，企业已发生的成本预计能够得到补偿的，应当按照已发生的成本金额确认收入。本题表述正确。

127 斯尔解析▶ √ 本题考查所得税费用的内容。企业的所得税费用应根据当期应交所得税和递延所得税计算确定。本题表述正确。

128 斯尔解析▶ √ 本题考查本年利润的结转。表结法下，各损益类科目每月末只需结计出本月发生额和月末累计余额，不结转到“本年利润”科目，只有在年末时才将全年累计余额结转入“本年利润”科目。本题表述正确。

四、不定项选择题

129 （1）斯尔解析▶ BD 本题考查外购存货的会计处理。企业应该编制的会计分录为：

借：原材料（选项A不当选）　35 000

　应交税费——应交增值税（进项税额）（选项B当选）　4 201.6

　贷：应付账款　39 201.6

原材料的单位成本=（32 320+2 680）/（2 020−20）=17.5（元）（选项D当选）；销售方代垫的运杂费构成存货采购成本，选项C不当选。

（2）斯尔解析▶ A 本题考查应收账款的会计处理。企业销售材料应编制的会计分录为：

借：应收账款（选项A当选，选项BCD不当选）　2 260

　贷：其他业务收入　2 000

　　应交税费——应交增值税（销项税额）　260

（3）斯尔解析▶ BD 本题考查发出存货的会计处理。生产产品耗用材料计入生产成本，选项A不当选，选项B当选；生产车间一般耗用原材料计入制造费用，选项C不当选，选项D当选。

（4）斯尔解析▶ CD 本题考查月末一次加权平均法的计算。甲材料的加权平均单位成本=总成本/实际验收入库数量=（2 000×15+32 320+2 680）/（2 000+2 020−20）=16.25（元），选项A不当选，选项D当选；20日，销售甲材料100千克，需要结转其他业务成本的金额=100×16.25=1 625（元），所以其他业务成本增加1 625元，选项B不当选，选项C当选。

（5）斯尔解析▶ ABC 本题考查存货跌价准备的会计处理。本月发出甲材料的成本金额为（100+3 000+100）×16.25=52 000（元），期末剩余甲材料的成本为2 000×15（月初结存）+35 000［资料（1）］−52 000（发出甲材料成本）=13 000（元），选项C当选；期末甲材料的可变现净值为12 800元，所以应当计提减值准备=13 000−12 800=200（元），选项A当选，选项D不当选；12月末记入“存货”项目的“原材料”的金额为12 800元，选项B当选。

应试攻略

本题考查原材料（实际成本核算）的相关会计处理，在复习时，需要着重关注以下几点：

（1）原材料领用的会计处理，应按照受益对象分摊原则计入相应账户，具体核算科目如下表所示。

受益对象	会计科目
直接材料成本	生产成本
间接材料成本	制造费用
销售部门消耗	销售费用
行政管理部门消耗	管理费用
工程项目消耗	在建工程
研发环节消耗	研发支出
发出加工材料	委托加工物资

（2）关于存货的清查盘点以及会计处理，应注意如下问题：

<table>
<tr><th>项目</th><th colspan="3">具体内容</th></tr>
<tr><td>清查方法</td><td colspan="3">实地盘点法/技术推算法</td></tr>
<tr><td>清查结果</td><td colspan="3">存货盘点报告表（可以作为原始凭证，据以调整账簿）</td></tr>
<tr><td rowspan="5">会计核算</td><td>总原则</td><td colspan="2">通过“待处理财产损溢”科目，“账”向“实”调整</td></tr>
<tr><td rowspan="3">存货盘亏</td><td>管理不善</td><td>计入管理费用</td></tr>
<tr><td>非常损失</td><td>计入营业外支出</td></tr>
<tr><td>相关责任人或保险公司赔偿</td><td>计入其他应收款</td></tr>
<tr><td>存货盘盈</td><td>无须区分原因</td><td>计入管理费用</td></tr>
</table>

130　（1）斯尔解析▶　A　本题考查固定资产入账价值的确定。甲公司为增值税一般纳税人，增值税进项税额可以抵扣，M设备的入账价值=500 000（购买价款）+40 000（安装费）=540 000（元），选项A当选；选项B不当选，误将设备增值税计入固定资产成本；选项C不当选，误将设备增值税计入固定资产成本，且未将安装费计入固定资产成本；选项D不当选，未将安装费计入固定资产成本。

（2）斯尔解析▶　BCD　本题考查固定资产折旧的会计处理和相关折旧的计算。2024年1月10日，M设备达到预定可使用状态，从次月开始计提折旧，即2024年2月开始计提折旧，选项A不当选，选项C当选；采用年限平均法计提折旧，2024年计提折旧额=（540 000−30 000）/5×11/12=93 500（元），选项B当选；月折旧额=（540 000−30 000）/5/12=8 500（元），选项D当选。

（3）斯尔解析▶　CD　本题考查固定资产费用化后续支出的会计处理。对管理部门固定资产进行日常修理，不符合资本化条件，应将维修费用计入管理费用，对销售部门固定资产进行日常修理，不符合资本化条件，应将维修费用计入销售费用，甲公司为增值税一般纳税人，增值税可以作为进项税额抵扣，选项AB不当选，选项CD当选。本题会计分录为：

借：管理费用　30 000
　　销售费用　10 000
　　应交税费——应交增值税（进项税额）　5 200
　贷：银行存款　45 200

（4）斯尔解析▶　ABC　本题考查固定资产报废的会计处理。报废固定资产，应将固定资产的账面价值结转至“固定资产清理”科目借方，选项B当选；支付的清理费用记入“固定资产清理”科目借方，选项A当选；取得的残料变价收入记入“固定资产清理”科目贷方，同时，增值税销项税额记入“应交税费”科目贷方，选项C当选；固定资产报废净损失记入“营业外支出”科目借方，选项D不当选，结转报废净损失的会计分录为：

借：营业外支出　　26 000

　贷：固定资产清理　　26 000

（5）斯尔解析 ACD　本题考查固定资产期末计量的会计处理。年末时，M设备计提减值准备前的账面价值=540 000−93 500=446 500（元），其可收回金额为440 000元，应计提固定资产减值准备的金额=446 500−440 000=6 500（元），选项A当选；固定资产减值准备一经计提，在以后会计期间不得转回，选项C当选；资产负债表中固定资产项目应按固定资产的账面价值进行列报，即440 000元，选项B不当选，选项D当选。

应试攻略

本题考查固定资产相关的会计处理，在复习时，需要着重关注以下问题：

（1）固定资产折旧的时间范围：

①当月增加，当月不提；当月减少，当月照提。

②已达到预定可使用状态但尚未办理竣工决算的固定资产，按照暂估价值计提折旧；待办理竣工决算后，调整原暂估价值，但无须调整已计提折旧金额。

（2）费用化的固定资产后续支出（大修理支出等）应分如下情形进行处理：

固定资产使用部门	费用化支出核算科目
行政管理部门	管理费用
专设的销售机构	销售费用
生产部门	制造费用

（3）固定资产处置时，应注意通过“固定资产清理”科目，并且按如下步骤进行处理：

①结转账面价值：

借：固定资产清理

　　累计折旧

　　固定资产减值准备

　贷：固定资产

②发生清理费、收回残料等：

借：固定资产清理

　　应交税费——应交增值税（进项税额）

　贷：银行存款等

③出售（入库）残料以及保险公司或责任人赔偿：

借：银行存款

　　原材料

　　其他应收款

　贷：固定资产清理

　　　应交税费——应交增值税（销项税额）

④确认处置损益：

借：银行存款

　贷：固定资产清理

　　　应交税费——应交增值税（销项税额）

差额：

若为报废、毁损，计入营业外收支；

若为出售、转让，计入资产处置损益。

131 (1) 斯尔解析▶ ABC 本题考查自行研发无形资产的会计处理。确认研发人员薪酬时：

借：研发支出——费用化支出　　25

　贷：应付职工薪酬　　25

选项B当选。

发生其他研发支出时：

借：研发支出——费用化支出　　64

　　应交税费——应交增值税（进项税额）　　3.84

　贷：银行存款　　67.84

选项A当选。

1月末结转研究阶段支出时：

借：管理费用　　89

　贷：研发支出——费用化支出　　89

选项C当选，选项D不当选。

(2) 斯尔解析▶ BD 本题考查自行研发无形资产的会计处理。开发阶段中有10万元不符合资本化条件，应当费用化，借记“研发支出——费用化支出”科目，选项D当选，选项C不当选；开发阶段中应当资本化的金额=100+130+18−10=238（万元），借记“研发支出——资本化支出”科目，选项B当选，选项A不当选。

(3) 斯尔解析▶ AB 本题考查无形资产的摊销。无形资产开发阶段符合资本化条件的支出为238万元，注册登记费为2万元，所以无形资产的入账价值=238+2=240（万元），选项A当选，选项D不当选；因为该无形资产在2024年8月1日达到预定用途，无形资产当月增加，当月开始摊销，当月减少，当月不再摊销，所以2024年共摊销5个月（8月～12月），2024年摊销的金额=240÷5÷12×5=20（万元），选项B当选，选项C不当选。

(4) 斯尔解析▶ BC 本题考查出租无形资产的会计处理。无形资产短期出租取得的租金收入计入其他业务收入，选项C当选，选项D不当选；其摊销额相应的计入其他业务成本，选项B当选，选项A不当选。

(5) 斯尔解析▶ C 本题考查经济业务对营业利润的影响。上述业务对甲企业2 024至2025年营业利润的影响合计金额=−89［资料（1）无形资产研究阶段费用化支出］−10［资料（2）无形资产开发阶段费用化支出］−20［资料（3）无形资产2024年摊销额］+5×10［资料（4）

出租无形资产租金收入］-4×10［资料（4）无形资产2025年摊销额］=-109（万元），选项C当选；选项A不当选，未考虑无形资产开发阶段费用化支出；选项B不当选，误将注册登记费2万元重复计入当期损益；选项D不当选，2024年无形资产误按6个月进行摊销。

应试攻略

本题考查自行研发无形资产的会计处理，在进行会计处理时，需要注意以下情形。

（1）研发时：

业务	费用化阶段		资本化阶段
	研究阶段	达到资本化条件前的开发阶段	达到资本化条件后的开发阶段
归集研发支出	借：研发支出——费用化支出 　贷：银行存款等		借：研发支出——资本化支出 　贷：银行存款等
期末或达到预定可使用状态	借：管理费用 　贷：研发支出——费用化支出		借：无形资产 　贷：研发支出——资本化支出

（2）后续摊销，按照受益对象进行分摊：

借：制造费用（生产部门使用）

　　管理费用（管理部门使用）

　　其他业务成本（对外出租）

　贷：累计摊销

（3）无形资产处置：

①处置损益的确认=处置所收到的价款（不含增值税）-处置时无形资产的账面价值。

②处置损益的确认：

对外出售产生的损益计入资产处置损益，影响营业利润；

报废产生的损益计入营业外支出，影响利润总额。

132　（1）斯尔解析▶　ACD　本题考查应付职工薪酬支付的会计处理。该企业支付职工薪酬应编制的会计分录为：

借：应付职工薪酬（选项D当选）　　210

　贷：应交税费——应交个人所得税（选项A当选）　　18

　　其他应收款（选项B不当选）　　12

　　银行存款（选项C当选）　　180

（2）斯尔解析▶　BCD　本题考查应付职工薪酬分配的会计处理。企业分配给车间管理人员的薪酬50万元应计入制造费用，选项A不当选；企业分配给行政管理人员的薪酬40万元计入管理费用，选项B当选；企业分配给专设销售机构人员的薪酬30万元计入销售费用，选项C当选；企业分配给基本生产车间生产工人的薪酬120万元计入生产成本，选项D当选。

（3）斯尔解析▶　ABD　本题考查非货币性职工福利的会计处理。将自产产品用于个人福利，应视同销售，根据商品的公允价值确认收入，同时确认销项税额，该企业应编制的会计分录为：

确认非货币性福利：

借：生产成本　11.3

　贷：应付职工薪酬（选项D当选）

［200×500×（1+13%）÷10 000］11.3

发放非货币性福利：

借：应付职工薪酬　11.3

　贷：主营业务收入（选项C不当选）　10

　　应交税费——应交增值税（销项税额）（选项B当选）　1.3

结转发放非货币性福利的产品成本：

借：主营业务成本　（200×400÷10 000）8

　贷：库存商品（选项A当选）　8

（4）斯尔解析▶　C　本题考查非货币性职工薪酬的会计处理。将租赁房屋无偿提供给职工使用时，应当根据受益对象进行分配，借记“管理费用”“销售费用”等科目，同时贷记“应付职工薪酬”科目，选项AB不当选；在实际发放时应借记“应付职工薪酬”科目，贷记“银行存款”科目，非货币性职工薪酬属于短期薪酬，应通过“应付职工薪酬”而非“其他应付款”科目核算，选项C当选，选项D不当选。

（5）斯尔解析▶　A　本题考查产品成本的核算内容。产品成本包括产品的直接人工、直接材料和制造费用，生产车间生产工人的职工薪酬属于直接人工成本，车间管理人员薪酬属于制造费用，所以2024年12月该企业应计入产品成本的职工薪酬金额=120（车间生产工人职工薪酬）+50（车间管理人员薪酬）+11.3（生产车间生产工人的非货币性福利）=181.3（万元），选项A当选，选项BCD不当选。

应试攻略

本题考查应付职工薪酬相关业务的会计处理，本题需要关注以下几点：

（1）关于职工薪酬的分类：

分类	内容	说明
短期薪酬	①工资、奖金、津贴、补贴。 ②职工福利费。 ③医疗保险、工伤保险、住房公积金。 ④工会经费、职工教育经费。 ⑤短期带薪缺勤。 ⑥短期利润分享计划。 ⑦非货币性福利等	①短期带薪缺勤包括累积带薪缺勤和非累积带薪缺勤，具体来看，其形式主要有年休假、病假、婚假、产假、探亲假等。 ②短期利润分享计划是与职工达成的基于利润或其他经营成果提供薪酬的协议

续表

分类	内容	说明
离职后福利	①设定提存计划。 ②设定受益计划	设定提存计划包括养老保险和失业保险等
辞退福利	支付的经济补偿金	无须区分辞退对象，发生时直接计入当期损益（管理费用）
其他长期职工福利	①长期带薪缺勤。 ②长期残疾福利。 ③长期利润分享计划等	—

（2）关于非货币性职工福利的会计处理：

情形	会计分录	避“坑”要点
以自产产品发放	借：应付职工薪酬 贷：主营业务收入 应交税费——应交增值税（销项税额） 借：主营业务成本 贷：库存商品	在会计处理上，对于发放的商品，需要按照其公允价值确认销售收入，同时按照其成本结转销售成本。在税务处理上，需要视同销售处理，即确认销项税额
以外购产品发放	借：应付职工薪酬 贷：库存商品 应交税费——应交增值税（进项税额转出）	在会计处理上，无须确认收入，而是按照购买时的公允价值计入应付职工薪酬。在税务处理上，将外购产品用于职工福利，需作进项税额转出
按照受益对象分摊	借：管理费用、销售费用、生产成本、制造费用等 贷：应付职工薪酬	在分摊财务人员的职工薪酬时，应计入管理费用而非财务费用

133 （1）斯尔解析▶ BCD 本题考查所有者权益的会计处理。企业宣告分配现金股利时：

借：利润分配——应付现金股利或利润 200

贷：应付股利 200

选项B当选；

企业支付现金股利时：

借：应付股利 200

贷：银行存款 200

选项C当选，选项A不当选；

企业用盈余公积转增股本时：

借：盈余公积 400

  贷：股本 400

选项D当选。

（2）斯尔解析▶ BCD 本题考查回购股票并注销的会计处理。企业回购股票时：

借：库存股 3 000

  贷：银行存款 （3×1 000）3 000

选项C当选；

企业注销股票时：

借：股本 1 000

  资本公积——股本溢价 2 000

  贷：库存股 3 000

选项BD当选，选项A不当选。

（3）斯尔解析▶ ABC 本题考查本年利润及未分配利润结转的会计处理。企业结转净利润时：

借：本年利润 2 000

  贷：利润分配——未分配利润 2 000

选项B当选；

企业提取法定盈余公积时：

借：利润分配——提取法定盈余公积 200

  贷：盈余公积 200

选项C当选；

企业结转未分配利润时：

借：利润分配——未分配利润 200

  贷：利润分配——提取法定盈余公积 200

选项A当选，选项D不当选。

（4）斯尔解析▶ C 本题考查年末未分配利润的计算。2024年末该公司“利润分配——未分配利润”科目的余额=1 000（期初余额）−200［资料（1）］+2 000［资料（3）］−200［资料（3）］=2 600（万元），选项C当选，选项ABD不当选。

（5）斯尔解析▶ D 本题考查期末所有者权益总额的计算。2024年末所有者权益总额=（10 000+50 000+3 000+1 000）（期初余额）−200［资料（1）］−3 000［资料（2）］+2 000［资料（3）］=62 800（万元），选项D当选，选项ABC不当选。

应试攻略

从近些年考试来看，在不定项选择题中考查所有者权益的频率有所上升，但考查内容相对固定，在复习时，需要着重关注以下几点：

（1）关于回购并注销普通股的会计处理：

第一，看清题目考查的是“回购时”的会计处理还是“注销时”的会计处理，先明确考查的事项，再判断对相关科目的影响。

第二，回购股票支付的价款高于面值总额，意味着两者差额需冲减所有者权益，其冲减顺序为“资本公积→盈余公积→未分配利润”；回购股票支付的价款低于面值总额，意味着两者差额将增加所有者权益，应全部计入资本公积。

（2）各类交易事项对所有者权益总额和留存收益总额的影响如下表所示：

项目	会计处理	对所有者权益的影响	对留存收益的影响
接受投资者投资	借：银行存款等 贷：股本/实收资本 资本公积	增加	无
资本公积转增资本	借：资本公积 贷：股本/实收资本	无	无
盈余公积转增资本	借：盈余公积 贷：股本/实收资本	无	减少
提取盈余公积	借：利润分配 贷：盈余公积	无	无
宣告分派现金股利	借：利润分配 贷：应付股利	减少	减少
宣告分派股票股利	无须账务处理	—	—
实际发放股票股利	借：利润分配 贷：股本	无	减少
盈余公积补亏	借：盈余公积 贷：利润分配	无	无
税后利润补亏	无须账务处理	—	—
回购股票	借：库存股 贷：银行存款	减少	无

（3）关于所有者权益总额的计算：

从初级会计实务考试来看，常考查的所有者权益类的科目包括股本（实收资本）、资本公积、盈余公积以及利润分配。在计算期末所有者权益总额时，可以采用如下两种方法：

①期末所有者权益总额=股本（实收资本）期末余额+资本公积期末余额+盈余公积期末余额+利润分配期末余额。

②期末所有者权益总额=期初所有者权益总额+本年所有者权益增加金额-本年所有者权益减少金额。

需要说明的是，在利用公式②时，需要注意结合（2）表格内容辨明哪些交易事项不影响所有者权益总额。

134 （1）斯尔解析▶ C 本题考查交易性金融资产初始入账金额的计算。企业取得交易性金融资产时，所支付价款中包含的已宣告但尚未发放的现金股利，应单独确认为应收项目，相关交易费用应当在发生时计入当期损益（投资收益），不计入初始入账金额，支付的增值税记入“应交税费——应交增值税（进项税额）”科目中，故甲公司购买股票应记入“交易性金融资产——成本”科目的金额=505（支付价款）-5（已宣告但尚未发放的现金股利）=500（万元），选项C当选；选项A不当选，未扣除支付价款中包含已宣告但尚未发放的现金股利；选项B不当选，误将交易费用计入交易性金融资产入账价值；选项D不当选，误将交易费用及其增值税税额计入交易性金融资产入账价值。

甲公司应编制的会计分录为：

借：交易性金融资产——成本 500

　应收股利 5

　投资收益 1.25

　应交税费——应交增值税（进项税额） 0.075

　贷：其他货币资金——存出投资款 506.325

（2）斯尔解析▶ D 本题考查发放现金股利的会计处理。甲公司在取得交易性金融资产时，将已宣告但尚未发放的现金股利借记“应收股利”科目，贷记“其他货币资金”科目，所以在收到该现金股利时，应编制的会计分录为：

借：其他货币资金——存出投资款 5

　贷：应收股利 5

选项D当选，选项B不当选；选项AC不当选，题述“向证券公司存出投资款”，故委托证券公司进行的投资，收到、支付的相关款项均应通过“其他货币资金——存出投资款”科目核算，而非“银行存款”科目。

（3）斯尔解析▶ AC 本题考查交易性金融资产公允价值变动的会计处理。2024年3月31日，确认股票的公允价值变动损益时：

借：公允价值变动损益　　　　　　　　　　（480−500）20

　贷：交易性金融资产——公允价值变动　　　　　　　　　　20

选项AC当选，选项BD不当选。

（4）斯尔解析▶ BCD 本题考查出售交易性金融资产的会计处理。出售乙上市公司股票的相关会计处理为：

借：其他货币资金——存出投资款（选项C当选）　　600

　　交易性金融资产——公允价值变动　　　　　　20

　贷：交易性金额资产——成本（选项D当选）　　　　　　500

　　　投资收益　　　　　　　　　　　　　　　　　　　　120

借：投资收益　　　　　　　　　　　　　　　　5.38

　贷：应交税费——转让金融商品应交增值税（选项A不当选）　5.38

该项金融资产的投资净收益=120−5.38=114.62（万元），选项B当选。

（5）斯尔解析▶ A 本题考查经济业务对营业利润的影响。该股票投资对甲公司2024年度营业利润的影响额=−1.25［资料（1）投资收益］−20［资料（2）公允价值变动］+120［资料（3）投资收益］−5.38［资料（3）投资收益］=93.37（万元），选项A当选；选项B不当选，未将取得交易性金融资产发生的相关交易费用及转让金融商品应交增值税减少营业利润；选项C不当选，未将转让金融商品应交增值税减少营业利润；选项D不当选，未将取得交易性金融资产发生的相关交易费用和公允价值变动减少营业利润。

应试攻略

交易性金融资产的会计处理在近些年不定项选择题中常有考查，且考查内容相对固定，现为同学们整理如下：

情形	会计分录	避"坑"要点
初始取得	借：交易性金融资产——成本 　　应收股利/利息 　　投资收益 　　应交税费——应交增值税（进项税额） 　贷：其他货币资金等	（1）相关交易费用和代垫的利息或股利不影响交易性金融资产初始入账成本。 （2）贷方科目需要关注企业购买交易性金融资产时的支付形式。若为银行转账，一般通过"银行存款"科目核算，若为存出投资款，一般通过"其他货币资金"科目核算

续表

情形	会计分录	避“坑”要点
后续计量	（1）确认公允价值变动： 借或贷：交易性金融资产——公允价值变动 　贷或借：公允价值变动损益	后续计量时，交易性金融资产发生公允价值变动以及被投资方宣告发放现金股利（或计提利息收益）均会对损益产生影响，但需要关注具体影响科目
	（2）确认现金股利/利息收益： 借：应收股利/交易性金融资产——应计利息 　贷：投资收益	—
	（3）实际收到股利/利息： 借：其他货币资金等 　贷：应收股利/交易性金融资产——应计利息	—
出售	借：其他货币资金等 　贷：交易性金融资产——成本 　　　　　　　　　——公允价值变动 差额：投资收益	需要着重关注题干的描述： 情形1：计算出售交易性金融资产对损益的影响。 情形2：计算持有该项交易性金融资产累计对损益的影响。 情形3：计算持有该项交易性金融资产累计对投资收益的影响
应交增值税的会计处理	借或贷：投资收益 　贷或借：应交税费——转让金融商品应交增值税	转让金融商品，按盈亏相抵后的余额为销售额；若相抵后出现负差，可结转下一纳税期与下期转让金融商品销售额相抵，但年末仍出现负差的，不得转入下一个会计年度

第二模块　努力提升25分
答案与解析

一、单项选择题

135	A	136	B	137	D	138	B	139	A
140	D	141	D	142	A	143	D	144	B
145	A	146	A	147	D	148	D	149	B
150	C	151	C	152	D	153	B	154	A

二、多项选择题

155	ACD	156	BCD	157	ABC	158	BCD	159	AD

三、判断题

160	√	161	×	162	×	163	√	164	×
165	√								

四、不定项选择题

166（1）	D	166（2）	A	166（3）	BCD	166（4）	BCD
166（5）	D	167（1）	BC	167（2）	AC	167（3）	ACD
167（4）	AD	167（5）	B	168（1）	BD	168（2）	D

168（3）	CD	168（4）	A	168（5）	B	169（1）	B
169（2）	A	169（3）	ABC	169（4）	BC	169（5）	C

一、单项选择题

135 斯尔解析▶ A 本题考查资产减值的会计处理。**交易性金融资产无须计提减值，其价值变动均通过公允价值变动反映**，选项A当选；采用成本模式后续计量的投资性房地产应计提减值，并计入资产减值损失，选项B不当选；长期股权投资计提的减值金额，后续期间不得转回，选项C不当选；固定资产计提的减值金额，后续期间不得转回，选项D不当选。

136 斯尔解析▶ B 本题考查坏账准备的会计处理。**本期应计提坏账准备金额=“坏账准备”科目期末余额-“坏账准备”科目期初余额，在确定“坏账准备”科目期初余额时，需考虑本月发生坏账损失的影响**。本月发生坏账损失，企业应借记“坏账准备”科目，贷记“应收账款”科目。本期计提坏账准备前，“坏账准备”科目余额=50-30=20（万元），因此，本期应计提坏账准备的金额=80-20=60（万元），选项B当选，选项ACD不当选。

137 斯尔解析▶ D 本题考查存货跌价准备的计算。乙存货持有目的是用于生产产品，所以，首先计算产品的可变现净值，乙存货的可变现净值=存货的估计售价-进一步加工成本-估计的销售费用和税费=120-25-3=92（万元），乙存货的实际成本为100万元，其成本高于可变现净值，故存货发生减值。当期存货跌价准备的余额=100-92=8（万元），因存货跌价准备期初余额为12万元，所以，当期需要转回4万元（8-12），选项D当选，选项ABC不当选。

138 斯尔解析▶ B 本题考查“信用减值损失”科目的核算范围。企业转回或计提存货跌价准备、计提无形资产减值准备，均应通过“资产减值损失”科目核算，选项ACD不当选；**企业计提应收账款坏账准备，应借记“信用减值损失”科目，贷记“坏账准备”科目**，选项B当选。

139 斯尔解析▶ A 本题考查应收账款当期坏账准备的计提。**当期实际发生坏账损失，应编制的会计分录为：**

借：坏账准备 5

贷：应收账款 5

考虑本年发生坏账损失后，“坏账准备”科目贷方余额=10-5=5（万元），期末“坏账准备”贷方科目余额为16万元，2024年年末企业应计提坏账准备金额=16-5=11（万元），选项A当选；选项B不当选，未考虑当期实际发生坏账损失对“坏账准备”科目金额的影响；选项C不当选，误以“坏账准备”科目期末余额为本期计提坏账准备金额；选项D不当选，误将本月发生坏账损失增加“坏账准备”期初金额。

140 斯尔解析▶ D 本题考查长期股权投资明细科目的核算内容，本题为否定式提问。“其他权益变动”核算被投资单位除净损益、其他综合收益以及利润分配外所有者权益的其他变动，选项D当选，选项ABC不当选。

141 斯尔解析▶ D 本题考查长期股权投资的核算内容，本题为否定式提问。企业长期股权投资的范围主要包括三个方面：对子公司投资（选项A不当选）、对合营企业投资（选项B不当选）、对联营企业投资（选项C不当选），对被投资单位的影响程度在重大影响以下的，不得作为长期股权投资核算，选项D当选。

142 斯尔解析▶ A 本题考查长期股权投资的入账价值。**非同一控制下企业合并形成的长期股权投资入账金额为购买日付出的资产、发生或承担的负债以及发行的权益性证券的公允价值，长期股权投资的入账价值为投资日该无形资产的公允价值**，即1 600万元，选项A当选；选项B不当选，误以无形资产原值作为长期股权投资的入账金额；选项C不当选，误以乙公司净资产公允价值份额作为长期股权投资的入账金额；选项D不当选，误以无形资产账面价值作为长期股权投资的入账金额。

143 斯尔解析▶ D 本题考查长期股权投资持有期间的会计处理。长期股权投资成本法下，宣告发放现金股利不影响该长期股权投资的账面价值，年末账面价值仍为1 500万元，选项D当选；选项A不当选，误将宣告发放的现金股利全额调减长期股权投资；选项B不当选，无法通过计算得出；选项C不当选，误将宣告发放的现金股利按持有份额调减长期股权投资。

144 斯尔解析▶ B 本题考查同一控制下企业合并形成的长期股权投资入账成本的计算。**同一控制下企业合并形成的长期股权投资初始投资成本=被合并方在最终控制方合并财务报表中净资产账面价值份额+最终控制方收购时形成的商誉**=4 000×80%+0=3 200（万元），选项B当选，选项A不当选。

应编制的会计分录为：

借：长期股权投资　　3 200

　贷：股本　　1 000

　　资本公积——股本溢价　　2 200

结合会计分录可知，选项CD不当选。

145 斯尔解析▶ A 本题考查权益法核算长期股权投资的会计处理，为否定式提问。**被投资单位提取盈余公积，属于其所有者权益内部项目的调整，对其所有者权益总额无影响，投资方无须调整长期股权投资账面价值**，选项A当选。

被投资单位实现净利润，投资方应编制如下会计分录：

借：长期股权投资——损益调整

　贷：投资收益

导致长期股权投资账面价值增加，选项B不当选。

计提长期股权投资减值准备，投资方应编制如下会计分录：

借：资产减值损失

　贷：长期股权投资减值准备

导致长期股权投资账面价值减少，选项C不当选。

被投资单位宣告分派现金股利，投资方应编制如下会计分录：

借：应收股利

　贷：长期股权投资——损益调整

导致长期股权投资账面价值减少，选项D不当选。

146 斯尔解析▶ A 本题考查权益法核算长期股权投资的会计处理。权益法核算的长期股权投资，期末需按照被投资单位所有者权益的变动调整长期股权投资的账面价值。

（1）乙公司实现净利润，甲公司需按照其持股比例增加长期股权投资账面价值，金额

200×30%=60（万元），计入投资收益。

（2）乙公司宣告发放现金股利，甲公司需按照持股比例冲减长期股权投资账面价值，金额120×30%=36（万元），计入应收股利。

综上，2024年12月31日，甲公司该项投资账面价值=1 300+60−36=1 324（万元），选项A当选；选项B不当选，未考虑被投资单位宣告发放现金股利对投资方长期股权投资账面价值的影响；选项C不当选，未考虑被投资单位实现净利润对投资方长期股权投资账面价值的影响；选项D不当选，未按照持股比例确认被投资单位所有者权益变动对投资方长期股权投资账面价值的影响金额。

147 斯尔解析▶ D 本题考查应交税费的核算范围。**一般纳税人进口商品缴纳的关税计入商品成本**，借记“原材料”等科目，贷记“银行存款”等科目，不影响应交税费，选项A不当选；**占用耕地缴纳的耕地占用税计入资产成本**，借记“固定资产”等科目，贷记“银行存款”等科目，不影响应交税费，选项B不当选；**购买印花税票缴纳的印花税计入税金及附加**，借记“税金及附加”科目，贷记“银行存款”科目，不影响应交税费，选项C不当选；销售应税消费品缴纳的消费税通过“应交税费”科目核算，借记“税金及附加”科目，贷记“应交税费”科目，选项D当选。

148 斯尔解析▶ D 本题考查产品成本计算方法。品种法适用于单步骤、大量生产的企业，选项A不当选；产品成本计算方法不包括种类法，选项B不当选；分批法适用于单件、小批生产的企业，选项C不当选；分步法适用于大量大批多步骤生产的企业，并且分步法是按照生产过程中各个加工步骤（分品种）为成本核算对象，归集和分配生产成本，计算各步骤半成品和最后产成品成本的一种方法，选项D当选。

149 斯尔解析▶ B 本题考查约当产量法的计算。期末在产品的约当产量=500×60%=300（件），本月直接人工成本分配率=945 000÷（2 200+300）=378，则期末完工产品的直接人工成本=2 200×378=831 600（元），选项B当选，选项ACD不当选。

150 斯尔解析▶ C 本题考查**辅助生产费用采用计划成本分配法分配的会计处理**。制造业企业采用计划成本分配法分配辅助生产费用，辅助生产车间实际发生的费用与计划单位成本分配转出的费用之间的差额应计入管理费用，选项C当选，选项ABD不当选。

151 斯尔解析▶ C 本题考查采用约当产量比例法计算完工产品成本。本月待分配生产费用=10 000（直接材料）+16 000（直接人工）+4 000（制造费用）=30 000（元）；在产品约当产量=1 800×50%=900（件）；分配率=30 000/（600+900）=20，本月完工产品成本=20×600=12 000（元），选项C当选，选项ABD不当选。

152 斯尔解析▶ D 本题考查直接材料的分配。待分配金额=9 000×30=270 000（元），甲产品分配标准=15×400=6 000，乙产品分配标准=20×600=12 000，分配率=270 000÷（6 000+12 000）=15，本月甲产品分配负担的材料费用=6 000×15=90 000（元），选项D当选，选项ABC不当选。

153 斯尔解析▶ B 本题考查客户额外购买选择权的会计处理。客户奖励积分是企业提供的重大权利，应作为单项履约义务，2024年交易价格为6 000万元，授予客户奖励积分的单独售价=60×1×90%=54（万元），销售商品应分摊销售货物的交易价格=6 000×6 000/（6 000+54）=5 946.48（万元），2024年度应确认的收入总额为5 946.48万元，选项B当选；选项A不当选，未将交易价格分摊至奖励积分；选项C不当选，误将6 000万元作为含税销售额，进行价税分离后的金额确认收入；选项D不当选，误按60万元作为奖励积分的单独售价计算分摊交易价格。

154 斯尔解析▶ A 本题考查附有客户额外购买选择权的销售。客户购买商品的单独售价合计为100 000元，考虑积分的兑换率，甲公司估计积分的单独售价为9 500元（1元×10 000个积分×95%）。甲公司按照商品和积分单独售价的相对比例对交易价格进行分摊，具体如下：

分摊至商品的交易价格=［100 000÷（100 000+9 500）］×100 000=91 324（元）

分摊至积分的交易价格=［9 500÷（100 000+9 500）］×100 000=8 676（元），选项A当选，选项BCD不当选。

二、多项选择题

155 斯尔解析▶ ACD 本题考查非同一控制下企业合并取得长期股权投资的会计处理。甲公司对乙公司的持股比例为60%，能够控制乙公司，应将该投资作为长期股权投资核算，选项A当选；非同一控制下企业合并取得长期股权投资的初始投资成本为付出对价的公允价值=9 000×5=45 000（万元），选项B不当选，误将支付的审计费计入初始投资成本；为发行股票向证券承销机构支付的发行费应冲减资本公积，选项C当选；为企业合并支付的审计费应计入当期损益（管理费用），选项D当选。

156 斯尔解析▶ BCD 本题考查应交税费的核算范围。**印花税不通过“应交税费”核算**，在购买或缴纳时，应借记“税金及附加”科目，贷记“银行存款”科目，选项A不当选；开采矿产品应交的资源税，应借记“生产成本”等科目，贷记“应交税费”科目，选项B当选；计提本期应交的企业所得税，应借记“所得税费用”科目，贷记“应交税费”科目，选项C当选；发放职工薪酬代扣代缴的个人所得税，应借记“应付职工薪酬”科目，贷记“应交税费”科目，选项D当选。

157 斯尔解析▶ ABC 本题考查制造业企业产品成本计算方法。制造业企业一般按照产品品种、批次订单或生产步骤等确定产品成本核算对象，对应所采用的产品成本计算方法包括品种法（选项A当选）、分批法（选项B当选）和分步法（选项C当选）；先进先出法属于发出存货的计价方法，选项D不当选。

158 斯尔解析▶ BCD 本题考查附有销售退回条款销售的会计处理。**对于附有销售退回条款的销售，企业应当在客户取得相关商品控制权时，按照因向客户转让商品而预期有权收取的对价金额（即，不包含预期因销售退回将退还的金额100万元）确认收入**，选项A不当选；按照预期因销售退回将退还的金额100万元（1 000×10%）确认预计负债，选项C当选；同时，按预期将退回商品转让时的账面价值90万元（900×10%），扣除收回该商品预计发生的成本（包括退回商品的价值减损）后的余额，确认为一项资产（应收退货成本），按照所转让商品转让时的账面价值900万元，扣除上述资产成本的净额结转成本，选项B当选。甲公司应编制的会计分录为：

借：银行存款	1 130
贷：主营业务收入	（1 000×90%）900
应交税费——应交增值税（销项税额）	130
预计负债	（1 000×10%）100

借：主营业务成本　　810

　应收退货成本　　（900×10%）90

　贷：库存商品　　900

选项D当选。

159 斯尔解析▶ AD 本题考查在某一时段内履行履约义务收入的确认。该履约义务属于在某一时段内履行的履约义务，且该履约义务在会员的会籍期间内随时间的流逝而被履行。所以，应按时间确定履约进度，1月履约进度=1/12=8.33%，该公司1月31日应确认的收入=6 000×8.33%=500（元）。该公司应编制的会计分录为：

（1）1月1日收到会员费时：

借：银行存款　　6 000

　贷：合同负债（选项A当选，选项B不当选）　　6 000

（2）1月31日确认主营业务收入时：

借：合同负债　　500

　贷：主营业务收入（选项D当选，选项C不当选）　　500

三、判断题

160 斯尔解析▶ √ 本题考查信用减值损失的核算内容。应收款项和债权投资按预期信用损失法计提减值准备，通过“信用减值损失”科目核算。本题表述正确。

161 斯尔解析▶ × 本题考查权益法核算长期股权投资的会计处理。权益法核算的长期股权投资，被投资单位宣告发放现金股利时，投资方应借记“应收股利”科目，贷记“长期股权投资——损益调整”科目，对投资收益无影响。本题表述错误。

162 斯尔解析▶ × 本题考查应交消费税的会计处理。企业在建工程领用自产的应税消费品计提的消费税，应借记“在建工程”科目，贷记“应交税费”科目。本题表述错误。

163 斯尔解析▶ √ 本题考查季节性停工损失的会计处理。季节性停工损失属于可预见性的，季节性停工损失计入制造费用，后期制造费用会归集分配到产品成本当中，因此，季节性停工损失最终是计入了产品成本的。本题表述正确。

164 斯尔解析▶ × 本题考查附有质量保证条款的销售。对于客户不能选择单独购买的质量保证，企业应分析该质量保证是否向客户提供了既定标准之外的单独服务，若该质量保证在向客户保证所销售的商品符合既定标准之外提供了一项单独服务的，也应当作为单项履约义务，分摊交易价格，本题表述错误。

165 斯尔解析▶ √ 本题考查逐步结转分步法的特点。逐步结转分步法的优点：一是能提供各个生产步骤的半成品成本资料；二是为各生产步骤的在产品实物管理及资金管理提供资料；三是能够全面地反映各生产步骤的生产耗费水平，更好地满足各生产步骤成本管理的要求。本题表述正确。

四、不定项选择题

166 （1）斯尔解析▶ D 本题考查合同取得成本的确认。

企业为取得合同发生的增量成本预期能够收回的，应作为合同取得成本确认为一项资产，销售人员佣金18万元应计入合同取得成本，选项D当选；律师咨询费、差旅费、投标费计入间接费用，选项ABC不当选。

（2）斯尔解析▶　A　本题考查合同取得成本的摊销。2×23年6月30日摊销合同取得成本=18×30%=5.4（万元），选项A当选，选项BCD不当选。

（3）斯尔解析▶　BCD　本题考查确认收入结转成本相关的会计处理。6月30日确认主营业务收入=1 000×30%=300（万元），确认主营业务成本=累计发生劳务成本=210（万元）。

应编制的会计分录为：

实际发生劳务成本时：

借：合同履约成本　210

　贷：应付职工薪酬（选项B当选）　210

6月30日，按履约进度确认收入结转成本时：

借：银行存款　327

　贷：主营业务收入　300

　　应交税费——应交增值税（销项税额）（选项D当选）

　　（300×9%）27

借：主营业务成本　210

　贷：合同履约成本（选项C当选）　210

本题合同取得成本按照履约进度进行摊销，所以摊销金额=18×30%=5.4（万元），会计分录为：

借：销售费用　5.4

　贷：合同取得成本（选项A不当选）　5.4

（4）斯尔解析▶　BCD　本题考查确认收入结转成本相关的会计处理。12月31日确认主营业务收入=1 000×70%−300=400（万元），确认主营业务成本=483−210=273（万元）。

应编制的会计分录为：

实际发生劳务成本时：

借：合同履约成本（选项A不当选）　273

　贷：应付职工薪酬　273

12月31日，按履约进度确认收入结转成本时：

借：银行存款　436

　贷：主营业务收入（选项B当选）　400

　　应交税费——应交增值税（销项税额）　（400×9%）36

借：主营业务成本（选项D当选）　273

　贷：合同履约成本　273

本题合同取得成本按照履约进度进行摊销，所以摊销金额=18×70%−5.4=7.2（万元），会计分录为：

借：销售费用　7.2

　贷：合同取得成本（选项C当选）　7.2

（5）斯尔解析▶ D　本题考查营业收入的计算。对甲公司2×23年营业收入的影响金额=300［资料（2）］+400［资料（3）］=700（万元），选项D当选，选项ABC不当选。

应试攻略

收入相关业务是不定项选择题的重要考查内容之一，在复习时，请各位同学着重关注以下情形：

在某一时段内履行的履约义务确认收入的会计处理如下表所示。

情形	会计分录	避“坑”要点
归集合同成本	借：合同履约成本 　贷：银行存款等	归集履行合同过程中发生的人力、物力成本时，通过“合同履约成本”科目
根据履约进度确认收入	借：银行存款 　贷：主营业务收入 　　　应交税费——应交增值税（销项税额）	履约进度=已发生成本/预计总成本；本期应确认收入金额=合同总价款×履约进度-以前期间确认的收入金额
结转合同成本	借：主营业务成本 　贷：合同履约成本	—

167　（1）斯尔解析▶ BC　本题考查长期股权投资后续计量方法。企业持有的长期股权投资，按照对被投资单位施加的影响程度，分为成本法后续计量和权益法后续计量，其中对其能够控制的被投资单位（即对子公司乙公司的投资）后续核算时采用成本法核算，选项C当选，选项A不当选；对其能够施加重大影响的被投资单位（即对联营企业丙公司的投资）后续计量时采用权益法核算，选项B当选，选项D不当选。

（2）斯尔解析▶ AC　本题考查长期股权投资的初始计量。**非同一控制下企业合并取得的长期股权投资，应将实际支付的购买价款作为长期股权投资成本**。甲公司对乙公司的投资，导致“长期股权投资”科目金额增加11 000万元，选项C当选，选项B不当选；甲公司取得对丙公司长期股权投资的初始投资成本是9 000万元，大于投资时享有丙公司可辨认净资产公允价值的份额=25 000×30%=7 500（万元），因此，甲公司对丙公司的投资，导致“长期股权投资”科目金额增加9 000万元，选项A当选，选项D不当选。

（3）斯尔解析▶ ACD　本题考查长期股权投资的后续计量。

①采用成本法核算长期股权投资，被投资单位实现净利润时，投资单位不作账务处理，选项B不当选；采用权益法核算长期股权投资，被投资单位实现净利润时，投资单位按相应的持股比例确认长期股权投资。

丙公司实现净利润时，甲公司应编制的会计分录为：

借：长期股权投资——损益调整——丙公司

（3 000×30%）900

　贷：投资收益　900

选项D当选。

②采用成本法核算长期股权投资，被投资单位宣告分派现金股利时，投资单位确认投资收益；采用权益法核算长期股权投资，被投资单位宣告分派现金股利时，投资单位按相应的持股比例调整长期股权投资账面价值。

乙公司宣告分派现金股利时，甲公司应编制的会计分录为：

借：应收股利　200

　贷：投资收益　200

选项A当选。

丙公司宣告分派现金股利时，甲公司应编制的会计分录为：

借：应收股利　100

　贷：长期股权投资——损益调整——丙公司　100

选项C当选。

（4）斯尔解析▶　AD　本题考查权益法核算的长期股权投资的后续计量。丙公司其他资本公积增加1 000万元，则甲公司应按持股比例调整长期股权投资账面价值，甲公司应编制的会计分录为：

借：长期股权投资——其他权益变动——丙公司

（1 000×30%）300

　贷：资本公积——其他资本公积　300

选项AD当选，选项BC不当选。

（5）斯尔解析▶　B　本题考查处置权益法核算的长期股权投资对投资收益的影响。甲公司处置持有的丙公司股份，应确认的投资收益金额=处置所收到的价款-处置时长期股权投资的账面价值+资本公积转出=11 000-（9 000+3 000×30%-100+1 000×30%）+1 000×30%=1 200（万元），甲公司应编制的会计分录为：

借：银行存款　11 000

　贷：长期股权投资——投资成本　9 000

　　　　　　　　——损益调整　（900-100）800

　　　　　　　　——其他权益变动　300

　　　投资收益　900

同时，

借：资本公积——其他资本公积　300

　贷：投资收益　300

选项B当选；选项A不当选，未将持有期间确认的资本公积结转至投资收益；选项CD不当选，无法通过计算得出。

应试攻略

本题考查权益法核算长期股权投资的会计处理，具有一定难度，在复习时需要注意以下几点：

<table>
<tr><th>情形</th><th>会计分录</th><th>避“坑”要点</th></tr>
<tr><td>初始取得</td><td>借：长期股权投资——投资成本
　贷：银行存款等</td><td>在取得长期股权投资过程中发生的审计、评估、法律服务等费用，计入长期股权投资初始入账成本</td></tr>
<tr><td rowspan="6">后续计量（一共涉及6种情形，且每一种情形均会对长期股权投资账面价值产生影响）</td><td>初始投资成本的调整：
借：长期股权投资——投资成本
　贷：营业外收入</td><td>（1）初始投资成本＜被投资单位可辨认净资产公允价值份额，需要调整，反之，无须调整。
（2）关注题干表述是确认“初始投资成本”还是“入账金额”，两者概念不一样</td></tr>
<tr><td>被投资方实现净利润：
借：长期股权投资——损益调整
　贷：投资收益</td><td>若被投资方发生超额亏损，应先将长期股权投资和实质上构成对被投资单位的长期应收权益减记至零；其次按照投资协议约定，确认预计负债；最后，若还有不足部分，在备查簿中登记</td></tr>
<tr><td>被投资方宣告分派现金股利：
借：应收股利
　贷：长期股权投资——损益调整</td><td>被投资方宣告分派现金股利时，对投资方损益无影响</td></tr>
<tr><td>被投资方实现其他综合收益变动：
借或贷：长期股权投资——其他综合收益
　贷或借：其他综合收益</td><td rowspan="2">着重关注题干表述，被投资方实现的是其他综合收益变动还是其他权益变动，进而确定投资方核算时所采用的科目</td></tr>
<tr><td>被投资方实现其他权益变动：
借或贷：长期股权投资——其他权益变动
　贷或借：资本公积——其他资本公积</td></tr>
<tr><td>长期股权投资发生减值：
借：资产减值损失
　贷：长期股权投资减值准备</td><td>该减值金额一经计提，不得转回</td></tr>
</table>

续表

情形	会计分录	避"坑"要点
处置	借：银行存款等 　　长期股权投资减值准备 　贷：长期股权投资 差额：投资收益 借或贷：资本公积——其他资本公积 　　　其他综合收益（可转损益） 　贷或借：投资收益	关注在处置时对损益的影响，不仅来源于出售价款与长期股权投资账面价值的差额，还包括持有期间产生的其他综合收益和资本公积的结转

168 （1）斯尔解析▸ BD 本题考查材料采购相关的会计处理。资料（1）的账务处理如下：

①开出银行承兑汇票购入材料，应编制的会计分录如下：

借：原材料（选项A不当选） 80

　应交税费——应交增值税（进项税额） 10.4

　贷：应付票据（选项D当选，选项C不当选） 90.4

②支付银行承兑汇票手续费，应编制的会计分录如下：

借：财务费用（选项B当选） 0.05

　贷：银行存款 0.05

③银行承兑汇票到期，支付银行承兑汇票款，应编制的会计分录如下：

借：应付票据 90.4

　贷：银行存款 90.4

（2）斯尔解析▸ D 本题考查材料费用分配率的计算。M、N材料共同耗用材料费用（待分配金额）60万元。M产品材料定额消耗量（分配标准）6 000千克，N产品材料定额消耗量（分配标准）4 000千克，材料费用分配率=待分配金额/分配标准之和=60/（6 000+4 000）=0.006，选项D当选，选项ABC不当选。

（3）斯尔解析▸ CD 本题考查发出材料相关的会计处理。生产产品耗用材料应编制的会计分录如下：

借：生产成本——基本生产成本——M产品

（0.006×6 000）36

——N产品

（0.006×4 000）24

　制造费用 12

　贷：原材料 72

选项D当选，选项B不当选。

出售积压材料应编制的会计分录如下：

借：其他业务成本 13

　贷：原材料 13

选项C当选，选项A不当选。

（4）斯尔解析▶ A 本题考查完工产品与在产品直接材料成本的计算。由于材料在生产开始时一次性投入，因此M、N产品直接材料应按完工产品和在产品的实际数量比例进行分配，不必计算约当产量。

M产品直接材料成本（待分配金额）=165（期初）+36［资料（2）本期投入］=201（万元）。

M产品的材料费用分配率=待分配金额/分配标准之和=201÷（800+400）=0.1 675。

M完工产品的直接材料成本=0.1 675×800=134（万元），选项A当选。

M在产品的直接材料成本=0.1 675×400=67（万元），选项B不当选。

N产品全部未完工，故N完工产品直接材料成本为0。

N在产品期初无在产品，故N在产品直接材料成本为本期投入24万元，选项CD不当选。

（5）斯尔解析▶ B 本题考查在产品直接材料的计算。M产品“生产成本——直接材料”科目余额为M在产品直接材料的成本，即67万元，选项B当选，选项ACD不当选。

应试攻略

本题属于企业财务会计和成本管理会计的综合考查，具有一定难度。在回答本题时，需要关注以下问题：

（1）区分会计上对不同票据的会计处理。

①若以支票进行结算，核算科目为“银行存款”。

②若以银行本票、银行汇票进行结算，核算科目为“其他货币资金”。

③若以商业汇票（商业承兑汇票、银行承兑汇票）进行结算，核算科目为“应收（付）票据”。

（2）关于材料、燃料、职工薪酬等的归集和分配，可以通过统一的公式进行计算，即：

分配率=待分配金额/分配标准之和。

（3）对于发出材料的核算科目，需要按照受益对象进行分摊。

（4）关于“约当产量法”的计算步骤：

①计算在产品约当产量=在产品数量×完工程度。

②计算单位成本=（月初在产品成本+本月发生生产成本）/（完工产品产量+在产品约当产量）。

③完工产品成本=完工产品产量×单位成本。

④在产品成本=在产品约当产量×单位成本。

169 （1）斯尔解析▶ B 本题考查附有销售退回条款销售的会计处理。企业发生附有销售退回条款销售时，应根据预计退货率将合同交易价格中预计退货部分确认预计负债，甲公司应确认收入的金额=3 000×（1−10%）=2 700（万元），选项B当选，选项ACD不当选。

（2）斯尔解析▶ A 本题考查附有销售退回条款销售对当期损益的影响金额计算。甲公司应编制的会计分录为：

借：应收账款　　3 390

　贷：主营业务收入　　2 700

　　预计负债——应付退货款　　300

　　应交税费——应交增值税（销项税额）　　390

借：主营业务成本　　2 160

　应收退货成本　　240

　贷：库存商品　　2 400

对当期损益的影响金额=2 700−2 160=540（万元），选项A当选，选项BCD不当选。

（3）斯尔解析▶ ABC 本题考查附有质量保证条款的销售。甲公司应按扣除商业折扣后的金额确定交易价格，商品控制权转移时确认收入，选项A当选；因延保服务能够单独销售，企业为客户提供既定标准以外的服务，应作为单项履约义务，选项B当选；客户确定商品控制权，应确认收入的金额=700×700/（700+20）=680.56（万元），选项C当选；企业取得款项中属于延保服务的部分应确认为合同负债，选项D不当选。

（4）斯尔解析▶ BC 本题考查随同商品出售的包装物成本结转。随同商品出售而单独计价的包装物，其销售的收入记入“其他业务收入”科目6万元；结转的成本记入“其他业务成本”科目4万元，选项BC当选，选项AD不当选。

（5）斯尔解析▶ C 本题考查利润表营业收入的计算。营业收入=2 700（资料1）+680.56（资料2）+6（资料3）=3 386.56（万元），选项C当选，选项ABD不当选。

第三模块　简单随缘5分
答案与解析

一、单项选择题

170	A	171	A	172	B	173	B

二、多项选择题

174	ABCD	175	ACD	176	AB

三、判断题

177	√	178	√	179	√	180	×

一、单项选择题

170 斯尔解析▶ A 本题考查会计准则体系。企业会计准则主要适用于上市公司、金融机构、国有企业等大中型企业，选项A当选；基本准则在企业会计准则体系中起统驭作用，是具体准则制定的依据，选项B不当选；股票或债券在市场上公开交易的小企业不执行《小企业会计准则》，选项C不当选；政府会计制度主要规定政府会计科目及账务处理、报表体系及编制说明等，选项D不当选。

171 斯尔解析▶ A 本题考查固定资产项目的填列。资产负债表中“固定资产”项目期末余额填列的金额=3 500−1 300=2 200（万元），“在建工程”科目和“工程物资”科目单独在“在建工程”项目列示，选项A当选；选项B不当选，误将“在建工程”科目余额计入固定资产；选项C不当选，误将“在建工程”科目余额以及“工程物资”科目余额计入固定资产；选项D不当选，未扣除累计折旧的金额。

172 斯尔解析▶ B 本题考查资产负债表的填列。“应收账款”和“固定资产”应当根据有关科目余额减去其备抵科目余额后的净额填列，选项AC不当选；“短期借款”应当根据总账科目余额直接填列，选项B当选；“应付账款”应当根据明细账科目余额计算填列，选项D不当选。

173 斯尔解析▶ B 本题考查所有者权益变动表的定义。企业的净利润及其分配情况是所有者权益变动的组成部分，相关信息在所有者权益变动表反映不需要单独编制利润分配表列示，选项B当选，选项ACD不当选。

二、多项选择题

174 斯尔解析▶ ABCD 本题考查政府会计主体非流动资产核算的内容。政府会计主体的非流动资产是指流动资产以外的资产，包括固定资产、在建工程、无形资产、长期投资、公共基础设施（选项A当选）、文物文化资产（选项B当选）、政府储备资产（选项C当选）、保障性住房（选项D当选）和自然资源资产等。

175 斯尔解析▶ ACD 本题考查现金流量表的填列。“支付给职工以及为职工支付的现金”项目反映企业本期实际支付给职工的工资、奖金、各种津贴和补贴等职工薪酬（包括代扣代缴的职工个人所得税），选项ACD当选；**职工报销的差旅费应在“支付其他与经营活动有关的现金”项目列示**，选项B不当选。

176 斯尔解析▶ AB 本题考查“营业收入”项目的填列，为否定式提问。营业收入包括主营业务收入和其他业务收入。持有交易性金融资产期间取得的利息收入，计入投资收益，选项A当选；出售固定资产实现的净收益，计入资产处置损益，选项B当选；销售商品取得的收入，计入主营业务收入，选项C不当选；出租无形资产的租金收入，计入其他业务收入，选项D不当选。

三、判断题

177 斯尔解析▶ √ 本题考查“综合收益总额”项目的填列。**“综合收益总额”项目，反映企业净利润与其他综合收益的税后净额的合计金额**。本题表述正确。

178 斯尔解析▶ √ 本题考查资产负债表附注的作用。企业在财务报表附注中披露存货增减变动情况，可使财务报表使用者了解资产负债表中未单列的存货分类信息。本题表述正确。

179 斯尔解析▶ √ 本题考查“长期待摊费用”项目的填列。**长期待摊费用的摊销年限只剩一年或不足一年的，或预计在一年内（含一年）进行摊销的部分，不得归类为流动资产，仍在各该非流动资产项目中填列，不转入“一年内到期的非流动资产”项目**。本题表述正确。

180 斯尔解析▶ × 本题考查“合同资产”项目的列示。**同一合同下的合同资产和合同负债应当以净额列示，不同合同下的合同资产和合同负债不得抵销**。本题表述错误。

经济法基础

第一模块　非税部分

一、单项选择题

1　下列规范性文件中，属于法律的是（　　）。

A.全国人民代表大会常务委员会制定的《中华人民共和国劳动合同法》

B.财政部制定的《会计基础工作规范》

C.国务院制定并发布的《中华人民共和国个人所得税法实施条例》

D.中国人民银行制定的《中华人民共和国支付结算办法》

第31记 66记 知识链接

2　下列各项中，属于法律事实中的相对事件的是（　　）。

A.地震　　B.爆发战争

C.纵火　　D.行政命令

第33记 66记 知识链接

3　下列各项中，属于特别法人的是（　　）。

A.事业单位　　B.村民委员会

C.基金会　　D.有限责任公司

第32记 66记 知识链接

4　下列公民中，视为完全民事行为能力人的是（　　）。

A.赵某，7周岁，系某小学学生

B.王某，25周岁，系某公司职员

C.张某，13周岁，系某初级中学学生

D.李某，16周岁，系某宾馆服务员，以自己劳动收入为主要生活来源

第32记 66记 知识链接

5　关于会计核算，下列说法中，正确的是（　　）。

A.会计处理方法应当前后各期一致，不得变更

B.在中国境内的外商投资企业会计记录的文字可以在使用中文的同时使用一种外国文字

C.会计年度为公历4月1日至次年3月31日

D.企业在更正错账时可以直接涂改账册

第34记 66记 知识链接

6 下列人员中，可以担任企业会计机构负责人的是（ ）。

A.取得中级会计专业技术资格并从事会计工作1年6个月的张某

B.中专毕业并从事会计工作2年6个月的刘某

C.研究生毕业并从事会计工作1年的李某

D.取得初级会计专业技术资格并从事会计工作2年的王某

第35记 66记 知识链接

7 关于会计人员，下列说法中，正确的是（ ）。

A.国有企业和事业单位必须设置总会计师

B.国有企业的单位领导人的配偶不得在本企业内担任出纳工作

C.编制虚假财务报告，尚不构成犯罪的会计人员，5年内不得从事会计工作

D.会计工作岗位只能一人一岗

第35记 66记 知识链接

8 关于会计档案，下列说法中正确的是（ ）。

A.会计档案均需同时以电子形式及纸质形式进行保存

B.会计档案可由单位会计管理机构临时保管5年

C.会计档案一般不得对外借出

D.单位保存的会计档案到期必须销毁

第36记 66记 知识链接

9 下列关于办理支付结算基本要求的表述中，不正确的是（ ）。

A.票据上的签章为签名、盖章或者签名加盖章

B.结算凭证的金额以中文大写和阿拉伯数码同时记载，二者必须一致

C.票据上的出票金额、收款人名称不得更改

D.票据的出票日期可以使用阿拉伯数码记载

第38记 66记 知识链接

10 下列关于票据付款人的表述中，正确的是（ ）。

A.支票的付款人是出票人

B.商业承兑汇票的付款人是承兑人

C.银行汇票的付款人是申请人

D.银行承兑汇票的付款人是出票人

第40记 66记 知识链接

11 关于票据背书效力，下列说法中，正确的是（ ）。
A.背书人可以将票据金额的80%转让给被背书人
B.出票人记载“不得转让”字样的，票据不得背书转让
C.背书人可以将票据金额转让给两个被背书人
D.背书时附加的“货到背书有效”的条件具有票据上的效力

第40记 66记 知识链接

12 下列关于票据权利的说法中，正确的是（ ）。
A.持票人对支票出票人和汇票出票人的票据权利时效相同
B.票据权利包括付款请求权和追索权
C.持票人行使票据权利无地点和时间限制
D.持票人因超过票据权利时效而丧失票据权利的，同时丧失民事权利

第40记 66记 知识链接

13 下列关于票据追索权的说法中，不正确的是（ ）。
A.持票人可以在票据到期前行使追索权
B.追索权是第一顺序票据权利
C.持票人可以不按照票据债务人的先后顺序行使追索权
D.持票人可以向全体债务人行使追索权

第40记 66记 知识链接

14 下列关于银行卡分类的表述中，不正确的是（ ）。
A.按是否具有透支功能分为信用卡和贷记卡
B.按币种不同分为外币卡和人民币卡
C.按发行对象分为单位卡和个人卡
D.按信息载体分为磁条卡和芯片卡

第42记 66记 知识链接

15 至2024年1月，甲公司职工黄某累计工作已满15年，在甲公司工作满4年。2024年黄某可享受的年休假法定天数为（ ）天。
A. 0　B. 5　C. 10　D. 15

第43记 66记 知识链接

16 甲公司与张某签订劳动合同，未约定劳动合同期限，仅约定试用期8个月，下列关于该试用期的表述中，正确的是（ ）。
A.该合同关于试用期约定成立
B.试用期超过6个月部分视为劳动合同期限

C.试用期不成立，8个月为劳动合同期限

D.试用期不成立，应视为试用期1个月，剩余期限为劳动合同期限

第43记 66记 知识链接

17 甲公司通过签订服务期协议将尚有4年劳动合同期限的职工刘某派出参加6个月的专业技术培训，甲公司提供10万元专项培训费用。双方约定，刘某培训结束后须在甲公司工作满5年，否则应向甲公司支付违约金。刘某培训结束工作2年时因个人原因向公司提出解除劳动合同。下列关于刘某服务期约定及劳动合同解除的表述中，正确的是（　　）。

A.双方不得在服务期协议中约定违约金

B. 5年服务期的约定因超过劳动合同剩余期限而无效

C.刘某可以解除劳动合同，但甲公司有权要求其支付违约金

D.服务期约定因限制了刘某的自主择业权而无效

第43记 66记 知识链接

18 2024年7月1日，甲公司书面通知张某被录用，7月6日张某到甲公司上班，11月15日甲公司与张某签订书面劳动合同，因未及时签订书面劳动合同，甲公司应向张某支付一定期间的2倍工资，该期间为（　　）。

A.自2024年8月1日至2024年11月14日

B.自2024年7月1日至2024年11月15日

C.自2024年7月6日至2024年11月15日

D.自2024年8月6日至2024年11月14日

第44记 66记 知识链接

19 2023年10月，张某到甲公司工作。2024年11月，甲公司与张某口头商定将其月工资由原来的4 500元提高至5 400元。双方实际履行3个月后，甲公司法定代表人变更。新任法定代表人认为该劳动合同内容变更未采用书面形式，变更无效，决定仍按原每月4 500元的标准向张某支付工资。张某表示异议并最终提起诉讼。下列关于双方口头变更劳动合同效力的表述中，正确的是（　　）。

A.双方口头变更劳动合同且实际履行已超过1个月，该劳动合同变更有效

B.劳动合同变更在实际履行3个月期间有效，此后无效

C.因双方未采用书面形式，该劳动合同变更无效

D.双方口头变更劳动合同但实际履行未超过6个月，该劳动合同变更无效

第44记 66记 知识链接

20 下列情形中，不会导致劳动合同终止的是（　　）。

A.劳动者被人民法院宣告死亡的

B.劳动者医疗期内遇劳动合同期满的

C.劳动者开始依法享受基本养老保险待遇的

D.劳动者达到法定退休年龄的

第44记 66记 知识链接

21 如发生以下情况，则该医疗费应由基本医疗保险基金支付的是（ ）。

A.刘某非因工负伤，需要进行外科手术

B.王某因工伤需要进行外科手术

C.张某因患病在境外进行外科手术

D.李某被赵某驾驶的汽车撞伤，需要进行外科手术

第47记 66记 知识链接

22 甲公司职工赵某实际工作年限为6年，在甲公司工作年限为2年。赵某因患病住院治疗，其依法可享受的医疗期限为（ ）。

A. 3个月　　B. 6个月

C. 9个月　　D. 12个月

第47记 66记 知识链接

23 下列关于企业职工医疗期待遇的表述中，不正确的是（ ）。

A.医疗期满职工尚未痊愈而被解除劳动合同的，用人单位应支付经济补偿

B.病假工资或疾病救济费不得低于当地最低工资标准支付

C.医疗期内，用人单位不得解除或者终止无过错职工的劳动合同

D.病休期间，公休、假日和法定节假日包括在内

第47记 66记 知识链接

24 李某在甲公司工作了12年，劳动合同到期后甲公司终止了劳动合同，则李某最长可以领取失业保险的期限是（ ）。

A. 24个月　　B. 12个月

C. 18个月　　D. 6个月

第47记 66记 知识链接

二、多项选择题

25 关于法的效力冲突解决方式，下列说法中，正确的有（ ）。

A.行政法规之间对同一事项的新的一般规定与旧的特别规定不一致，不能确定如何适用时，由国务院裁决

B.根据授权制定的法规与法律不一致，不能确定如何适用时，由全国人民代表大会常务委员会裁决

C.部门规章与地方政府规章之间对同一事项的规定不一致时，不能确定如何适用时，由国务院提出意见

D.法律之间对同一事项的新的一般规定与旧的特别规定不一致，不能确定如何适用时，由全国人民代表大会常务委员会裁决

第31记 66记 知识链接

26 关于法律行为与事实行为，下列说法中，正确的有（ ）。

A.遗嘱属于多方行为

B.赠与属于有偿行为

C.保守商业秘密属于消极行为

D.侵权行为属于事实行为

第33记 66记 知识链接

27 关于法人，下列说法中，正确的有（ ）。

A.营业执照的签发日期为营利法人的成立日期

B.法人解散的，清算义务人应当及时组成清算组进行清算

C.法人可以设立分支机构，分支机构产生的民事责任应当由分支机构自行承担

D.执行董事可以成为法定代表人

第32记 66记 知识链接

28 下列各项中，属于法律关系客体的有（ ）。

A.有价证券

B.产业情报

C.提供劳务行为

D.外观设计

第32记 66记 知识链接

29 赵某、钱某、孙某、李某在实施下列犯罪行为时，均为15周岁，其中应当负刑事责任的有（ ）。

A.犯洗钱罪的孙某

B.犯过失杀人罪的钱某

C.犯故意投放危险物质罪的李某

D.犯放火罪的赵某

第32记 66记 知识链接

30 关于法律责任，下列说法中，正确的有（ ）。

A.通报批评属于民事责任

B.罚金属于行政处罚

C.撤职属于行政处分

D.没收财产属于刑事责任

第32记 66记 知识链接

31 关于继续教育，下列说法中，正确的有（ ）。

A.会计人员每年参加继续教育应取得的学分不少于120学分

B.参加继续教育当年度取得的学分可以结转以后年度

C.用人单位应当将参加继续教育情况作为会计专业技术人员岗位聘用的依据
D.具有会计专业技术资格的人员，应当自取得资格次年开始参加继续教育

第35记 66记 知识链接

32 下列会计档案中，需要永久保管的有（　　）。
A.会计档案销毁清册　B.会计档案移交清册
C.会计档案鉴定意见书　D.银行存款余额调节表

第36记 66记 知识链接

33 下列各项中，属于出纳人员不得兼管的工作有（　　）。
A.登记应收账款　B.会计档案保管
C.登记银行存款日记账　D.登记费用明细账

第37记 66记 知识链接

34 下列职务中，属于不相容职务的有（　　）。
A.业务经办与稽核检查　B.会计记录与财产保管
C.授权批准与监督检查　D.业务经办与会计记录

第37记 66记 知识链接

35 下列行为中，应由县级以上人民政府财政部门责令限期改正，给予警告、通报批评，对单位可以并处20万元以下罚款的有（　　）。
A.甲公司财务人员随意变更会计处理方法
B.乙公司财务负责人私设会计账簿，且情节严重
C.丙公司未按照规定建立并实施单位内部会计监督制度
D.丁公司业务人员联合财务人员伪造会计凭证

第37记 66记 知识链接

36 关于票据和结算凭证的填写和更改，下列说法中，正确的有（　　）。
A.出票金额和出票日期不得更改，但收款人名称可以更改
B.票据金额的中文大写与阿拉伯数码不一致的，银行按照中文大写金额进行结算
C.出票日期为“1月19日”的，中文大写的表述为“零壹月壹拾玖日”
D.办理支付结算时，单位和银行的名称可以记载规范化简称

第38记 66记 知识链接

37 下列关于基本存款账户的表述中，正确的有（　　）。
A.境外机构可以开立基本存款账户
B.一个单位只能开立一个基本存款账户

C.基本存款账户可以办理现金支取业务

D.单位设立的独立核算的附属机构不得开立基本存款账户

第39记 66记 知识链接

38 下列银行结算账户中，可以支取现金的有（　　）。

A.因设立临时机构开立的临时存款账户

B.收入汇缴专用存款账户

C.一般存款账户

D.预算单位零余额账户

第39记 66记 知识链接

39 关于票据保证，下列说法中，正确的有（　　）。

A.保证日期是作成票据保证时必须记载的事项

B.保证附有条件的，影响对票据的保证责任

C.保证人在已承兑的票据上未记载被保证人名称的，承兑人为被保证人

D.保证人为两人以上的，保证人之间承担连带责任

第40记 66记 知识链接

40 关于票据权利时效，下列说法中，不正确的有（　　）。

A.持票人对前手的追索权，自被拒绝承兑或者被拒绝付款之日起3个月内不行使的，该权利丧失

B.持票人对票据承兑人的权利自票据到期日起6个月内不行使的，该权利丧失

C.持票人对支票出票人的权利自出票日起3个月内不行使的，该权利丧失

D.持票人在票据权利时效期间内不行使票据权利的，该权利丧失

第40记 66记 知识链接

41 关于票据提示付款期限，下列说法中，正确的有（　　）。

A.银行本票的提示付款期限自出票日起不超过3个月

B.银行汇票的提示付款期限自出票日起1个月

C.支票的提示付款期限自出票日起10日

D.商业汇票的提示付款期限自出票日起10日

第40记 66记 知识链接

42 关于汇兑，下列说法中，正确的有（　　）。

A.汇款人对银行已经汇出的款项可以申请撤销

B.汇款回单可以作为该笔汇款已转入收款人账户的证明

C.个人的各种款项的结算，可使用汇兑结算方式

D.“汇入行名称”是汇兑凭证必须记载事项

第40记 66记 知识链接

43 关于委托收款，下列说法中，正确的有（ ）。

A.委托收款仅可在异地使用

B.未承兑的商业汇票可以使用委托收款结算方式

C.“委托收款凭据名称”属于签发委托收款凭证必须记载事项

D.收款人办理委托收款应向银行提交委托收款凭证和有关的债务证明

第42记 66记 知识链接

44 关于银行卡交易，下列说法中，不正确的有（ ）。

A.信用卡预借现金业务包括现金提取、现金转账、现金充值

B.信用卡持卡人通过ATM机办理现金提取业务，每卡每日累计不得超过2万元人民币

C.借记卡持卡人在ATM机取款设定交易上限，每卡每日累计提款不得超过2万元人民币

D.发卡机构向持卡人收取的违约金可以计收利息

第42记 66记 知识链接

45 下列业务中，陈某使用在Q银行开通的个人网上银行可以办理的有（ ）。

A.查询证券资金余额

B.外汇买卖

C.查询银行卡人民币余额

D.B2B网上支付

第42记 66记 知识链接

46 郑某个人一次性购买不记名预付卡2 000元，一次性充值记名预付卡3 000元。下列表述中，符合法律规定的有（ ）。

A.郑某可以使用信用卡购买预付卡

B.郑某可以使用现金3 000元为预付卡充值

C.郑某购买预付卡时应提供有效身份证件

D.郑某可以使用现金2 000元购买不记名预付卡

第42记 66记 知识链接

47 关于用人单位和劳动者对竞业限制约定的下列表述中，正确的有（ ）。

A.竞业限制约定适用于用人单位全体员工

B.用人单位应按照双方约定在竞业限制期限内按月给予劳动者经济补偿

C.用人单位和劳动者约定的竞业限制期限不得超过2年

D.用人单位不得要求违反竞业限制约定的劳动者支付违约金

第43记 66记 知识链接

48 下列情形中，用人单位可随时通知劳动者解除劳动合同且不向其支付经济补偿的有（ ）。

A.劳动者严重违反用人单位规章制度的

B.劳动者在试用期内被证明不符合录用条件的

C.劳动者不能胜任工作，经过调整工作岗位仍不能胜任的

D.劳动者同时与其他用人单位建立劳动关系，对完成本单位的工作任务造成严重影响，经用人单位提出，拒不改正的

第44记 66记 知识链接

49 下列解除或者终止劳动合同的情形中，用人单位无须向劳动者支付经济补偿的有（ ）。

A.劳动者达到法定退休年龄而终止劳动合同的

B.用人单位降低劳动合同约定条件续订合同，劳动者不同意订立

C.用人单位通知非全日制用工劳动者终止用工的

D.自用工之日起1个月内，经用人单位书面通知后，劳动者不与用人单位订立劳动合同，用人单位书面通知劳动者终止劳动关系的

第44记 66记 知识链接

50 关于劳务派遣，下列说法中，正确的有（ ）。

A.用工单位使用被派遣劳动数量不得超过其用工总量的10%

B.用工单位不得将被派遣劳动者再派遣到其他用人单位

C.劳务派遣单位可以向劳动者收取费用，用工单位不得向劳动者收取费用

D.劳务派遣单位可以以非全日制用工形式招用被派遣的劳动者

第45记 66记 知识链接

51 根据劳动合同法律制度的规定，下列关于非全日制用工的表述中，不正确的有（ ）。

A.非全日制用工劳动报酬可按月结算

B.终止非全日制用工，双方当事人任何一方均须提前3日通知对方

C.非全日制用工双方当事人不得约定试用期

D.终止非全日制用工的，用人单位应向劳动者支付经济补偿

第45记 66记 知识链接

52 下列纠纷可以申请劳动仲裁的有（ ）。

A.家庭或者个人与家政服务人员之间的纠纷

B.劳动者因为工伤、职业病，请求用人单位依法给予工伤保险待遇发生的纠纷

C.劳动者要求用人单位加付赔偿金

D.劳动者对劳动能力鉴定委员会的伤残等级鉴定结论有异议引起的纠纷

第46记 66记 知识链接

53 下列关于职工基本养老保险待遇的表述中，正确的有（ ）。

A.参保职工未达到法定退休年龄时因病完全丧失劳动能力的，可以领取病残津贴

B.参保职工死亡后，其个人账户中的余额可以全部依法继承

C.参保职工达到法定退休年龄时累计缴费满15年，按月领取基本养老金

D.参保职工死亡同时符合领取基本养老保险丧葬补助金、工伤保险丧葬补助金和失业保险丧葬补助金条件的，其遗属可以同时领取

第47记 66记 知识链接

54 下列关于失业保险待遇的表述中，不正确的有（ ）。

A.失业人员领取失业保险金期间不享受基本医疗保险待遇

B.失业人员申领失业保险金，需提供解除或者终止劳动关系、失业登记证明等材料

C.失业保险金的标准可以低于城市居民最低生活保障标准

D.失业前用人单位和本人已经累计缴纳失业保险费满6个月的，失业人员可以申请领取失业保险金

第47记 66记 知识链接

55 职工因工死亡的，其近亲属可享受遗属待遇。下列各项中属于该待遇的有（ ）。

A.一次性工亡补助金

B.供养亲属抚恤金

C.遗属慰问金

D.丧葬补助金

第47记 66记 知识链接

三、判断题

56 未结清但保管期满的债权债务会计凭证，在会计档案销毁清册中列明后可以销毁。（ ）

第36记 66记 知识链接

57 会计机构和会计人员发现会计账簿记录与实物、款项及有关资料不相符的，应当立即向本单位负责人报告，请求查明原因，做出处理。（ ）

第37记 66记 知识链接

58 单位内部会计监督的主体是本单位的会计机构和会计人员。（ ）

第37记 66记 知识链接

59 付款人账户内资金不足的，银行应当为付款人垫付资金。（ ）

第38记 66记 知识链接

60 甲公司以欺诈手段骗取丁公司签发的汇票，可以取得票据权利。（ ）

第40记 66记 知识链接

61 失票人应当向票据支付地人民法院申请公示催告。（ ）

第40记 66记 知识链接

62 单位和个人的款项结算，均可使用商业汇票。（ ）

第41记 66记 知识链接

63 根据票据法律制度的规定，记载“不得转让”事项的商业汇票，可以办理票据贴现。（ ）

第41记 66记 知识链接

64 对于风险等级较高的特约商户，收单机构应当对其暂停银行卡交易。（ ）

第42记 66记 知识链接

65 预付卡有效期不得少于3年。（ ）

第42记 66记 知识链接

66 单位一次性购买1万元以上的不记名预付卡，应当使用实名。（ ）

第42记 66记 知识链接

67 劳动合同被确认无效，劳动者给用人单位造成损失的，有过错的劳动者无须承担赔偿责任。（ ）

第44记 66记 知识链接

68 一般来说，劳动者应当于其权利被侵害之日起1年内申请劳动仲裁。（ ）

第46记 66记 知识链接

四、不定项选择题

69 甲企业为工业生产企业，其会计相关工作情况如下：

（1）由于业务调整，安排出纳人员小王负责登记库存现金、银行存款日记账、费用明细账以及会计档案保管。

（2）单位招聘一名会计主管人员小赵，已知小赵已从事会计工作3年，但因交通肇事罪被判处有期徒刑，现已刑满释放满1年。

（3）往来会计小李由于个人原因离职，与小孙进行了会计工作交接，由单位会计机构负责人监交。小孙接替之后为了分清责任，将原账簿保存好之后另立账簿进行接手之后会计事项的记录。后发现小李任职期间存在账目问题，小李与小孙之间相互推卸责任。

（4）税务部门发现报税资料存在疑点，因此派专员到甲企业进行调查，遭到甲企业拒绝，甲企业认为只有财政部门有权对本企业进行监管。

要求：

根据上述资料，不考虑其他因素，分析回答下列小题。

（1）根据资料（1），下列表述错误的是（ ）。

A.小王作为出纳可以负责会计档案保管

B.小王登记库存现金、银行存款日记账以及费用明细账符合规定

C.小王担任在财务部负责的会计档案管理岗位属于会计工作岗位

D.小王作为出纳不能负责登记费用明细账

（2）根据资料（2），下列表述正确的是（ ）。

A.小赵因被追究过刑事责任，不得再从事会计工作

B.小赵刑满释放只满1年，未满5年不得从事会计工作

C.小赵可以担任甲企业会计人员

D.刑满释放时间不影响小赵能否从事会计工作

（3）根据资料（3），下列表述正确的是（ ）。

A.单位会计机构负责人监交符合规定　　B.小孙另立账簿符合规定

C.出现的账目问题应由小李承担责任　　D.出现的账目问题应由小孙承担责任

（4）根据资料（4），下列表述正确的是（ ）。

A.税务部门有权对甲企业进行监督检查

B.甲企业拒绝接受税务部门调查的做法合理

C.税务部门的检查属于会计工作的政府监督范畴

D.除财政部门外，审计、税务、金融管理等部门均依法有权对有关单位的会计资料实施监督检查

第35、36、37记 66记 知识链接

70　2024年1月5日，甲公司与王某订立书面劳动合同，约定王某1月16日到甲公司工作。王某于1月20日实际到岗。1月31日，王某收到当月工资2 000元。

2024年4月30日，甲公司对外报出财务会计报告。

2024年5月15日，甲公司委派王某携带一张公司签发的出票日期为2024年5月15日，金额和收款人名称均空白的转账支票赴乙公司洽谈业务。为支付货款，张某在支票上填写金额15万元、收款人为乙公司后将支票交付乙公司。

要求：

根据上述资料，不考虑其他因素，分析回答下列小题。

（1）甲公司与王某建立劳动关系的起始时间是（ ）。

A. 2024年1月5日　　B. 2024年1月16日

C. 2024年1月20日　　D. 2024年1月31日

（2）关于甲公司对外报出财务会计报告，在报告上签名并盖章的人员不包括（ ）。

A.注册会计师　　B.会计主管人员

C.出纳　　D.单位负责人

（3）签发支票的行为属于（　　）。

A.要式行为　　B.积极行为

C.合法行为　　D.消极行为

（4）关于支票，下列表述正确的是（　　）。

A.因出票时未记载确定的金额，支票无效

B.因出票时未记载收款人姓名，支票无效

C.乙公司提示付款期限为2024年5月15日起10日

D.转账支票可以支取现金

第34、35、40、41、44记 66记 知识链接

71　2024年1月，甲有限责任公司（以下简称“甲公司”）成立，设立了董事会。随后，甲公司会计人员夏某前往P银行开立基本存款账户。

5月，甲公司夏某离职，与接替其工作的杨某办理了工作交接。

7月，甲公司聘用鹿某为公司技术人员。8月，派鹿某外出培训。双方补充协议约定，甲公司支付培训费用100 000元，鹿某的服务期6年，违反服务期约定应向公司支付违约金80 000元，培训结束后月工资提高至50 000元。

要求：

根据上述资料，不考虑其他因素，分析回答下列小题。

（1）可以担任甲公司法定代表人的是（　　）。

A.甲公司董事长陈某

B.甲公司经理孙某

C.甲公司监事于某

D.甲公司股东郭某

（2）关于甲公司在P银行开立的基本存款账户，下列表述正确的是（　　）。

A.此账户为甲公司主办账户

B.此账户不得支取现金

C.甲公司可以在开立单位银行结算账户申请书中加盖公司财务专用章与法定代表人签章

D.P银行应当向企业法定代表人或单位负责人核实企业开户意愿，并留存相关工作记录

（3）关于夏某和杨某的工作交接，下列表述正确的是（　　）。

A.夏某与杨某交接时应当由单位负责人负责监交

B.移交清册上应当注明交接日期

C.移交完毕，杨某可自行另立新账进行会计记录

D.杨某应当对所移交内容的真实性和合法性承担责任

（4）关于甲公司与鹿某在补充协议中所作的约定，下列表述正确的是（　　）。

A.鹿某的服务期为6年

B.鹿某违反服务期约定应支付违约金80 000元

C.甲公司支付培训费用100 000元

D.鹿某月工资提高至50 000元

第34、36、39、43记 66记 知识链接

72　2024年1月8日，甲公司成立，张某为法定代表人，李某为财务人员。1月10日，李某携带资料到P银行申请开立了基本存款账户，1月15日，甲公司在Q银行申请开立了基本建设资金专户。1月20日，甲公司签发一张金额为360万元、由P银行承兑的电子商业汇票交付乙公司，乙公司因急需资金于5月6日向M银行申请办理了汇票贴现。

要求：

根据上述资料，不考虑其他因素，分析回答下列小题。

（1）关于甲公司在P银行开立账户，下列表述正确的是（　　）。

A.P银行应报经当地中国人民银行分支机构批准

B.甲公司应填制开立银行结算账户申请书

C.甲公司与P银行应签订银行结算账户管理协议

D.该账户2024年1月10日不能办理对外付款业务

（2）关于甲公司在Q银行开立账户，下列表述正确的是（　　）。

A.甲公司应向Q银行出具基本存款账户编号

B.Q银行应向中国人民银行当地分支机构备案

C.该账户支取现金应在开户时报经中国人民银行当地分支机构批准

D.甲公司应向Q银行出具主管部门批文

（3）P银行承兑该汇票应当办理的手续是（　　）。

A.与甲公司签订承兑协议　　B.对汇票真实交易关系在线审核

C.审查甲公司的资格与资信　　D.收取甲公司承兑手续费

（4）乙公司到M银行办理贴现必须记载的事项是（　　）

A.贴现利率　　B.贴出人乙公司签章

C.实付金额　　D.贴入人M银行名称

第39、40、41记 66记 知识链接

73　2021年1月4日，甲公司初次录用张某并安排其担任车间操作工，月工资5 000元，双方签订了5年期劳动合同。

2024年1月5日，张某在工作中突发心脏病入院治疗，1个半月后出院上班。住院治疗期间，公司按月向张某支付工资。

2024年10月10日，张某在下班后做收尾性工作时，被车间坠物砸伤腿部致残并被确认部分丧失劳动能力，住院治疗2个月后出院。因张某腿部伤残不能从事原工作，甲公司欲解除双方的劳动合同。

已知：张某实际工作年限8年，甲公司已为其办理社会保险，甲公司所在地月最低工资标准为1 800元。

要求：

根据上述资料，不考虑其他因素，分析回答下列小题。

（1）关于张某在工作中突发心脏病入院治疗，下列表述正确的是（　　）。

A.张某在工作中突发心脏病应视同工伤

B.张某可享受3个月的医疗期待遇

C.张某在工作中突发心脏病不应认定为工伤

D.张某应享受停工留薪期待遇

（2）张某突发心脏病住院期间，甲公司按月向其支付的工资不得低于（　　）。

A. 1 800元　　B. 4 000元

C. 1 440元　　D. 5 000元

（3）关于张某下班后做收尾性工作被车间坠落物砸伤，下列表述正确的是（　　）。

A.张某受伤住院期间的工资福利待遇保持不变

B.张某受伤住院期间的工资福利待遇，由甲公司按月支付

C.张某受伤应认定为工伤

D.张某受伤是在下班之后，不应认定为工伤

（4）关于甲公司解除劳动合同，下列表述正确的是（　　）。

A.甲公司可提前30日以书面形式通知张某解除劳动合同

B.甲公司可额外支付张某1个月工资后解除劳动合同

C.甲公司不得单方面解除与张某的劳动合同

D.甲公司无须提前通知张某即可解除劳动合同

第44、47记 66记 知识链接

第二模块　税法部分

一、单项选择题

74 下列关于增值税纳税人的表述中，正确的是（　　）。

A.资管产品运营过程中发生的增值税应税行为，以资管产品管理人为纳税人

B.单位以承包、承租、挂靠方式经营的，一律以承包人为纳税人

C.转让无形资产，以无形资产受让方为纳税人

D.提供建筑安装服务，以建筑安装服务接收方为纳税人

第49记 66记 知识链接

75 下列项目应按照“现代服务——租赁服务”缴纳增值税的是（　　）。

A.水路运输中的程租服务

B.水路运输中的期租服务

C.融资性售后回租

D.公交车车身广告位出租

第49记 66记 知识链接

76 企业发生的下列行为中，不属于视同销售货物行为的是（　　）。

A.将购进的货物作为投资提供给其他单位

B.将购进的货物用于集体福利

C.将委托加工的货物分配给股东

D.将自产的货物用于个人消费

第50记 66记 知识链接

77 一般纳税人发生应税销售行为向购买方收取的下列款项中，不并入销售额计算销项税额的是（　　）。

A.返还利润

B.补贴

C.代收代缴的消费税

D.手续费

第50记 66记 知识链接

78 甲公司为增值税一般纳税人，2024年7月提供咨询服务取得含增值税价款318万元，同时收取手续费21.2万元。已知增值税税率为6%，计算甲公司当月提供咨询服务增值税销项税额的下列算式中，正确的是（　　）。

A.（318+21.2）×6%=20.35（万元）

B.（318+21.2）÷（1+6%）×6%=19.2（万元）

C. 318×6%=19.08（万元）

D. 318÷（1+6%）×6%=18（万元）

第50记 记 知识链接

79 甲公司为从事二手车经销业务的一般纳税人，2024年10月销售其收购的二手车一辆，价款200 000元，计算甲公司当月该笔业务增值税应纳税额的下列算式中，正确的是（　　）。

A. 200 000÷（1+3%）×2%=3 883.50（元）

B. 200 000÷（1+3%）×3%=5 825.24（元）

C. 200 000÷（1+3%）×0.5%=970.87（元）

D. 200 000÷（1+0.5%）×0.5%=995.02（元）

第51记 记 知识链接

80 关于增值税纳税义务发生时间，下列说法不正确的是（　　）。

A.进口货物，为报关进口的当天

B.从事金融商品转让的，为金融商品所有权转移的当天

C.采取托收承付和委托银行收款方式销售货物，为收到银行款项的当天

D.提供租赁服务采取预收款方式的，为收到预收款的当天

第52记 记 知识链接

81 下列一般纳税人发生的业务中，允许开具增值税专用发票的是（　　）。

A.家电商场向消费者个人销售电视机

B.百货商店向小规模纳税人零售服装

C.手机专卖店向消费者个人提供手机修理劳务

D.商贸公司向一般纳税人销售办公用品

第52记 记 知识链接

82 下列各项中，属于消费税征税范围的是（　　）。

A.烟叶　　B.调味料酒

C.酒精　　D.电子烟

第53记 记 知识链接

83 下列行为中，无须缴纳消费税的是（　　）。

A.外贸公司进口高档手表

B.首饰店零售金银首饰

C.小汽车生产企业将自产小汽车奖励给优秀员工

D.烟草批发企业将卷烟销售给其他烟草批发企业

第53记 记 知识链接

84 甲公司为增值税一般纳税人，2024年10月将1辆生产成本5万元的自产小汽车用于抵偿债务，同型号小汽车含增值税平均售价11.3万元/辆，含增值税最高售价13.56万元/辆。已知增值税税率为13%，消费税税率为5%。计算甲公司当月该笔业务应缴纳消费税税额的下列算式中，正确的是（ ）。

A. 1×5×5%=0.25（万元）

B. 1×11.3÷（1+13%）×5%=0.5（万元）

C. 1×5×（1+5%）×5%=0.26（万元）

D. 1×13.56÷（1+13%）×5%=0.6（万元）

第53记 66记 知识链接

85 甲化妆品公司为增值税一般纳税人，2024年12月销售高档化妆品“元旦套装”400套，每套含增值税售价696元，将同款“元旦套装”30套用于对外赞助，已知增值税税率为13%，消费税税率为15%。计算甲化妆品公司当月“元旦套装”应缴纳消费税税额的下列算式中，正确的是（ ）。

A. 400×696÷（1+13%）×15%=36 955.75（元）

B. 400×696×15%=41 760（元）

C.（400+30）×696÷（1+13%）×15%=39 727.43（元）

D.（400+30）×696×15%=44 892（元）

第53记 66记 知识链接

86 甲卷烟厂为增值税一般纳税人，受托加工一批烟丝，委托方提供的烟叶成本50 000元，甲卷烟厂收取含增值税加工费2 786元。已知增值税税率为13%，消费税税率为30%，无同类烟丝销售价格。计算甲卷烟厂该笔业务应代收代缴消费税税额的下列算式中，正确的是（ ）。

A. [50 000+2 786÷（1+13%）]÷（1−30%）×30%=22 485.21（元）

B.（50 000+2 786）÷（1−30%）×30%=22 622.57（元）

C. 50 000÷（1−30%）×30%=21 428.57（元）

D.（50 000+2 786）÷（1+13%）÷（1−30%）×30%=20 019.97（元）

第53记 66记 知识链接

87 甲企业为增值税一般纳税人，2024年3月初库存外购烟丝不含增值税买价5万元，本月新增外购烟丝不含增值税买价40万元，月末库存外购烟丝不含增值税买价10万元，领用的烟丝当月全部用于连续生产卷烟。已知烟丝消费税税率为30%，计算甲企业本月准予扣除的外购烟丝已缴纳消费税税额的下列算式中，正确的是（ ）。

A.（5+40）×30%=13.5（万元）

B.（5+40−10）×30%=10.5（万元）

C. 40×30%=12（万元）

D.（40−10）×30%=9（万元）

第53记 66记 知识链接

88 甲企业为制造业企业，2024年9月进口设备一台，取得海关进口增值税专用缴款书上注明的税额为12万元。当月依法直接减免增值税2万元，向主管税务机关实缴增值税15万元，另提供委托加工业务代收代缴消费税16万元，已知城市维护建设税的税率为7%，则计算该企业当月应缴纳城市维护建设税的下列算式中，正确的是（　　）。

A.（15+16）×7%=2.17（万元）　　B.（15+12+16）×7%=3.01（万元）

C.（15+2+16）×7%=2.31（万元）　　D.（15+12）×7%=1.89（万元）

第54记 66记 知识链接

89 甲公司2024年11月应缴纳增值税150 000元，实际缴纳增值税120 000元；应缴纳消费税100 000元，实际缴纳消费税80 000元。已知，现行教育费附加征收比率为3%，现行地方教育附加征收比率为2%，计算甲公司2024年11月应纳教育费附加、地方教育附加合计的下列算式中，正确的是（　　）。

A.（150 000+100 000）×（3%+2%）=12 500（元）

B.（150 000+80 000）×（3%+2%）=11 500（元）

C.（120 000+100 000）×（3%+2%）=11 000（元）

D.（120 000+80 000）×（3%+2%）=10 000（元）

第54记 66记 知识链接

90 下列各车辆，免征车辆购置税的是（　　）。

A.个人购买自用的汽车

B.个人受赠自用的排气量200毫升的摩托车

C.外国驻华使馆购买自用的汽车

D.企业自产自用的汽车

第54记 66记 知识链接

91 2024年10月，甲企业进口一辆小汽车自用，支付买价17万元，因运输所需的包装材料费及包装劳务费1万元由甲企业承担。货物运抵我国关境内输入地点起卸前的运费和保险费共计3万元，货物运抵我国关境内输入地点起卸后的运费和保险费共计2万元，另支付买方佣金1万元。已知关税税率为20%，消费税税率为25%，增值税税率为13%，城市维护建设税税率为7%，教育费附加征收比率为3%。假设无其他纳税事项，则下列关于甲企业相关税金的计算，正确的是（　　）。

A.应纳进口关税4.2万元

B.应纳进口环节消费税5.25万元

C.应纳进口环节增值税3.47万元

D.应纳城市维护建设税和教育费附加1.34万元

第54记 66记 知识链接

92 关于企业销售货物收入确认，下列说法中，正确的是（ ）。

A.企业已经确认销售收入的售出商品发生销售折让，不得冲减当期销售商品收入

B.销售商品以旧换新的，应当以扣除回收商品价值后的余额确定销售商品收入金额

C.销售商品涉及现金折扣的，应当以扣除现金折扣后的金额确定销售商品收入金额

D.销售商品采用支付手续费方式委托代销的，在收到代销清单时确认收入

第56记 66记 知识链接

93 企业的下列收入中，属于不征税收入的是（ ）。

A. 2024年1月，甲企业取得财政拨款

B. 2024年1月，乙企业取得国债利息收入

C. 2024年1月，丙企业接受捐赠收入

D. 2024年1月，丁非营利性科研机构接收个人李某投入的基础研究资金收入

第56记 66记 知识链接

94 在计算企业所得税应纳税所得额时，下列固定资产中，准予计算折旧扣除的是（ ）。

A.未投入使用的机器设备

B.已足额提取折旧仍继续使用的机器设备

C.以经营租赁方式租入的机器设备

D.以融资租赁方式租入的机器设备

第56记 66记 知识链接

95 甲公司2024年度为符合条件的小型微利企业，当年企业所得税应纳税所得额为150万元。已知小型微利企业减按20%的税率征收企业所得税。甲公司2024年度应缴纳企业所得税税额为（ ）。

A. 7.5万元

B. 5万元

C. 10万元

D. 12.5万元

第56记 66记 知识链接

96 2024年6月甲公司向境外乙公司分配股息折合人民币1 000万元。已知预提所得税税率为10%，计算甲公司应代扣代缴企业所得税税款的下列算式中，正确的是（ ）。

A. 1 000×10%×50%=50（万元）

B. 1 000×10%=100（万元）

C. 1 000×（1-25%）×10%=75（万元）

D. 1 000×（1-25%）×10%×50%=37.5（万元）

第56记 66记 知识链接

97 个人的下列所得中，不属于个人所得税免税项目的是（　　）。

A.国债利息　　B.军人的转业费

C.出租厂房取得的租金　　D.国家发行的金融债券利息

第58记 66记 知识链接

98 下列情形中，应缴纳个人所得税的是（　　）。

A.王某将房屋无偿赠与其儿子

B.张某转让自用达5年以上且唯一家庭生活用房

C.赵某转让无偿受赠的商铺

D.杨某将房屋无偿赠与其外孙女

第58记 66记 知识链接

99 居民个人取得综合所得，需要办理汇算清缴的，应当在取得所得的次年（　　）内申报纳税。

A. 3月1日至6月30日　　B. 1月1日至2月28日

C. 1月1日至5月31日　　D. 3月1日至5月31日

第58记 66记 知识链接

100 下列各项中，不属于特许权使用费所得的是（　　）。

A.演员许可企业在平面广告中使用其肖像取得的所得

B.画家将自己的书画作品发表在报纸上取得的所得

C.作者将自己的文字作品手稿原件拍卖取得的所得

D.剧本作者从所任职的电视剧制作单位取得的剧本使用费

第59记 66记 知识链接

101 下列各项中，属于专项附加扣除的是（　　）。

A.个人需要支付的“三险一金”　　B.购车贷款利息

C.大病医疗　　D.上下班交通费

第59记 66记 知识链接

102 2024年1月中国居民李某取得工资20 000元，李某当月专项扣除4 000元，专项附加扣除3 000元。已知工资、薪金所得累计预扣预缴应纳所得额不超过36 000元的部分，预扣率为3%，预扣预缴个人所得税减除费用为5 000元/月。计算李某当月工资应预扣预缴个人所得税税额的下列算式中，正确的是（　　）。

A.（20 000−5 000−4 000−3 000）×3%=240（元）

B.（20 000−5 000−3 000）×3%=360（元）

C.（20 000−4 000−3 000）×3%=390（元）

D.（20 000−5 000−4 000）×3%=330（元）

第59记 66记 知识链接

103 2024年1月，张某出租一套住房，取得当月租金收入3 800元，财产租赁过程中缴纳的税费152元，发生修缮费用600元。已知个人出租住房暂减按10%的税率征收个人所得税；财产租赁所得，每次收入不超过4 000元的，减除费用为800元。计算张某当月租金收入应缴纳个人所得税税额的下列算式中，正确的是（　　）。

A.（3 800−152−600−800）×10%=224.8（元）

B.（3 800−800）×10%=300（元）

C. 3 800×10%=380（元）

D.（3 800−152−600）×10%=304.8（元）

第60记 知识链接

104 甲企业2024年初拥有一栋房产，房产原值1 000万元，折旧为500万元，3月31日将其对外出租，租期1年，每月收取不含税租金1万元。已知房产税税率从价计征的为1.2%，从租计征的为12%，当地省政府规定计算房产余值的减除比例为30%。计算甲企业上述房产全年应缴纳房产税税额的下列算式中，正确的是（　　）。

A. 9×12%=1.08（万元）

B. 1 000×（1−30%）×1.2%÷12×3+1×9×12%=3.18（万元）

C.（1 000−500）×（1−30%）×1.2%÷12×4+1×8×12%=2.36（万元）

D. 1 000×（1−30%）×1.2%=8.4（万元）

第61记 知识链接

105 2024年甲服装公司（位于某县城）实际占地面积30 000平方米，其中办公楼占地500平方米，厂房仓库占地面积22 000平方米，厂区内铁路专用线、公路等用地7 500平方米。已知当地规定的城镇土地使用税每平方米年税额为5元。计算甲服装公司当年应缴纳城镇土地使用税税额的下列算式中，正确的是（　　）。

A. 30 000×5=150 000（元）

B.（30 000−7 500）×5=112 500（元）

C.（30 000−500）×5=147 500（元）

D.（30 000−22 000）×5=40 000（元）

第61记 知识链接

106 2024年7月甲公司开发住宅社区，经批准共占用耕地150 000平方米，其中800平方米兴建幼儿园，5 000平方米修建学校。已知耕地占用税适用税率为30元/平方米。计算甲公司应缴纳耕地占用税税额的下列算式中，正确的是（　　）。

A. 150 000×30=4 500 000（元）

B.（150 000−800−5 000）×30=4 326 000（元）

C.（150 000−5 000）×30=4 350 000（元）

D.（150 000−800）×30=4 476 000（元）

第61记 知识链接

107 居民甲有两套住房，将一套价值100万元的住房与居民乙进行交换，换入乙一件珍藏的文物。将另一套价值200万元的两居室的住房与居民丙交换成三居室的住房，并支付给丙80万元的差价。上述行为均已办妥权属变更登记。下列说法中，不正确的是（　　）。

A.甲用住房交换乙的文物，应由乙缴纳契税

B.甲用住房交换乙的文物，双方无须缴纳契税

C.甲用住房交换丙的住房，应由甲缴纳契税

D.甲用住房交换丙的房屋，契税计税依据应为80万元

第61记 66记 知识链接

108 关于契税，下列说法中，正确的是（　　）。

A.对承受国有土地使用权所支付的土地出让金应计征契税

B.夫妻因离婚分割共同财产发生土地、房屋权属变更的，应依法缴纳契税

C.因共有不动产份额变化的，无须缴纳契税

D.发生应税行为而无须办理权属登记的，自纳税义务发生之日起30日内申报缴纳契税

第61记 66记 知识链接

109 下列关于契税优惠政策的表述中，正确的是（　　）。

A.甲企业投资购买了一宗用于建造幼儿园的土地，可以免征契税

B.退休林场工人刘某到某山区购买了一片荒丘用于经济林木培育，应减半征收契税

C.居民付某在婚姻关系存续期间承受配偶的房产权属，应减半征收契税

D.居民陈某继承一套北京市房产，可以免征契税

第61记 66记 知识链接

110 甲房地产公司为增值税一般纳税人，2024年9月销售自行开发的住宅，取得不含增值税转让收入10 000万元。准予从转让收入额中减除的扣除项目金额为6 000万元。已知土地增值税适用税率为40%，速算扣除系数为5%。计算甲房地产公司销售该住宅项目应缴纳土地增值税税额的下列算式中，正确的是（　　）。

A. 10 000×40%−6 000×5%=3 700（万元）

B.（10 000−6 000）×40%×（1−5%）=1 520（万元）

C.（10 000−6 000）×40%−6 000×5%=1 300（万元）

D.（10 000−6 000）×（40%−5%）=1 400（万元）

第61记 66记 知识链接

111 2024年10月，某国有企业转让2011年10月在市区购置的一栋办公楼，取得收入10 000万元，签订产权转移书据，相关税费115万元，2011年购买时支付价款8 000万元，办公楼经税务机关认定的重置成本价为12 000万元，成新率70%。该企业在缴纳土地增值税时计算的增值额为（　　）万元。

A. 400　　B. 1 485　　C. 1 490　　D. 200

第61记 66记 知识链接

112 下列情形中，应予缴纳土地增值税的是（　　）。

A.一方出地，另一方出资金，双方合作建房，建成后按比例分房自用的

B.企事业单位转让旧房作为经济适用房房源且增值额未超过扣除项目金额20%的

C.纳税人建造高级公寓出售，增值额未超过扣除项目金额20%的

D.因国家建设需要依法征用、收回的房地产

第61记 66记 知识链接

113 某企业2024年初拥有小轿车2辆。当年4月，1辆小轿车被盗，已按照规定办理退税。经公安机关侦查，9月份被盗车辆失而复得，并取得公安机关的相关证明。已知当地小轿车车船税年税额为500元/辆，计算该企业2024年实际应缴纳车船税的下列算式中，正确的是（　　）。

A. 500×1=500（元）

B. 500+500×3÷12=625（元）

C. 500+500×7÷12=792（元）

D. 500×2=1 000（元）

第62记 66记 知识链接

114 某原油开采企业为增值税一般纳税人，2024年10月销售自采原油取得不含税销售额5 000万元，开采过程中用于加热耗用原油2吨。由于资金紧张，当月用40吨原油抵偿了某发电厂电费。已知原油不含税销售价格为0.38万元/吨，原油资源税税率为6%。关于该企业10月应缴纳资源税的下列算式中，正确的是（　　）。

A. 5 000×6%=300（万元）

B. 5 000×6%+（40+2）×0.38×6%=300.96（万元）

C. 5 000×6%+40×0.38×6%=300.91（万元）

D. 5 000×6%+2×0.38×6%=300.05（万元）

第62记 66记 知识链接

115 2024年3月甲企业产生炉渣150吨，其中30吨在符合国家和地方环境保护标准的设施中贮存，100吨综合利用且符合国家和地方环境保护标准，其余的直接倒弃于空地，已知炉渣环境保护税税率为25元/吨。计算甲企业当月所产生炉渣应缴纳环境保护税税额的下列算式中，正确的是（　　）。

A.（150−30）×25=3 000（元）

B. 150×25=3 750（元）

C.（150−100）×25=1 250（元）

D.（150−100−30）×25=500（元）

第62记 66记 知识链接

116 甲公司向乙公司租赁2台起重机并签订租赁合同，合同注明起重机总价值为80万元，租期为2个月，每台每月租金2万元。已知租赁合同适用印花税税率为1‰，甲公司和乙公司签订该租赁合同共计应缴印花税（　　）元。

A. 40　　B. 80　　C. 160　　D. 800

第62记 66记 知识链接

117 下列关于纳税申报的表述中，正确的是（　　）。

A.纳税人享受减税待遇的，在减税期间无须办理纳税申报

B.纳税人在纳税期内没有应纳税款的，也应当按照规定办理纳税申报

C.纳税人享受免税待遇的，在免税期间无须办理纳税申报

D.经核准延期办理纳税申报的，在纳税期内无须预缴税款

第63记 66记 知识链接

118 甲公司按照规定，最晚应于2024年1月15日缴纳应纳税款30万元，该公司却迟迟未缴。主管税务机关责令其于当年2月28日前缴纳，并加收滞纳金。但直到3月13日，该公司才缴纳税款。甲公司应缴纳的滞纳金金额为（　　）元。

A. 8 550　　B. 8 700　　C. 9 000　　D. 6 600

第64记 66记 知识链接

119 纳税人因实施违法行为被行政机关处以罚款、没收违法所得，后又欠缴税款。下列关于税务机关对该纳税人征收税款的表述中，正确的是（　　）。

A.税收优先于罚款

B.除法律另有规定外，无担保债权优先于税收

C.没收违法所得优先于税收

D.税款发生在纳税人以其财产设定抵押权之后，税收应当先于抵押权执行

第64记 66记 知识链接

120 下列纳税人，可以不参加本期的评价的是（　　）。

A.评价年度内无生产经营业务收入的企业

B.适用企业所得税核定征收办法的企业

C.因涉嫌税收违法被立案查处已经结案的企业

D.已申请税务行政复议、提起行政诉讼尚未结案的企业

第65记 66记 知识链接

121 对国家税务总局的具体行政行为不服的，向（　　）申请行政复议。

A.国务院　　B.国家税务总局

C.人民法院　　D.向上一级税务机关

第66记 66记 知识链接

122 关于税务行政复议，下列说法不正确的是（　　）。

A.复议机关应当自受理申请之日起180日内作出行政复议决定

B.申请人对税务机关作出逾期不缴纳罚款加处罚款的决定不服的，应当先缴纳罚款和加处罚款，再申请行政复议

C.具体行政行为适用依据错误的，行政复议机构作出撤销、变更该具体行政行为或者确认该具体行政行为违法的复议决定

D.被申请人不履行法定职责的，行政复议机构作出要求被申请人在一定期限内履行的复议决定

第66记 66记 知识链接

二、多项选择题

123　下列税种中，由海关负责征收和管理的有（　　）。

A.关税　　B.委托代征的进口环节增值税

C.船舶吨税　　D.资源税

第48记 66记 知识链接

124　关于增值税应税项目，下列说法中，正确的有（　　）。

A.出租车公司向使用本公司自有出租车的出租车司机收取的管理费用，按照现代服务缴纳增值税

B.固定电话、有线电视、宽带、水、电、燃气、暖气等经营者向用户收取的安装费、初装费、开户费、扩容费以及类似收费，按照建筑服务缴纳增值税。

C.销售底商应按照销售不动产税目计缴增值税

D.卫星电视信号落地转接服务，按照增值电信服务纳税

第49记 66记 知识链接

125　根据增值税法律制度的规定，下列各项中，不征收增值税的有（　　）。

A.物业管理单位代收的住宅专项维修资金

B.被保险人获得的医疗保险赔付

C.保险人取得的财产保险费收入

D.物业管理单位收取的物业费

第49记 66记 知识链接

126　关于增值税计税销售额，下列说法中，正确的有（　　）。

A.金融企业转让金融商品，按照卖出价扣除买入价后的余额为销售额

B.银行提供贷款服务，以提供贷款服务取得的全部利息及利息性质的收入为销售额

C.试点纳税人提供旅游服务，应当按照取得的全部价款和价外费用作为销售额

D.银行提供直接收费的金融服务，应以收入全额作为销售额

第50记 66记 知识链接

127 下列一般纳税人购进货物取得的合法凭证中，属于增值税扣税凭证的有（　　）。

A.税控机动车销售统一发票　　B.海关进口增值税专用缴款书

C.农产品收购发票　　D.符合规定的国内客运发票

第50记 知识链接

128 一般纳税人购进货物的下列进项税额中，不得从销项税额中抵扣的有（　　）。

A.因管理不善造成被盗的购进货物的进项税额

B.被执法部门依法没收的购进货物的进项税额

C.被执法部门强令自行销毁的购进货物的进项税额

D.因地震造成毁损的购进货物的进项税额

第50记 知识链接

129 下列各项中，符合条件的一般纳税人，可以选择简易计税方法的有（　　）。

A.装卸搬运服务　　B.公共交通运输服务

C.文化体育服务　　D.电影放映服务

第51记 知识链接

130 下列行为中，免征增值税的有（　　）。

A.个人转让著作权

B.残疾人个人提供应税服务

C.由专营残疾人用品的公司进口供残疾人专用的产品

D.会计师事务所提供咨询服务

第52记 知识链接

131 根据消费税法律制度的规定，下列应税消费品在零售环节征收消费税的有（　　）。

A.金银首饰　　B.珍珠

C.铂金首饰　　D.钻石饰品

第53记 知识链接

132 下列各项中，采取复合计征方式征收消费税的有（　　）。

A.白酒　　B.卷烟

C.烟丝　　D.黄酒

第53记 知识链接

133 关于应税消费品销售额的确定，下列说法中，正确的有（　　）。

A.应税消费品销售额包括向购买方收取的增值税税款

B.纳税人自产自用应税消费品，按照纳税人生产的同类消费品的销售价格确定销售额

C.随同从价计征应税消费品出售的包装物，无论是否单独计价，均应并入销售额

D.电子烟生产环节纳税人从事电子烟代加工业务的，应当分开核算持有商标电子烟的销售额和代加工电子烟的销售额

第53记 66记 知识链接

134 纳税人委托加工收回的应税消费品，用于连续生产应税消费品的，已缴纳的消费税税款准予按照规定从应纳消费税税额中抵扣。下列各项中，不得扣除已缴纳的消费税的有（　　）。

A.委托加工收回的已税烟丝用于生产卷烟

B.委托加工收回的已税玉石用于生产金银镶嵌首饰

C.委托加工收回的已税涂料用于生产涂料

D.委托加工收回的已税啤酒用于生产啤酒

第53记 66记 知识链接

135 关于城市维护建设税的相关规定，下列说法中，正确的有（　　）。

A.海关对进口产品代征增值税时，应同时代征城市维护建设税

B.城市维护建设税的计税依据中允许扣除纳税人收到的增值税留抵退税

C.扣缴义务人在代扣代缴增值税和消费税的同时，需要同时扣缴城市维护建设税

D.委托加工应税消费品由受托方代收代缴消费税的，城市维护建设税的税率按照受托方所在地的税率执行

第54记 66记 知识链接

136 关于车辆购置税的计税依据，下列说法中，正确的有（　　）。

A.购买自用应税车辆的计税依据为不含增值税价款

B.进口自用应税车辆的计税依据为关税计税价格

C.获奖自用应税车辆的计税依据为购置车辆相关凭证上的价格

D.受赠自用应税车辆的计税依据为该车辆的组成计税价格

第54记 66记 知识链接

137 根据关税相关法律制度，下列选项中免征关税的有（　　）。

A.无商业价值的广告品

B.外国企业无偿赠送的物资

C.进出境运输工具装载的途中必需的燃料、物料和饮食

D.在海关放行前遭受损坏的货物

第54记 66记 知识链接

138 下列各项中，属于企业所得税纳税人的有（　　）。

A.甲合伙企业　　B.乙股份有限公司

C.丙个体工商户　　D.丁事业单位

第53记 66记 知识链接

139 下列所得中，属于企业所得税征税对象的有（　　）。

A.在中国境内设立机构、场所的非居民企业，其机构、场所来源于中国境内的所得

B.居民企业来源于中国境外的所得

C.在中国境内未设立机构、场所的非居民企业来源于中国境外的所得

D.居民企业来源于中国境内的所得

第55记 66记 知识链接

140 下列关于企业所得税纳税期限的表述中，正确的有（　　）。

A.企业所得税按年计征，分月或者分季预缴，年终汇算清缴，多退少补

B.企业在一个纳税年度中间开业，使该纳税年度的实际经营期不足12个月的，应当以其实际经营期为1个纳税年度

C.企业依法清算时，应当以清算期间作为1个纳税年度

D.企业在纳税年度中间终止经营活动的，应当自实际经营终止之日起60日内，向税务机关办理当期企业所得税汇算清缴

第55记 66记 知识链接

141 下列关于确定所得来源地的表述中，正确的有（　　）。

A.不动产转让所得按照不动产所在地确定

B.销售货物所得按照交易活动发生地确定

C.提供劳务所得按照劳务发生地确定

D.股息、红利所得按照取得股息、红利的企业所在地确定

第56记 66记 知识链接

142 甲企业2024年利润总额为2 000万元，工资、薪金支出为1 500万元，已知在计算企业所得税应纳税所得额时，公益性捐赠支出、职工福利费支出、职工教育经费支出和工会经费支出的扣除比例分别不超过12%、14%、8%和2%。在计算企业所得税应纳税所得额时，下列支出中，允许在计算2024年企业所得税应纳税所得额时全额扣除的有（　　）。

A.公益性捐赠支出200万元　　B.职工福利支出160万元

C.职工教育经费支出125万元　　D.工会经费支出20万元

第56记 66记 知识链接

143 下列各项中，在计算企业所得税应纳税所得额时，不得扣除的有（　　）。

A.企业须承担的诉讼费用　　B.企业因逃税被税务机关处以罚款

C.企业发生的非广告性质赞助支出　　D.企业发生的合理的劳动保护支出

第56记 66记 知识链接

144　下列关于企业所得税税收优惠政策的说法，正确的有（　　）。

A.固定资产缩短折旧年限的不能低于规定折旧年限的60%

B.企业新购进单位价值450万元的设备，应分年度计算折旧扣除，不得一次性计入当期成本费用税前扣除

C.一个纳税年度内，居民企业技术转让所得不超过500万元的部分减半征收企业所得税

D.企业从事海水养殖项目取得的所得减半征收企业所得税

第57记　66记　知识链接

145　下列各项中，属于个人所得税纳税人的有（　　）。

A.一人有限责任公司

B.合伙企业

C.个体工商户

D.个人独资企业投资人

第58记　66记　知识链接

146　纳税人发生的下列情形中，应当按照规定向主管税务机关自行办理个人所得税纳税申报的有（　　）。

A.我国居民王某从美国取得所得

B.我国居民林某从出版社取得稿酬所得5万元，当年无其他所得

C.非居民个人汤姆从中国境内两家公司取得工资、薪金所得

D.我国居民张某年度内预缴税额低于应纳税额

第58记　66记　知识链接

147　下列各项中，属于劳务报酬所得的有（　　）。

A.个人因其作品以图书形式出版而取得的所得

B.个人因任职受雇从上市公司取得的股票增值权所得

C.证券经纪人从证券公司取得的佣金收入

D.学生假期兼职取得的收入

第59记　66记　知识链接

148　根据个人所得税法律制度的规定，个人发生的下列公益救济性捐赠支出，准予税前全额扣除的有（　　）。

A.通过国家机关向红十字事业的捐赠

B.通过国家机关向农村义务教育的捐赠

C.通过非营利社会团体向公益性青少年活动场所的捐赠

D.通过非营利社会团体向贫困地区的捐赠

第60记　66记　知识链接

149 甲公司员工李某于2024年取得下列收益，应按照“偶然所得”项目缴纳个人所得税的有（　　）。

A.取得乙公司赠送购买8折优惠券

B.在丙公司业务宣传活动中取得随机赠送的剃须刀

C.为戊公司提供担保获得收入1 000元

D.取得单张有奖发票奖金8 000元

第60记 66记 知识链接

150 下列各项中，属于房产税征税范围的有（　　）。

A.建制镇工业企业的厂房

B.农村的村民住宅

C.市区商场的地下车库

D.县城商业企业的办公楼

第61记 66记 知识链接

151 下列各项中，需要征收城镇土地使用税的有（　　）。

A.企业生活区用地

B.盐场的盐滩用地

C.名胜古迹照相馆用地

D.国家机关自用的土地

第61记 66记 知识链接

152 下列各项中，属于车船税征税范围的有（　　）。

A.地铁列车

B.游艇

C.两轮摩托车

D.无动力帆船

第62记 66记 知识链接

153 根据车船税法律制度的规定，下列车船中，以整备质量吨位数为计税依据的有（　　）。

A.挂车

B.商用客车

C.机动船舶

D.专用作业车

第62记 66记 知识链接

154 下列企业生产或开采的资源产品中，应当缴纳资源税的有（　　）。

A.低丰度油气田开采的天然气

B.人造石油

C.煤炭企业因安全生产需要抽采的煤层气

D.天然沥青

第62记 66记 知识链接

155 下列各项中，不属于印花税征税范围的有（　　）。

A.仲裁机构的仲裁文书

B.人身保险合同

C.技术咨询合同

D.总公司与分公司之间书立的作为执行计划使用的凭证

第62记 66记 知识链接

156 下列关于印花税计税依据的说法中，不正确的有（　　）。

A.租赁合同，以所租赁财产的价值作为计税依据

B.运输合同，以所运货物金额和运输费用的合计金额为计税依据

C.借款合同，以借款金额和借款利息的合计金额为计税依据

D.财产保险合同，以保险费收入为计税依据

第62记 66记 知识链接

157 下列各项中，属于税务机关职权的有（　　）。

A.税务管理权

B.税款征收权

C.税务检查权

D.税收法律规范的知情权

第63记 66记 知识链接

158 纳税人存在下列情形，税务机关有权核定其应纳税额的有（　　）。

A.依照法律、行政法规的规定可以不设置账簿的

B.依照法律、行政法规的规定应当设置但未设置账簿的

C.擅自销毁账簿或者拒不提供纳税资料的

D.纳税人申报的计税依据明显偏低，又无正当理由的

第64记 66记 知识链接

159 下列关于退还纳税人多缴税款的表述中，正确的有（　　）。

A.纳税人结算缴纳税款后次年发现多缴税款的，可以向税务机关要求退还多缴的税款并加算银行同期存款利息

B.税务机关发现纳税人多缴税款但距缴款日期已超过3年的，不再退还多缴税款

C.纳税人发现多缴税款但距缴款日期已超过3年的，税务机关不再退还多缴税款

D.税务机关发现纳税人多缴税款的，在退还税款的同时，应一并计算滞纳金

第64记 66记 知识链接

160 下列行为中属于虚开发票的有（　　）。

A.为他人开具与实际经营业务情况不符的发票

B.让他人为自己开具与实际经营业务情况不符的发票

C.介绍他人开具与实际经营业务情况不符的发票

D.为自己开具与实际经营业务情况不符的发票

第64记 66记 知识链接

161 下列各项中，属于重大税收违法失信案件的失信主体的情形有（　　）。

A.甲公司进行虚假的纳税申报，少缴税款100万元且占当年各税种应纳税总额的8%

B.乙公司妨碍税务机关追缴欠缴的税款，金额300万元

C.赵某骗取国家出口退税款

D.高某虚开普通发票80份，金额合计为500万元

第65记 66记 知识链接

162 纳税人对税务机关的下列行为不服时，可以申请行政复议的有（　　）。

A.确认征税范围的行为

B.征收税款的行为

C.颁布某项税收部门规章的行为

D.责令提供纳税担保的行为

第66记 66记 知识链接

三、判断题

163 如果税法规定某一税种的起征点是1 000元，那么只对超过1 000元的部分征税。（　　）

第48记 66记 知识链接

164 单位为聘用的员工提供服务，视同销售服务，征收增值税。（　　）

第50记 66记 知识链接

165 委托加工的应税消费品，应由受托方在向委托方交货时代收代缴消费税。（　　）

第53记 66记 知识链接

166 在中国境内设立机构、场所且取得的所得与其所设机构、场所有实际联系的非居民企业，适用的企业所得税税率为20%。（　　）

第55记 66记 知识链接

167 企业职工因公出差乘坐交通工具发生的人身意外保险费支出，不得在计算企业所得税的应纳税所得额时扣除。（　　）

第56记 66记 知识链接

168　居民企业在汇总计算缴纳企业所得税时，其境外营业机构的亏损可以抵减境内营业机构的盈利。（　　）

第56记 66记 知识链接

169　企业投资期间，投资资产的成本在计算企业所得税应纳税所得额时不得扣除。（　　）

第56记 66记 知识链接

170　个人通过网络收购玩家的虚拟货币，加价后向他人出售取得的收入，不征收个人所得税。（　　）

第60记 66记 知识链接

171　集体所有制企业职工个人在企业改制过程中，以股份形式取得的仅作为分红依据，不拥有所有权的企业量化资产，应按“利息、股息、红利所得”计缴个人所得税。（　　）

第60记 66记 知识链接

四、不定项选择题

172　甲公司为增值税一般纳税人，主要从事彩电的生产与销售业务：2024年8月有关经营情况如下：

（1）销售M型彩电，取得含增值税价款6 960 000元，另收取包装物租金58 000元。

（2）采取以旧换新方式销售N型彩电500台，N型彩电同期含增值税销售单价4 640元/台，旧彩电每台折价324.8元。

（3）购进生产用液晶面板，取得增值税专用发票注明税额480 000元。

（4）购进劳保用品，取得增值税普通发票注明税额300元。

（5）购进一辆销售部门和职工食堂混用的货车，取得税控机动车销售统一发票注明税额96 000元。

（6）组织职工夏季旅游，支付住宿费，取得增值税专用发票注明税额1 200元。

（7）将自产Z型彩电无偿赠送给某医院150台，委托某商场代销800台，作为投资提供给某培训机构400台，购进50台电脑奖励给业绩突出的职工。

已知：增值税税率为13%；取得的扣税凭证已通过税务机关认证。

要求：

根据上述资料，不考虑其他因素，分析回答下列小题。

（1）计算甲公司当月销售M型彩电增值税销项税额的下列算式中，正确的是（　　）。

A.（6 960 000+58 000）÷（1+13%）×13%=807 380.53（元）

B. 6 960 000÷（1+13%）×13%=800 707.96（元）

C. 6 960 000×13%=904 800（元）

D.（6 960 000+58 000）×13%=912 340（元）

（2）计算甲公司当月采取以旧换新方式销售N型彩电增值税销项税额的下列算式中，正确的是（　　）。

A. 500×［4 640÷（1+13%）−324.8］×13%=245 790.65（元）

B. 500×（4 640−324.8）÷（1+13%）×13%=248 219.47（元）

C. 500×4 640÷（1+13%）×13%=266 902.65（元）

D. 500×（4 640−324.8）×13%=280 488（元）

（3）甲公司的下列进项税额中，准予从销项税额中抵扣的是（　　）。

A.支付住宿费的进项税额1 200元

B.购进货车的进项税额96 000元

C.购进劳保用品的进项税额300元

D.购进生产用液晶面板的进项税额480 000元

（4）甲公司的下列业务中，属于增值税视同销售货物行为的是（　　）。

A.将自产的800台Z型彩电委托某商场代销

B.将自产的400台Z型彩电作为投资提供给某培训机构

C.将购进的50台电脑奖励给业绩突出的职工

D.将自产的150台Z型彩电无偿赠送给某医院

第50记 66记 知识链接

173 甲公司为增值税一般纳税人，主要从事化妆品生产和销售业务。2024年9月有关经营情况如下：

（1）进口一批高档护肤类化妆品，海关核定的关税计税价格85万元。

（2）购进生产用化妆包，取得增值税专用发票注明税额16万元；支付其运输费，取得增值税专用发票注明税额0.4万元，因仓储人员管理不善，该批化妆包全部丢失。

（3）委托加工高档美容类化妆品，支付加工费取得增值税专用发票注明税额64万元。

（4）购进生产用酒精，取得增值税专用发票注明税额12.8万元。

（5）销售自产成套化妆品，取得含增值税价款696万元，另收取包装物押金3.48万元。

已知：增值税税率为13%；高档化妆品关税税率为5%，消费税税率为15%。取得的扣税凭证均已通过税务机关认证。

要求：

根据上述资料，不考虑其他因素，分析回答下列小题。

（1）计算甲公司进口高档护肤类化妆品增值税税额的下列算式中，正确的是（　　）。

A.（85+85×5%）×13%=11.6（万元）

B. 85÷（1−15%）×13%=13（万元）

C.（85+85×5%）÷（1−15%）×13%=13.65（万元）

D. 85×13%=11.05（万元）

（2）甲公司的下列进项税额中，准予从销项税额中抵扣的是（　　）。

A.支付加工费的进项税额64万元

B.支付运输费的进项税额0.4万元

C.购进生产用酒精的进项税额12.8万元

D.购进生产用化妆包的进项税额16万元

（3）甲公司的下列业务中，应缴纳消费税的是（　　）。

A.委托加工高档美容类化妆品　　B.购进生产用酒精

C.购进生产用化妆包　　D.进口高档护肤类化妆品

（4）计算甲公司销售自产成套化妆品消费税税额的下列算式中，正确的是（　　）。

A. 696÷（1+13%）×15%=92.39（万元）

B. 696×15%=104.4（万元）

C.［696÷（1+13%）+3.48］×15%=92.91（万元）

D.（696+3.48）÷（1+13%）×15%=92.85（万元）

第50、51、53记 66记 知识链接

174　甲公司为增值税一般纳税人，主要从事机械设备制造和销售业务。2024年10月有关经营情况如下：

（1）购入原材料取得增值税专用发票注明税额39万元。

（2）进口一台货车自用，海关核定关税计税价格为40万元，缴纳了进口环节税款并取得海关进口增值税专用缴款书。

（3）支付销售人员国内差旅费，取得网约车费增值税电子普通发票注明税额0.09万元，取得住宿费增值税普通发票注明税额0.6万元；取得注明销售人员身份信息的铁路车票，票面金额合计10.9万元；取得注明销售人员身份信息的公路客票，票面金额合计5.15万元。

（4）采取分期收款方式销售W型机械设备一台，含增值税价款226万元，合同约定当月收取50%价款，次年4月再收取50%价款；采取预收货款方式销售Y型机械设备一台，本月已预收含增值税价款960.5万元，设备当月已发货。

已知：货车的关税税率为10%；车辆购置税税率为10%；销售货物增值税税率为13%；铁路旅客运输服务按照9%计算进项税额；公路旅客运输服务按照3%计算进项税额；取得的扣税凭证均符合抵扣规定。

要求：

根据上述资料，不考虑其他因素，分析回答下列小题。

（1）计算甲公司进口货车自用需要缴纳的税款的下列算式中，正确的是（　　）。

A.应纳增值税=40×13%=5.2（万元）

B.应纳消费税=（40+40×10%）÷（1−15%）×15%=7.76（万元）

C.应纳城市维护建设税=（40+40×10%）×13%×7%=0.4（万元）

D.应纳车辆购置税=（40+40×10%）×10%=4.4（万元）

（2）甲公司当月下列进项税额中，准予从销项税额中抵扣的是（　　）。

A.网约车费增值税电子普通发票上注明的税额

B.住宿费增值税普通发票上注明的税额

C.购入原材料增值税专用发票上注明的税额

D.进口货车海关进口专用缴款书上注明的税额

（3）计算甲公司当月铁路车票和公路客票准予抵扣进项税额的下列算式中，正确的是（　　）。

A. 10.9÷（1+9%）×9%+5.15×3%

B. 10.9÷（1+9%）×9%+5.15÷（1+3%）×3%

C. 10.9×9%+5.15×3%

D. 10.9×9%+5.15÷（1+3%）×3%

（4）计算甲公司当月销售大型机械设备增值税销项税额的下列算式中，正确的是（　　）。

A.（226×50%+960.5）÷（1+13%）×13%=123.5（万元）

B. 960.5×13%=124.87（万元）

C.（226+960.5）÷（1+13%）×13%=136.5（万元）

D. 226÷（1+13%）×13%=26（万元）

第50、51、52、53、54记 66记 知识链接

175 甲食品厂为增值税一般纳税人，2024年10月发生以下业务。

（1）从农民手中购进小麦用于生产面包，支付价款100 000元，取得农产品销售发票。

（2）销售零食取得不含税销售额700 000元，增值税专用发票注明税额为91 000元。

（3）乙企业向甲食品厂购买了1 000 000元（不含税）货物，甲食品厂给予乙企业10%的折扣，销售额和折扣额在同一张发票且折扣额在备注栏标明。

（4）甲食品厂销售自己使用过的生产设备，取得含税销售额25 750元，该设备为2008年5月购入。

已知：甲食品厂销售食品适用增值税税率为13%，纳税人取得的增值税专用发票已通过认证。一般纳税人销售自己使用过的不得抵扣，且未抵扣进项税额的固定资产，按简易办法依3%征收率减按2%征收增值税。

要求：

根据上述资料，不考虑其他因素，分析回答下列小题。

（1）针对业务（1），计算甲食品厂购进小麦可抵扣的进项税额的下列算式中，正确的是（　　）。

A. 0

B. 100 000×9%=9 000（元）

C. 100 000×10%=10 000（元）

D. 100 000×13%=13 000（元）

（2）针对业务（3），计算甲食品厂应缴纳的销项税额的下列算式中，正确的是（　　）。

A. 1 000 000×13%=130 000（元）

B. 1 000 000×（1−10%）×13%=117 000（元）

C. 1 000 000÷（1+13%）×13%=115 044.25（元）

D. 1 000 000÷（1−10%）÷（1+13%）=983 284.17（元）

（3）针对业务（4），计算甲食品厂应缴纳的增值税额的下列算式中，正确的是（　　）。

A. 25 750÷（1+13%）×13%=2 962.39（元）

B. 25 750÷（1+3%）×2%=500（元）

C. 25 750÷（1+3%）×3%=750（元）

D. 25 750÷（1+13%）×2%=455.75（元）

(4) 计算甲食品厂当月可以抵扣的进项税额的下列算式中，正确的是（ ）。

A. 10 000（元） B. 91 000+13 000=104 000（元）

C. 9 000+91 000=100 000（元） D. 10 000+91 000=101 000（元）

第50、51记 66记 知识链接

176 甲公司为居民企业，主要从事建筑材料生产和销售业务。2024年6月1日在W市登记注册，企业所得税按季预缴。2024年有关经营情况如下：

（1）建筑材料销售收入500万元，生产设备出租收入60万元，国债利息收入1.5万元，转让国债取得收入1万元，存款利息收入0.8万元，存货盘盈0.2万元。

（2）发生的合理的劳动保护费支出2万元，因生产经营需要向金融企业借款利息支出3万元，直接向某小学捐赠1万元，发生目标脱贫地区的扶贫公益性捐赠支出1.5万元、支付一笔建筑材料销售合同违约金1.7万元。

（3）购置符合规定的安全生产专用设备一台，该设备投资额45万元，当年即投入使用。

（4）全年利润总额为280万元。

已知：企业所得税税率为25%。符合规定的安全生产专用设备的投资额的10%可以从企业当年的应纳税额中抵免。

要求：

根据上述资料，不考虑其他因素，分析回答下列小题。

(1) 甲公司的下列收入中，在计算年度企业所得税应纳税所得额时，应计入收入总额的是（ ）。

A.存货盘盈0.2万元 B.转让国债取得收入1万元

C.国债利息收入1.5万元 D.存款利息收入0.8万元

(2) 甲公司的下列支出中，在计算年度企业所得税应纳税所得额时，不得扣除的是（ ）。

A.直接向某小学捐赠1万元 B.合理的劳动保护费支出2万元

C.向金融企业借款利息支出3万元 D.支付违约金1.7万元

(3) 计算甲公司年度企业所得税应纳税额的下列算式中，正确的是（ ）。

A.（280−60−0.8+2+3−45）×25%×（1−10%）=40.32（万元）

B.（280−1.5−0.2+1+1.7−45×10%）×25%=69.13（万元）

C.（280−1.5+1）×25%−45×10%=65.38（万元）

D.（280−1.5−0.8−0.2−1+1.7）×25%−45×10%=65.05（万元）

(4) 下列关于甲公司2024年度企业所得税征收管理的表述中，正确的是（ ）。

A.甲公司应向W市税务机关办理企业所得税纳税申报

B.甲公司企业所得税2024年纳税年度自2024年6月1日起至2025年5月31日止

C.甲公司应当自2024年度终了之日起5个月内，向税务机关报送年度企业所得税纳税申报表，并汇算清缴，结清应缴应退税款

D.甲公司按季预缴企业所得税，应当在每季度最后15日内办理纳税申报，预缴税款

第55、56记 66记 知识链接

177 甲公司为居民企业，主要从事电子产品生产和销售业务。2024年度有关经营情况如下：

（1）全年销售收入6 000万元，利润总额850万元。

（2）转让所持有的居民企业乙公司公开发行并上市流通的股票，取得收入70万元；甲公司持有该股票共9个月，当年取得该股票股息、红利6万元。

（3）从直接投资的非上市居民企业丙公司取得股息、红利50万元。

（4）银行存款利息收入13.5万元。

（5）发生与生产经营活动有关的业务招待费支出200万元。

（6）发生符合条件的广告费和业务宣传费支出1 000万元。

已知：业务招待费支出，按照发生额的60%扣除，但最高不得超过当年销售（营业）收入的5‰；广告费和业务宣传费支出，不超过当年销售（营业）收入15%的部分，准予扣除。

要求：

根据上述资料，不考虑其他因素，分析回答下列小题。

（1）在计算甲公司年度企业所得税应纳税所得额时，下列收入中属于免税收入的是（　　）。

A.转让居民企业乙公司股票取得的收入70万元

B.银行存款利息收入13.5万元

C.从居民企业丙公司取得的股息、红利50万元

D.从居民企业乙公司取得的股息、红利6万元

（2）在计算甲公司年度企业所得税应纳税所得额时，准予扣除的业务招待费支出是（　　）万元。

A. 90　　B. 200　　C. 30　　D. 120

（3）在计算甲公司年度企业所得税应纳税所得额时，准予扣除的广告费和业务宣传费支出是（　　）万元。

A. 950　　B. 800　　C. 900　　D. 750

（4）计算甲公司2024年度企业所得税应纳税所得额的下列算式中，正确的是（　　）。

A. 850−50+（200−6 000×5‰）+（1 000−6 000×15%）=1 070（万元）

B. 850−70−6+（200−6 000×5‰）=944（万元）

C. 850−50+（1 000−6 000×15%）=900（万元）

D. 850−70−6−50−13.5+（200−200×60%）=790.5（万元）

第56记 记 知识链接

178 居民个人陈某2024年6月从某大学毕业，毕业后7月1日开始任职于甲公司，7月首次取得工资、薪金。陈某为独生子女，其父母均年满60周岁。2024年陈某收入及部分支出如下：

（1）从入职开始每月从甲公司领取扣除依照规定标准缴纳的社保费用和住房公积金后的工资为13 000元。已知截至11月份，甲公司已累计为陈某预扣预缴税额为0。

（2）12月在某培训机构兼职授课，取得课时费22 000元。

已知：居民个人工资、薪金所得预扣预缴个人所得税时，累计减除费用，按照5 000元/月乘以

纳税人当年截至本月在本单位的任职受雇月份数计算；对一个纳税年度内首次取得工资、薪金所得的居民个人，在预扣预缴时，累计减除费用直接按照截至本月的月份数计算。赡养老人专项附加扣除标准为3 000元/月。

个人所得税预扣率表（居民个人工资、薪金所得预扣预缴适用）节选如下：

级数	累计预扣预缴应纳税所得额	预扣率（%）	速算扣除数
1	不超过36 000元的	3	0
2	超过36 000元至144 000元的部分	10	2 520

个人所得税税率表（居民个人综合所得适用）节选如下：

级数	全年应纳税所得额	预扣率（%）	速算扣除数
1	不超过36 000元的	3	0
2	超过36 000元至144 000元的部分	10	2 520

个人所得税预扣率表（居民个人劳务报酬所得预扣预缴适用）：

级数	预扣预缴应纳税所得额	预扣率（%）	速算扣除数
1	不超过20 000元的	20	0
2	超过20 000元至50 000元的部分	30	2 000
3	超过50 000元的部分	40	7 000

要求：

根据上述资料，不考虑其他因素，分析回答下列小题。

（1）甲公司在计算陈某7月工资应预扣预缴的个人所得税额时，应扣除的累计减除费用的金额是（　　）。

A. 5 000元　　B. 35 000元　　C. 60 000元　　D. 40 000元

（2）有关陈某2024年12月取得的工资应预扣预缴的个人所得税额，下列算式中，正确的是（　　）。

A.（13 000×6−5 000×6−3 000×6）×3%

B.（13 000+22 000−5 000−3 000）×3%

C.（13 000×6−5 000×12−3 000×12）×3%

D.（13 000×6−5 000×12−3 000×6）×3%

（3）有关陈某在某培训机构兼职授课的课时费收入为22 000元的个人所得税处理，下列说法中，正确的是（　　）。

A.应预扣预缴的个人所得税额=22 000×（1−20%）×20%=3 520（元）

B.应预扣预缴的个人所得税额=22 000×30%−2 000=4 600（元）

C.属于劳务报酬所得，应并入陈某2024年的综合所得，应确认的收入额为17 600元

D.属于稿酬所得，应并入陈某2024年的综合所得，应确认的收入额为12 320元

（4）计算陈某2024年全年综合所得应缴纳的个人所得税的下列算式中，正确的是（　　）。

A.（13 000×6+22 000−5 000×12−3 000×6）×3%

B.（13 000×6+22 000−5 000×12−3 000×12）×3%

C.［13 000×6+22 000×（1−20%）−5 000×12−3 000×6］×3%

D.［13 000×6+22 000×（1−20%）−5 000×12−3 000×12］×3%

第59记 66记 知识链接

179 中国公民杨某任职于甲公司，其独生子小杨2周岁。2024年杨某有关收支情况如下：

（1）1月，杨某父亲无偿赠与杨某学区房一套。

（2）5月，撰写一篇论文发表在期刊上，获得稿费1 000元。

（3）6月，在公开市场转让其持有的上市公司股票，取得转让所得1 500元。

（4）8月，在甲商场购买空调，获赠价值280元的电饭锅一个。在乙饭店消费后，取得有奖发票奖金为500元。

（5）11月世界杯期间，购买体育彩票，奖金50 000元，购买彩票支出1 000元。

（6）其他相关情况如下：

2024年总计取得工资收入108 700元，专项扣除20 250元。

已知：纳税人照护3岁以下婴幼儿子女的相关支出，按照每个婴幼儿2 000元/月的标准定额扣除，由杨某本人按扣除标准的100%扣除；稿酬所得个人所得税的预扣率为20%，每次收入4 000元以上的，减除费用按20%计算，收入额减按70%计算；综合所得减除费用60 000元/年，稿酬所得以收入减除20%的费用后的余额为收入额，收入额减按70%计算；偶然所得个人所得税税率为20%。

个人所得税税率表（居民个人综合所得适用）节选如下：

级数	全年应纳税所得额	预扣率（%）	速算扣除数
1	不超过36 000元的部分	3	0
2	超过36 000元至144 000元的部分	10	2 520

要求：

根据上述资料，不考虑其他因素，分析回答下列小题。

（1）杨某2024年的下列所得中，不缴纳个人所得税的是（　　）。

A.获赠学区房一套

B.转让其持有的上市公司股票所得1 500元

C.取得有奖发票奖金500元

D.获赠甲商场价值280元的电饭锅

（2）计算杨某收到稿费时个人所得税预扣预缴的下列算式中，正确的是（　　）。

A. 1 000×20%=200（元）

B. 1 000×20%×70%=140（元）

C. 1 000×（1-20%）×20%=160（元）

D.（1 000-800）×20%×70%=28（元）

（3）计算杨某11月体育彩票中奖收入应缴纳个人所得税额的下列算式中，正确的是（　　）。

A.（50 000-1 000）×20%=9 800（元）

B. 50 000÷（1-20%）×20%=12 500（元）

C.（50 000-1 000）÷（1-20%）×20%=12 250（元）

D. 50 000×20%=10 000（元）

（4）计算杨某2024年全年综合所得应缴纳的个人所得税税额的下列算式中，正确的是（　　）。

A.（108 700+1 000-60 000-24 000×2）×3%=51（元）

B.（108 700+1 000×20%-60 000-20 250-24 000）×3%=139.5（元）

C.［108 700+1 000×（1-20%）×70%-60 000-20 250-24 000］×3%=150.3（元）

D.［108 700+（1 000-800）×70%-60 000-24 000］×3%=745.2（元）

第58、59、60记　66记 知识链接

180　中国公民张某为个体工商户业主，主要从事汽车修理业务。2024年度有关收支情况如下：

（1）取得汽车修理收入1 000 000元。

（2）发生成本、费用350 000元，其中包括雇员工资90 000元、张某本人工资120 000元。

（3）张某的独生女正在读小学，课外辅导班支出30 000元，为妻子购买轿车支出100 000元。

（4）2月从境内公开发行和转让市场购入W上市公司股票，4月取得该上市公司分配的股息35 000元，4月将持有的股票全部卖出。

（5）8月转让普通住房一套，取得销售收入800 000元，转让时发生合理费用53 000元，该住房原值500 000元，系张某于2013年8月购进，为张某在本地的第二套住房。

已知：张某当年没有综合所得；减除费用60 000元；专项扣除27 000元；子女教育专项附加扣除标准为2 000元/月，由张某按扣除标准的100%扣除；转让不动产增值税征收率为5%；利息、股息、红利所得及财产转让所得个人所得税税率为20%。

要求：

根据上述资料，不考虑其他因素，分析回答下列小题。

（1）计算张某2024年度经营所得个人所得税应纳税所得额时，下列支出中，不得扣除的是（　　）。

A.独生女课外辅导班支出30 000元

B.为妻子购买轿车支出100 000元

C.雇员工资90 000元

D.张某本人工资120 000元

（2）计算张某2024年度经营所得个人所得税应纳税所得额的下列算式中，正确的是（　　）。

A. 1 000 000-（350 000-120 000）-2 000×12=746 000（元）

B. 1 000 000-（350 000-120 000）-60 000-27 000-2 000×12=659 000（元）

C. 1 000 000−350 000−30 000−100 000=520 000（元）

D. 1 000 000−（350 000−90 000）−60 000−27 000=653 000（元）

（3）计算张某2024年4月取得股息所得应缴纳个人所得税税额的下列算式中，正确的是（ ）。

A. 35 000×（1−20%）×20%=5 600（元）

B. 35 000×（1−20%）×50%×20%=2 800（元）

C. 35 000×50%×20%=3 500（元）

D. 35 000×20%=7 000（元）

（4）计算张某2024年8月转让普通住房应缴纳个人所得税税额的下列算式中，正确的是（ ）。

A.（800 000−53 000）×20%=149 400（元）

B.（800 000−500 000−53 000）×20%=49 400（元）

C.（800 000−500 000）×20%=60 000（元）

D. 800 000×20%=160 000（元）

第59、60记 66记 知识链接

第一模块　非税部分
答案与解析

一、单项选择题

1	A	2	B	3	B	4	D	5	B
6	A	7	C	8	C	9	D	10	B
11	B	12	B	13	B	14	A	15	C
16	C	17	C	18	D	19	A	20	B
21	A	22	A	23	B	24	A		

二、多项选择题

25	ABD	26	CD	27	AD	28	ABCD	29	CD
30	CD	31	CD	32	AC	33	ABD	34	ABCD
35	AC	36	CD	37	ABC	38	AD	39	CD
40	ABC	41	BC	42	CD	43	CD	44	BD
45	ABC	46	BD	47	BC	48	ABD	49	ACD
50	AB	51	ABD	52	BC	53	ABC	54	ABCD
55	ABD								

三、判断题

56	×	57	×	58	√	59	×	60	×
61	√	62	×	63	×	64	×	65	×
66	√	67	×	68	×				

四、不定项选择题

69（1）	AB	69（2）	CD	69（3）	AC	69（4）	ACD
70（1）	C	70（2）	AC	70（3）	ABC	70（4）	C
71（1）	AB	71（2）	AD	71（3）	B	71（4）	ABCD
72（1）	BC	72（2）	ABCD	72（3）	ABCD	72（4）	ABCD
73（1）	BC	73（2）	C	73（3）	ABC	73（4）	C

一、单项选择题

1 斯尔解析▶ A 本题考查法的渊源。选项A当选，法律由全国人大及其常委会制定和修改。选项B不当选，财政部属于国务院部门，其在部门权限范围内制定的为部门规章。选项C不当选，国务院制定的属于行政法规。选项D不当选，中国人民银行制定的规范性文件属于部门规章。

2 斯尔解析▶ B 本题考查法律事件。选项B当选，相对事件，又称社会事件，是由社会现象引起的事实。社会革命、战争、重大政策的改变等均属于相对事件。选项A不当选，地震属于法律事件中的绝对事件。选项CD不当选，纵火和行政命令属于法律行为。

3 斯尔解析▶ B 本题考查法人的分类。选项B当选，居民委员会、村民委员会具有基层群众性自治组织法人资格，属于特别法人。除此之外，特别法人还包括机关法人、农村集体经济组织、城镇农村的合作经济组织。选项AC不当选，事业单位、社会团体、捐助法人和宗教活动场所法人属于非营利法人。选项D不当选，有限责任公司、股份有限公司、没有采用公司制的全民所有制企业、集体所有制企业属于营利法人。

4 斯尔解析▶ D 本题考查自然人的民事行为能力。选项D当选，16周岁以上的未成年人，以自己的劳动收入为主要生活来源的，视为完全民事行为能力人。选项A不当选，7周岁的赵某属于无民事行为能力人。选项B不当选，王某已满18周岁，属于完全民事行为能力人，而非“视为”完全民事行为能力人。选项C不当选，张某属于限制民事行为能力人。

5 斯尔解析▶ B 本题考查会计核算。选项B当选，会计记录的文字应当使用中文。在民族自治地方，会计记录可以同时使用当地通用的一种民族文字。在中国境内的外商投资企业、外国企业和其他外国组织的会计记录可以同时使用一种外国文字。选项A不当选，各单位的会计核算应当按照规定的会计处理方法进行，保证会计指标的口径一致、相互可比和会计处理方法的前后各期一致，不得随意变更。选项C不当选，我国以公历年度为会计年度，即以每年公历的1月1日起至12月31日止为一个会计年度。选项D不当选，涂改属于变造的一种手段，任何单位和个人不得伪造、变造会计凭证、会计账簿及其他会计资料，不得提供虚假的财务会计报告。

6 斯尔解析▶ A 本题考查会计岗位中的资格要求。**担任单位会计机构负责人的，应当具备会计师以上专业技术职务资格或者从事会计工作不少于3年**。选项A当选，张某取得中级会计专业技术资格已满足具备会计师以上专业技术职务的任职资格，可担任企业会计机构负责人。选项BC不当选，刘某、李某从事会计工作不足3年，不可担任企业会计机构负责人。选项D不当选，王某未取得中级会计专业技术资格且从事会计工作时间不满3年，不可担任企业会计机构负责人。

7 斯尔解析▶ C 本题考查会计人员。选项C当选，伪造、变造会计凭证、会计账簿，编制虚假财务会计报告，隐匿或者故意销毁会计资料，尚不构成犯罪的会计人员，5年内不得从事会计工作。选项A不当选，**国有的和国有资本占控股地位或者主导地位的大、中型企业必须设置总会计师**。事业单位和业务主管部门根据需要，经批准可以设置总会计师。其他单位可以根据业务需要，自行决定是否设置总会计师。选项B不当选，国家机关、国有企业、事业单位任用会计人员应当实行回避制度。单位负责人的直系亲属不得担任本单位的会计机构负责人、会计主管人员。会计机构负责人、会计主管人员的直系亲属不得在本单位会计机构中担任出纳工作。选项D不当选，会计工作岗位可以一人一岗、一人多岗或者一岗多人。

8 斯尔解析▶ C 本题考查会计档案保管、使用和销毁。选项C当选，会计档案一般不得对外借出，必须借出的应当办理相关手续。选项A不当选，单位可以利用计算机、网络通信等信息技术手段管理会计档案。同时满足法定条件的，单位内部形成的属于归档范围的电子会计资料可仅以电子形式保存。选项B不当选，当年形成的会计档案，在会计年度终了后，可由单位会计管理机构临时保管1年，但最长不超过3年。选项D不当选，单位应当定期对已到保管期限的会计档案进行鉴定，并形成会计档案鉴定意见书。经鉴定，仍需继续保存的会计档案，应当重新划定保管期限。此外，保管期满但未结清的债权债务会计凭证和涉及其他未了事项的会计凭证不得销毁。

9 斯尔解析▶ D 本题考查办理支付结算的基本要求。选项D当选，**票据的出票日期必须使用中文大写**。选项ABC不当选，均为正确表述。

10 斯尔解析▶ B 本题考查各类票据的付款人和出票人。选项B当选，商业承兑汇票的付款人是该汇票的承兑人。选项A不当选，支票的出票人是企业或个人，付款人是出票人的开户银行。选项C不当选，银行汇票的付款人是出票银行。选项D不当选，银行承兑汇票的付款人是承兑银行。

11 斯尔解析▶ B 本题考查票据背书的效力。选项B当选，出票人记载“不得转让”字样的，该票据不得背书转让。选项AC不当选，将票据金额一部分转让的背书或者将票据金额分别转让给两人以上的背书属于部分背书，部分背书无效。选项D不当选，背书时附有条件的，所附条件不具有票据上的效力。

12 斯尔解析▶ B 本题考查票据权利。选项B当选，其所述正确。选项A不当选，持票人对支票出票人的票据权利时效为自出票日起6个月，对远期商业汇票出票人或承兑人的票据权利时效为自票据到期日起2年，对见票即付的汇票票据权利时效为自出票日起2年。选项C不当选，持票人对票据债务人行使票据权利，应当在票据当事人的营业场所和营业时间内进行。选项D不当选，持票人因超过票据权利时效或者因票据记载事项欠缺而丧失票据权利的，其仍享有民事权利，可以请求出票人或者承兑人返还其与未支付的票据款金额相当的利益。

13 斯尔解析▶ B 本题考查票据追索。选项B当选，付款请求权是第一顺序票据权利，追索权是第二顺序票据权利。选项ACD不当选，均表述正确。

14 斯尔解析▶ A 本题考查银行卡的分类。选项A当选，银行卡按照是否透支分为信用卡和借记卡，信用卡按是否向发卡银行交存备用金分为贷记卡、准贷记卡两类。

15 斯尔解析▶ C 本题考查带薪年休假。选项C当选，选项ABD不当选，带薪年休假的计算以职工的累计工作年限为计算标准，而非在本单位工作年限。累计工作已满10年不满20年的，可享受年休假10天。

16 斯尔解析▶ C 本题考查试用期。选项C当选，劳动合同仅约定试用期的，试用期不成立，该期限为劳动合同期限。

17 斯尔解析▶ C 本题考查服务期的规定。选项C当选，选项D不当选，用人单位为劳动者提供专项培训费用，对其进行专业技术培训的，可以与该劳动者订立协议，约定服务期；劳动者违反服务期约定的，应当按照约定向用人单位支付违约金。选项A不当选，服务期条款可以约定对应的违约金。选项B不当选，劳动合同期满，但是用人单位与劳动者约定的服务期尚未到期的，劳动合同应当续延至服务期满。

18 斯尔解析▶ D 本题考查未订立书面劳动合同时支付2倍工资的期限。选项D当选，用人单位自用工之日起超过1个月不满1年未与劳动者订立书面劳动合同的，应当向劳动者每月支付2倍的工资，起算时间为用工之日起满1个月的次日，截止时间为补订书面劳动合同的前一日。本题中，用工之日为2024年7月6日，故甲公司应向张某支付2倍工资的期间为2024年8月6日至2024年11月14日。

19 斯尔解析▶ A 本题考查劳动合同的变更。选项A当选，变更劳动合同未采用书面形式，但已经实际履行了口头变更的劳动合同超过1个月，且变更后的劳动合同内容不违反法律、行政法规、国家政策以及公序良俗，当事人以未采用书面形式为由主张劳动合同变更无效的，人民法院不予支持。

20 斯尔解析▶ B 本题考查劳动合同的终止。选项B当选，劳动者在医疗期内遇到劳动合同期满的，合同必须延续至医疗期满，职工在此期间仍然享受医疗期内待遇。选项ACD不当选，其所述情形会导致劳动合同终止。

21 斯尔解析▶ A 本题考查医疗保险基金。选项A当选，因工负伤进行手术的费用可以由基本医疗保险基金支付。下列医疗费用不纳入基本医疗保险基金支付范围：

（1）应当从工伤保险基金中支付的。（选项B不当选）

（2）应当由第三人负担的。（选项D不当选）

（3）应当由公共卫生负担的。

（4）在境外就医的。（选项C不当选）

22 斯尔解析▶ A 本题考查医疗期期限。选项A当选，赵某实际工作年限为6年，在甲公司工作年限为2年，可享受3个月的医疗期。

23 斯尔解析▶ B 本题考查医疗期待遇。选项B当选，病假工资或疾病救济费可以低于当地最低工资标准支付，但**不能低于最低工资标准的80%**。选项ACD不当选，均表述正确。

24 斯尔解析▶ A 本题考查失业保险的领取期限。选项A当选。失业人员失业前用人单位和本人**累计缴费满1年不足5年的**，领取失业保险金的期限最长为**12个月**；**累计缴费满5年不足10年的**，领取失业保险金的期限最长为**18个月**；**累计缴费10年以上的**，领取失业保险金的期限最长为**24个月**。李某在甲公司工作了12年，可领取24个月的失业保险金。

二、多项选择题

25 斯尔解析▶ ABD 本题考查法的效力冲突的解决方式。选项ABD当选，均表述正确。选项C不当选，**部门规章与地方政府规章之间对同一事项的规定不一致时，由国务院裁决。**

26 斯尔解析▶ CD 本题考查法律行为与事实行为。选项C当选，保守商业秘密、遵守竞业限制约定均属于消极行为。选项D当选，民法中常见的事实行为有无因管理行为、正当防卫行为、紧急避险行为以及侵权行为、违约行为、遗失物的拾得行为、埋藏物的发现行为等。选项A不当选，遗嘱、行政命令属于单方行为。选项B不当选，无偿保管、赠与属于无偿行为。

27 斯尔解析▶ AD 本题考查法人。选项A当选，营业执照的签发日期为营利法人的成立日期。选项D当选，执行机构为董事会或者执行董事的，董事长、执行董事或者经理按照法人章程的规定担任法定代表人；未设董事会或者执行董事的，法人章程规定的主要负责人为其执行机构和法定代表人。选项B不当选，法人解散的，除合并或者分立的情形外，清算义务人应当及时组成清算组进行清算。选项C不当选，法人可以依法设立分支机构。法人的分支机构以自己的名义从事民事活动，产生的民事责任由法人承担；也可以先以该分支机构管理的财产承担，不足以承担的，由法人承担。

28 斯尔解析▶ ABCD 本题考查法律关系客体的分类。法律关系的客体主要包括**物**（选项A当选）；**人身、人格**；**智力成果**（选项D当选）；**信息、数据、网络虚拟财产**（选项B当选）；**行为**（选项C当选）。

29 斯尔解析▶ CD 本题考查自然人的刑事责任能力。选项CD当选，均表述正确。已满14周岁不满16周岁的人，犯故意杀人、故意伤害致人重伤或者死亡、强奸、抢劫、贩卖毒品、放火、爆炸、投放危险物质罪的，应当负刑事责任。

30 斯尔解析▶ CD 本题考查法律责任。选项CD当选，均表述正确。选项A不当选，通报批评属于行政处罚。选项B不当选，罚金属于刑事责任。

31 斯尔解析▶ CD 本题考查会计人员继续教育。选项CD当选，均表述正确。选项A不当选，会计专业技术人员每年参加继续教育取得的学分不少于90学分。选项B不当选，会计专业技术人员参加继续教育取得的学分，在全国范围内当年度有效，不得结转以后年度。

32 斯尔解析▶ AC 本题考查会计档案的保管期限。选项AC当选，需要**永久保管**的会计档案包括**年度财务报告、会计档案保管清册、会计档案销毁清册、会计档案鉴定意见书**。选项B不当选，**记账凭证、原始凭证、会计账簿和会计档案移交清册的保管期限为30年**。选项D不当选，**银行存款余额调节表保管期限为10年**。

33 斯尔解析▶ ABD 本题考查会计工作岗位中的不相容职务分离规定。选项ABD当选，出纳人员不得兼管稽核、会计档案保管和收入、支出、费用、债权债务账目的登记工作。

34 斯尔解析▶ ABCD 本题考查不相容职务的界定。不相容职务主要包括：授权批准与业务经办、业务经办与会计记录（选项D当选）、会计记录与财产保管（选项B当选）、业务经办与稽核检查（选项A当选）、授权批准与监督检查（选项C当选）等。

35 斯尔解析▶ AC 本题考查会计法律责任。有下列行为之一的，由县级以上人民政府财政部门责令限期改正，给予警告、通报批评，对单位可以并处20万元以下的罚款；情节严重的，对单位可以并处20万元以上100万元以下的罚款：（1）不依法设置会计账簿的；（2）私设会计账簿的（选项B不当选）；（3）未按照规定填制、取得原始凭证或者填制、取得的原始凭证不符合规定的；（4）以未经审核的会计凭证为依据登记会计账簿或者登记会计账簿不符合规定的；（5）向不同的会计资料使用者提供的财务会计报告编制依据不一致的。（6）随意变更会计处理方法的（选项A当选）；（7）未按照规定使用会计记录文字或者记账本位币的。（8）未按照规定保管会计资料，致使会计资料毁损、灭失的；（9）未按照规定建立并实施单位内部会计监督制度或者拒绝依法实施的监督或者不如实提供有关会计资料及有关情况的（选项C当选）；（10）任用会计人员不符合《会计法》规定的。选项D不当选，伪造、变造会计凭证、会计账簿，编制虚假财务会计报告，违法所得20万元以上的，对单位可以并处违法所得1倍以上10倍以下的罚款. 没有违法所得或者违法所得不足20万元的，可以并处20万元以上200万元以下的罚款。

36 斯尔解析▶ CD 本题考查票据的填写和更改规范。选项C当选，在填写月、日时，月为“壹”“贰”“壹拾”的，日为“壹”至“玖”和“壹拾”“贰拾”“叁拾”的，应在其前加“零”；日为“拾壹”至“拾玖”的，应在其前加“壹”。选项D当选，单位和银行的名称应当记载全称或者规范化简称。选项A不当选，出票金额、出票日期、收款人名称不得更改，更改的票据无效。对票据和结算凭证上的其他记载事项，原记载人可以更改，更改时应当由原记载人在更改处签章证明。选项B不当选，中文大写和阿拉伯数码同时记载，二者必须一致，不一致时票据无效，结算凭证银行不予受理。

37 斯尔解析▶ ABC 本题考查基本存款账户。选项A当选，境外机构可以开立基本存款账户。选项B当选，一个单位只能开立一个基本存款账户。选项C当选，存款人的日常经营活动的资金收付及其工资、奖金和现金支取，应通过基本存款账户办理。选项D不当选，单位设立的独立核算的附属机构，包括食堂、招待所、幼儿园，可以申请开立基本存款账户，非独立核算的附属机构应开设专用账户。

38 斯尔解析▶ AD 本题考查各类银行结算账户的用途。选项AD当选，设立临时机构开立的**临时存款账户、预算单位零余额账户均可以支取现金**。选项B不当选，**收入汇缴账户只收不付，业务支出账户只付不收**。选项C不当选，**一般存款账户**可以办理现金缴存，但**不得办理现金支取**。

39 斯尔解析▶ CD 本题考查票据保证。选项CD当选，均表述正确。选项A不当选，保证日期并非票据保证的必须记载的事项，保证人在票据或者粘单上未记载“保证日期”的，出票日期为保证日期。选项B不当选，保证附有条件的，不影响对票据的保证责任。

40 斯尔解析▶ ABC 本题考查票据权利时效。选项A当选，持票人对前手的追索权，自被拒绝承兑或者被拒绝付款之日起6个月内不行使的，该权利丧失。选项B当选，持票人对票据承兑人的权利，自票据到期日起2年内不行使的，该权利丧失。选项C当选，持票人对支票出票人的权利，自出票日起6个月内不行使的，该权利丧失。选项D不当选，其所述正确。

41 斯尔解析▶ BC 本题考查票据提示付款期限。选项BC当选，均表述正确。选项A不当选，**银行本票**的提示付款期限自出票日起不超过**2个月**。选项D不当选，商业汇票分为远期商业汇票和即期商业汇票。**远期商业汇票**的提示付款期限自到期日起**10日**，**即期商业汇票**的提示付款期限自出票日起**10日**。

42 斯尔解析▶ CD 本题考查汇兑。选项C当选，单位和个人的各种款项的结算，均可使用汇兑结算方式。选项D当选。签发汇兑凭证的必须记载事项包括表明“信汇”或“电汇”的字样；无条件支付的委托；确定的金额；收款人名称；汇款人名称；汇入地点、汇入行名称；汇出地点、汇出行名称；委托日期；汇款人签章。汇兑凭证记载的汇款人、收款人在银行开立存款账户的，必须记载其账号。选项A不当选，汇款人对汇出银行尚未汇出的款项可以申请撤销。选项B不当选，汇款回单只能作为汇出银行受理汇款的依据，不能作为该笔汇款已转入收款人账户的证明，收账通知是银行将款项确已收入收款人账户的凭据。

43 斯尔解析▶ CD 本题考查委托收款。选项C当选。签发委托收款凭证的必须记载事项包括表明“委托收款”的字样；确定的金额；付款人名称；收款人名称；委托收款凭据名称及附寄单证张数；委托日期；收款人签章。欠缺记载上列事项之一的，银行不予受理。选项D当选，收款人办理委托收款应向银行提交委托收款凭证和有关的债务证明。选项A不当选，委托收款在同城、异地均可以使用。选项B不当选，单位和个人凭已承兑的商业汇票、债券、存单等付款人债务证明办理款项的结算，均可以使用委托收款结算方式。

44 斯尔解析▶ BD 本题考查银行卡交易。选项B当选，信用卡持卡人通过ATM机等自助机具办理现金提取业务，每卡每日累计不得超过人民币1万元。选项D当选，发卡机构对向持卡人收取的违约金和年费、取现手续费、货币兑换费等服务费用不得计收利息。选项AC不当选，均表述正确。

45 斯尔解析▶ ABC 本题考查个人网上银行的功能。选项ABC当选，**个人网上银行**的主要功能是账户信息查询、人民币转账业务、银证转账业务、外汇买卖业务、账户管理业务、**B2C网上支付**。选项D不当选，**B2B网上支付**属于**企业网上银行**的主要功能，个人网上银行不能办理。

46 斯尔解析▶ BD 本题考查预付卡的购买和充值。选项B当选，一次性充值金额5 000元以上的，不得使用现金。选项D当选，单位一次性购买预付卡5 000元以上，个人一次性购买预付卡5万元以上的，应当通过银行转账等非现金结算方式购买，不得使用现金。选项A不当选，购卡人不得使用信用卡购买预付卡。选项C不当选，个人或单位购买记名预付卡或一次性购买不记名预付卡1万元以上的，应当使用实名并向发卡机构提供有效身份证件，郑某购买不记名预付卡可以不提供有效身份证件。

47 斯尔解析▶ BC 本题考查竞业限制条款。选项BC当选，竞业限制期限内，用人单位应按照约定给予劳动者经济补偿，而且竞业限制期限不得超过2年。选项A不当选，竞业限制的人员限于用人单位的**高级管理人员**、**高级技术人员**和**其他负有保密义务的人员**。选项D不当选，用人单位可与劳动者在竞业限制协议中约定违约金条款，劳动者违反竞业限制约定的，应当按照约定向用人单位支付违约金。

48 斯尔解析▶ ABD 本题考查用人单位可以随时通知解除劳动合同的情形。选项ABD当选，均属于用人单位可以随时解除劳动合同的情形。选项C不当选，属于“预告解除”的情形。

49 斯尔解析▶ ACD 本题考查经济补偿金的支付。选项ACD当选，所述情形均无须支付经济补偿金。选项B不当选，劳动合同期限届满，用人单位维持或者提高劳动合同约定条件续订劳动合同，劳动者不同意续订的，用人单位无须向劳动者支付经济补偿。但用人单位若降低原劳动合同约定条件续订合同，而劳动者不同意订立的，用人单位应当向劳动者支付经济补偿。

50 斯尔解析▶ AB 本题考查劳务派遣。选项AB当选，均表述正确。选项C不当选，劳务派遣单位和用工单位不得向被派遣劳动者收取费用。选项D不当选，劳务派遣单位应当与被派遣劳动者订立**2年以上**的固定期限劳动合同，按月支付劳动报酬，不得以非全日制用工形式招用被派遣的劳动者。

51 斯尔解析▶ ABD 本题考查非全日制用工。选项A当选，非全日制用工劳动报酬结算支付周期最长**不得超过15日**。选项B当选，非全日制用工双方当事人任何一方都可以随时通知对方终止用工。选项D当选，终止用工，用人单位不向劳动者支付经济补偿。选项C不当选，其所述正确。

52 斯尔解析▶ BC 本题考查可以提起劳动仲裁的情形。选项BC当选，若出现所述情形，劳动者可以申请劳动仲裁。选项A不当选，家庭或者个人与家政服务人员之间的纠纷，当事人可以提起民事诉讼。选项D不当选，劳动者对劳动能力鉴定委员会的伤残等级鉴定结论有异议的，可以在收到鉴定结论15日内，向省一级劳动能力鉴定委员会提出再次鉴定申请，其鉴定结论为最终结论。

53 斯尔解析▶ ABC 本题考查基本养老保险的待遇。选项ABC当选，均表述正确。选项D不当选，参保职工死亡同时符合领取基本养老保险丧葬补助金、工伤保险丧葬补助金和失业保险丧葬补助金条件的，其遗属可以择一领取。

54 斯尔解析▶ ABCD 本题考查失业保险的待遇。选项A当选，失业人员在领取失业保险金期间，参加职工基本医疗保险，享受基本医疗保险待遇。选项B当选，失业人员可凭社会保障卡或身份证件申领失业保险金，可不提供解除或者终止劳动关系、失业登记证明等材料。选项C当选，失业保险金的标准，不得低于城市居民最低生活保障标准。选项D当选，失业前用人单位和本人已经累计缴纳失业保险费满1年的，才可申请领取失业保险金。

55 斯尔解析▶ ABD 本题考查工伤保险的待遇。职工因工死亡或者伤残职工在停工留薪期内因工伤原因导致死亡，其**近亲属可享有的待遇**有：

（1）丧葬补助金，为6个月的统筹地区上年度职工月平均工资。（选项D当选）

（2）供养亲属抚恤金。（选项B当选）

（3）一次性工亡补助金，为上一年度全国城镇居民人均可支配收入的20倍。（选项A当选）

三、判断题

56 斯尔解析▶ × 本题考查会计档案的销毁。保管期满但未结清的债权债务会计凭证和涉及其他未了事项的会计凭证不得销毁。本题所述错误。

57 斯尔解析▶ × 本题考查单位内部会计监督的职责。会计机构和会计人员发现会计账簿记录与实物、款项及有关资料不相符的，按照国家统一的会计制度的规定有权自行处理的，应当及时处理；无权处理的，应当立即向单位负责人报告，请求查明原因，做出处理。本题中，一经发现即上报单位负责人，缺失了第一步。本题所述错误。

58 斯尔解析▶ √ 本题考查会计监督中的内部监督。单位内部会计监督的对象是本单位的经济活动；监督主体是本单位的会计机构和会计人员。本题所述正确。

59 斯尔解析▶ × 本题考查支付结算的原则。支付结算的原则包括：恪守信用、履约付款，谁的钱进谁的账、由谁支配和银行不垫款原则。付款人账户内资金不足，银行没有义务为其垫付资金。本题所述错误。

60 斯尔解析▶ × 本题考查票据权利的取得。因欺诈、偷盗、胁迫或明知有上述情形出于恶意而取得票据的，不得享有票据权利。本题所述错误。

61 斯尔解析▶ √ 本题考查公示催告申请法院。失票人应当在通知挂失止付后的3日内，也可以在票据丧失后，依法向票据支付地人民法院申请公示催告。本题所述正确。

62 斯尔解析▶ × 本题考查商业汇票。在银行开立存款账户的法人及其他组织之间的结算，才能使用商业汇票。个人不能使用商业汇票。本题所述错误。

63 斯尔解析▶ × 本题考查贴现条件。票据未记载“不得转让”事项的，可以办理贴现。本题所述错误。

64 斯尔解析▶ × 本题考查特约商户管理。对于风险等级较高的特约商户，收单机构应当对其开通的受理卡种和交易类型进行限制，并采取强化交易监测、设置交易限额、延迟结算、增加检查频率、建立特约商户风险准备金等措施。本题所述错误。

65 斯尔解析▶ × 本题考查预付卡有效期。预付卡分为记名预付卡与非记名预付卡。记名预付卡不得设置有效期。不记名预付卡有效期不得少于3年。本题所述错误。

66 斯尔解析▶ √ 本题考查预付卡办理的相关规定。不论单位还是个人，购买记名预付卡或一次性购买不记名预付卡1万元以上的，应当使用实名并向发卡机构提供有效身份证件。本题所述正确。

67 斯尔解析▶ × 本题考查无效劳动合同的法律后果。劳动合同被确认无效，给对方造成损失的，有过错的一方应当承担赔偿责任。本题所述错误。

68 斯尔解析▶ × 本题考查劳动仲裁的申请时效。申请仲裁的时效期间为1年，从当事人知道或者应当知道其权利被侵害之日起计算；劳动关系存续期间因拖欠劳动报酬发生争议的，劳动者申请仲裁不受1年仲裁时效期间的限制；劳动关系终止的，应当自劳动关系终止之日起1年内提出。本题所述错误。

四、不定项选择题

69 （1）斯尔解析▶ AB 本题考查不相容职务。出纳人员不得兼管稽核、会计档案保管和收入、支出、费用、债权债务账目登记工作。选项A当选，出纳人员不得兼管档案保管。选项B当选，出纳人员不得负责费用明细账的登记。选项C不当选，财务部负责的会计档案管理岗位属于会计工作岗位。选项D不当选，出纳人员不得兼管费用明细账。

（2）斯尔解析▶ CD 本题考查会计法律责任。选项CD当选，选项AB不当选。因提供虚假财务会计报告，做假账，隐匿或者故意销毁会计凭证、会计账簿、财务会计报告，贪污、挪用公款、职务侵占等与会计职务有关的违法行为被依法追究刑事责任的人员，不得再从事会计工作。本题小赵因交通肇事被判刑罚，不影响其再次从事会计工作。

（3）斯尔解析▶ AC 本题考查会计工作交接。选项A当选，一般会计人员办理交接手续，由会计机构负责人（会计主管人员）监交。选项C当选，选项D不当选。移交人员对所移交的会计凭证、会计账簿、会计报表和其他有关资料的合法性、真实性承担法律责任。选项B不当选，交接人员应当继续使用移交的会计账簿，不得自行另立新账，以保持会计记录的连续性。

（4）斯尔解析▶ ACD 本题考查会计监督。选项ACD当选，选项B不当选。除财政部门外，审计、税务、金融管理等部门应当依照有关法律、行政法规规定的职责，对有关单位的会计资料实施监督检查，并出具检查结论。

应试攻略

本题每个小问都是依据某一段资料提问，所以在解题的时候，可以读一段做一个题目，减少阅读压力。

70 （1）斯尔解析▶ C 本题考查劳动关系建立时间。选项C当选，用人单位自**用工之日**起即与劳动者建立劳动关系。用人单位与劳动者在用工前订立劳动合同的，劳动关系自用工之日起建立。王某1月20日到甲公司工作，甲公司与王某的劳动关系建立于1月20日。

（2）斯尔解析▶ AC 本题考查财务会计报告的对外报出。选项AC当选，选项BD不当选。企业对外提供的财务会计报告应当由单位负责人、会计机构负责人（会计主管人员）签名并盖章；设置总会计师的企业，还应由总会计师签名并盖章。签名并盖章的人员不包括注册会计师和出纳。

（3）斯尔解析▶ ABC 本题考查法律行为的分类。选项ABC当选，选项D不当选。签发支票属于要式行为、积极行为、合法行为。

（4）斯尔解析▶ C 本题考查支票。选项C当选，支票的提示付款期限自出票日起10日。选项AB不当选，金额与收款人姓名为支票的授权补记事项，可以由出票人授权补记，缺少上述内容，并不会导致支票当然无效。选项D不当选，转账支票只能用于转账，不能用于支取现金。

应试攻略

本题考查内容较为综合，涉及非税部分的各个章节。但各个小问相互独立，一个小问不会，不会影响其他小问的作答。

71　（1）斯尔解析▶　AB　本题考查法定代表人。选项AB当选，**董事长、执行董事**或者**经理**按照法人章程的规定**担任法定代表人**。本题中，甲公司为有限责任公司，且设立董事会，应由董事长或经理担任公司法定代表人。

（2）斯尔解析▶　AD　本题考查银行结算账户相关规定。选项A当选，选项B不当选。基本存款账户是存款人因办理日常转账结算和现金收付需要开立的银行结算账户，是存款人的主办账户。选项D当选，企业申请开立基本存款账户的，银行应当向企业法定代表人或单位负责人核实企业开户意愿，并留存相关工作记录。选项C不当选，开立单位银行结算账户时，应填写“开立单位银行结算账户申请书”，并加盖单位公章和法定代表人（单位负责人）或其授权代理人的签名或者盖章。

（3）斯尔解析▶　B　本题考查会计工作交接。选项B当选，交接完毕后，交接双方和监交人要在移交清册上签名或者盖章，并应在移交清册上注明：单位名称；交接日期；交接双方和监交人的职务、姓名；移交清册页数以及需要说明的问题和意见等。选项A不当选，**一般会计人员**办理交接手续，由**会计机构负责人**（会计主管人员）监交；**会计机构负责人**（会计主管人员）办理交接手续，由**单位负责人**监交，**必要时主管单位可以派人会同监交**。选项C不当选，接替人员应当继续使用移交的会计账簿，不得自行另立新账。选项D不当选，移交人员（夏某）对所移交的会计凭证、会计账簿、会计报表和其他有关资料的合法性、真实性承担法律责任。

（4）斯尔解析▶　ABCD　本题考查服务期的规定。选项A当选，用人单位为劳动者提供专项培训费用，对其进行专业技术培训的，可以与该劳动者订立协议，约定服务期。甲公司与鹿某约定的服务期6年符合法律规定。选项B当选，劳动者违反服务期规定，应支付违约金。其约定的总金额不得超过用人单位提供的培训费用，双方补充协议约定违约金80 000元，未超过培训费用100 000元，符合规定。选项C当选，用人单位应当支付培训费用。选项D当选，用人单位与劳动者约定服务期的，不影响按照正常的工资调整机制提高劳动者在服务期期间的劳动报酬。

应试攻略

用人单位可以与劳动者**约定违约金的情形**有：**服务期、竞业限制**。考试常考点，请同学们牢记。

72　（1）斯尔解析▶　BC　本题考查基本存款账户的开立。选项BC当选，均表述正确。选项A不当选，企业银行结算账户的开立实行备案制，无须中国人民银行批准。企业银行结算账户自开立之日即可办理收付款业务。企业以外的其他单位开立单位银行结算账户，自开立之日起3个工作日后，方可使用该账户办理付款业务。选项D不当选，本题甲公司属于企业，开户当天即可办理付款业务。

（2）斯尔解析▶　ABCD　本题考查专用存款账户的开立。选项A当选，存款人申请开立专用存款账户，应向银行出具其开立基本存款账户规定的证明文件、基本存款账户开户许可证或企业基本存款账户编号和证明文件。选项B当选，自2020年起，企业开户取消核准制，实行备案制。选项C当选，该账户支取现金应在开户时报经中国人民银行当地分支机构批准。选项D当选，甲公司应向Q银行出具主管部门批文。

（3）斯尔解析▶ ABCD 本题考查商业汇票的承兑。选项A当选，银行需要与出票人签订承兑协议。选项B当选，对电子商业汇票的真实交易关系和债权债务关系进行在线审核。选项C当选，向银行提示承兑时，银行的信贷部门要对出票人的资格、资信、购销合同和汇票记载的内容进行认真审查。选项D当选，银行承兑汇票的承兑银行，按票面金额的一定比例向出票人收取手续费，手续费为市场调节价。

（4）斯尔解析▶ ABCD 本题考查商业汇票的贴现。选项ABCD当选，电子商业汇票贴现必须记载：贴出人名称、贴入人名称、贴现日期、贴现类型、贴现利率、实付金额、贴出人签章。

应试攻略

所有票据的结算最终都要依托银行账户来进行，所以不定项题目中经常将银行账户与票据结合出题，这类题目难度较高，灵活性强，要引起注意。

73 （1）斯尔解析▶ BC 本题考查工伤的认定。选项C当选，选项A不当选，在工作时间和工作岗位，突发疾病死亡或者在48小时内经抢救无效死亡的，视同工伤；突发心脏病入院治疗不属于视同工伤情形。选项B当选，实际工作年限10年以下的，在本单位工作年限5年以下的医疗期为3个月。选项D不当选，停工留薪期属于工伤医疗待遇，张某不享受工伤医疗待遇。

（2）斯尔解析▶ C 本题考查医疗期间。选项C当选，病假工资或疾病救济费可以低于当地最低工资标准支付，但最低不能低于最低工资标准的80%。因此，甲公司按月向其支付的工资最低=1 800×80%=1 440（元）。

（3）斯尔解析▶ ABC 本题考查工伤保险。选项ABC当选，工作时间前后在工作场所内，从事与工作有关的预备性或收尾性工作受到事故伤害的应当认定为工伤，享受停工留薪期，原工资福利待遇不变，由所在单位按月支付。

（4）斯尔解析▶ C 本题考查劳动合同的解除。选项C当选，根据劳动合同解除和终止的限制性规定的要求，在本单位患职业病或者因工负伤并被确认丧失或者部分丧失劳动能力的，用人单位既不适应无过失性辞退或者经济性裁员解除劳动合同的情形解除劳动合同，也不得终止劳动合同，劳动合同应当延续至相应的情形消失时终止。

应试攻略

劳动合同经常与社会保险法律制度结合出题，这类题型往往重点突出，只要好好将往年常考点掌握，这类题型得分就会比较容易，学习性价比很高。

第二模块　税法部分
答案与解析

一、单项选择题

74	A	75	D	76	B	77	C	78	B
79	D	80	C	81	D	82	D	83	D
84	D	85	C	86	A	87	B	88	A
89	D	90	C	91	A	92	D	93	A
94	D	95	A	96	B	97	C	98	C
99	A	100	B	101	C	102	A	103	A
104	B	105	A	106	B	107	B	108	A
109	D	110	C	111	B	112	C	113	C
114	C	115	D	116	C	117	B	118	A
119	A	120	D	121	B	122	A		

二、多项选择题

123	ABC	124	BCD	125	AB	126	ABD	127	ABCD
128	ABC	129	ABCD	130	AB	131	ACD	132	AB
133	BCD	134	BCD	135	BCD	136	AC	137	AC
138	BD	139	ABD	140	ABCD	141	ABC	142	ABD

143 BC	144 AD	145 CD	146 ACD	147 CD
148 ABC	149 BCD	150 ACD	151 AC	152 BC
153 AD	154 AD	155 ABD	156 ABC	157 ABC
158 ABCD	159 AC	160 ABCD	161 BCD	162 ABD

三、判断题

163 ×	164 ×	165 ×	166 ×	167 ×
168 ×	169 √	170 ×	171 ×	

四、不定项选择题

172（1）A	172（2）C	172（3）BD	172（4）ABD
173（1）C	173（2）AC	173（3）AD	173（4）A
174（1）D	174（2）ACD	174（3）B	174（4）A
175（1）C	175（2）A	175（3）B	175（4）A
176（1）ABCD	176（2）A	176（3）C	176（4）AC
177（1）C	177（2）C	177（3）C	177（4）A
178（1）B	178（2）D	178（3）AC	178（4）D
179（1）ABCD	179（2）D	179（3）D	179（4）C
180（1）ABD	180（2）B	180（3）C	180（4）B

一、单项选择题

74 斯尔解析▶ A 本题考查增值税纳税人。选项A当选，根据相关规定，该选项表述正确。选项B不当选，单位以承包、承租、挂靠方式经营的，一般以承包人为纳税人；承包人以发包人名义对外经营，并由发包人承担相关法律责任时，以该发包人为纳税人。选项C不当选，转让无形资产，以无形资产转让方为纳税人。选项D不当选，提供建筑安装服务，以建筑安装服务提供方为纳税人。

75 斯尔解析▶ D 本题考查增值税征税范围。选项D当选，公交车车身广告位出租属于租赁服务。选项AB不当选，水路运输的**程租、期租**业务属于水路运输服务，按照**交通运输服务**缴纳增值税。选项C不当选，**融资性售后回租**按照**"金融服务——贷款服务"**缴纳增值税。

76 斯尔解析▶ B 本题考查增值税视同销售的范围。选项B当选，**将购进的货物用于集体福利不属于视同销售行为，购进的进项税额不可抵扣**。选项AC不当选，将自产、委托加工、购进的货物向其他单位或个体工商户投资，分配给股东或者投资者，无偿赠送其他单位或者个人，上述情形均属于增值税视同销售行为。选项D不当选，将自产、委托加工的货物用于集体福利或者个人消费的行为属于增值税视同销售行为。

77 斯尔解析▶ C 本题考查价外费用。下列项目**不包括在销售额**内：

（1）受托加工应征消费税的消费品所代收代缴的消费税。（选项C当选）

（2）同时符合一定条件代为收取的政府性基金或者行政事业性收费。

（3）销售货物的同时代办保险等而向购买方收取的保险费，以及向购买方收取的代购买方缴纳的车辆购置税、车辆牌照费。

（4）以委托方名义开具发票代委托方收取的款项。

纳税人收取的价外费用要并入销售额中一并纳税，价外费用包括向购买方收取的手续费（选项D不当选）、补贴（选项B不当选）、基金、集资费、返还利润（选项A不当选）、奖励费、违约金、滞纳金、延期付款利息、赔偿金、代收款项、代垫款项、包装费、包装物租金、储备费、优质费、运输装卸费以及其他各种性质的价外收费。

78 斯尔解析▶ B 本题考查增值税销项税额的计算。选项B当选，题中已知，价款含税，手续费为价外费用（含税），应与价款一同进行价税分离。甲公司当月该项业务的销项税额=（318+21.2）÷（1+6%）×6%=19.2（万元）。

79 斯尔解析▶ D 本题考查二手车销售增值税应纳税额的计算。选项D当选，自2020年5月1日起，从事二手车经销业务的纳税人销售其收购的二手车，由原按照简易办法依3%征收率减按2%征收增值税，改为减按0.5%征收增值税，甲公司当月该笔业务的销项税额=含税销售额÷（1+0.5%）×0.5%=200 000÷（1+0.5%）×0.5%=995.02（元）。

80 斯尔解析▶ C 本题考查增值税纳税义务发生时间。选项C当选，选项ABD不当选。采取托收承付和委托银行收款方式销售货物，为发出货物并办妥托收手续的当天。

81 斯尔解析▶ D 本题考查增值税专用发票开具范围。选项D当选，商贸公司向一般纳税人销售办公用品允许开具增值税专用发票。一般纳税人发生的业务中，属于下列情形的，不得开具增值税专用发票：

（1）商业企业一般纳税人零售烟、酒、食品、服装、鞋帽（不包括劳保专用部分）、化妆

品等消费品的。（选项B不当选）

（2）应税销售行为的购买方为消费者个人的。（选项AC不当选）

（3）发生应税销售行为适用免税规定的。

82 斯尔解析▶ D 本题考查消费税征税范围。选项D当选，选项A不当选。烟叶不属于消费税的征税范围，但烟（包括卷烟、烟丝、雪茄烟、电子烟）属于消费税的征税范围。选项BC不当选，调味料酒、酒精不征收消费税。

83 斯尔解析▶ D 本题考查消费税征税环节。选项D当选，烟草批发企业将卷烟销售给其他烟草批发企业的，不缴纳消费税。选项A不当选，高档手表在生产、委托加工或进口环节征收消费税。选项B不当选，金银首饰仅在零售环节征收消费税。选项C不当选，纳税人自产自用的应税消费品，用于连续生产应税消费品的，移送时不纳税，销售最终应税消费品时纳税；凡用于其他方面的，于移送使用时缴纳消费税。

84 斯尔解析▶ D 本题考查自产应税消费品抵债时消费税的计算。选项D当选，纳税人用于**换**取生产资料和消费资料、**投**资入股和**抵**偿债务等方面的应税消费品，应当以纳税人同类应税消费品的**最高销售价格**作为计税依据计算消费税。本题中，应以含增值税最高售价13.56万元/辆作为计算消费税的价格。在计算消费税时，应将含增值税的销售额换算为不含增值税税款的销售额，即13.56÷（1+13%）。因此，甲公司当月因该笔业务应缴纳的消费税=1×13.56÷（1+13%）×5%=0.6（万元）。

85 斯尔解析▶ C 本题考查消费税的计算。选项C当选，纳税人自产自用的应税消费品，用于连续生产应税消费品的，不纳税；凡用于其他方面的，于移送使用时缴纳消费税。本题中，除销售的400套外，用于对外赞助的30套“元旦套装”也应缴纳消费税。应缴纳消费税的高档化妆品共计（400+30）套；在计算消费税时，应将含增值税的销售额换算为不含增值税税款的销售额，即696÷（1+13%）；适用消费税税率为15%，甲化妆品公司当月应缴纳的消费税=（400+30）×696÷（1+13%）×15%=39 727.43（元）。

86 斯尔解析▶ A 本题考查委托加工代收代缴消费税的计算。选项A当选，委托加工的应税消费品，按照受托方的同类消费品的销售价格计算纳税，没有同类消费品销售价格的，按照组成计税价格计算纳税。本题中，应使用组成计税价格计算纳税。烟丝消费税的计算采取从价计征方式。组成计税价格=（材料成本+加工费）÷（1-消费税比例税率），题中列示含增值税的加工费，要先作价税分离。即2 786÷（1+13%），成本50 000元不需要换算；应纳消费税=组成计税价格×消费税比例税率，则甲卷烟厂该笔业务代收代缴消费税=［50 000+2 786÷（1+13%）］÷（1-30%）×30%=22 485.21（元）。

87 斯尔解析▶ B 本题考查外购已税消费品用于连续生产应税消费品时已纳税款的扣除。选项B当选，连续生产的应税消费品准予从应纳消费税税额中，按当期生产领用数量计算扣除已纳消费税税款。当期生产领用数量=月初库存量+本月外购量-月末库存量，即（5+40-10），则甲企业本月准予扣除的消费税=（5+40-10）×30%=10.5（万元）。

88 斯尔解析▶ A 本题考查城市维护建设税税额的计算。选项A当选，进口设备缴纳的增值税不计入计税依据，实际缴纳的增值税、消费税应计入城市维护建设税计税依据，代收代缴消费税的同时，也应缴纳相应的城市维护建设税。因此，甲企业应缴纳城市维护建设税=（15+16）×7%=2.17（万元）。

89 斯尔解析▶ D 本题考查教育费附加与地方教育附加的征收比率。选项D当选，应纳教育费附加=实际缴纳增值税、消费税税额之和×征收比率；应纳地方教育附加=实际缴纳增值税、消费税税额之和×征收比率。基于此，甲公司2024年11月应纳教育费附加、地方教育附加=（120 000+80 000）×（3%+2%）=10 000（元）。

90 斯尔解析▶ C 本题考查车辆购置税税收优惠。选项C当选，依照法律规定应当予以免税的外国驻华使馆、领事馆和国际组织驻华机构及其有关人员自用的车辆。选项ABD不当选，个人购买、企业自产以及受赠等方式自用的汽车（排气量超过150毫升的摩托车亦属于此范围）应当正常缴纳车辆购置税。

91 斯尔解析▶ A 本题考查进口环节各项税款的计算。

首先应先确定关税计税价格：

（1）货物运抵我国关境内输入地点"起卸后"的运费和保险费不计入关税计税价格，买价17万元及货物运抵我国关境内输入地点"起卸前"的运费和保险费共计3万元应当计入关税计税价格，由买方负担的包装材料费用和包装劳务费用计入关税计税价格。合计21万元；

（2）向境外采购代理人支付的买方佣金不计入关税计税价格。

以下为各选项的具体分析：

选项A当选，关税计税价格=17+3+1=21（万元）。甲企业应缴纳的关税=21×20%=4.2（万元）。

选项B不当选，甲企业应纳进口环节消费税从价计征=（关税计税价格+关税）÷（1-消费税税率）×消费税税率=21÷（1-25%）×25%=7（万元）。

选项C不当选，甲企业应纳进口环节增值税=（关税计税价格+关税）÷（1-消费税税率）×增值税税率=21÷（1-25%）×13%=3.64（万元）。

选项D不当选，城市维护建设税和教育费附加"进口不征、出口不退"，应纳城市维护建设税和教育费附加为0。

92 斯尔解析▶ D 本题考查收入确认。选项D当选，其所述正确。选项A不当选，企业已经确认销售收入的售出商品发生销售折让和销售退回，应当在发生当期冲减当期销售商品收入。选项B不当选，销售商品以旧换新的，销售的商品应当按照销售商品收入确认条件确认收入，回收的商品作为购进商品处理。选项C不当选，销售商品涉及现金折扣的，应当按扣除现金折扣前的金额确定销售商品收入金额，现金折扣在实际发生时作为财务费用扣除。

93 斯尔解析▶ A 本题考查不征税收入与免税收入的辨析。下列收入为不征税收入：（1）财政拨款（选项A当选）；（2）依法收取并纳入财政管理的行政事业性收费、政府性基金；（3）国务院规定的其他不征税收入。选项B不当选，国债利息收入为免税收入。选项C不当选，接受捐赠收入为应税收入。选项D不当选，自2022年1月1日起，对非营利性科研机构、高等学校接收企业、个人和其他组织机构基础研究资金收入，免征企业所得税。

94 斯尔解析▶ D 本题考查固定资产折旧计提。选项D当选，以融资租赁方式租入的机器设备准予计提折旧。下列固定资产不得计算折旧扣除：

（1）未投入使用的房屋、建筑物准予计提折旧扣除，其他固定资产（如机器设备）不得计算扣除。（选项A不当选）

（2）以经营租赁方式租入的固定资产不可计提折旧，以融资租赁方式租入的固定资产准予

计提折旧扣除。（选项C不当选）

（3）已足额提取折旧仍继续使用的固定资产不予计提折旧扣除。（选项B不当选）

95 斯尔解析▶ A 本题考查小型微利企业的企业所得税应纳税额的计算。选项A当选，年应纳税所得额**不超过300万元**的部分，**减按25%**计入应纳税所得额，再适用**20%的税率**计算应纳税额。甲公司2024年度应缴纳企业所得税=150×25%×20%=7.5（万元）。

96 斯尔解析▶ B 本题考查源泉扣缴方式下股息红利应扣缴企业所得税的计算。选项B当选，乙公司是未在中国境内设立机构场所的非居民企业，对其取得的来源于中国境内的收入实行源泉扣缴。在源泉扣缴中，股息收入应以收入全额为应纳税所得额，因此，应纳税额=应纳税所得额×预提所得税税率=股息收入全额×10%。甲公司应代扣代缴企业所得税税款=1 000×10%=100（万元）。

97 斯尔解析▶ C 本题考查个人所得税的税收优惠。选项C当选，出租厂房取得的租金应按"财产租赁所得"项目依法缴纳个人所得税，不属于税收优惠项目。选项ABD不当选，均为免征个人所得税的项目。

98 斯尔解析▶ C 本题考查房屋赠与时个人所得税的征收。选项C当选，赵某转让无偿受赠的商铺应按"财产转让所得"项目缴纳个人所得税。选项AD不当选，对于房屋的无偿赠与，房屋产权所有人将房屋产权无偿赠与配偶、父母、子女、祖父母、外祖父母、孙子女、外孙子女、兄弟姐妹的，对双方当事人均不征收个人所得税。选项B不当选，对个人转让**自用**达**5年以上**并且是**家庭唯一**生活用房取得的所得，暂免征收个人所得税。

99 斯尔解析▶ A 本题考查居民个人综合所得汇算清缴的期限。选项A当选，选项BCD不当选。居民个人取得综合所得，按年计算个人所得税；有扣缴义务人的，由扣缴义务人按月或者按次预扣预缴税款；需要办理**汇算清缴**的，应当在取得所得的**次年3月1日至6月30日**内办理汇算清缴。

100 斯尔解析▶ B 本题考查特许权使用费的界定。选项B当选，其所述情形应当按照"稿酬所得"项目缴纳个人所得税。选项ACD不当选，其所述情形均应当按照"特许权使用费"项目缴纳个人所得税。

101 斯尔解析▶ C 本题考查专项附加扣除的界定。选项C当选，专项附加扣除包括3岁以下婴幼儿照护、子女教育、继续教育、大病医疗、住房贷款利息或者住房租金（二选一）、赡养老人等支出。选项A不当选，其所述情形属于"专项扣除"。选项BD不当选，其所述情形不属于税前扣除项目。

102 斯尔解析▶ A 本题考查个人所得税预扣预缴的计算。选项A当选，选项BCD不当选。李某当月工资应预扣预缴个人所得税税额=（20 000−5 000−4 000−3 000）×3%=240（元）。

103 斯尔解析▶ A 本题考查财产租赁所得应缴纳个人所得税税额的计算。选项A当选，选项BCD不当选。张某收入租金应纳税额=（每次收入−财产租赁过程中缴纳的税费−修缮费−费用800元）×适用税率=（3 800−152−600−800）×10%=224.8（元）。

104 斯尔解析▶ B 本题考查房产税应纳税额的计算。选项B当选，涉及同一年内自用和出租的情况，房产税应纳税额应当分段计算。甲企业该房产2024年前3个月为自用，实行从价计征；后9个月为出租，实行从租计征。甲企业上述房产应缴纳房产税税额=1 000×（1−

30%）×1.2%÷12×3+1×9×12%=3.18（万元）。

105 斯尔解析▶ A 本题考查城镇土地使用税应纳税额的计算，涉及税收优惠相关规定。选项A当选，办公楼、厂房仓库、厂区内铁路专用线、公路占用土地均应照章征税。城镇土地使用税采用定额税率，应纳税额=实际占用应税土地面积（平方米）×适用税额。甲公司应当按照实际占地面积30 000平方米纳税，因此，甲公司当年应缴纳城镇土地使用税税额=30 000×5=150 000（元）。

106 斯尔解析▶ B 本题结合耕地占用税的税收优惠，考查耕地占用税的计算。选项B当选，军事设施、学校、幼儿园、社会福利机构、医疗机构占用耕地，依法免征耕地占用税。因此，应纳税额=实际占用耕地面积（平方米）×适用税率=（150 000-800-5 000）×30=4 326 000（元）。

107 斯尔解析▶ B 本题考查契税纳税人与计税依据。选项B当选，选项A不当选，以实物交换房屋，应该由承受房屋的一方照章纳税，乙作为房屋的实际承受者，应当缴纳契税。选项CD不当选，土地使用权互换、房屋互换，互换价格相等的，互换双方计税依据为零；互换价格不相等的，以其差额为计税依据，由支付差额的一方缴纳契税。

108 斯尔解析▶ A 本题考查契税的征税范围、计税依据和征收管理规定。选项A当选，国有土地使用权出让，承受土地权属的企业应就支付的土地出让金缴纳契税。选项B不当选，夫妻因离婚分割共同财产发生土地、房屋权属变更的，免征契税。选项C不当选，因共有不动产份额变化的，承受方应当缴纳契税。选项D不当选，发生契税应税行为按规定不需要办理土地、房屋权属登记的，纳税人应自纳税义务发生之日起90日内申报缴纳契税。

109 斯尔解析▶ D 本题考查契税税收优惠。选项D当选，法定继承免征契税。选项A不当选，国家机关、事业单位、社会团体、军事单位承受土地、房屋权属用于办公、教学、医疗、科研和军事设施的，免征契税。选项B不当选，承受荒山、荒地、荒滩土地使用权用于农、林、牧、渔业生产的，免征契税。选项C不当选，婚姻关系存续期间夫妻之间变更房地产权属的，免征契税。

110 斯尔解析▶ C 本题考查土地增值税应纳税额的计算。选项C当选，纳税人销售自行开发的住宅，土地增值税应纳税额=增值额×税率-扣除项目金额×速算扣除系数。本题中，增值额=不含增值税的房地产转让收入-扣除项目金额=10 000-6 000=4 000（万元），甲公司应缴纳土地增值税=（10 000-6 000）×40%-6 000×5%=1 300（万元）。

111 斯尔解析▶ B 本题考查转让存量房（旧房）时土地增值税的计算。选项B当选，旧房及建筑物转让中，能取得税务机关确认的评估价格，按该价格扣除；无法取得的，按购房发票金额计算扣除。评估价格是指在转让已使用的房屋及建筑物时，由政府批准设立的房地产评估机构评定的重置成本价×成新度折扣率后的价格。本题中，扣除价格=12 000×70%=8 400（万元），增值额=10 000-12 000×70%-115=1 485（万元）。

112 斯尔解析▶ C 本题考查土地增值税的征税范围及税收优惠。选项C当选，纳税人建造普通标准住宅出售，增值额未超过扣除项目金额20%的，予以免税，但建造高级公寓不属于免税范围。选项A不当选，一方出地，另一方出资金，双方合作建房，建成后按比例分房自用的，暂免征收土地增值税。选项B不当选，企事业单位、社会团体以及其他组织转让旧房作为公共租赁住房房源且增值额未超过扣除项目金额20%的，免征土地增值税。选项D不当选，因国家建设需要依法征收、收回的房地产，免征土地增值税。

113 斯尔解析▶ C 本题考查被盗后和失而复得情形下车船税的计算。选项C当选，车船税的纳税义务发生时点为“当月开征当月停”，本题中被盗当月（4月）停征、失而复得当月（9月）开征。该企业就被盗后复得的小轿车应当缴纳7个月（1—3月，9—12月）的车船税，该企业2024年实际应缴纳车船税=500×1+500×1×（3+4）÷12=792（元）。

114 斯尔解析▶ C 本题考查资源税的计算。选项C当选，开采原油以及在油田范围内运输原油过程中用于加热的原油免征增值税。以自采的应税产品用以抵偿债务，应当按视同销售进行处理，此情形下，应当按销售单价0.38万元/吨和移送数量40吨计征资源税，该企业10月应缴纳资源税=5 000×6%+40×0.38×6%=300.91（万元）。

115 斯尔解析▶ D 本题考查环境保护税的范围及免税政策。选项D当选，企业事业单位和其他生产经营者在符合国家和地方环境保护标准的设施、场所贮存或者处置固体废物的，不缴纳相应污染物的环境保护税；纳税人综合利用的固体废物，符合国家和地方环境保护标准的，暂予免征环境保护税。因此，本题中，需征税炉渣数量=150−100−30=20（吨），甲企业就炉渣排放应缴纳的环境保护税税额=（150−100−30）×25=500（元）。

116 斯尔解析▶ C 本题考查印花税的计税依据与应纳税额的计算。选项C当选，租赁合同应当以凭证所载租金作为计税依据，租期内全部租金2×2×2月=8（万元）。印花税“双向征收”，纳税人为签订合同的各方当事人。甲乙两公司双方共计应缴印花税税额=8×10 000×1‰×2=160（元）。

117 斯尔解析▶ B 本题考查纳税申报管理。选项B当选，其所述正确。选项AC不当选，纳税人享受减税、免税待遇的，在减税、免税期间应当按照规定办理纳税申报。选项D不当选，经核准延期办理纳税申报、报送事项的，应当在纳税期内按照上期实际缴纳的税额或者税务机关核定的税额预缴税款，并在核准的延期内办理税款结算。

118 斯尔解析▶ A 本题考查滞纳金的计算。选项A当选，每日滞纳金比例为滞纳税款的万分之五，计算滞纳期是本题解题关键，滞纳期应当自纳税期限届满之次日起（1月15日的次日，1月16日起算）至实际缴纳之日（3月13日），共计57天（16+28+13）。甲公司应缴纳滞纳金=300 000×57×0.5‰=8 550（元）。

119 斯尔解析▶ A 本题考查税收优先权。选项A当选，选项C不当选。纳税人欠缴税款，同时又被行政机关决定处以罚款、没收违法所得的，税收优先于罚款、没收违法所得。选项B不当选，税务机关征收税款，税收优先于无担保债权，法律另有规定的除外。选项D不当选，税款发生在纳税人以其财产设定抵押、质押或者纳税人的财产被留置之前的，税收应当先于抵押权、质权、留置权执行。

120 斯尔解析▶ D 本题考查纳税信用管理。

有下列情形之一的纳税人，不参加本期的评价：

（1）纳入纳税信用管理时间不满一个评价年度的。

（2）因涉嫌税收违法被立案查处尚未结案的。

（3）被审计、财政部门依法查出税收违法行为，税务机关正在依法处理，尚未办结的。

（4）已申请税务行政复议、提起行政诉讼尚未结案的。（选项D当选）

121 斯尔解析▶ B　本题考查税务行政复议机关。选项B当选，对国家税务总局的具体行政行为不服的，向国家税务总局申请行政复议。

122 斯尔解析▶ A　本题考查税务行政复议。选项A当选，行政复议机关应当自受理申请之日起60日内作出行政复议决定；但是法律规定的行政复议期限少于60日的除外。选项BCD不当选，均表述正确。

二、多项选择题

123 斯尔解析▶ ABC　本题考查税收征收管理机关。海关主要负责下列税收的征收和管理：

（1）关税。（选项A当选）

（2）船舶吨税。（选项C当选）

（3）委托代征的进口环节的增值税、消费税。（选项B当选）

选项D不当选，其余税种，如资源税等由税务机关负责征收。

124 斯尔解析▶ BCD　本题考查增值税征税范围。选项BCD当选，均表述正确。选项A不当选，出租车公司向使用本公司自有出租车的出租车司机收取的管理费用，按照陆路运输服务缴纳增值税。

125 斯尔解析▶ AB　本题考查不征收增值税的情形。选项AB当选，其所述情形均不征收增值税。选项C不当选，保险人取得的财产保险费收入，按照"金融服务——保险服务"缴纳增值税。选项D不当选，物业管理单位收取的物业费，按照"现代服务——商务辅助服务"缴纳增值税。

126 斯尔解析▶ ABD　本题考查增值税差额征税的规定。选项ABD当选，均为按差额确定销售额的项目。选项C不当选，试点纳税人提供旅游服务，可以选择以取得的全部价款和价外费用，扣除向旅游服务购买方收取并支付给其他单位或者个人的住宿费、餐饮费、交通费、签证费、门票费和支付给其他接团旅游企业的旅游费用后的余额为销售额。

127 斯尔解析▶ ABCD　本题考查增值税进项税的扣税凭证。增值税扣税凭证，是指增值税专用发票（含税控机动车销售统一发票）（选项A当选）、海关进口增值税专用缴款书（选项B当选）、农产品收购发票（选项C当选）、农产品销售发票、完税凭证和符合规定的国内旅客运输发票（选项D当选）。

128 斯尔解析▶ ABC　本题考查不得抵扣进项税额中非正常损失的情形。选项ABC当选，因管理不善造成货物被盗、丢失、霉烂变质，以及因违反法律、法规造成货物或者不动产被依法没收、销毁、拆除的情形属于非正常损失，因非正常损失的购进货物，以及相关的劳务和交通运输服务，进项税额中不得从销项税额中抵扣。选项D不当选，地震属于自然灾害，不可抗力，因其造成的毁损进项税额允许抵扣。

129 斯尔解析▶ ABCD　本题考查一般纳税人采用简易计税方法的情形。符合条件的一般纳税人，可以选择适用简易计税方法计税的行业包括：（1）公共交通运输服务（选项B当选）；（2）经认定的动漫企业为开发动漫产品提供的动漫脚本编撰、形象设计、背景设计、动画设计、分镜、动画制作、摄制、描线、上色、画面合成、配音、配乐、音效合成、剪辑、字幕制作、压缩转码（面向网络动漫、手机动漫格式适配）服务，以及在境内转让动漫版权（包括动漫品牌、形象或者内容的授权及再授权）；（3）电影放映服务（选项D当选）、仓储服务、装卸搬运服务（选项A当选）、收派服务和文化体育服务（选项C当选）；（4）以纳入“营改增”试点之日前取得的有形动产为标的物提供的经营租赁服务；（5）在纳入“营改增”试点之日前签订的尚未执行完毕的有形动产租赁合同。

130 斯尔解析▶ AB 本题考查增值税税收优惠。选项AB当选，均为免征增值税项目。选项C不当选，由残疾人的组织直接进口供残疾人专用的物品，才属于免征增值税的情形。选项D不当选，会计师事务所提供咨询服务应按照鉴证咨询服务缴纳增值税。

131 斯尔解析▶ ACD 本题考查消费税的税目。选项ACD当选，**金银**首饰、**铂**金首饰、**钻**石及钻石饰品**仅在零售环节征收消费税**。选项B不当选，珍珠在生产销售、委托加工和进口环节征收消费税。

132 斯尔解析▶ AB 本题考查消费税的计征方式。选项AB当选，**卷烟、白酒**采取**复合计征**方式征收消费税。选项C不当选，烟税目下的烟丝、雪茄烟采取从价计征方式计算消费税。选项D不当选，**黄酒、啤酒**采取**从量计征**方式计算消费税，其余酒类均采取从价计征方式。

133 斯尔解析▶ BCD 本题考查消费税销售额的确定。选项BCD当选，选项A不当选。应税消费品销售额，是指纳税人销售应税消费品向购买方收取的全部价款和价外费用，不包括应向购买方收取的增值税税款。

134 斯尔解析▶ BCD 本题考查已纳消费税扣除范围。选项CD当选，选项A不当选。下列连续生产的应税消费品准予从应纳消费税税额中按当期生产领用数量计算扣除委托加工收回的应税消费品已纳消费税税款：

（1）以委托加工收回的已税烟丝为原料生产的卷烟。

（2）以委托加工收回的已税高档化妆品为原料生产的高档化妆品。

（3）以委托加工收回的已税珠宝、玉石为原料生产的贵重首饰及珠宝、玉石。

（4）以委托加工收回的已税鞭炮、焰火为原料生产的鞭炮、焰火。

（5）以委托加工收回的已税杆头、杆身和握把为原料生产的高尔夫球杆。

（6）以委托加工收回的已税木制一次性筷子为原料生产的木制一次性筷子。

（7）以委托加工收回的已税实木地板为原料生产的实木地板。

（8）以委托加工收回的已税石脑油、润滑油、燃料油为原料生产的成品油。

（9）以委托加工收回的已税汽油、柴油为原料生产的汽油、柴油。

选项B当选，纳税人用委托加工收回的已税珠宝、玉石原料生产的改在零售环节征收消费税的金银首饰，在计税时一律不得扣除委托加工收回的珠宝、玉石原料的已纳消费税税款。

135 斯尔解析▶ BCD 本题考查城市维护建设税的计税依据、纳税人和税率。选项BCD当选，均表述正确。选项A不当选，**城市维护建设税有“进口不征、出口不退”的特点**，所以海关对进口产品代征增值税时，不代征城市维护建设税。

136 斯尔解析▶ AC 本题考查车辆购置税的计税依据。选项AC当选，均表述正确。选项B不当选，进口自用应税车辆的计税依据应该是进口时车辆的“组成计税价格”，即“关税计税价格+关税+消费税”。选项D不当选，纳税人以受赠、获奖或者其他方式取得自用应税车辆的计税价格，按照购置应税车辆时相关凭证载明的价格确定，不包括增值税税款。

137 斯尔解析▶ AC 本题考查关税的税收优惠。选项A当选，**无商业价值**的广告品及货样免征关税。选项C当选，进出境运输工具装载的途中必需的**燃料、物料和饮食用品**免征关税。选项B不当选，**外国政府、国际组织**无偿赠送的物资免征关税，外国企业无偿赠送的物资征税。选项D不当选，在海关放行前遭受**损坏**的货物、进境物品可以**减征**关税。

138 斯尔解析▶ BD 本题考查企业所得税纳税人。选项BD当选，企业所得税纳税人包括各类企业、事业单位、社会团体、民办非企业单位和从事经营活动的其他组织。选项A不当选，依照中国法律、行政法规成立的个人独资企业、合伙企业，不属于企业所得税纳税人，不缴纳企业所得税。选项C不当选，个体工商户为个人所得税纳税人，不属于企业所得税纳税人。

139 斯尔解析▶ ABD 本题考查企业所得税的征税对象。选项A当选，非居民企业在中国境内设立机构、场所的，应当就其所设机构、场所取得的来源于中国境内的所得，缴纳企业所得税。选项BD当选，居民企业应当就其来源于中国境内、境外的所得缴纳企业所得税。选项C不当选，非居民企业在中国境内未设立机构、场所的，或者虽设立机构、场所但取得的所得与其所设机构、场所没有实际联系的，应当就其来源于中国境内的所得缴纳企业所得税。

140 斯尔解析▶ ABCD 本题考查企业所得税的纳税期限。选项ABCD当选，均表述正确。

141 斯尔解析▶ ABC 本题考查企业所得税的所得来源地。选项ABC当选，均表述正确。选项D不当选，**股息、红利**等权益性投资所得，按照**分配所得的企业所在地**确定。

142 斯尔解析▶ ABD 本题考查公益性捐赠支出和职工三项经费扣除的计算。公益性捐赠支出、职工福利费支出、职工教育经费支出、工会经费支出均为有限额的扣除，需分别计算其限额，不超过限额的部分可全额扣除，超过扣除限额的部分视情况而定：

（1）企业当年发生以及以前年度结转的公益性捐赠支出，不超过年度利润总额12%的部分，在计算应纳税所得额时准予扣除；超过年度利润总额12%的部分，准予结转以后3年内在计算应纳税所得额时扣除。甲企业公益性捐赠支出扣除限额=利润总额×12%=2 000×12%=240（万元），实际发生额200万元，未超过扣除限额，可以全额扣除。选项A当选。

（2）企业发生的职工福利费支出，不超过工资、薪金总额14%的部分，准予扣除。甲企业职工福利费支出扣除限额=1 500×14%=210（万元），实际发生额160万元，未超过扣除限额，可以全额扣除。选项B当选。

（3）企业发生的职工教育经费支出，不超过工资、薪金总额8%的部分，准予在计算企业所得税应纳税所得额时扣除；超过部分，准予在以后纳税年度结转扣除。甲企业2024年职工教育经费支出扣除限额=1 500×8%=120（万元），实际发生额125万元，当年准予扣除120万元，余下的5万元准予在以后纳税年度结转扣除。选项C不当选。

（4）企业拨缴的工会经费，不超过工资、薪金总额2%的部分，准予扣除。甲企业工会经费支出扣除限额=1 500×2%=30（万元），实际发生额20万元，未超过扣除限额，准予全额扣除。选项D当选。

143 斯尔解析▶ BC 本题考查不得税前扣除的项目。选项B当选，罚款、罚金、滞纳金均不得税前扣除，但违约金可以税前扣除。选项C当选，企业发生的与生产经营活动无关的各种非广告性质支出，不得扣除。选项A不当选，企业承担的诉讼费用准予税前扣除。选项D不当选，企业发生的合理的劳动保护支出允许扣除。

144 斯尔解析▶ AD 本题考查企业所得税税收优惠政策。选项AD当选，均为正确表述。选项B不当选，企业新购进（包括自行建造）的设备、器具，单位价值不超过500万元的，允许一次性计入当期成本费用扣除，不再分年度计算折旧。选项C不当选，一个纳税年度内，居民企业技术转让所得不超过500万元的部分免征所得税，超过部分减半征收。

145 斯尔解析▶ CD 本题考查个人所得税纳税人。选项CD当选，个体工商户、个人独资企业投资人缴纳个人所得税。选项A不当选，一人有限责任公司应当缴纳企业所得税。选项B不当选，合伙企业本身不纳税，其自然人合伙人须缴纳个人所得税。

146 斯尔解析▶ ACD 本题考查自行办理纳税申报的情形。

（1）居民个人取得境外所得，需进行纳税申报。（选项A当选）

（2）非居民个人在中国境内从两处以上取得工资、薪金所得，需进行纳税申报。（选项C当选）

（3）纳税年度内预缴税额低于应纳税额的（需要补缴）、纳税人申请退税的，均需进行纳税申报。（选项D当选）

选项B不当选，取得劳务报酬所得、稿酬所得、特许权使用费所得中一项或者多项所得，且综合所得年收入额减去专项扣除的余额超过6万元。林某仅取得稿酬所得5万元，无须申报纳税。

147 斯尔解析▶ CD 本题考查劳务报酬所得的界定。选项CD当选，其所述情形均属于劳务报酬所得。选项A不当选，其所述情形属于稿酬所得。选项B不当选，其所述情形属于工资、薪金所得。

148 斯尔解析▶ ABC 本题考查个人所得税中公益捐赠的扣除。个人通过非营利的社会团体和国家机关发生的下列公益救济性捐赠支出，准予税前全额扣除：

（1）向红十字事业的捐赠。（选项A当选）

（2）向教育事业的捐赠。

（3）向农村义务教育的捐赠。（选项B当选）

（4）向公益性青少年活动场所的捐赠。（选项C当选）

（5）向福利性、非营利性老年服务机构的捐赠。

（6）通过特定基金会，用于公益救济的捐赠。

选项D不当选，通过非营利社会团体向贫困地区的捐赠不适用于“全额扣除”的规定，而应适用30%的扣除限额。

149 斯尔解析▶ BCD 本题考查偶然所得的界定。选项B当选，选项A不当选。企业在业务宣传、广告等活动中，随机向本单位以外的个人赠送礼品，个人取得的礼品收入，按照“偶然所得”项目计算缴纳个人所得税，但企业赠送的具有价格折扣或折让性质的优惠券等礼品除外。选项C当选，个人为单位或他人提供担保获得收入，按照“偶然所得”项目计算缴纳个人所得税。选项D当选，个人取得单张有奖发票奖金所得超过800元的，应全额按照“偶然所得”项目征收个人所得税。

150 斯尔解析▶ ACD 本题考查房产税的征税范围。选项ACD当选，房产税的征税范围为城市、县城、建制镇和工矿区的房屋。选项B不当选，房产税的征税范围不包括农村，农村村民住宅不征收房产税。

提示：除不包括农村房产外，房产税的征税范围也不包括独立于房屋之外的建筑物，如围墙、烟囱、水塔、菜窖、室外游泳池等。

151 斯尔解析▶ AC 本题考查城镇土地使用税税收优惠。选项A当选，企业生活区用地不属于免税项目，应照常征税。选项C当选，宗教寺庙、公园、名胜古迹自用的土地，免征城镇土地使用税，但内部的经营场所用地，应当照章纳税。选项B不当选，对盐场的盐滩、盐矿的矿井用地，暂免征收城镇土地使用税。选项D不当选，国家机关、人民团体、军队自用的土地免征城镇土地使用税。

152 斯尔解析▶ BC 本题考查车船税的征税范围。选项BC当选，车船税的税目包括乘用车、商用车（客车、货车、半挂牵引车、三轮汽车、低速载货汽车）、挂车、其他车辆（专用作业车和轮式专用机械车）、摩托车、船舶（包括机动船舶和游艇）。选项AD不当选，地铁列车和无动力帆船不征收车船税。

153 斯尔解析▶ AD 本题考查车船税的计税依据。选项AD当选，以整备质量吨位数为计税依据，其中挂车减半征收。选项B不当选，以辆数为计税依据。选项C不当选，以净吨位数为计税依据。

154 斯尔解析▶ AD 本题考查资源税的税目和税收优惠。选项A当选，从低丰度油气田开采的原油、天然气，减征20%资源税。选项D当选，天然沥青属于能源矿产，属于资源税征收范围。选项B不当选，人造石油不征收资源税。选项C不当选，煤炭企业因安全生产需要抽采的煤层气属于免征资源税的项目。

155 斯尔解析▶ ABD 本题考查印花税的征税范围。选项A当选，人民法院的生效法律文书、仲裁机构的仲裁文书、监察机关的监察文书不属于印花税征收范围。选项B当选，财产保险合同缴纳印花税，人身保险合同不缴纳印花税。选项D当选，总公司与分公司、分公司与分公司之间书立的作为执行计划使用的凭证不属于印花税征收范围。选项C不当选，技术合同，包括技术开发、转让、咨询、服务等合同应征收印花税。

156 斯尔解析▶ ABC 本题考查印花税的计税依据。选项A当选，租赁合同以租金作为计税依据。选项B当选，运输合同以运输费用作为计税依据。选项C当选，借款合同以借款金额作为计税依据。选项D不当选，所述正确。

157 斯尔解析▶ ABC 本题考查税务机关的职权。选项ABC当选，税务机关和税务人员的职权主要包括税收立法权、税务管理权、税款征收权、税务检查权、税务行政处罚权和其他职权。选项D不当选，税收法律法规的知情权是纳税人的权利。

158 斯尔解析▶ ABCD 本题考查核定应纳税额的情形。纳税人有下列情形之一的，税务机关有权核定其应纳税额：

（1）依照法律、行政法规的规定可以不设置账簿的。（选项A当选）

（2）依照法律、行政法规的规定应当设置但未设置账簿的。（选项B当选）

（3）擅自销毁账簿或者拒不提供纳税资料的。（选项C当选）

（4）虽设置账簿，但账目混乱或者成本资料、收入凭证、费用凭证残缺不全，难以查账的。

（5）发生纳税义务，未按照规定的期限办理纳税申报，经税务机关责令限期申报，逾期仍不申报的。

（6）纳税人申报的计税依据明显偏低，又无正当理由的。（选项D当选）

159 斯尔解析▶ AC 本题考查多缴税款退还的规定。选项AC当选，纳税人自结算缴纳税款之日起3年内发现多缴税款的，可以向税务机关要求退还多缴的税款并加算银行同期存款利息。选项B不当选，税务机关发现的多缴税款，不受3年期限的限制。选项D不当选，多缴税款不属于加收滞纳金的情形，加收滞纳金是纳税人未按规定期限缴纳税款时的惩罚性质的措施。

160 斯尔解析▶ ABCD 本题考查虚开发票。虚开发票的行为包括：

（1）为他人、为自己开具与实际经营业务情况不符的发票。（选项AD当选）

（2）让他人为自己开具与实际经营业务情况不符的发票。（选项B当选）

（3）介绍他人开具与实际经营业务情况不符的发票。（选项C当选）

161 斯尔解析▶ BCD 本题考查重大税收违法失信案件确定失信主体的依据。选项BCD当选，选项A不当选，纳税人、扣缴义务人、或其他涉税当事人存在伪造、变造、隐匿、擅自销毁账簿、记账凭证，或者在账簿上多列支出或者不列、少列收入，或者经税务机关通知申报而拒不申报或者进行虚假的纳税申报，不缴或者少缴应纳税款100万元以上，且任一年度不缴或者少缴应纳税款占当年各税种应纳税总额10%以上的，或者采取前述手段，不缴或者少缴已扣、已收税款，数额在100万元以上的，税务机关确定其为失信主体。

162 斯尔解析▶ ABD 本题考查税务行政复议的范围。选项ABD当选，选项C不当选。纳税人如果认为税务机关的行政行为所依据的规定不合法，可以向有关机关进行反映，或者在对行政行为申请行政复议时，一并向复议机关提出对该规定的审查申请，但不包括规章。

三、判断题

163 斯尔解析▶ × 本题考查税法要素中的税收优惠。征税对象的数额没有达到规定起征点的不征税；达到或超过起征点的，就其全部数额征税。因此，如果税法规定某一税种的起征点是1 000元，那么征税对象的数额没有达到1 000元的不征税，达到或超过1 000元的，就其全部数额征税。本题所述错误。

164 斯尔解析▶ × 本题考查不征收增值税的情形。单位为聘用的员工提供服务，不征收增值税。本题所述错误。

165 斯尔解析▶ × 本题考查委托加工情形下消费税纳税人与扣缴义务人。委托加工的应税消费品，除受托方为个人外，由受托方在向委托方交货时代收代缴消费税。委托个人加工的应税消费品，由委托方收回后缴纳消费税。本题所述错误。

166 斯尔解析▶ × 本题考查企业所得税征税对象和税率。居民企业以及在中国境内设立机构、场所且取得的所得与其所设机构、场所有实际联系的非居民企业，应当就其来源于中国境内、境外的所得缴纳企业所得税，适用税率为25%。本题所述错误。

167 斯尔解析▶ × 本题考查保险费的扣除规定。企业职工**因公出差**乘坐交通工具发生的**人身意外保险费支出**，准予企业在计算应纳税所得额时扣除。本题所述错误。

168 斯尔解析▶ × 本题考查亏损的弥补。企业在汇总计算缴纳企业所得税时，其境外营业机构的亏损不得抵减境内营业机构的盈利。本题所述错误。

169 斯尔解析▶ √ 本题考查投资资产的税务处理。企业对外投资期间，投资资产的成本在计算应纳税所得额时不得扣除。企业在转让或者处置投资资产时，投资资产的成本，准予扣除。本题所述正确。

170 斯尔解析▶ × 本题考查个人所得税财产转让所得的征税范围。个人通过网络收购玩家的虚拟货币，加价后向他人出售取得的收入，应按照“财产转让所得”项目计算缴纳个人所得税。本题所述错误。

171 斯尔解析▶ × 本题考查企业改制过程中量化资产的征税项目。集体所有制企业在改制为股份合作制企业时，对职工个人以股份形式取得的仅作为分红依据，不拥有所有权的企业量化资产，不征收个人所得税。本题所述错误。

四、不定项选择题

172 （1）斯尔解析▶ A 本题考查销项税额的计算，涉及包装物租金的处理。选项A当选，甲公司**另收取的包装物租金应作为价外费用一并计入增值税销售额**，且6 960 000元为含增值税价款，计算增值税销项税额时应将其换算为不含税销售额，已知增值税税率为13%。因此，甲公司当月销售M型彩电增值税销售额为（6 960 000+58 000）÷（1+13%），销项税额=（6 960 000+58 000）÷（1+13%）×13%=807 380.53（元）。

（2）斯尔解析▶ C 本题考查以旧换新销项税额的确定。选项C当选，**除金银首饰外**，纳税人采取**以旧换新**方式销售其他货物的，**应按新货物的同期销售价格确定销售额**，不得扣减旧货物的收购价格。甲公司当月采取以旧换新方式销售N型彩电，应按新彩电含增值税销售单价4 640元/台确定销售额，题述该价款为含税价款，应当进行价税分离。该业务的销项税额=500×4 640÷（1+13%）×13%=266 902.65（元）。

（3）斯尔解析▶ BD 本题考查不得抵扣进项税额的情形。选项B当选，购进货车属于固定资产，购进的**固定资产**既用于销售部门又用于职工食堂，属于既用于生产经营项目又用于集体福利的**“兼用”**情形，**进项税额准予全额抵扣**。选项D当选，购进生产用液晶面板，已经取得增值税专用发票，增值税额准予抵扣。选项A不当选，支付的住宿费用于员工集体旅游，属于集体福利项目，对应的进项税额不得抵扣。选项C不当选，购进劳保用品取得增值税普通发票，并非符合规定的扣税凭证，不得抵扣进项税额。

（4）斯尔解析▶ ABD 本题考查增值税视同销售货物行为。选项A当选，将货物交付其他单位或者个人代销，视同销售货物。选项BD当选，将自产、委托加工或购进的货物作为投资，提供给其他单位或者个体工商户、分配给股东、无偿对外赠送，视同销售货物。选项C不当选，将购进的货物用于集体福利、个人消费，不视同销售货物。

应试攻略

在判断购进的货物、劳务、服务等固定资产准予抵扣时，不仅要判断是否属于“特殊用途”“非正常损失”“贷餐民娱”不得抵扣进项税额的项目，还应判断是否取得了合法的“扣税凭证”。

此外，购进的住宿服务也属于易错易混项目。纳税人购进住宿服务，如果取得了增值税专用发票，且住宿服务的用途是用于“生产经营”“公务出差”等项目，其所产生的进项税额准予抵扣；若用于“职工集体旅游”等集体福利项目，即使取得增值税专用发票，进项税额也不得抵扣。

173 （1）斯尔解析▶ C 本题考查进口环节关税和增值税计算。选项C当选，纳税人进口货物，应按照组成计税价格和法定税率计算增值税应纳税额，高档护肤类化妆品属于应税消费品，从价计征消费税。组成计税价格的计算公式为：组成计税价格=（关税计税价格+关税）÷（1−消费税税率），即（85+85×5%）÷（1−15%），甲公司进口应缴纳增值税=（85+85×5%）÷（1−15%）×13%=13.65（万元）。

（2）斯尔解析▶ AC 本题考查准予抵扣进项税额的情形。选项A当选，支付加工费取得增值税专用发票，进项税额允许抵扣。选项C当选，购进生产用酒精取得增值税专用发票，进项税额准予抵扣。选项BD不当选，非正常损失的购进货物，以及相关的劳务和交通运输服务进项税额不得从销项税额中抵扣。该批化妆包因管理不善全部丢失，属于非正常损失，相应成本及运输费的进项税额不得抵扣，若已经抵扣，则应作进项税额转出处理。

（3）斯尔解析▶ AD 本题考查消费税的税目和征税环节。选项AD当选，高档美容类化妆品、高档护肤类化妆品均属于消费税中“高档化妆品”税目，在生产、委托加工和进口环节应征收消费税。选项BC不当选，酒精、化妆包不属于应税消费品，不征收消费税。

（4）斯尔解析▶ A 本题考查成套消费品应纳消费税额的计算。选项A当选，销售自产成套化妆品应计算缴纳消费税，但收取的包装物押金在收取时不缴纳消费税（逾期时再计算缴纳消费税），含增值税价款696万元应进行价税分离，以不含增值税价格=696÷（1+13%）作为消费税计税基础，甲公司该业务应缴纳消费税=696÷（1+13%）×15%=92.39（万元）。

应试攻略

本题属于将增值税和消费税知识点结合的题型，涉及进口环节增值税的计算，不得抵扣的进项税额、消费税的税目和计算。同时本题目还在其中一小问中结合了关税相关计算，综合性比较高。但每一小问考查的知识点相对都比较基础，也比较分散，遇到此种题目无须慌张，根据题目要求按部就班解答即可。

174 （1）斯尔解析▶ D 本题考查进口环节应纳各税种的计算。选项D当选，纳税人进口自用应税车辆的车辆购置税的计税价格，为关税计税价格加上关税和消费税。甲公司应纳车辆购置税=（40+40×10%）×10%=4.4（万元）。选项A不当选，进口环节增值税的计税依据为“进口组成计税价格”，为关税计税价格加关税，应纳增值税=（40+40×10%）×13%=5.72（万元）。选项B不当选，进口货车应缴纳进口关税、进口环节增值税，由于甲公司进口该货车自用，还应缴纳车辆购置税，但因货车不属于消费税中的“小汽车”税目，不征收消费税。选项C不当选，进口货物缴纳的进口环节增值税不征收城市维护建设税和教育费附加。

（2）斯尔解析▶ ACD 本题考查准予抵扣的进项税额。选项A当选，**取得网约车费增值税电子普通发票，其进项税额凭票抵扣**。选项CD当选，购入原材料取得增值税专用发票，进口货车取得海关进口增值税专用缴款书，均取得了合法的扣税凭证，其进项税额均可抵扣。选项B不当选，取得住宿费的增值税普通发票，不得抵扣进项税额。

（3）斯尔解析▶ B 本题考查购进国内旅客运输服务可抵扣的增值税进项税额的计算。选项B当选，取得**注明旅客身份信息**的铁路车票，计算抵扣进项税额=票面金额÷（1+9%）×9%，即10.9÷（1+9%）×9%。取得注明旅客身份信息的公路、水路等其他客票的，计算抵扣进项税额=票面金额÷（1+3%）×3%，即5.15÷（1+3%）×3%。综上，甲公司当月铁路车票和公路客票准予抵扣的进项税额=10.9÷（1+9%）×9%+5.15÷（1+3%）×3%=1.05（万元）。

（4）斯尔解析▶ A 本题考查增值税纳税义务发生时间及销项税额的计算。选项A当选，纳税人采取**赊销和分期收款方式**销售货物，增值税纳税义务发生时间为**书面合同约定**的收款日期当天，**无**书面合同的或者书面合同**没有约定收款日期**的，为**货物发出**的当天。本题中，分期收款方式销售W型大型机械设备约定了收款日期，应以不含增值税的本月应收金额为计税销售额，即（226×50%）÷（1+13%）；以预收货款方式销售货物，增值税纳税义务发生时间为货物发出的当天，Y型机械设备已发货，纳税义务已经发生。综上，甲公司当月销售大型机械设备增值税销项税额=（226×50%+960.5）÷（1+13%）×13%=123.5（万元）。

应试攻略

本题综合性较高，将进口环节可能涉及的各项税种结合考查。应该清楚辨析下列税种：

（1）进口关税：进口货物均应缴纳，计税依据为“关税计税价格”。

（2）进口消费税：仅限于消费税税目中的应税消费品，注意辨析小汽车税目不包含货车、大客车等。如果属于应税消费品，计税依据为“进口组成计税价格”。

（3）进口增值税：进口货物均应缴纳，计税依据为“进口组成计税价格”（同消费税）。

（4）车辆购置税：进口自用的应税车辆均应缴纳车辆购置税，计税依据为“进口组成计税价格”。

此外，进口环节缴纳的增值税和消费税不征收城市维护建设税和教育费附加。

175 （1）斯尔解析▸ C 本题考查农产品进项税额的扣除。选项C当选，小麦生产面包，属于农产品深加工，应当用10%的扣除率计算进项税额。

（2）斯尔解析▸ A 本题考查增值税销售额的确定。选项A当选，折扣在备注栏注明，应当按照折扣前的金额计算增值税。折扣在**同一张发票的金额栏注明**才可以按**折扣后**的金额计算增值税。

（3）斯尔解析▸ B 本题考查增值税的简易计税方法。选项B当选，一般纳税人销售**自己使用过的不得抵扣且未抵扣进项税额**的固定资产按3%减按2%征收率征收。应按3%征收率价税分离，并按2%优惠税率计算增值税。

（4）斯尔解析▸ A 本题考查增值税的一般计税方法。选项A当选，甲食品厂当月只有一项购入业务。

应试攻略

增值税的计算往往会结合一些特殊情况考查，比如：农产品的计算抵扣、税收优惠、不得抵扣情形等。在学习有关增值税的知识点时，一定要留意细节规定。

176 （1）斯尔解析▸ ABCD 本题考查收入总额。选项ABCD当选，收入总额，是指以货币形式和非货币形式从各种来源取得的各项收入。不征税收入与免税收入涉及相关项目都应计入收入总额。

（2）斯尔解析▸ A 本题考查不得税前扣除的项目。选项A当选，**直接捐赠不属于公益性捐赠**，不得在计算企业所得税应纳税所得额时扣除。选项BC不当选，合理的劳动保护费支出与向金融企业借款利息支出属于税前据实扣除的项目。选项D不当选，**违约金可以税前据实扣除，但罚金、罚款和被没收财物的损失不可税前扣除。**

（3）斯尔解析▸ C 本题考查间接法计算应纳税所得额。选项C当选，具体分析过程如下：

①国债利息收入：已计入会计利润中，但免征企业所得税，应纳税调减1.5万元。

②直接向某小学的捐赠，在会计利润中已扣除，但按照税法规定不得税前扣除，应纳税调增1万元。

③企业当年购置并实际使用环境保护、节能节水、安全生产等专用设备，该专用设备的投资额的10%可以从企业当年的应纳税额中抵免。

综上，甲公司2024年度应纳税额=（280−1.5+1）×25%−45×10%=65.38（万元）。

（4）斯尔解析▸ AC 本题考查企业所得税的征收管理。选项A当选，居民企业以企业登记注册地为纳税地点，甲公司应向登记注册地W市税务机关办理企业所得税纳税申报。选项C当选，甲公司应当自2024年度终了之日起5个月内（即5月31日之前）向税务机关进行年度企业所得税汇算清缴申报，结清税款。选项B不当选，企业在一个纳税年度中间开业，或者终止经营活动，使该纳税年度的实际经营期不足12个月的，应当以其实际经营期为1个纳税年度，甲公司2024年企业所得税纳税年度应自2024年6月1日起至2024年12月31日止。选项D不当选，企业按月或按季预缴的，应当自月份或者季度终了之日起15日内，向税务机关报送预缴企业所得税纳税申报表，预缴税款，而非“每季度最后15日”。

应试攻略

在企业所得税背景的不定项选择题中，第一小问可能会出现对于收入总额的考查。提问方式经常为“应计入收入总额的是”“属于收入总额的是”。在解题时要注意只要是收入项目，不论是征税收入、免税收入或不征税收入，包括一些选项中不带“收入”二字的，例如存货盘盈、确实无法偿付的应付款项、已作坏账损失处理后又收回的款项等，均属于“收入总额”范围。

177 （1）斯尔解析▶ C 本题考查企业所得税免税收入。选项C当选，居民企业之间符合条件的股息、红利收入，属于免税收入。甲公司从直接投资的**非上市居民企业**丙公司取得的股息、红利收入50万元**属于免税收入（无须考虑持股期限）**。选项AB不当选，其所述情形均为应税收入，没有免税规定。选项D不当选，居民企业之间符合条件的股息、红利收入免税的规定，**不包括投资上市公司公开发行并上市流通的股票不足12个月取得的股息、红利收入**。乙公司属于上市公司，甲公司持有乙公司公开发行并上市流通的股票不足12个月，持有乙公司股票取得的股息、红利6万元不符合免税收入的条件，不属于免税收入。

（2）斯尔解析▶ C 本题考查业务招待费的扣除限额。选项C当选，业务招待费有两种扣除限额，取孰低者扣除。

限额1=营业收入×5‰=6 000×5‰=30（万元）。此处的营业收入=主营业务收入+其他业务收入+视同销售收入。本题除销售收入6 000万元以外，转让股票收入、利息收入及股息、红利收入均不属于营业收入。

限额2=业务招待费实际发生额×60%=200×60%=120（万元）。综上，准予扣除的业务招待费为30万元。

（3）斯尔解析▶ C 本题考查广告费和业务宣传费的扣除限额。选项C当选，广告费和业务宣传费以营业收入为基础计算扣除限额，**超过限额部分，准予在以后纳税年度结转扣除**。广告费和业务宣传费的扣除限额=6 000×15%=900（万元），实际发生额1 000万元，超过扣除限额，本年应当按限额900万元扣除，超过部分的100万元，应予以后纳税年度结转扣除。

（4）斯尔解析▶ A 本题考查间接法将会计利润调整为应纳税所得额。选项A当选，具体纳税调整分析如下：

①直接投资于非上市居民企业丙公司取得股息、红利50万元，会计上已计入会计利润，但按税法规定属于免税收入，在计算应纳税所得额时应调减50万元。（涉及第1小问）

②业务招待费实际发生金额200万元在计算会计利润时已全额减除，但计算应纳税所得额时仅能扣除30万元，差额200−6 000×5‰=170（万元），应进行纳税调增。（涉及第2小问）

③当年发生的广告及业务宣传费支出1 000万元在计算会计利润时已全额减除，计算应纳税所得额时能扣除900万元，差额1 000−6 000×15%=100（万元），应进行纳税调增。（涉及第3小问）

综上，从会计利润出发的应纳税所得额=850−50+（200−30）+（1 000−900）=1 070（万元）。

应试攻略

本题第2小问、第3小问考查了企业所得税不定项选择题中经常出现的三个限额扣除项目：广告费、业务宣传费与业务招待费。此类考法在不定项选择题中出现的频次非常高，必须熟练掌握。可能的考查方式包括："允许扣除的×××费支出为""×××费的扣除限额为"或者"×××费应进行的纳税调增金额为"，虽然问法不同，但本质都是考查这三项费用的扣除限额的计算，以及与实际发生金额相比较后，判断应进行的纳税调整。

本题第4小问考查的是"间接法"计算应纳税所得额。前面三个小问中已经将存在税会差异，需要进行纳税调整的项目都考查了一遍。所以在计算最后的应纳税所得额时，按照前面三个小问的思路，逐项判断纳税调增或是纳税调减，代入算式即可。

178 （1）斯尔解析▶ B 本题考查工资、薪金累计预扣法下，针对一年内首次取得工资、薪金的居民个人累计减除费用的计算方法。选项B当选，对一个纳税年度内首次取得工资、薪金的居民个人，在预扣预缴时，直接按照截至本月的月份数计算生计费：累计减除费用=5 000元/月×当年截至本月的月份数=5 000元/月×7个月=35 000（元）。

（2）斯尔解析▶ D 本题考查工资、薪金所得预扣预缴应纳税额的计算。选项D当选，纳税人取得工资、薪金所得，应按月采用累计预扣预缴的制度计算应扣缴的个人所得税。以下说明具体计算过程：

①陈某从7月1日开始入职，累计预扣法中的工资、薪金应当按照13 000元×6个月计算。

②允许扣除的累计减除费用，从7月份开始直接按照5 000元×7个月扣除，到12月份累计费用减除为5 000元×12个月。

③专项附加扣除中的"赡养老人"无须考虑老人的数量，纳税人为独生子女的，统一按照每月3 000元的额度，以及在甲公司工作的月份数计算。允许扣除的专项附加扣除为3 000元×6个月。

（3）斯尔解析▶ AC 本题考查劳务报酬的预扣预缴税额的计算，以及并入全年综合所得应纳税额时的规定。选项A当选，陈某在外兼职授课取得的收入属于劳务报酬。本次劳务报酬所得在预扣预缴时的应纳税所得额为22 000×（1−20%），适用预扣率为20%，速算扣除数为0，应预扣预缴的个人所得税=22 000×（1−20%）×20%=3 520（元）。选项C当选，陈某任职于甲公司，为培训机构兼职授课取得的收入属于劳务报酬所得；居民个人取得劳务报酬所得，在取得时应预扣预缴个人所得税。应并入综合所得，按纳税年度合并计算个人所得税。

（4）斯尔解析▶ D 本题考查居民个人综合所得全年应纳税额的计算。选项D当选，工资、薪金与劳务报酬均应计入综合所得。工资、薪金收入正常计算，陈某工资、薪金收入为13 000元×6个月，劳务报酬不考虑收入金额，直接扣减20%后计入综合所得，即应计入综合所得的收入额为22 000×（1−20%）。扣除项目中，生计费按照5 000元×12个月扣除，专项附加扣除在计算全年应纳税额时允许减除全年12个月的金额，应减除3 000元×12个月，计算陈某2024年应缴纳个人所得税应纳税额的算式为［13 000×6+22 000×（1−20%）−5 000×12−3 000×12］×3%。

提示：本题中陈某2024年应纳个人所得税税额计算结果为负数，此种情况下表明此人本年度无须缴纳个人所得税。

应试攻略

（1）劳务报酬在预扣预缴时，要根据收入金额与4 000元比大小后确定应纳税所得额。若收入>4 000元，则应纳税所得额为“收入×（1−20%）”；若收入≤4 000元，则应纳税所得额为“收入−800元”。但在汇算清缴时，无论劳务报酬金额为多少，均按照“收入×（1−20%）”计入应纳税所得额。

（2）注意综合所得预扣预缴应纳税额和全年应纳税额计算方法存在较大差异：

项目	预扣预缴时	全年应纳税额时
累计费用减除	5 000元/月。 一个年度内首次取得工资、薪金的个人，直接按照截至本月的月份数计算	统一按照60 000元计算
专项附加扣除	按照在本单位累计工作的月份数计算	全年均满足条件的，按照12个月计算

179 （1）斯尔解析 ABCD 本题考查不缴纳个人所得税的情形。选项A当选，房屋产权所有人将房屋产权无偿赠与配偶、父母、子女、祖父母、外祖父母、孙子女、外孙子女、兄弟姐妹，对双方当事人均不征收个人所得税。选项B当选，个人在交易所转让从上市公司公开发行和转让市场取得的股票，转让所得暂不征收个人所得税。选项C当选，个人取得单张有奖发票奖金所得不超过800元（含800元）的，暂免征收个人所得税。选项D当选，企业在向个人销售商品（产品）和提供服务的同时给予赠品，不征收个人所得税。

（2）斯尔解析 D 本题考查稿酬所得的预扣预缴。选项D当选，稿酬所得每次收入不超过4 000元的，减除费用按800元计算；每次收入4 000元以上的，减除费用按20%计算。稿酬所得的收入额减按70%计算，预扣率为20%。因此，杨某稿酬所得应预扣预缴个人所得税税额=（1 000−800）×70%×20%=28（元）。

（3）斯尔解析 D 本题考查偶然所得应缴纳个人所得税的计算。选项D当选，偶然所得按次计税，以收入全额作为计税基础。应缴纳个人所得税=50 000×20%=10 000（元）。

（4）斯尔解析 C 本题考查居民个人综合所得全年应纳税额的计算。选项C当选，工资、薪金所得与稿酬所得均应计入综合所得。

①确定年度收入额：工资收入108 700元、稿酬所得按照1 000×（1−20%）×70%计入收入。

②确定扣除项目，费用减除6万元、专项扣除20 250元、专项附加扣除，即照护3岁以下婴幼儿子女的相关支出由杨某本人全额扣除，即扣除24 000元。

③杨某2024年应当缴纳的个人所得税税额=（每一纳税年度收入额－费用6万元－专项扣除－专项附加扣除－依法确定的其他扣除）×适用税率－速算扣除数=［108 700+1 000×（1－20%）×70%－60 000－20 250－24 000］×3%=150.3（元）。

应试攻略

对个人购买福利彩票、赈灾彩票、体育彩票，一次中奖收入在1万元以下的（含1万元）暂免征收个人所得税；超过1万元的，全额征收个人所得税，且偶然所得在计算应纳税额时不得扣除任何费用。

180 （1）斯尔解析▶ ABD 本题考查个体工商户的专项附加扣除。选项A当选，子女教育专项附加扣除标准为2 000元/月，独生女课外辅导班支出30 000元不得扣除。选项B当选，**个体工商户用于个人和家庭的支出，税前不得扣除**。选项D当选，**个体工商户业主的工资、薪金支出不得税前扣除**。选项C不当选，个体工商户实际支付给从业人员的合理的工资、薪金支出，准予扣除。

（2）斯尔解析▶ B 本题考查个体工商户经营所得应纳税额的计算。选项B当选，取得经营所得的个人，没有综合所得的，计算其每一纳税年度的应纳税所得额时，应当减除费用6万元、专项扣除、专项附加扣除以及依法确定的其他扣除。因此，张某2024年度经营所得个人所得税应纳税所得额=1 000 000－（350 000－12 000）－60 000－27 000－2 000×12=659 000（元）。

（3）斯尔解析▶ C 本题考查个人股息所得应纳税额的计算。选项C当选。张某2024年2月从境内公开发行和转让市场购入W上市公司股票，4月出售，持有2个月。**个人从公开发行和转让市场取得的上市公司股票，持股期限在1个月以内（含1个月）的，其股息红利所得全额计入应纳税所得额；持股期限在1个月以上至1年（含1年）的，暂减按50%计入应纳税所得额；上述所得统一适用20%的税率计征个人所得税**。因此，“利息、股息、红利所得”缴纳个人所得税=35 000×50%×20%=3 500（元）。

（4）斯尔解析▶ B 本题考查个人转让财产应纳税额的计算。该普通住房是张某于2013年8月购进的，为张某在本地的第二套住房，不符合暂免征收的条件，因此按照“财产转让所得”项目缴纳个人所得税。应纳税额=（收入全额－财产原值－合理费用）×20%=（800 000－500 000－53 000）×20%=49 400（元）。

应试攻略

本题考查个体工商户的个人所得税计算以及其他所得税处理，而不是常规的综合所得，所以在复习个人所得税的时候切勿有侥幸心理，要全面掌握每一种所得的计算。